普通高等教育“十二五”规划教材

大学语文

主　编　金晓辉　李伟权
副主编　张　楠　宿　丰

科学出版社
北　京

内 容 简 介

本书按照文学体裁分为古代诗歌、现当代诗歌、古代散文、现当代散文、古代小说、现当代小说、古代戏剧、现当代戏剧八个单元。为了使学生更多地了解祖国悠久的历史文化，提高个人的人文素养，培养对祖国文学精品的感悟与欣赏能力，书中除了文本、注释之外，还设置了五个板块：作家介绍、作品评说、古今汇评、拓展阅读、思考与练习，具有较强的可读性和审美性。

本书可作为高等学校大学语文公共基础课程教材，也可供文学爱好者参考阅读。

图书在版编目(CIP)数据

大学语文/金晓辉，李伟权主编. —北京：科学出版社，2011
普通高等教育“十二五”规划教材

ISBN 978-7-03-031698-1

Ⅰ.①大… Ⅱ.①金… ②李… Ⅲ.①大学语文课-高等学校-教材 Ⅳ.①H19

中国版本图书馆 CIP 数据核字（2011）第 119096 号

责任编辑：相 凌 王昌凤/ 责任校对：李 影
责任印制：徐晓晨 / 封面设计：华路天然工作室

科学出版社出版
北京东黄城根北街 16 号
邮政编码：100717
http://www.sciencep.com

北京虎彩文化传播有限公司印刷

科学出版社发行 各地新华书店经销

*

2011 年 8 月第 一 版 开本：787×1092 1/16
2018 年 9 月第二次印刷 印张：17 3/4
字数：430 000

定价：49.00 元

（如有印装质量问题，我社负责调换）

前　言

时值本书结稿之际，温家宝总理在同国务院参事和中央文史研究馆馆员座谈时指出：“一个国家，如果没有国民素质的提高和道德的力量，绝不可能成为一个真正强大的国家、一个受人尊敬的国家。”这与我们编写本书的目的不谋而合：让学生了解祖国悠久的历史文化，提高个人的人文素养，培养对祖国文学精品的感悟与欣赏能力。

本书具有以下特点。

（1）编写体例。本书按照文学体裁分为古代诗歌、现当代诗歌、古代散文、现当代散文、古代小说、现当代小说、古代戏剧、现当代戏剧八个单元。这样编排既体现了祖国文学的多样性，拓展视野，又能够使学生对每一种文学样式的发展及特点有一个全面的了解与认知。

（2）选篇。学习大学语文的主要目的是为了更多地了解祖国悠久的历史文化，弘扬祖国优秀的文化传统，提高道德素养。因此，本书篇目主要是从我国自古至今的优秀文学作品中选取：以古代文学作品为主，以现当代作品为辅；在古代文学作品中，以古代诗歌为主，其他文学样式为辅。此外，我们在选择文学作品时，更突出了时代性，即在选择优秀精品的同时兼顾到“新”，尽量避免与中学语文教材重复。

（3）编写内容。为了培养学生对文学作品的感悟与欣赏能力，提高学生的素养，我们在编写内容上除了文本、注释之外又设置了五个板块：对作家的简要介绍；对作品内容的简要评说；古今大家对作品的汇评；拓展阅读；思考与练习。对作家、作品的简单介绍与评说必不可少，只有“知人论世”，才能更深刻地理解作品的内涵；人文学科的魅力就在于它的不确定性，所以，古今大家对作品的评价既体现了这种不确定性，也让学生能够从这个板块当中获益，即突破一种思维定式，培养学生的创新思维能力；在拓展阅读这一板块中，或者选择与课文有相似内容或风格的作品作一比较，或者选择作者的其他作品加以比较，或者选择其他名家对于本作品的理解与评论，或者选择与课文有关的文化常识，这些内容比较灵活多样，有助于学生更深入地了解作家及作品内涵，从而感受到人文的光彩；思考与练习板块提供了回味与沉思的空间，引导学生对作品的关键内容进行梳理和归纳。

无论如何，我们都希望这是一本集人文性与美育、思想性与艺术性于一体的教材，能够实现我们的初衷。

本书由金晓辉、李伟权整体策划设计，确定框架构思；张楠、宿丰统一体例，修改定稿。具体编写分工如下：古代诗歌部分由李淼、张楠编写；现当代诗歌部分由金晓辉编写；古代散文部分由张楠、周璇编写；现当代散文部分由周璇、张璇编写；古代小说部分由李伟权、李淼编写；现当代小说部分由李伟权、张维娜编写；古代戏剧部分由张维娜、宿丰编写；现当代戏剧部分由宿丰、张楠编写。

最后，本书得以顺利出版，要感谢科学出版社的大力支持。

学无止境，由于编者学识有限，不妥之处在所难免，尚祈读者指正。

编　者

2011年5月1日

目 录

第一单元 古代诗歌

蒹 葭[①]

《诗经》

《诗经》是我国第一部诗歌总集，收入自西周初年至春秋中叶500多年间的诗歌305篇。《诗经》又称“诗三百”，先秦称为“诗”或“诗三百”，西汉时被尊为儒家经典，始称《诗经》，并沿用至今。《诗经》最初是配乐而歌的歌诗，融诗歌、音乐、舞蹈于一体，乐谱和舞蹈已失传，歌辞即诗歌部分得以留存。全书分为风、雅、颂三个部分，“风”即十五国风，是民歌；“雅”是宫廷雅乐；“颂”是祭祀乐歌。其中的国风部分极富思想性和艺术价值，开启了后世诗歌的“风雅”精神与抒情传统。

蒹葭苍苍[②]，白露为霜。所谓伊人，在水一方。溯洄[③]从[④]之，道阻且长。溯游从之，宛在水中央[⑤]。

蒹葭萋萋，白露未晞[⑥]。所谓伊人，在水之湄[⑦]。溯洄从之，道阻且跻[⑧]。溯游从之，宛在水中坻[⑨]。

蒹葭采采，白露未已。所谓伊人，在水之涘[⑩]。溯洄从之，道阻且右[⑪]。溯游从之，宛在水中沚[⑫]。

◎ 注释

① 本诗选自《诗经·秦风》。秦风，秦地（在今陕西中部和甘肃东部一带）民歌。蒹葭：芦荻，芦苇。
② 苍苍：深青色，此译为茂盛的样子。下文“萋萋”、“采采”意同。
③ 溯洄：逆流而上。洄：曲折盘旋的水道。
④ 从：跟随、追赶，这里指追求、寻找。
⑤ 宛在水中央：（那个人）仿佛在河的中间，意思是相距不远却无法到达。宛：仿佛，好像。
⑥ 晞：音 xī，晒干。
⑦ 湄：音 méi，岸边，水与草交接之处。
⑧ 跻：音 jī，登，升高，意思是地势越来越高，行走费力。
⑨ 坻：音 chí，水中的小洲、高地、小岛。
⑩ 涘：音 sì，水边。
⑪ 右：迂回曲折，意思是道路弯曲。
⑫ 沚：音 zhǐ，水中的小块陆地。

此诗“三章只一意，特换韵耳”，体现了诗歌咏唱的音乐特点，增强了韵律的悠扬和谐美，强化了情感的表达。“方”、“湄”、“涘”是“伊人”所在地点的变换，以水滨的环境衬托“伊人”的美好，以“长”、“跻”、“右”强调追寻之路的艰难，以“央”、“坻”、“沚”描绘主人公追寻“伊人”踪迹的焦急。全诗重意境轻叙事，以写意式的手法勾勒出了美好却可望而不可即的“伊人”意象，营造出一种凄清、迷离的意境之美。

汇评

异人异境，使人欲仙。（明·钟惺《诗经评点》）

此自是贤人隐居水滨，而人慕而思见之诗。“在水之湄”，此一句已了，重加“溯洄”、“溯游”两番摹拟，所以写其深企愿见之状。于是于下一“在”字上加一“宛”字，遂觉点睛欲飞，入神之笔。（清·姚际恒《诗经通论》）

细玩“所谓”二字，意中之人难向人说，而“在水一方”亦想象之词。若有一定之方，即是人迹可到，何以上下求之而不得哉？诗人之旨甚远，固执以求之抑又远矣。（清·黄中松《诗疑辨证》）

苍凉弥渺，欲即转离，名人画本，不能到也。（清·沈德潜《说诗晬语》）

《诗·蒹葭》一篇，最得风人深致。晏同叔之“昨夜西风凋碧树。独上高楼，望尽天涯路”意颇近之。但一洒落，一悲壮耳。（清·王国维《人间词话》）

诗境颇似象征主义，而含有神秘意味。（陈子展《诗经直解》）

硕　人

《诗经》

硕人其颀，衣锦褧衣。齐侯之子，卫侯之妻。东宫之妹，邢侯之姨，谭公维私。
手如柔荑，肤如凝脂，领如蝤蛴，齿如瓠犀，螓首蛾眉。巧笑倩兮，美目盼兮。
硕人敖敖，说于农郊。四牡有骄，朱幩镳镳。翟茀以朝。大夫夙退，无使君劳。
河水洋洋，北流活活。施罛涉涉，鳣鲔发发，葭菼揭揭。庶姜孽孽，庶士有朅。

聚焦：

这首诗出自《诗经·卫风》，与《蒹葭》都塑造了美丽的女子形象。但与《蒹葭》的朦胧意象不同，这首诗中对女主人公的外貌进行了直接描写。

思考与练习

1. “露”在诗中的反复出现，象征年华易逝，增添情不可得的哀痛感，你如何理解？
2. 这首诗历来有不同的解读，毛诗序称：“《蒹葭》，刺襄公也，未能用周礼，将无以固其国焉。”朱熹解为“言秋雨方盛之时，所谓彼人者，乃在水之一方，上下求之而皆不可得。然不知其何所指也”。你如何解读这首诗？认为怎样解读更接近诗歌的本质？

九歌·国殇[①]

屈 原

屈原（约公元前339～约公元前278），名平，字原，战国时期楚国诗人、政治家，“楚辞”的创立者和代表作者。博闻强记，善于辞令，曾任左徒、三闾大夫等职，后遭放逐，自投汨罗江而死。屈原的作品，根据刘向、刘歆父子的校定和王逸的注本，有25篇，即《离骚》1篇，《天问》1篇，《九歌》11篇，《九章》9篇，《远游》、《卜居》、《渔父》各1篇。在语言形式上，屈原突破了《诗经》以四字句为主的格局，每句五、六、七、八、九字不等，也有三字、十字句的，句法参差错落，灵活多变；句中句尾多用“兮”字，以及“之”“于”“乎”“夫”“而”等虚字，用来协调音节，造成起伏回宕、一唱三叹的韵致。与《诗经》相比，屈原的“楚辞”受南方楚文化影响较多，想象奇丽，颇有浪漫之风。

操吴戈兮被犀甲，车错毂[②]兮短兵接。旌蔽日兮敌若云，矢交坠兮士争先。凌余阵兮躐[③]余行，左骖殪[④]兮右刃伤。霾两轮兮絷[⑤]四马，援玉枹兮击鸣鼓。天时怼[⑥]兮威灵怒，严杀尽兮弃原野。

出不入兮往不反，平原忽兮路超远。带长剑兮挟秦弓，首身离兮心不惩[⑦]。诚既勇兮又以武，终刚强兮不可凌。身既死兮神以[⑧]灵，魂魄毅兮为鬼雄[⑨]。

◎ 注释

① 国殇：指为国捐躯的人。戴震《屈原赋注》：“殇之义二：男女未冠（男二十岁）笄（女十五岁）而死者，谓之殇；在外而死者，谓之殇。殇之言伤也。国殇，死国事，则所以别于二者之殇也。”
② 毂：车轮的中心部分，有圆孔，可以插轴，这里泛指战车的轮轴。
③ 躐：践踏。行：行列。
④ 左骖：左边的骖马。殪：音 yì，死。
⑤ 絷：束缚。
⑥ 怼：怨恨。
⑦ 惩：终止。心不惩：壮心不改，勇气不减。
⑧ 以：且，连词。
⑨ 鬼雄：鬼中的豪杰。

战国时期，秦楚发生多次战争，楚国损失惨重。全诗共分三层，先描绘战争中楚军抵抗的顽强；次写楚军战死的惨烈；最后赞颂殉国将士，称赞他们生是人中英雄，死是鬼中豪杰，感情真挚而沉痛。《九歌》从《东皇太一》到《山鬼》，九篇所祭奠的都是自然界中的神灵，独最后一篇《国殇》是祭奠人间为国牺牲的将士。可见，在屈原心中，为国而死者与自然界神灵同列。这首诗直赋其事，但既有比喻，又有想象，诗中融汇着强烈的英雄主义色彩和积极的浪漫精神。风格悲壮，情调激昂，是《九歌》中很有特色的作品。

汇评

《九歌》《九辩》，绮靡而伤情。（南朝梁·刘勰《文心雕龙·辨骚》）

投躯报明主，身死为国殇。（南朝宋·鲍照《代出自蓟北门行》）

比其类，则宜为三《颂》之属；而论其辞，则反为《国风》再变之《郑》、《卫》矣。（南宋·朱熹《楚辞辩证》）

怀襄之世，任谗弃德，背约忘亲，以至天怨神怒，国蹙兵亡，徒使壮士横尸膏野，以快敌人之意。原盖深悲极痛之。（清·蒋骥《山带阁注楚辞》）

拓展阅读

国　殇

于右任

葬我于高山之上兮，
望我故乡；
故乡不可见兮，
永不能忘。
葬我于高山之上兮，
望我大陆；
大陆不可见兮，
只有痛哭。
天苍苍，
野茫茫，
山之上，
国有殇。

聚焦：

此诗名为《望大陆》，又名《国殇》，发表于1964年11月10日。此诗借屈原“国殇”之题，寄托对祖国的深切思念之情。

思考与练习

1. 这首诗中的英雄形象有何特色？
2. 楚辞中常用“兮”字，请分析这首诗中的“兮”在情感表达方面有何作用。

妇　病　行[①]

《汉乐府》

汉乐府是继《诗经》之后，中国古代民歌的再次大型汇集之作。与《诗经》的抒情特色不同，汉乐府以叙事为其特色，故事情节较为完整。汉乐府中女性题材作品占比重较大，语言通俗生动，人物性格鲜明，思想内涵深刻，是中国诗史五言诗体发展的一个重要阶段。汉乐府在形式上打破了四言格式，采用杂言和五言，长短自由，是一种具有口语化特色的新体诗。汉乐府在文学史上有极高的地位，可与《诗经》、《楚辞》鼎足而立。

妇病连年累岁，传呼丈人[②]前一言。当言未及得言，不知泪下一何翩翩[③]。“属累君两三孤子，莫我儿饥且寒，有过慎莫笪笞，行当折摇，思复念之。”乱[④]曰：抱时无衣，襦复无里。闭门塞牖，舍孤儿到市。道逢亲交，泣坐不能起。从乞求与孤儿买饵。对交啼泣，泪不可止。“我欲不伤悲不能已。”探怀中钱持授交。入门见孤儿，啼索其母抱。徘徊空舍中。“行复尔耳[⑤]！弃置勿复道。”

◎ 注释

① 本文选自《汉乐府·相和歌辞·瑟调曲》。
② 丈人：古时对男子的称呼，这里是病妇称她的丈夫。
③ 翩翩：泪流不止貌。
④ 乱：古时称乐曲的最后一章。
⑤ 行复尔耳：又将如此。尔：如此。

这是一幅生活苦难图。诗的前九句写病妇临终时对丈夫的嘱咐，临终托言，已不堪悲，未语先泣，更见酸楚。“乱曰”以下，描写病妇的丈夫，关门堵窗，留儿在家，独自上市，路遇亲友，竟呜咽不止，久坐不起。怜念子女、自伤孤孑、悼怀亡妻，诸多情结，尽在这一把辛酸泪中。“入门见孤儿，啼索其母抱”，父泣子啼，雪上加霜，读之触目惊心。末句突然一转，向苍天发出“行复尔耳！弃置勿复道”的绝望呼叫，全诗至此，大幕急落，达到了“此时无声胜有声”的艺术效果。

汇评

自孝武立乐府而采歌谣，有代赵之讴，秦楚之风，皆感于哀乐，缘事而发，亦可以观风俗，知薄厚云。（东汉·班固《汉书·艺文志》）

汉乐府歌谣，采摭闾净，非由润色；然而质而不俚，浅而能深，近而能远，天下至文，靡以过之！（明·胡应麟《诗薮》）

病妇、孤儿行二首，虽参错不齐，而情与境会，口语心计之状，活现笔端，每读一过，觉有悲风刺人毛骨。后贤遇此种题，虽竭力描摹，读之正如嚼蜡，泪亦不能为之堕，

心亦不能为之哀也。（清·宋长白《柳亭诗话》）

其造语之精，用意之奇，有出于三百、楚骚之外者。奇则异想天开，巧则神工鬼斧。（清·陈本礼《汉诗统笺》）

拓展阅读

孤 儿 行

《汉乐府》

孤儿生，孤子遇生，命独当苦。父母在时，乘坚车，驾驷马。父母已去，兄嫂令我行贾。南到九江，东到齐与鲁。腊月来归，不敢自言苦。头多虮虱，面目多尘土。大兄言办饭，大嫂言视马。上高堂，行取殿下堂。孤儿泪下如雨。使我朝行汲，暮得水来归。手为错，足下无菲。怆怆履霜，中多蒺藜。拔断蒺藜肠肉中，怆欲悲。泪下渫渫，清涕累累。冬无复襦，夏无单衣。居生不乐，不如早去，下从地下黄泉。春气动，草萌芽。三月蚕桑，六月收瓜。将是瓜车，来到还家。瓜车反覆。助我者少，啖瓜者多。愿还我蒂，兄与嫂严。独且急归，当兴校计。乱曰：里中一何譊譊，愿欲寄尺书，将与地下父母：兄嫂难与久居。

聚焦：

这首《孤儿行》与《病妇行》同出汉乐府，二者主题相近，情感相似，同写亲人生死相隔的哀恸之情，朴实无华，真切动人。

思考与练习

1. 你如何理解《妇病行》中的“病妇”这一人物形象？
2. 关于《妇病行》中的“丈人”一词，有的学者认为是丈夫，有的学者认为是邻居长者，请你查阅相关资料，谈谈你对这个词的理解。

西北有高楼[①]

《古诗十九首》

《古诗十九首》原题为《古诗》，最早收录于南朝梁代昭明太子萧统所编《文选》之内，《昭明文选·杂诗·古诗一十九首》题下注释之甚明：“并云古诗，盖不知作者。”这些诗并非一人一时之作，一般认为大都出于东汉末年，是汉代乐府诗文人化的显著标志。古诗十九首奠定了五言诗的基础，可以说代表了汉文人五言诗的最高成就。这些古诗表现了浓重的感伤情绪，从一个侧面反映了时代的动荡不安与黑暗。这些诗长于抒情，善于比兴，象征衬托，所用皆妙。其融情于景，寄情于事，往往达到天衣无缝、水乳交融的境界。其语言实为绚丽之极趋于平淡，具有言近旨远、语短情长的艺术魅力。《古诗十九首》在历代都受到了高度评价，南朝梁文论家刘勰评为“五言之冠冕”，其艺术成就确是文人五言诗达到成熟阶段的标志。

西北有高楼，上与浮云齐。交疏②结绮窗，阿阁③三重阶。
上有弦歌声，音响一何悲！谁能为此曲？无乃杞梁妻④。
清商⑤随风发，中曲⑥正徘徊。一弹再三叹，慷慨⑦有馀哀。
不惜⑧歌者苦，但伤知音⑨稀。愿为双鸿鹄⑩，奋翅起高飞。

◎ 注释

① 本文选自《古诗十九首》。
② 疏：透刻。
③ 阿阁：四面有曲檐的楼阁。
④ 杞梁妻：杞梁妻的故事，最早见于《左传·襄公二十三年》，后来许多书都有记载。据说齐国大夫杞梁，出征莒国，战死在莒国城下。其妻临尸痛哭，连哭十个日夜后自尽。《琴曲》有《杞梁妻叹》，一说《琴操》是杞梁妻作，崔豹《古今注》说是杞梁妻妹朝日所作。
⑤ 清商：乐曲名。清商曲音清越，宜于表现哀怨的情绪。
⑥ 中曲：乐曲的中段。
⑦ 慷慨：《说文》解曰：“壮士不得志于心也。”
⑧ 惜：痛。
⑨ 知音：识曲的人，借指知心之人。
⑩ 鸿鹄：据朱骏声《说文通训定声》说：“凡鸿鹄连文者即鹄。”鹄，就是“天鹅”，一作“鸣鹤”。

汉末诗歌开始关注个体生存价值，着眼于个人生活的社会环境与自然环境，情感也更为细腻真实。君门深远、宦官当道的时代，壮志万丈而报国无门的慷慨之情，都在“恨无知音赏”的弦歌之声中了。诗人假托“高楼”、“浮云”，营造一种奇幻之景。“弦歌”之声从此楼高处飘下，更有一种哀情从头笼罩而下感觉。“谁能为此曲？无乃杞梁妻!”诗人借杞梁妻哭颓莒都之悲，比己心之悲。全诗只闻其声，不见其人，却处处见悲哀之情也！“不惜歌者苦，但伤知音稀”，更是将孤独、悲哀的情感推向极致！诗人的内心痛苦，正是借助于这痛苦中的奇幻之思，表现得分外悱恻和震颤人心。清吴淇称《古诗十九首》中，“惟此首最为悲酸”。

汇评

观其结体散文，直而不野，婉转附物，怊怅切情，实五言之冠冕也。（南朝梁·刘勰《文心雕龙·明诗》）

文温以丽，意悲而远，惊心动魄，可谓几乎一字千金。（南朝·钟嵘《诗品》）

兴象玲珑，意致深婉，真可以泣鬼神，动天地。（明·胡应麟《诗薮》）

《十九首》所以为千古至文者，以能言人同有之情也。人情莫不思得志，而得志者有几？虽处富贵，慊慊犹有不足，况贫贱乎？志不可得而年命如流，谁不感慨？人情于所爱，莫不欲终身相守，然谁不有别离？以我之怀思，猜彼之见弃，亦其常也。夫终身相守者，不知有愁，亦复不知其乐，乍一别离，则此愁难已。逐臣弃妇与朋友阔绝，皆同此旨。故《十九首》虽此二意，而低回反复，人人读之皆若伤我心者，此诗所以为性情之物。而同有之情，人人各俱，则人人本自有诗也。但人人有情而不能言，即能言而言不尽，特故推十九首以为至极。（清·陈祚明《采菽堂古诗选》）

拟西北有高楼

陆 机

高楼一何峻，苕苕峻而安。绮窗出尘冥，飞阶蹑云端。
佳人抚琴瑟，纤手清且闲。芳草随风结，哀响馥若兰。
玉容谁能顾？倾城在一弹。伫立望日昃，踯躅再三叹。
不怨伫立久，但愿歌者欢。思驾归鸿羽，比翼双飞翰。

聚焦：

这首诗是西晋陆机对《西北有高楼》的仿写作品，与原作相比，语言清丽，意象精致，但情感却不及原作深沉。

思考与练习

1. 这首诗的开篇渲染高楼之高，有何目的？
2. “知音”的典故由来已久，这首诗中的“知音”指什么样的人？
3. 这首诗的语言有何特色？

咏怀（其三）

阮 籍

阮籍（210～263），字嗣宗，陈留尉氏（今河南开封）人，建安七子之一阮瑀的儿子。曾任步兵校尉，世称阮步兵。信奉老庄之学，政治上则采谨慎避祸的态度。阮籍是魏晋时期的著名诗人，与嵇康、刘伶等七人为友，常集于竹林之下肆意酣畅，世称“竹林七贤”。其诗歌创作是“正始之音”的代表，其中以《咏怀》82首最为著名，诗风“悲愤哀怨，隐晦曲折”。除诗歌之外，阮籍还长于散文和辞赋。明代张溥辑《阮步兵集》，近人黄节有《阮步兵咏怀诗注》。

嘉树[1]下成蹊，东园桃与李。秋风吹飞藿[2]，零落从此始。
繁华有憔悴，堂上生荆杞。驱马舍之去，去上西山趾[3]；
一身不自保，何况恋妻子！凝霜被野草，岁暮亦云已。

◎ 注释

① 嘉树：美好的树。
② 藿：豆叶。
③ 趾：足趾，此处指山脚下。

阮籍之诗不可只看字面，要深刻挖掘内在的含义，才能领略其诗的真正魅力。“东园”，可指东面园子里的桃树和李树，也可以是虚指。古人用东西南北分别代表四个季节，东是指春天。前两句写春天之景，后两句写秋天之景，跨越如此之快，这正是诗人对人生、对宇宙的多种认识之后的心情写照，这才会有“繁华有憔悴，堂上生荆杞”人间盛衰之变。面对如此变化，诗人驱马去西山之脚下，想要逃离这种衰败。但是生逢乱世，自身难保，何况妻子儿女！面对着残酷的事实，只能无奈地感叹“岁暮亦云已”，这里既有阮籍对世事变幻的无奈，也有对生命难以保全的忧虑。

汇评

晋步兵阮籍诗，其源出于《小雅》，无雕虫之功，而《咏怀》之作，可以陶性灵，发幽思，言在耳目之内，情寄八荒之表，洋洋乎会于《风》、《雅》，使人忘其鄙近，自致远大。颇多感慨之词，厥旨渊放，归趣难求。（南朝·钟嵘《诗品》）

阮公凭临广武，傲啸苏门。远迹曹爽，洁身懿师。其诗愤怀禅代，凭吊古人，盖仁人志士之发愤焉，岂直忧生之嗟而已哉。（清·陈沆《诗兴比笺》）

阮公咏怀，反复凌乱，兴寄无端，和愉哀怨，杂集于中，令读者莫求归趣，此其所以为阮公之诗也。比求实事以实之，则凿矣。（清·沈德潜《古诗源》）

嵇阮二人的脾气都很大，阮籍老年时改得很好，嵇康就始终都是极坏的。

后来阮籍竟做到“口不臧否人物”的地步，嵇康却全不改变。结果阮得终其天年，而嵇竟丧于司马氏之手，与孔融、何晏等一样，遭了不幸的杀害。这大概是因为吃药和吃酒之分的缘故：吃药可以成仙，仙是可以骄视俗人的；饮酒不会成仙，所以敷衍了事。（鲁迅《魏晋风度及文章与药及酒之关系》）

咏怀（其一）

阮　籍

夜中不能寐，起坐弹鸣琴。薄帷鉴明月，清风吹我襟。
孤鸿号外野，翔鸟鸣北林。徘徊将何见，忧思独伤心。

聚焦：

这首同出自阮籍的咏怀诗，表达阮籍夜不能寐的忧思。二者表达的情感性质相似，但后者情感稍弱。

思考与练习

1. 这首诗的前四句是否沿袭了《诗经》的起兴手法？阮籍对其有何发展？
2. “凝霜被野草，岁暮亦云已”，表达了阮籍怎样的情感状态？
3. 你对魏晋风度了解多少？请查阅资料，并谈谈你的理解。

饮　酒[①]（其四）

陶渊明

陶渊明（365～427），一名潜，字元亮，私谥靖节，世称靖节先生。晋宋时期诗人、辞赋家、散文家。青少年时代，生活贫困，但受过良好的家庭教育，博览群书。29岁起，出仕，起家为江州祭酒，后赋闲；继而为荆州刺史桓玄属吏，后因母丧辞职归家，后入刘裕幕下任镇军参军，继而转任江州刺史刘敬宣的参军，任彭泽令80余日，辞官回家。42岁起，归田躬耕，直至贫病交加而去世。陶渊明被称为“隐逸诗人之宗”。他的诗作开田园诗一体，为我国古典诗歌开辟了一个新的境界。陶渊明寄意田园的人生哲学与冲淡自然的艺术风格颇受后世推崇。

余闲居寡欢，兼比夜已长，偶有名酒，无夕不饮。顾影独尽，忽然复醉。既醉之后，辄题数句自娱；纸墨遂多，辞无诠次，聊命故人书之，以为欢笑尔[②]。

栖栖[③]失群鸟，日暮犹独飞。徘徊无定止，夜夜声转悲。
厉响思清远，去来何依依；因值孤生松，敛翮遥来归。
劲风无荣木，此荫独不衰；托身已得所，千载不相违。

◎ 注释

①《饮酒》是一组组诗，共20首，本篇为其中第四首。
② 这一段是《饮酒诗》开篇的序文。
③ 栖栖：出自《论语·宪问》，“丘何为是栖栖者与”，形容来往追寻、不能安定的样子。

陶渊明善于用自己的感受来写人生哲理，其诗常给人浑然天成之感。此组诗背景为陶渊明弃官躬耕后，有人来给他送酒，劝他再次出去做官。这使诗人有感而发，写成了《饮酒》组诗。本诗以鸟的失群离所后托身孤松比喻自己从出仕到归隐的心路历程，宣泄对现实的不满，歌颂远离尘嚣的田园生活。在这首诗的结尾，诗人表达了自己的隐居理想：我将永远固守，不再离去。

汇评

其文章不群，词采精拔，跌宕昭彰，独超众类。抑扬爽朗，莫之与京。（南朝梁・萧统《陶渊明集序》）

赏读《高士传》，最佳陶征君，目耽田园趣，自谓羲皇人。（唐・孟浩然《仲夏归汉南寄京邑旧游》）

陶令日日醉，不知五柳春。素琴本无弦，漉酒用葛巾。清风北窗下，自谓羲皇人。何时到栗里，一见平生亲。（唐・李白《戏赠郑溧阳》）

宽心应是酒，遣兴莫过诗。此意陶潜解，吾生后汝期。（唐・杜甫《奉寄河南韦尹丈人》）

吾与诗人无所甚好，独好渊明之诗，渊明作诗不多，然其诗质而实绮，癯而实腴，自曹、刘、鲍、谢、李、杜诸人，皆莫过也。（北宋・苏轼《与苏辙书》）

拓展阅读

饮酒（其五）

陶渊明

结庐在人境，而无车马喧。
问君何能尔？心远地自偏。
采菊东篱下，悠然见南山。
山气日夕佳，飞鸟相与还。
此中有真意，欲辨已忘言。

聚焦：

陶渊明《饮酒》组诗都是借饮酒主题表达生活志趣。这首与其四相比，情感状态已经变得更加愉悦自得，体现了作者对于隐居生活由挣扎、坚持到享受的心理变化。

思考与练习

1. “鸟”是陶渊明诗歌中常见的意象之一，请思考这首诗中的“失群鸟”意象的内涵。
2. 陶渊明以“隐逸诗人之宗”闻名，请结合这首诗的内容，分析他选择隐居生活的原因。

登池上楼

谢灵运

谢灵运（385～433），原名谢公义，字灵运，又因袭封康乐公，称谢康公、谢康乐。东晋末年刘宋初年的文学家，祖父为东晋名将谢玄，其母刘氏为王羲之外孙女。他是中国山水诗的开创者，是第一个大量创作山水诗的诗人。诗与颜延之齐名，并称“颜谢”。谢灵运善书法，“诗书皆兼独绝，每文竟，手自写之，文帝称为二宝”。对于自己的才华，谢灵运很有自信：“天下才共一石，子建（即曹植）独占八斗，吾占一斗，天下人共分一斗。”其诗充满道法自然的精神，贯穿着一种清新自然恬静之韵味，一改魏晋以来晦涩的玄言诗之风。李白、杜甫、王维、孟浩然、韦应物、柳宗元诸大家，都曾取法于谢灵运。

潜虬媚幽姿，飞鸿响远音。薄霄愧云浮，栖川怍渊沉①。
进德智所拙②，退耕力不任③。徇禄反穷海④，卧痾对空林⑤。
衾枕昧节候，褰开暂窥临。倾耳聆波澜，举目眺岖嵚⑥。
初景革绪风，新阳改故阴。池塘生春草，园柳变鸣禽。
祁祁伤豳歌⑦，萋萋感楚吟⑧。索居易永久，离群难处心。
持操岂独古，无闷征在今⑨。

◎ 注释

① 怍：音 zuò，惭愧。
② 进德：《周易·乾卦》说：“君子进德修业，欲及时也。”
③ 力不任：体力担当不了。
④ 徇禄：追求禄位。反：归，到。
⑤ 痾：音 kē，病。
⑥ 岖嵚：音 qū qīn，山势高峻。
⑦ 祁祁：《诗经·豳风·七月》：“春日迟迟，采蘩祁祁，女心伤悲，殆及公子同归。”祁祁，众多之貌。
⑧ 萋萋：《楚辞·招隐士》：“王孙游兮不归，春草生兮萋萋。”萋萋，草木茂盛状。
⑨ 无闷：《易经·乾卦》：“遁世无闷。”

这首诗是谢灵运做永嘉太守时的作品。当时政治环境复杂，文人生存空间有限。谢灵运在永嘉只停留一年时间，就“称疾去职”，回到会稽。全诗流露出了诗人任永嘉太守时的矛盾心情，懊悔自己既不能像潜虬那样安然退隐，又不可能像高鸿那样声震四方，只能在病中临窗远眺，抒发思归之情。本诗在结构、句式、遣词造句上都有着精心而复杂的思考过程。谢诗之前，少有对偶，而此诗几乎句句对仗。“池塘生春草，园柳变鸣禽”，更是谢诗中的名句。“池”指谢公池，位于今浙江省永嘉县西北。

汇评

康乐每对惠连（灵运之从弟），辄得佳语。后在永嘉西堂，思诗竟日不就，寤寐间忽见惠连，即成“池塘生春草”。故尝云：“此语有神助，非我语也。”（南朝·钟嵘《诗品》引《谢氏家录》）

池塘春草谢家春，万古千秋五字新。传语闭门陈正字，可怜无补费精神。（金·元好问《论诗绝句》）

盖酷祸造于虚声，怨毒生于异代，以衣冠世族，公侯才子。欲倔强新朝，送龄丘壑，势诚难之。予所惜者，涕泣非徐广，隐遁非陶潜，而徘徊去就，自残形骸，孙登所谓抱叹子嵇生也。《山居赋》云：“废张左，寻台皓，致在去饰取素。”宅心若此，何异秋水齐物？诗冠江左，世推富艳，以予观之，吐言天拔，政繇素心独绝耳！（明·张溥《汉魏六朝百三名家》中《谢康乐集》题词）

拓展阅读

梦得池塘生春草，使我长价登楼诗。（李白《赠从弟南平太守之遥》）

池塘草绿无佳句，虚卧春窗梦阿连。（白居易《梦行简》）

远客悠悠任病身，谢家池上又逢春。（张籍《感春》）

青郊谁驻马，谢客思池塘。（梅尧臣《过午桥庄》）

西堂吟思无人助，草满池塘梦自迷。（欧阳修《晓咏》）

春草池塘惠连梦，上林鸿雁子卿归。（苏轼《寄苏伯固》）

春草已生无好句，阿连空复梦中来。（王安石《寄四侄二首之一》）

天台山秀古多贤，晚向池塘识惠连。（杨万里《送谢子肃提举寺丞》）

共说仙翁闲日月，不因春草梦池塘。（朱熹《次韵寄题芙蓉馆三首之一》）

聚焦：

“池塘生春草”是谢灵运诗中千古流传的佳句，唐宋诗人常借用池塘春草的意象或典故来充盈自己的诗作，向这一经典名句致敬。

思考与练习

1. 从《诗经》到谢灵运，你认为中国诗歌发生了怎样的变化？
2. 你如何理解《登池上楼》的景物描写？
3. 找出谢诗中对仗的句子，并思考以前学过的诗歌中是否有对仗的句子。

于易水[①]送人

骆宾王

骆宾王（640？～684？），婺州义乌人（今浙江义乌）人。7岁作咏鹅诗。最初在道王府供职，后历任奉礼郎、武功主簿、长安主簿、侍御史等职，曾从军西域，宦游蜀中，后上疏议政触怒武则天而获罪下狱，一年后被贬为临海丞。公元684年随徐敬业扬州起兵讨武则天，写《讨武氏檄》，传遍天下。兵败后下落不明，一说被杀，一说出家为僧。骆宾王是“初唐四杰”之一，擅长七言歌行，五律也有佳作。著有《骆临海集》。

此地别燕丹[②]，壮士[③]发冲冠[④]。
昔时人[⑤]已没，今日水犹寒。

◎ 注释

① 易水：水名，在今河北省西部，大清河上源的一条支流。
② 燕丹：战国时燕国太子，名丹。他派荆轲入咸阳，以献督亢地图为名，图谋刺杀秦王。荆轲告别时，燕太子丹曾在易水边为他设宴送行。
③ 壮士：指荆轲。
④ 发冲冠：形容愤愤不平。在饯别的宴会上，荆轲请高渐离击筑，自己唱道：“风萧萧兮易水寒，壮士一去兮不复还。”
⑤ 人：指侠肝义胆的荆轲及礼贤下士的燕太子丹。

公元678年（唐高宗仪凤三年），骆宾王任侍御史职，因多次上疏讽谏，激怒皇后武则天，被诬陷下狱。公元679年（仪凤四年）旧历六月，改元调露（即调露元年），秋天，骆宾王遇赦出狱。是年冬，他即奔赴幽燕一带，侧身于军幕之中，决心报效国家。此诗大约写于这一时期，描述作者在易水送别友人时的感受，开篇以短短十字塑造出荆轲的传神形象，结尾两句是议论，借咏史以喻今。语言简洁、节奏铿锵，气势充沛，情感沉郁而激昂。整首诗寓意深远，笔调苍凉。

汇评

临海少年落魄，薄宦沉沦，始以贡疏被愆，继因草檄亡命。（清·陈熙晋《骆临海集笺注》）

初、盛间五言古，陈子昂为冠；七言短古、五言绝，王勃为冠；长歌，骆宾王为冠；五言律，杜审言为冠；七言律，沈佺期为冠；排律，宋之问为冠。（明·胡应麟《诗薮》）

唐起梁陈衰运后，诗文纤弱委靡，体日益下。宾王首与勃等一振之，虽未能骤革六朝余习，而诗律精严，文辞雄放，滔滔混混，横绝无前，唐三百年风雅之盛，以四人者为之前导也。（明·胡应麟《补唐书骆侍御传》）

故唐临海县丞义乌骆宾王，大节高风，瑰材卓行，词华冠代，学业超群。（明·胡应

麟《少室山房集》)

送 友 人

李 白

青山横北郭，白水绕东城。
此地一为别，孤蓬万里征。
浮云游子意，落日故人情。
挥手自兹去，萧萧班马鸣。

南 浦 别

白居易

南浦凄凄别，西风袅袅秋。
一看肠一断，好去莫回头。

别 董 大

高 适

千里黄云白日曛，北风吹雁雪纷纷。
莫愁前路无知己，天下谁人不识君。

别 离

陆龟蒙

丈夫非无泪，不洒离别间。
杖剑对樽酒，耻为游子颜。
蝮蛇一螫手，壮士即解腕。
所志在功名，离别何足叹。

聚焦：

这几首诗都是唐时的送别之作，与骆诗相比，这几首是送生活中的真正的朋友，骆诗是送历史上的壮士，各有悲情于胸。

思考与练习

1. 荆轲刺秦王是我们熟悉的历史史实，骆宾王的诗是如何体现“壮士一去兮不复还”的？
2. 送别是中国古代诗歌中常见的主题，你还能列举几首吗？
3. 请阅读并分析骆宾王的《在狱咏蝉》。

从军行[①]

杨　炯

杨炯（650～693?），华阴（今陕西华阴）人。11岁举神童，历任校书郎、梓州司法参军、婺州盈川令等官职。杨炯是唐代著名诗人，“初唐四杰”之一，擅长五律。他的一部分诗抒写边塞建功立业的抱负，风格遒劲豪放；另一部分诗词藻华艳、内容贫乏，仍未脱六朝诗风。时人称王、杨、卢、骆为四杰，杨炯闻之乃自言曰：“吾愧在卢前，耻居王后。”有《杨盈川集》。

烽火[②]照西京[③]，心中自不平。
牙璋[④]辞凤阙[⑤]，铁骑绕龙城[⑥]。
雪暗凋旗画，风多杂鼓声。
宁为百夫长[⑦]，胜作一书生。

◎ 注释

① 从军行：乐府旧题，内容多写军旅生活。行，诗歌的一种体裁。
② 烽火：边境报警的信号。
③ 西京：指长安。
④ 牙璋：古代调动军队的一种符信，分为两块，相合处呈牙状。
⑤ 凤阙：汉武帝时建章宫的阙上立金凤，故称凤阙，后泛指宫殿。
⑥ 龙城：匈奴祭祀的地方。这里泛指异族敌人要塞。
⑦ 百夫长：周武王的兵制，以百人为一队，队长称“百夫长”，后指军队中的下级军官。

五言律诗是唐诗的主体，其形式与格律在初唐时已经完备。这首诗写敌人逼近西京，诗人愤起不平之气，受命赴边，渴望消灭敌人，建功立业，不要像书生那样无用。关于此诗主题，有两种不同解读：一种是如上所解，这是清吴昌祺在《删订唐诗解》中的解读；另一种是明末学者唐汝询在《唐诗解》中的解读，他认为诗人看到朝廷重武轻文，内心不平。现在多从吴昌祺。

汇评

杨盈川文思如悬河注水，酌之不竭，既优于卢，亦不减王。（唐·张说《盂兰盆赋》）
词甚雅丽。（晋·刘昫《旧唐书》）
炯之丽制，不止此篇。
其词章瑰丽，由于贯穿典籍，不止涉猎浮华。（清·纪昀《四库全书总目提要》）
盈川近体，虽神俊输王，而整肃浑雄。究其体裁，实为正始。（明·胡应麟《诗薮》）

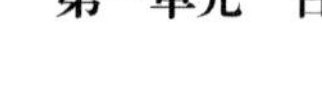

刘　　生

杨　炯

卿家本六郡，年长入三秦。
白璧酬知己，黄金谢主人。
剑锋生赤电，马足起红尘。
日暮歌钟发，喧喧动四邻。

骢　　马

杨　炯

骢马铁连钱，长安侠少年。
帝畿平若水，官路直如弦。
夜玉妆车轴，秋金铸马鞭。
风霜但自保，穷达任皇天。

战　城　南

杨　炯

塞北途辽远，城南战苦辛。
幡旗如鸟翼，甲胄似鱼鳞。
冻水寒伤马，悲风愁杀人。
寸心明白日，千里暗黄尘。

聚焦：

这几首都是杨炯的边塞诗歌，比之六朝诗歌的脂粉之气，杨炯的诗多了豪迈之情。边塞题材是唐诗中重要的吟咏主题。

思考与练习

1. 对于“宁为百夫长，胜作一书生”你是如何理解的，这抒发了诗人怎样的一种无奈？
2. 关于这首诗的两种不同解读，你觉得哪种解读更有道理？

春江花月夜[1]

张若虚

张若虚（660? ～720?），扬州（今属江苏）人。曾任兖州兵曹。因“文词俊秀”扬名长安，与贺知章、包融、张旭等吴越文士号称“吴中四士”。张若虚的诗大部分散佚，《全唐诗》仅录存两首。一首为五古《代答闺梦还》，写闺怨；另一首为七言歌行《春江花月夜》，此诗突破思妇闺愁的传统题材，抒写深挚的人生感慨，流畅宛转，隽永清丽，是千古传颂的佳作。

春江[2]潮水连海平，海上明月共潮生。滟滟[3]随波千万里，何处春江无月明？
江流宛转绕芳甸[4]，月照花林皆似霰[5]。空里流霜不觉飞，汀[6]上白沙看不见。
江天一色无纤尘，皎皎空中孤月轮。江畔何人初见月？江月何年初照人？
人生代代无穷已，江月年年只相似。不知江月待何人，但见长江送流水。
白云一片去悠悠，青枫浦[7]上不胜愁。谁家今夜扁舟子[8]？何处相思明月楼[9]？
可怜楼上月徘徊，应照离人妆镜台。玉户[10]帘中卷不去，捣衣砧[11]上拂还来。
此时相望不相闻，愿逐月华流照君。鸿雁[12]长飞光不度，鱼龙[13]潜跃水成文。
昨夜闲潭梦落花，可怜春半不还家。江水流春去欲尽，江潭落月复西斜。
斜月沉沉藏海雾，碣石[14]潇湘[15]无限路。不知乘月几人归？落月摇情满江树。

◎ 注释

① 春江花月夜：乐府旧题，属《清商曲·吴声歌》。曲调相传为陈后主所创。
② 春江：春天的长江，这里指长江接近入海的地方。
③ 滟滟：月光照着江面闪光的样子。
④ 芳甸：长满花草的郊野。
⑤ 霰：雪珠。
⑥ 汀：水边平地或小洲。
⑦ 青枫浦：长满枫林的水边。《楚辞·招魂》：“湛湛江水兮上有枫，目极千里兮伤春心。”此句暗用其意。
⑧ 扁舟子：乘船漂泊在外乡的人。
⑨ 明月楼：明月照射下的闺楼，这里代指楼中思妇。曹植《七哀诗》：“明月照高楼，流光正徘徊。上有愁思妇，悲叹有余哀。”
⑩ 玉户：华美的闺房。
⑪ 砧：捣衣石。
⑫ 鸿雁：大雁，古有雁足传信的传说。
⑬ 鱼龙：古有鱼传书信的传说，龙因鱼而连及。
⑭ 碣石：山名，在河北昌黎县西北，原在渤海西北边上，后沉入海底。这里泛指北方。
⑮ 潇湘：即潇水湘水。湘水流到湘南零陵与潇水汇合，称潇湘。这里泛指南方。

全诗紧扣春、江、花、月、夜的背景来写，又以月为主体。“月”是诗中情景兼融之物，在诗中犹如一条生命纽带，通贯上下，触处生神，诗情随着月轮的升落而起伏曲折。此诗超越了前人的山水景物诗与“羡宇宙之无穷，哀吾生之须臾”的哲理诗，更超越了抒发儿女别情离绪的爱情诗，诗人将这些传统题材注入了新的含义，融诗情、画意、哲理于一体。凭借对春江花月夜的描绘，尽情赞叹了大自然的奇丽景色，讴歌人间纯洁的爱情，把对游子思妇的同情心扩大开来，与对人生哲理的追求、对宇宙奥秘的探索结合起来，从而汇成一种情、景、理水乳交融的幽深而邈远的意境。全诗每四句一换韵，平仄相间，韵律婉转悠扬。

汇评

张若虚《春江花月夜》，流畅婉转，出刘希夷《白头翁》上，而世代不可考。详其体制，初唐无疑。（明·胡应麟《诗薮》）

浅浅说去，节节相生，使人伤感。未免有情，自不能读，读不能厌。……将春江花月夜五字炼成一片奇光，分合不得，真化工手。（明·钟惺《唐诗归》）

句句翻新，千条一缕，以动古今人心脾，灵愚共感。其自然独绝处，则在顺手积去，宛尔成章，令浅人言格局，言提唱，言关锁者，总元下口分在。（明·王夫之《唐诗选评》）

前半见人有变易，月明常在，江月不必待人，惟江流与月同无尽也。后半写思妇怅望之情，曲折三致。题中五字安放自然，犹是王、杨、卢、骆之体。（清·沈德潜《唐诗别裁》）

卢照邻《长安古意》、骆宾王《帝京篇》、刘希夷《代悲白头翁》、张若虚《春江花月夜》，何尝非一时杰作，然奏十篇以上，得不厌而思去乎。非开、宝诸公，岂识七言中有如许境界。何大复未之思也。（清·管世铭《读雪山房唐诗钞》）

这是诗中的诗，顶峰上的顶峰。从这边回头一望，连刘希夷都是过程了，不用说卢照邻和他的配角骆宾王，更是过程的过程。（闻一多《宫体诗的自赎》）

拓展阅读

代悲白头翁

刘希夷

洛阳城东桃李花，飞来飞去落谁家。洛阳女儿惜颜色，坐见落花长叹息。
今年花落颜色改，明年花开复谁在。已见松柏摧为新，更闻桑田变成海。
古人无复洛城东，今人还对落花风。年年岁岁花相似，岁岁年年人不同。
寄言全盛红颜子，应怜半死白头翁。此翁白头真可怜，伊昔红颜美少年。
公子王孙芳树下，清歌妙舞落花前。光禄池台开锦绣，将军楼阁画神仙。
一朝卧病无相识，三春行乐在谁边。宛转蛾眉能几时，须臾鹤发乱如丝。
但看古来歌舞地，惟有黄昏鸟雀悲。

把酒问月

李　白

青天有月来几时，我今停杯一问之：人攀明月不可得，月行却与人相随？
皎如飞镜临丹阙，绿烟灭尽清辉发？但见宵从海上来，宁知晓向云间没？
白兔捣药秋复春，嫦娥孤栖与谁邻？今人不见古时月，今月曾经照古人。
古人今人若流水，共看明月皆如此。唯愿当歌对酒时，月光长照金樽里。

聚焦：

这两首诗与《春江花月夜》主题接近，都写荏苒时光、今夕对照的情境。但刘希夷之作与张若虚之作相比，少了一份宇宙的时空意识；李白之作与张若虚之作相比，则弱在意境。

思考与练习

1. 名句赏析。

(1) 江畔何人初见月？江月何年初照人？

(2) 鸿雁长飞光不度，鱼龙潜跃水成文。

2. 这首诗共出现了几种景物？描绘出了一种怎样的画面？

3. “人生代代无穷已，江月年年只相似”，你是如何理解这句话的？

感遇十二首（其七）

张九龄

张九龄（678～740），字子寿，韶州曲江（今广东韶关）人。进士及第后历任朝廷和地方官职，玄宗时任中书令，兼修国史，为一代名相。他直言敢谏，弹劾安禄山叛国野心，引起玄宗不悦，被李林甫排挤出朝，贬为荆州长史。张九龄为唐朝著名诗人，其诗脱尽齐梁遗风，语言质朴，情致深婉，清新淡雅。其中《感遇》十二首与陈子昂的《感遇》诗齐名。古人评他“首创清淡之派”，开了王、孟诗派的先河。有《张曲江集》20卷。

江南有丹橘，经冬犹绿林。
岂伊① 地气暖？自有岁寒心②。
可以荐③嘉客④，奈何阻重深。
运命惟所遇，循环不可寻。
徒言树桃李，此木岂无阴？

◎ 注释

① 伊：那，指江南。
② 岁寒心：耐寒的本性。
③ 荐：献。
④ 嘉客：贵宾。

《感遇十二首》是张九龄遭贬荆州长史后作。这一组诗运用比兴手法，表现其坚贞清高的品德，抒发自己遭受排挤的忧思。此篇为第七首。这首诗借用屈原《橘颂》的诗意，以丹橘自喻，表现了诗人自己的优美情操、高尚品德及对理想的不懈追求。诗人歌颂了丹橘经冬翠绿不畏严寒的品质，同时表达了举贤之路“阻重深”的无奈。全诗以橘起，以橘结，前呼后应，深化主题。尤其是最后出人意料的设问，震人心弦，增添了诗的艺术魅力。

汇评

张曲江五言以兴寄为主，而结体简贵，选言清泠，如玉磬含风，晶盘盛露，故当于尘外置赏。(明·胡震亨《唐音癸签》)

曲江诸作，含清拔于绮绘之中，寓神俊于庄严之内。张子寿首创清澹之派。(明·胡应麟《诗薮》)

唐初五言古渐趋于律，风格未道。陈正字（子昂）起衰而诗品始正，张曲江继续而诗品乃醇。(清·沈德潜《唐诗别裁集》)

今观其《感遇》诸作，神味超轶，可与陈子昂方驾。(清·纪昀《四库全书总目提要》)

张曲江襟情高迈，有遗世独立之意，《感遇》诸诗，与子昂称岱、华矣。(清·管世铭《读雪山房唐诗钞序例》)

今读其文章，自内职牧始，安有瘴疠之叹，自退相守荆州，有拘囚之思。托讽禽鸟，寄辞草树，郁然与骚人同风。(晋·刘昫《旧唐书·列传卷第一百一十》引刘禹锡读《张九龄文集》后评)

拓展阅读

橘　颂

屈　原

后皇嘉树，橘徕服兮。受命不迁，生南国兮。
深固难徙，更壹志兮。绿叶素荣，纷其可喜兮。
曾枝剡棘，圆果抟兮。青黄杂糅，文章烂兮。
精色内白，类任道兮。纷缊宜脩，姱而不丑兮。
嗟尔幼志，有以异兮。独立不迁，岂不可喜兮？
深固难徙，廓其无求兮。苏世独立，横而不流兮。
闭心自慎，终不失过兮。秉德无私，参天地兮。
愿岁并谢，与长友兮。淑离不淫，梗其有理兮。
年岁虽少，可师长兮。行比伯夷，置以为象兮。

橘柚垂华实

汉·无名氏

橘柚垂华实，乃在深山侧。
闻君好我甘，窃独自雕饰。
委身玉盘中，历年冀见食。
芳菲不相投，青黄忽改色。
人倘欲我知，因君为羽翼。

聚焦：

用橘比喻人的品德，橘意象始于屈原的《橘颂》，汉代的无名氏与唐代的张九龄在各自的作品中继承了这一传统。橘树有何特征，使之可用于比德？

思考与练习

1. 诗中哪些句子表现了橘树的美好？
2. 诗人以橘自喻，表达了自己怎样的心情和品质？
3. 这首诗的语言有何特色？

归故园作[①]

孟浩然

孟浩然（689～740），襄州襄阳（今湖北襄阳）人，世称孟襄阳。唐代著名诗人。早年隐居，读书赋诗以自娱。40岁时到长安应试不第，后漫游吴越数年，回到襄阳后曾一度游历巴蜀。张九龄被贬为荆州长史时，他曾在张的幕府做了一年清客，与张作诗唱和。他终身是个布衣诗人，这在唐代诗人中是少有的。孟浩然是唐代创作大量山水田园诗的第一人，长于五言，诗风冲淡自然中有壮逸之气，与王维并称“王孟”，一起开创了盛唐山水田园诗派。他在唐代诗坛上颇负盛名，李白说“吾爱孟夫子，风流天下闻”（《赠孟浩然》），杜甫赞他“清诗句句尽堪传”（《解闷十二首》）。有《孟浩然集》。

北阙[②]休上书[③]，南山归敝庐。
不才明主弃，多病故人疏[④]。
白发催年老，青阳[⑤]逼岁除[⑥]。
永怀愁不寐，松月夜窗虚[⑦]。

◎ 注释

① 题目一作“归终南山”、“岁暮归南山”、“岁晚归终南山”。
② 北阙：皇家宫殿北面的望楼。这里泛指朝廷。
③ 上书：向皇帝上书表达政见，请求任用。
④ 疏：疏远。
⑤ 青阳：春天。
⑥ 岁除：年终。
⑦ 虚：空。

开元十六年，诗人来长安应进士举落第，心情苦闷。此诗是诗人仕途不通，无奈归隐之后的作品，诗中发泄了一种怨悱之情。起首二句记事，叙述停止追求仕进，归隐南山；三、四句说理，抒发怀才不遇的感慨；五、六句写景，自叹虚度年华，壮志难酬；最后两句阐发愁寂空虚之情。此诗表达了怀才不遇、落魄归来的怨愤和垂老无成的伤感。求仕情切，宦途渺茫，鬓发已白，缀以“催”、“逼”二字，恰切地表现诗人不愿以白衣终老此生而又无可奈何的复杂感情。这首诗看似语言显豁，实则含蕴丰富。层层辗转表达，句句语涉多意，构成悠远深厚的艺术风格。

汇评

（冯舒）尝诵孟襄阳诗“不才明主弃，多病故人疏”，云：“一生失意之诗，千古得意之句”。（清·顾嗣立《寒厅诗话》）

浩然诗，文采丰茸，经纬绵密。半遵雅调，全削凡体。至如“众山遥对酒，孤屿共题诗”，无论兴象，兼复故实。（唐·殷璠《河岳英灵集》）

孟浩然之诗，讽咏之久，有金石宫商之声。（南宋·严羽《沧浪诗话》）

孟浩然才虽浅窘，然语气清亮，诵之有泉流石上，风来松下之音。（明·陆时雍《诗镜总论》）

襄阳诗人孟浩然，开元中颇为王右丞所知。句有“微云淡河汉，疏雨滴梧桐”者，右丞吟咏之，常击节不已。维待诏金銮殿，一旦，召之商较风雅，忽遇上幸维所，浩然错愕伏床下，维不敢隐，因之奏闻。上欣然曰：“朕素闻其人。”因得诏见。上曰：“卿将得来诗耶?”浩然奏曰：“臣偶不不赍所业。”上即命吟。浩然奉诏，拜舞念诗曰：“北阙休上书，南山归敝庐。不才明主弃，多病故人疏。”上闻之怃然曰：“朕未曾弃人，自是卿不求进，奈何反有此作!”因命放归南山。终身不仕。（五代·王定保《唐摭言》）

拓展阅读

归园田居　（其一）

陶渊明

少无适俗韵，性本爱丘山。误落尘网中，一去三十年。
羁鸟恋旧林，池鱼思故渊。开荒南亩际，守拙归园田。
方宅十余亩，草屋八九间。榆柳荫后檐，桃李罗堂前。
暧暧远人村，依依墟里烟。狗吠深巷中，鸡鸣桑树颠。
户庭无尘杂，虚室有余闲。久在樊笼里，复得返自然。

聚焦：

这首诗与孟浩然的《归故园作》诞生背景相似，都是作者告别仕途、归隐田园时，但二者情感状态迥然不同，究其原因，除了两位诗人价值观念存在差异外，也与两个不同的时代背景有很大关系。

思考与练习

1. 这首诗的情感基调是什么?
2. 诗人选取了哪些景物来表达情感?

终南别业[①]

王 维

王维(701~761),字摩诘,祖籍山西祁县。唐代著名诗人。从其父始,迁居蒲州(今山西永济)。早年曾居长安、洛阳。进士及第,安史之乱前,任给事中。安史之乱长安被攻陷,王维被俘,被迫接受伪职。乱平后,因被俘后曾作思念唐王室的诗而免罪,被降为太子中允,后转尚书右丞。晚年笃信佛教,悠游山水田园间。王维的诗题材广泛,各体都擅长,五律五绝成就最高。早期作品表现对权贵的不满和自我进取精神,后期写了大量山水田园诗佳作,极富诗情画意,苏轼赞其"诗中有画"。诗风清丽淡雅,意境高远。王维是盛唐山水田园诗派中最杰出的代表,在当时被誉为"诗名冠代",诗一写出即"人皆讽诵"。有《王右丞集》。

中岁颇好道,晚家[②]南山陲。
兴来每独往,胜事[③]空自知。
行到水穷处,坐看云起时。
偶然值[④]林叟,谈笑无还期。

◎ 注释

① 终南别业:诗人在终南山的别墅。
② 晚家:晚年移家。
③ 胜事:快意的事。
④ 值:遇见。

此诗在《河岳英灵集》题为《入山寄城中故人》,《国秀集》题为《初至山中》,大概是作于开元二十九年(742),时王维刚开始在终南山隐居,选择了一种超越人为节奏的纯任自然的生活方式,而每有所感,便会于心,就不免有"空自知"之感。一个"空"字,表面上看是叹惋,实则是自豪。随意走,随意住,随意坐,随意看,这一系列活动,衔接得很紧,却又像白云卷舒,从容自在。正因为"无心",所以人和自然便融为一体,显示出淡泊闲适和安详自足。全诗情、景、事、理融为一体,每句包含禅意,其实就连禅意也是自然流露,而非刻意安排,这也是此诗的高妙意境所在。

汇评

维诗词秀调雅，意新理惬，在泉为珠，着壁成绘，一句一字，皆出常境。（唐·殷璠《河岳英灵集》）

趣味澄复，若清沇之贯达。（唐·司空图《与王驾评诗书》）

味摩诘之诗，诗中有画；观摩诘之画，画中有诗。（北宋·苏轼《东坡题跋·书摩诘蓝田烟雨图》）

行到水穷处，去不得处，我亦便止；倘有云起，我便坐而看云起。坐久当还，偶值林叟，便与谈论山间水边之事。相与留连，则不能以定还期矣。于佛法看来，总是个无我，行无所事。行到是大死，坐起是得活，偶然是任运，此真好道人行履，谓之好道，不虚也。（清·徐增《唐诗解读》卷五）

行至水穷，若已到尽头，而又看云起，见妙境之无穷。可悟处世事变之无穷，求学之义理亦无穷。此二句有一片化机之妙。（俞陛云《诗境浅说》）

拓展阅读

山　水　诀

王　维

夫画道之中，水墨最为上。肇自然之性，成造化之功。或咫尺之图，写千里之景。东西南北，宛尔目前；春夏秋冬，生于笔下。初铺水际，忌为浮泛之山；次布路岐，莫作连绵之道。主峰最宜高耸，客山须是奔趋。回抱处僧舍可安，水陆边人家可置。村庄著数树以成林，枝须抱体；山崖合一水而泻瀑，泉不乱流。渡口只宜寂寂，人行须是疏疏。泛舟楫之桥梁，且宜高耸；著渔人之钓艇，低乃无妨。悬崖险峻之间，好安怪木；峭壁巉岩处，莫可通途。远岫与云容相接，遥天共水色交光。山钩锁处，沿流最出其中；路接危时，栈道可安于此。平地楼台，偏宜高柳映人家；名山寺观，雅称奇杉衬楼阁。远景烟笼，深岩云锁。酒旗则当路高悬，客帆宜遇水低挂。远山须要低排，近树惟宜拔进。手亲笔砚之馀，有时游戏三昧。岁月遥永，颇探幽微。妙悟者不在多言，善学者还从规矩。

塔顶参天，不须见殿，似有似无，或上或下。茅堆土埠，半露檐廒；草舍庐亭，略呈樯杆。山分八面，石有三方。闲云切忌芝草样，人物不过一寸许，松柏上现二尺长。

聚焦：

“行到水穷处，坐看云起时。”这两句有很强的画面感。王维不仅是一位诗人，也是一位山水画家，在此文中他提出了“水墨为上”、“肇自然之性，成造化之功”、“咫尺之间，写千里之景”、“游戏三昧”、“妙悟”等绘画理论主张，是唐宋期间山水画技法及创作的有研究价值的著作。

思考与练习

1. 读王维之诗，脑中会出现何种景象？试用语言加以描述。
2. “行到水穷处，坐看云起时”表达了什么样的人生哲理？

燕 歌 行[①]

高 适

高适（700～765），字达夫、仲武，渤海蓨（今河北易县）人。少孤贫，爱交游，有游侠之风，并以建功立业自期。20岁时西游长安，开元十九至二十年间曾北上蓟门。以后约有10年滞留宋州，过了多年“混迹渔樵”的落拓浪游生活，此间与李白、杜甫结交。46岁时应试举有道科中第，后数任地方大员。《旧唐书》说“有唐以来，诗人之达者，唯适而已”。高适是唐代著名的边塞诗人，与岑参并称“高岑”，这和他曾在边塞生活的经历是分不开的。其诗笔力雄健，气势奔放，洋溢着盛唐时期所特有的奋发进取、蓬勃向上的时代精神，直抒胸臆，不尚雕饰，以七言歌行最富特色，大多写边塞生活。高适的诗以古体见长，尤以七古为胜。有《高常侍集》等传世。

开元二十六年，客有从元戎[②]出塞而还者，作燕歌行以示。适感征戍之事，因而和焉。

汉家烟尘在东北，汉将辞家破残贼。男儿本自重横行，天子非常赐颜色。
摐金伐鼓下榆关，旌旆逶迤碣石间。校尉羽书飞瀚海，单于猎火照狼山。
山川萧条极边土[③]，胡骑凭陵杂风雨。战士军前半死生，美人帐下犹歌舞。
大漠穷秋塞草腓，孤城落日斗兵稀。身当恩遇恒轻敌，力尽关山未解围。
铁衣远戍辛勤久，玉箸应啼别离后。少妇城南欲断肠，征人蓟北空回首。
边风飘飖那可度，绝域苍茫更何有？杀气三时作阵云，寒声一夜传刁斗[④]。
相看白刃血纷纷，死节从来岂顾勋。君不见沙场征战苦，至今犹忆李将军！

◎ 注释

① 燕歌行：乐府旧题，属《相和歌辞·平调曲》，据说是曹丕开创，曹丕所作《燕歌行》有两首，均写妇女秋思，后人多用燕歌行曲调作闺怨诗。
② 元戎：主帅，指幽州节度使张守。
③ 极边土：临边境的尽头。
④ 刁斗：军中打更用的铜器。

此诗突破了以前同题诗作铺陈、渲染征人思妇缠绵相思之情的格局，大大开拓了歌辞的内容。全诗简练地描写了一次战争的全过程。开头八句写出师，说明战争的方位和性质；第二段八句，写战斗危急和失败，战士们出生入死，将军们却荒淫无耻；第三段十二句，写被围战士的痛苦以及他们的浴血奋战、视死如归，边塞的荒凉，对英明将军的渴望。将出征的军容、军情的紧急、边塞的荒寒、战争的酷烈、军中的苦乐不均、战士的勇武、别离的悲怆、和平的祈愿等多种情景俱熔于一炉。全诗的气势畅达，笔力矫健，气氛悲壮淋漓，主旨深刻含蓄。用韵平仄相间，抑扬有节，音调和美，是边塞诗的名篇，千古传诵，有口皆碑。

汇评

高岑殊缓步，沈鲍得同行。意惬关飞动，篇终接混茫。（唐·杜甫《寄彭州高三十五使君适虢州岑二十七长史参三十韵》）

适诗多胸臆语，兼有气骨。（唐·殷璠《河岳英灵集》）

高岑之诗悲壮，读之使人感慨。（南宋·严羽《沧浪诗话》）

高适诗尚质主理，岑参诗尚巧主景。（元·陈绎《唐音癸签》引《吟谱》）

高岑悲壮为宗，王孟闲淡自得。（明·胡应麟《诗薮》）

高悲壮而厚，岑奇逸而峭。（清·王士禛《师友诗传续录》）

拓展阅读

饮马长城窟行

杨　广

肃肃秋风起，悠悠行万里。万里何所行，横漠筑长城。
岂合小子智，先圣之所营。树兹万世策，安此亿兆生。
讵敢惮焦思，高枕于上京。北河见武节，千里卷戎旌。
山川互出没，原野穷超忽。撞金止行阵，鸣鼓兴士卒。
千乘万旗动，饮马长城窟。秋昏塞外云，雾暗关山月。
缘严驿马上，乘空烽火发。借问长城侯，单于入朝谒。
浊气静天山，晨光照高阙。释兵仍振旅，要荒事万举。
饮至告言旋，功归清庙前。

聚焦：

这首诗是隋炀帝杨广的作品，与高适的《燕歌行》一样，同为歌行体古诗，皆属边塞题材。但二者情感基调有明显差异，试体会。

思考与练习

1. 诗人选取了哪些典型的边塞景物，营造出边塞的整体意境？
2. 如何理解这首诗结尾的“至今犹忆李将军”？

走马川[①]行奉送出师西征

岑 参

岑参（约715～770），原籍南阳（今属河南新野）。出身于官僚家庭，曾祖父、伯祖父、伯父都官至宰相。公元766年官至嘉州刺史，世称岑嘉州。天宝八载至至德二年春，岑参曾两度出塞。岑参是唐代著名边塞诗人，其诗题材广泛，涉及言志、赠答、山水、行旅各方面，而以边塞诗写得最为出色，"雄奇瑰丽"是其突出特点。其边塞诗突破了以往征戍诗写边地苦寒和士卒劳苦的传统格局，将西北荒漠的奇异风光与风物人情，用慷慨豪迈的语调和奇特的艺术手法生动地表现出来，别具一种奇伟壮丽之美。

君不见走马川，行雪海边，平沙莽莽黄入天。
轮台[②]九月风夜吼，一川碎石大如斗，随风满地石乱走。
匈奴草黄马正肥，金山[③]西见烟尘飞，汉家[④]大将西出师。
将军金甲夜不脱，半夜军行戈相拨，风头如刀面如割。
马毛带雪汗气蒸，五花连钱[⑤]旋作冰，幕中草檄[⑥]砚水凝。
虏骑闻之应胆慑，料知短兵不敢接，车师[⑦]西门伫献捷。

◎ 注释

① 走马川：又名左末河，即今新疆车尔成河。
② 轮台：地名，在今新疆米泉县境内。封常青将军府驻守在这里。
③ 金山：指天山主峰。
④ 汉家：唐代诗人多以汉代唐。
⑤ 连钱：马斑驳的毛色。
⑥ 草檄：檄，音 xí，起草讨伐敌军的文告。
⑦ 车师：蘅塘退士本作军师。车师为唐安西都护府所在地，今新疆吐鲁番县。

此诗作于诗人任安西北庭节度判官时，封常清出兵去征播仙，因此作诗为封送行。这首诗奇而壮，风沙的猛烈、人物的豪迈，都给人以雄浑壮美之感。为了表现边防将士高昂的爱国精神，诗人用了反衬手法，用边地特征的景物来写环境的艰险，极力渲染环境的恶劣，来突出人物不畏艰险的精神，惊心动魄，热情奔放，气势昂扬。全诗句句用韵，除开头两句外，三句一转韵，韵位密集，换韵频数，节奏急促有力，情韵灵活流宕，声调激越豪壮。

汇评

每一篇绝笔，则人人传写，虽闾里士庶，戎夷蛮貊，莫不讽诵吟习焉。（唐·杜确《岑嘉州诗集序》）

诗奇体峻，意亦造奇。（唐·殷璠《河岳英灵集》）

汉嘉山水邦，岑公昔所寓。公诗信豪伟，笔力追李杜。常想从军时，气无玉关路。至今蠹简传，多昔横槊赋。零落财百篇，崔嵬多杰句。工夫刮造化，音节配韶頀。我后四百年，清梦奉巾屦。晚途有奇事，随牒得补处。群胡自鱼肉，明主方北顾。诵公天山篇，流涕思一遇。（宋·陆游《夜读岑嘉州集》）

参诗能作奇语，尤长于边塞。（清·沈德潜《唐诗别裁集》）

嘉州之奇峭，入唐以来所未有。又加以边塞之作，奇气益出。（清·翁方纲《石洲诗话》）

拓展阅读

轮台歌奉送封大夫出师西征

岑 参

轮台城头夜吹角，轮台城北旄头落。羽书昨夜过渠黎，单于已在金山西。戍楼西望烟尘黑，汉兵屯在轮台北。上将拥旄西出征，平明吹笛大军行。四边伐鼓雪海涌，三军大呼阴山动。虏塞兵气连云屯，战场白骨缠草根。剑河风急雪片阔，沙口石冻马蹄脱。亚相勤王甘苦辛，誓将报主静边尘。古来青史谁不见，今见功名胜古人。

聚焦：

岑参诗歌意奇语奇，善用奇伟的边塞风光衬托边塞生活的艰苦，这首诗与《走马川行奉送出师西征》一样，显示出一种崇高风格的美感。

思考与练习

1. 这首诗运用了哪些色彩营造出独特的绘画感？
2. 你如何理解岑参诗歌的“意奇”和“语奇”？

战 城 南[①]

李 白

李白（701～762），字太白，号青莲居士，祖籍陇西成纪（今甘肃省秦安县）。唐代著名诗人。隋末其先世因罪迁徙西域，他出生在唐安西都护府之碎叶城（今中亚地区吉尔吉斯斯坦共和国境内），5岁随其父迁居绵州彰明青莲乡（今四川省江油市）。李白的诗歌作品内容丰富，感情深挚，具有强烈的艺术感染力。写景则形象雄伟壮阔，气势磅礴，色彩缤纷；抒情则感情奔放激荡，跳脱起伏，变化多端。李白古风最为出奇，七律最少。唐代韩愈、李贺，宋代欧阳修、苏轼、陆游，明代高启，清代屈大均、黄景仁、龚自珍等著名诗人，都在不同程度上向李白的诗歌汲取营养，受其影响。唐文宗御封李白诗歌、裴旻剑舞、张旭草书为“三绝”。

去年战，桑干源；今年战，葱河道。洗兵[②]条支海上波，放马天山雪中草。万里长征战，三军尽衰老。匈奴以杀戮为耕作[③]，古来惟见白骨黄沙田。秦家筑城备胡处，汉家还有烽火燃。烽火燃不息，征战无已时。野战格斗死，败马号鸣向天悲。乌鸢啄人肠，衔飞上挂枯树枝。士卒涂草莽，将军空尔为。乃知兵者是凶器，圣人不得已而用之[④]。

◎ 注释

①《战城南》是汉乐府旧题，属《鼓吹曲辞》，为汉《饶歌十八曲》之一。

② 洗兵：出自左思《魏都赋》，“洗兵海岛，刷马江洲”。洗兵，洗去兵器上的污秽。

③ 出自西汉王褒《四子讲德论》，匈奴“业在攻伐，事在射猎”，“其耒耜则弓矢鞍马，播种则扞弦掌拊，收秋则奔狐驰兔，获刈则颠倒殪仆”。以耕作为喻，生动地刻画出匈奴人的生活与习性。

④ 出自《六韬》：“圣人号兵为凶器，不得已而用之。”

天宝年间，唐玄宗轻动干戈，逞威边远，几经失败，给人民带来深重的灾难，诗人抒发的正是这种悲愤之情。

前四句写征伐的频繁，简单两组对称句式，音韵铿锵，诗句复沓，给人以东征西讨、转旆不息的强烈印象，这样的结果是“三军尽衰老”。“匈奴”以下六句是第二段，纵观边疆历史，秦筑长城防御胡人，汉时仍然烽火高举，这两句含有深刻的历史教训和诗人深邃的洞察力，“烽火燃不息，征战无已时！”“野战”两句着重勾画战场的悲凉气氛，“乌鸢”两句着重描写战场的凄惨景象，二者相互映发，交织成一幅色彩强烈的画面。战马独存犹感不足，加以号鸣思主，更增添物在人亡的悲凄；乌鸢啄人肠犹以不足，又加以衔挂枯枝，更见出情景的惨烈，浓重的夸张色彩，尽显悲凉。最后，全诗以“乃知兵者是凶器，圣人不得已而用之”作结，点明主题，这是从历史和现实的惨痛经验中提炼出来的，有画龙点睛之妙，使全诗意旨豁然。

汇评

白也诗无敌，飘然思不群；清新庾开府，俊逸鲍参军。（唐·杜甫《春日忆李白》）

观太白诗者要识真太白处，太白天才豪逸，语多卒然而成者，学者于每篇中要识其安身立命处可也。太白发句谓之开门见山。（南宋·严羽《沧浪诗话》）

太白天仙之词，语多率然而成者，故乐府歌词咸善。或谓其始以《蜀道难》一篇见赏于知音，为明主所爱重，此岂浅材者徼幸际其时而驰骋哉！不然也。白之所蕴，非止是。今观其《远别离》、《长相思》、《乌栖曲》、《鸣皋歌》、《梁园吟》、《天姥吟》、《庐山谣》等作，长篇短韵，驱驾气势，殆与南山秋气并高可也。虽少陵犹有让焉，余子琐琐矣。（明·高棅《唐诗品汇》）

右丞之自然，太白之高妙，苏州之古淡，并入化机。而三家中，太白近乐府，右丞、苏州近古诗，又各擅胜场也。（清·沈德潜《说诗晬语》）

诗有音节清脆，如雪竹冰丝，非人间凡响；皆有天性使然，非关学问。在唐则青莲一人，而温飞卿继之。（清·袁枚《随园诗话》）

战 城 南

战城南，死郭北，野死不葬乌可食。为我谓乌：且为客豪！野死谅不葬，腐肉安能去子逃？水深激激，蒲苇冥冥；枭骑战斗死，驽马徘徊鸣。梁筑室，何以南？何以北？禾黍不获君何食？愿为忠臣安可得？思子良臣，良臣诚可思：朝行出攻，暮不夜归！

聚焦：

此诗是汉《铙歌十八曲》原诗，也是一首悼念阵亡将士、揭露战争灾难的作品。李白不拘泥于古辞，糅合唐诗发展的成就，由质朴无华变为逸宕流美、凝练精工，富有歌行奔放的气势，显示出李白诗的独特风格。

思考与练习

1. 这首诗的主旨是什么？
2. 与汉乐府中的《战城南》对比，试述李白诗歌的风格。

宣州谢朓楼[①]饯别校书叔云[②]

李 白

弃我去者，昨日之日不可留；乱我心者，今日之日多烦忧。长风万里送秋雁，对此可以酣高楼。蓬莱[③]文章建安骨[④]，中间小谢[⑤]又清发。俱怀逸兴壮思飞，欲上青天揽明月。抽刀断水水更流，举杯销愁愁更愁。人生在世不称意，明朝散发[⑥]弄扁舟。

◎ 注释

① 谢朓楼：又名北楼、谢公楼，在陵阳山上，谢朓任宣城太守时所建。
② 校书：官名，即校书郎，掌管朝廷的图书整理工作。叔云：李白的族叔李云。
③ 蓬莱：此指东汉时藏书之东观，指东观经籍之多。
④ 建安骨：汉末建安年间，“三曹”和“七子”等作家所作之诗风骨遒劲，后人称之为“建安风骨”。
⑤ 小谢：指谢朓。后人将他和谢灵运并举，称为大谢、小谢。
⑥ 散发：不束冠，意谓不做官。

此诗《文苑英华》题作《陪侍御叔华登楼歌》，作于公元742年，即天宝元年。李白当时怀着远大的政治理想来到长安，任职于翰林院，两年后，因被谗而离开朝廷，开始了人生第二次漫游。公元753年秋，李白到宣州，为族叔李云饯行而写成此诗。诗不直言离别，重笔抒发自己怀才不遇的牢骚、愤懑。

诗旨在以蓬莱文章称赞李云，以谢朓自喻，借送别以赞对方，惜其生不逢时。“蓬莱”四句，赞美对方文章如蓬莱宫幽藏，刚健遒劲，有建安风骨，同时以谢朓自比，表达了对高洁理想的追求。末四句抒写感慨，理想与现实不可调和，不免烦忧苦闷，只好散发弄舟，寻求寄托。全诗思想感情瞬息万变，艺术结构腾挪跌宕，起落无端，断续无迹，深刻地表现了诗人矛盾的心情。语言豪放自然，音律和谐统一。“欲上青天揽明月”，气势如“黄河之水天上来”，的确无人能及。“抽刀断水水更流，举杯销愁愁更愁”，是千百年来描摹愁绪的名句。

汇评

太白诗“人心若波澜，世路有屈曲”。“斗酒强然诺，寸心终自疑”。“长绳难击日，自古共悲辛”。“今日风日好，明日恐不如”。“世路如秋风，相逢尽萧索”。“猎客张兔罝，不能挂龙虎”。“归时莫洗耳，为我洗其心。洗心得真情，洗耳徒买名”。“空手无壮士，穷居使人低”。“天若不爱酒，酒星不在天。地若不爱酒，地应无酒泉”。“一樽齐死生，万事固难审”。“处世若大梦，胡为劳其生”。“天生我才必有用，千金散尽还复来”。“罗帷舒卷，似有人开。明月直入，无心可猜”。“弃我去者昨日之日不可留，乱我心者今日之日多烦忧”。“今日非昨日，明日还复来。白发对绿酒，强歌心已摧”。此种吐属，所谓“诗有别趣”。（清・余成教《石园诗话》）

李白性嗜酒，志不拘检，常林栖十数载。故其为文章，率皆纵逸，至如《蜀道难》等篇，可谓奇之又奇，自《骚》人以还，鲜有此体调也。（唐・殷璠《河岳英灵集》）

李太白诗过人，其生平所享，如浮花浪蕊。其诗云：“罗帷舒卷，似有人开。明月直入，无心可猜。”不可及也。（北宋・苏辙《苏栾城集》）

太白诗虽若升天乘云，无所不之，然自不离本位。故放言实是法言，非李赤之徒所能托也。幕天席地，友月交风，原是平常过活，非广己造大也。太白诗当以此意读之。（清・梁章钜《退庵随笔》）

拓展阅读

行路难

李白

其一

金樽清酒斗十千，玉盘珍馐直万钱。停杯投箸不能食，拔剑四顾心茫然！
欲渡黄河冰塞川，将登太行雪满山。闲来垂钓碧溪上，忽复乘舟梦日边。
行路难！行路难！多歧路，今安在？长风破浪会有时，直挂云帆济沧海。

其二

大道如青天，我独不得出。羞逐长安社中儿，赤鸡白雉赌梨栗。
弹剑作歌奏苦声，曳裾王门不称情。淮阴市井笑韩信，汉朝公卿忌贾生。
君不见昔时燕家重郭隗，拥篲折节无嫌猜。剧辛乐毅感恩分，输肝剖胆效英才。
昭王白骨萦蔓草，谁人更扫黄金台？行路难，归去来！

其　三

有耳莫洗颍川水，有口莫食首阳蕨。含光混世贵无名，何用孤高比云月？
吾观自古贤达人，功成不退皆殒身。子胥既弃吴江上，屈原终投湘水滨。
陆机雄才岂自保？李斯税驾苦不早。华亭鹤唳讵可闻？上蔡苍鹰何足道？
君不见吴中张翰称达生，秋风忽忆江东行。且乐生前一杯酒，何须身后千载名？

聚焦：

《宣州谢朓楼饯别校书叔云》中表现的怀才不遇的愁绪始终是李白人生与诗歌中的重要内容，《行路难》三首也表现了这种情感，以“行路难”的意象隐喻无处可以施展抱负的困境，表达了诗人在希望与失望之间挣扎的矛盾心态。

思考与练习

1. 这首诗的情感急速而剧烈，一共出现过哪几次变化？
2. “抽刀断水水更流，举杯销愁愁更愁”，这句比喻妙在哪里？
3. 名句赏析。
   (1) 燕山雪花大如席，片片吹落轩辕台。(《北风行》)
   (2) 浮云游子意，落日故人情。(《送友人》)
   (3) 我寄愁心与明月，随风直到夜郎西。(《闻王昌龄左迁龙标遥有此寄》)
   (4) 安能摧眉折腰事权贵，使我不得开心颜。(《梦游天姥吟留别》)

观公孙大娘弟子舞剑器[①]行

杜　甫

杜甫（712～770），字子美，原籍襄阳，出身于一个世代奉儒守官的家庭，立功立言是这个家族的传统。杜甫的十三世祖是西晋大将、著名学者杜预，祖父杜审言是初唐著名诗人，官修文馆学士；父亲杜闲，做过朝议大夫、奉天令。杜甫一生坎坷，其诗显示了唐代由盛转衰的历史过程，被称为“诗史”。他以古体、律诗见长，风格多样，而以沉郁为主，被后世诗家尊为“诗圣”。杜甫善于运用古典诗歌的许多体制，并加以创造性的发展。他是新乐府诗体的开路人。他的乐府诗，促成了中唐时期新乐府运动的发展。他的五七古长篇，亦诗亦史，展开铺叙，而又着力于全篇的回旋往复，标志着我国诗歌艺术的高超水平。杜甫在五七律上也表现出显著的创造性，积累了关于声律、对仗、炼字炼句等的完整的艺术经验，使这一体裁达到完全成熟的阶段。有《杜工部集》传世。今存诗1400余首，文21篇。

大历二年十月十九日，夔府别驾元持宅，见临颍李十二娘舞剑器，壮其蔚跂，问其所师，曰："余公孙大娘弟子也。"开元五载，余尚童稚，记于郾城。观公孙氏舞剑器浑脱[②]，浏漓顿挫，独出冠时，自高头宜春梨园二伎坊内人洎外供奉，晓是舞者，圣文神武皇帝[③]初，公孙一人而已。玉貌锦衣，况余白首，今兹弟子，亦匪盛颜。既辨其由来，知波澜莫二[④]。抚事慷慨，聊为《剑器行》。昔者吴人张旭，善草书书帖，数常于邺县见公孙大娘舞西河剑器，自此草书长进，豪荡感激，即公孙可知矣。

昔有佳人公孙氏，一舞剑器动四方。观者如山色沮丧，天地为之久低昂。
霍如羿射九日落，矫如群帝骖龙翔。来如雷霆收大怒，罢如江海凝清光。
绛唇珠袖两寂寞，晚有弟子传芬芳。临颍佳丽在白帝，妙舞此曲神扬扬。
与余问答既有以，感时抚事增惋伤。先帝侍女八千人，公孙剑器初第一。
五十年间似反掌，风尘澒洞[⑤]昏王室。梨国子弟散如烟，女乐余姿映寒日。
金粟堆南木已拱，瞿塘石城草萧瑟。玳筵[⑥]急管曲复终，乐极哀来月东出。
老汉不知其所往，足茧荒山转愁疾。

◎ 注释

① 舞剑器：指唐代流行的武舞，舞者为戎装女子。
② 剑器浑脱：把剑器舞和浑脱舞综合起来，成为一种新的舞蹈。
③ 圣文神武皇帝：指唐玄宗。
④ 波澜莫二：师徒舞技相仿，不差上下。
⑤ 澒洞：弥漫无际。澒，音 hòng
⑥ 玳筵：以玳瑁装饰的琴瑟。

杜甫写此诗时年已55岁，饱经忧患，却仍滞留异乡，自有不胜今昔兴衰之感，诗中借观舞剑器的回忆，倾诉了这种感情。诗开头八句，先写公孙大娘的舞技高超，如"羿射九日"，"骖龙飞翔"。接着"绛唇"六句，写公孙氏死后，剑舞沉寂，幸好还有弟子承继。"先帝"六句笔锋一转，又写50年前公孙氏是宫里八千舞女中首屈一指，然而安史之乱后，"宜春"、"梨园"的人才早已烟消云散了。如今只有残存的教坊艺人李十二娘。"金粟"六句是尾声，感慨身世悲凉。全诗气势雄浑，沉郁悲壮。见《剑器》而伤往事，抚事慷慨，大有时序不同、人事蹉跎之感。诗以咏李氏，而思公孙；咏公孙而思先帝，寄托作者念念不忘先帝盛世、慨叹当今衰落之情。语言富丽而不浮艳，音节顿挫而多变，用散文笔法写诗歌。

汇评

余谓此篇与《琵琶行》，一如壮士轩昂赴敌场，一如儿女恩怨相尔汝。杜有建安、黄初气骨，白未脱长庆体尔。（南宋·刘克庄《后村诗话》）

此诗见剑器而伤往事，所谓抚事慷慨也。故咏李氏，却思公孙；咏公孙，却思先帝；全是为开元天宝五十年治乱兴衰而发。不然，一舞女耳，何足摇其笔端哉！（明·王嗣奭《杜臆》）

《观公孙大娘弟子舞剑器》，序与诗俱登神品，盖因临颍美人而溯及其师，又追想圣文神武皇帝，抚时感事，凄惋伤心。念从"风尘澒洞"以来，女乐梨园，俱付之寒烟老木。况自身业已白首，而美人亦非盛颜，则五十年间真如反掌。以此思悲，悲可知矣！一篇中

具全副造化，波澜莫有阔于此者。（清・卢世㴶《杜诗胥抄》）

杜逢禄山之难，流离陇蜀，毕陈于诗，推见至隐，殆无遗事，故当时号为“诗史”。（唐・孟棨《本事诗・高逸第三》）

凡人作诗，一句只说得一件事物，多说得两件。杜诗一句能说得三件、四件、五件事物；常人作诗，但说得眼前，远不过数十里内，杜诗一句能说数百里，能说两军州，能说满天下，此其所为妙。（南宋・吴沆《环溪诗话》）

饮中八仙歌

杜　甫

知章骑马似乘船，眼花落井水底眠。汝阳三斗始朝天，道逢麹车口流涎，恨不移封向酒泉。左相日兴费万钱，饮如长鲸吸百川，衔杯乐圣称避贤。宗之潇洒美少年，举觞白眼望青天，皎如玉树临风前。苏晋长斋绣佛前，醉中往往爱逃禅。李白一斗诗百篇，长安市上酒家眠，天子呼来不上船，自称臣是酒中仙。张旭三杯草圣传，脱帽露顶王公前，挥毫落纸如云烟。焦遂五斗方卓然，高谈雄辩惊四筵。

聚焦：

《观公孙大娘弟子舞剑器行》序中提到了“草圣”张旭，他与李白、贺知章、李适之、李琎、崔宗之、苏晋、焦遂等人被称为“酒中八仙人”。杜甫在这首《饮中八仙歌》中，即对其风姿有生动描摹。全诗用漫画、白描的手法勾勒出的八人醉态极有个性，再现了盛唐文人潇洒、自由的精神风貌。

思考与练习

1. 从内容角度进行划分，这首诗可以分成几部分？
2. 诗中的今昔对比传达了什么样的情感？
3. 你认为描写公孙大娘舞姿的诗句中哪句最精彩？

登　　高

杜　甫

风急天高猿啸哀，渚清沙白鸟飞回。
无边落木萧萧下，不尽长江滚滚来。
万里悲秋常作客，百年多病独登台。
艰难苦恨烦双鬓，潦倒新停浊酒杯。

此诗作于大历二年（767）秋，在夔州所写。全诗通过登高所见秋江景色，倾诉了诗人长年漂泊、老病孤愁的复杂感情，慷慨激越，动人心弦。诗中表现了夔州秋天的典型特征，深沉地抒发了诗人的情怀。“无边”、“不尽”，使“萧萧”、“滚滚”更加形象化，不仅使人联想到落木窸窣之声，长江汹涌之状，也在无形中传达出韶光易逝、壮志难酬的感怆。前两联极力描写秋景，直到颈联，才点出一个“秋”字，诗人通过描写秋景，抒发了自己如落叶和江水一样推徘不尽的羁旅愁与孤独感。深沉之诗意力透纸背，无限悲凉之意，溢于言外。诗前半写景，后半抒情，在写法上各有错综之妙。此诗八句皆对，一篇之中，句句皆律，一句之中，字字皆律，后人称此诗为古今七言律诗之冠。

汇评

万里，地之远也；悲秋，时之惨凄也；作客，羁旅也；常作客，久旅也；百年，暮齿也；多病，衰疾也；台，高迥处也；独登台，无亲朋也；十四字之间含有八意，而对偶又极精确。（南宋·罗大经《鹤林玉露》）

以时事入诗，自杜少陵始。（明·胡震亨《唐音癸签》）

五十六字，如海底珊瑚，瘦劲难名，沉深莫测，而精光万丈，力量万钧。通章章法、句法、字法，前无昔人，后无来学，微有说者，是杜诗，非唐诗耳。然此诗自当为古今七言律第一，不必为唐人七言律第一也。

……若“风急天高”，则一篇之中句句皆律，一句之中字字皆律，而实一意贯串，一气呵成。骤读之，首尾若未尝有对者，胸腹若无意于对者。细绎之，则锱铢钧两，毫发不差，而建瓴走瓦之势，如百川东注于尾闾之窟。（明·胡应麟《诗薮》）

高浑一气，古今独步，当为杜集七言律第一。（清·杨伦《杜诗镜铨》）

一、二碎，三、四整，变化笔法。五、六接递开合，兼叙点，一气喷薄而出。此放翁所常拟之境也。收不觉为对句，换笔换意，一定章法也；而笔势雄骏奔放，若天马之不可羁，则他人不及。（清·方东树《昭昧詹言》）

登岳阳楼

杜　甫

昔闻洞庭水，今上岳阳楼。
吴楚东南坼，乾坤日夜浮。
亲朋无一字，老病有孤舟。
戎马关山北，凭轩涕泗流。

聚焦：

登临览胜是中国古代抒情诗歌的重要题材之一，杜甫的《登高》与这首《登岳阳楼》是其中翘楚。两首诗的情感表达苍凉、沉郁，体现出杜诗的特色。

思考与练习

1.《登高》写出了人生八种悲，分别是哪八悲？

2. 杜甫一生流离、坎坷，却心系国家和人民，你如何理解这种情感？

3. 名句赏析。

(1) 读书破万卷，下笔如有神。(《奉赠韦左丞丈二十二韵》)

(2) 清新庾开府，俊逸鲍参军。(《春日忆李白》)

(3) 生女犹得嫁比邻，生男埋没随百草！(《兵车行》)

(4) 挽弓当挽强，用剑当用长。射人先射马，擒贼先擒王。(《前出塞九首》)

贼退示官吏

元　结

元结（719～772），字次山，号漫叟、聱叟，河南鲁山人。唐代著名诗人。天宝六载(747) 应举落第后，归隐商余山。天宝十二载进士及第。元结为唐代著名诗人。其诗质朴淳厚，笔力遒劲，颇具特色，但因过分否定声律词采，诗作有时不免过于质直，导致了他创作上的局限性。元结继承《诗经》、乐府传统，主张诗歌为政治教化服务，要“极帝王理乱之道，系古人规讽之流”，认为文学应当“道达情性”，起“救时劝俗”的作用。后人对元结评价很高，唐代裴敬把他与陈子昂、苏源明、萧颖士、韩愈并提。

癸卯岁，西原贼入道州，焚烧杀掠，几尽而去。明年，贼又攻永州，破邵，不犯此州边鄙[①]而退，岂力能制敌欤？盖蒙其伤怜而已！诸史何为忍苦征敛！故作诗一篇以示官吏。

昔岁逢太平，山林二十年。泉源在庭户，洞壑当门前。
井税有常期，日晏[②]犹得眠。忽然遭时变，数岁亲戎旃[③]。
今来典[④]斯郡，山夷又纷然。城小贼不屠，人贫伤可怜。
是以陷邻境，此州独见全。使臣将王命，岂不如贼焉？
今被征敛者，迫之如火煎。谁能绝人命？以作时世贤。
思欲委[⑤]符节[⑥]，引竿自刺船[⑦]，将家就鱼麦，归老江湖边。

◎ 注释

① 边鄙：边城小邑。
② 晏：晚。
③ 戎旃：军旗，这里泛指军旅生活。
④ 典：主管。
⑤ 委：抛弃。
⑥ 符节：朝廷新任命的官爵。
⑦ 刺船：撑船。

诗序交代了作诗的缘由。此诗斥责统治者横征暴敛，官吏不顾人民死活，与“夷贼”比较起来，有过之而无不及。全诗共分四部分。前六句为第一部分，写往昔太平生活的安适。七至十四句为第二部分，写对“今”之“贼”的褒扬。十五至二十句，为第三部分，抨击“今”之“官”不顾丧乱人民之苦，横征暴敛。最后四句为第四部分，写自己的心志：宁愿弃官，归隐江湖，也不愿做所谓“忠臣、贤臣”，成为坑害人民的帮凶。全诗直陈事实，直抒胸臆，不雕琢矫饰，语言质朴，感情真挚。

汇评

独作古文，其笔力雄健，意气超拔，不减韩之徒也，可谓特立之士哉。（宋·欧阳修《欧阳修集》）

切响浮声发巧深，研摩虽苦果何心！浪翁水乐无宫徵，自是云山韶濩音。（金·元好问《论诗绝句》）

次山诗自写胸次，不欲规模古人，而奇响逸趣，在唐人中另辟门径。（清·沈德潜《唐诗别裁》）

拓展阅读

春陵行

元　结

癸卯岁，漫叟授道州刺史。道州旧四万余户，经贼已来，不满四千，大半不胜赋税。到官未五十日，承诸使征求符牒二百余封，皆曰：“失其限者，罪至贬削。”於戏！若悉应其命，则州县破乱，刺史欲焉逃罪；若不应命，又即获罪戾，必不免也。吾将守官，静以安人，待罪而已。此州是春陵故地，故作《春陵行》以达下情。

军国多所需，切责在有司。有司临郡县，刑法竞欲施。
供给岂不忧？征敛又可悲。州小经乱亡，遗人实困疲。
大乡无十家，大族命单羸。朝餐是草根，暮食仍木皮。
出言气欲绝，意速行步迟。追呼尚不忍，况乃鞭扑之！
邮亭传急符，来往迹相追。更无宽大恩，但有迫促期。
欲令鬻儿女，言发恐乱随。悉使索其家，而又无生资。
听彼道路言，怨伤谁复知！“去冬山贼来，杀夺几无遗。
所愿见王官，抚养以惠慈。奈何重驱逐，不使存活为！”
安人天子命，符节我所持。州县忽乱亡，得罪复是谁？
逋缓违诏令，蒙责固其宜。前贤重守分，恶以祸福移。
亦云贵守官，不爱能适时。顾惟孱弱者，正直当不亏。
何人采国风，吾欲献此辞。

聚焦：

《春陵行》与《贼退示官吏》主题一致，都是诗人反映社会现实、同情人民疾苦的代表诗作，相比而言，《贼退示官吏》词意更为深沉，感情更为愤激。

思考与练习

1.《贼退示官吏》诗中，贼与官吏，二者中谁是重点？
2. 中国古代文人写了很多控诉官吏的作品，结合以前之所学，说出你知道的作品。

夜上受降城[1]闻笛

李　益

李益（746～829），字君虞，陕西姑臧（今甘肃武威）人，后迁河南郑州。唐代著名诗人。大历四年（769）进士，初任郑县尉，久不升迁，弃职而去，浪游燕赵间；后又在边塞从军多年。宪宗时任秘书少监，官至礼部尚书。李益长于七绝。其边塞诗虽不乏壮词，但偏于感伤，主要抒写边地士卒久戍思归的怨望心情，不复有盛唐边塞诗的豪迈乐观情调。他擅长绝句，尤工七绝，其诗音律和美，语言凝练，为当时乐工所传唱，与宗人李贺齐名。《全唐诗》录其诗二卷。有《李君虞诗集》。

回乐烽②前沙似雪，受降城外月如霜。
不知何处吹芦管③，一夜征人尽望乡。

◎ 注释

① 受降城：唐灵州治所回乐县别称，故址在今宁夏回族自治区灵武县西南，因公元646年唐太宗亲临该地接受突厥部投降而得名，是唐代防御突厥、吐蕃的前线。
② 回乐烽：回乐县城附近的烽火台。
③ 芦管：乐器。

这首诗被推崇为中唐边塞诗的绝唱，相传本诗写成后即被谱以管弦而广为传唱。这是一首抒写戍边将士思乡怀亲的诗篇。前两句写月下边塞的景色；三句写声音，闻见芦管悲声；四句写心中感受，芦笛能动征人回乡之望。“一夜征人尽望乡”这一句，让满怀的思乡之情回环往复。这首诗艺术上的成功，就在于把诗中的景色、声音、感情三者融为一体，将诗情、画意与音乐美熔于一炉，组成了一个完整的艺术整体，意境浑成，简洁空灵，而又具有含蕴不尽的特点。《唐诗纪事》载这首诗在当时便被度曲入画，仔细体味全诗意境，确属谱歌作画的佳品。

汇评

七言绝，开元之下，便当以李益为第一。如《夜上西城》《从军北征》《受降》《春夜闻笛》诸篇，皆可与太白、龙标竞爽，非中唐所得有也。（明・胡应麟《诗薮》）

“马上相逢久，人中欲认难”、“问姓惊初见，称名忆旧容”、“乍见翻疑梦，相悲各问年”，皆诗人会故人诗也。久别倏逢之意，宛然在目，想而味之，情融神会，殆如直述。前辈谓唐人行旅聚散之作，最能感动人意，信非虚语。戴叔伦亦有“岁月不可向，山川何处来”，意稍露而气益畅，无愧于前也。（宋・范晞文《对床夜语》）

大历以后，吾所深取者，李长吉、柳子厚、刘言史、权德舆、李涉、李益耳。（南宋・严羽《沧浪诗话》）

李君虞生长西凉，负才尚气，流落戎旃，坎壈世故，所作从军诗悲壮怨转，乐人谱入声歌，至今诵之，令人凄断。（明・胡震亨《唐音癸签》）

夜上西城听梁曲二首

李　益

行人夜上西城宿，听唱梁州双管逐。
此时秋月满关山，何处关山无此曲。

鸿雁新从北地来，闻声一半却飞回。
金河戍客肠应断，更在秋风百尺台。

聚焦：

这两首也是李益的边塞诗，请结合《夜上受降城闻笛》一起阅读。仔细揣摩李益诗歌简洁而含蓄的语言特色。

思考与练习

1. 李益与岑参的边塞诗相比，最大的不同是什么？
2. 这首诗是如何将景色、声音、感情三者融为一体的？请谈谈你的体会。

调　张　籍[①]

韩　愈

韩愈（768～824），字退之，河南河阳（今河南孟县南）人。郡望昌黎，世称“韩昌黎”。3岁丧父，由兄韩会抚养。贞元八年（792）进士及第，36岁任监察御史，不久即被贬为阳山令。赦还，历任国子博士、刑部侍郎等职。后因谏阻宪宗迎佛骨，被贬为潮州刺史。后官至吏部侍郎。韩愈是唐代著名的思想家、文学家。他倡导的中唐古文运动，反对骈文，提倡散句单行的古文。他的散文风格雄辩恣肆，气势磅礴，被后世列为“唐宋八大家”之首。他的诗歌力求新奇，诗风险怪。

李杜文章在，光焰万丈长。不知群儿[②]愚，那用故谤伤。
蚍蜉[③]撼大树，可笑不自量！伊[④]我生其后，举颈遥相望。
夜梦多见之，昼思反微茫。徒观斧凿痕，不瞩治水航。
想当施手时，巨刃磨天扬。垠崖划崩豁，乾坤摆雷硠[⑤]。
唯此两夫子，家居率荒凉。帝欲长吟哦，故遣起且僵。
翦翎送笼中，使看百鸟翔。平生千万篇，金薤垂琳琅。
仙官敕六丁[⑥]，雷电下取将。流落人间者，太山一毫芒。
我愿生两翅，捕逐出八荒[⑦]。精诚忽交通，百怪入我肠。
刺手拔鲸牙，举瓢酌天浆。腾身跨汗漫，不着织女襄。
顾语地上友，经营无太忙。乞君飞霞珮，与我高颉颃[⑧]。

◎ 注释

① 调：调侃，调笑，戏谑。张籍（768～830），字文昌，贞元十四年（798）进士，历官太常寺太祝、水部员外郎、终国子司业。
② 群儿：指“谤伤”李杜的人。
③ 蚍蜉：蚁类，常在松树根部营巢。

④ 伊：发语词。
⑤ 雷硠：山崩之声。
⑥ 六丁：传说之天神。雷电意同。
⑦ 八荒：古人以为九州在四海之内，而四海又在八荒之内。
⑧ 颉颃：上下飞翔。上飞曰颉，下飞曰颃。

李白与杜甫的诗歌成就在中唐时期还没有得到足够的重视，而韩愈在这首诗中热情地赞美李白和杜甫的诗文，表现出了对两位诗人的高度倾慕之情。前六句为第一部分。作者对李、杜诗文作出了极高的评价，“李杜文章在，光焰万丈长”；中间二十二句为第二部分，诗人自己力写对李、杜的钦仰，赞美他们诗歌的高度成就，感慨生不逢时，无法亲见李杜风采；末十二句为第三部分，诗人希望努力去追随李杜，同时恳切地劝导老友张籍也要向李杜学习。在此诗中，诗人通过丰富的想象和夸张、比喻等表现手法，在塑造李白、杜甫及其诗歌的艺术形象的同时，也塑造出诗人自己及其诗歌的艺术形象，同时生动地表达出诗人对诗歌的一些精到见解，这正是此诗在思想上和艺术上值得珍视的地方。

汇评

雄奇伟岸，亦有光焰万丈之观。(高步瀛《唐宋诗举要》)

举韩诗之一篇一句，无处不可见其骨相棱嶒，俯视一切。进则不容于朝，退又不肯独善于野，疾恶甚严，爱才若渴，此韩愈之面目也。(清·叶燮《原诗》)

昌黎豪杰自命，欲以学问才力跨越李、杜之上？然恢张处多，力有余而巧不足也。独四言大篇，如《元和圣德》、《平淮西碑》之类，义山所谓句奇语重，点窜涂改者，虽司马长卿亦当敛手。(清·沈德潜《说诗晬语》)

以文为诗，自昌黎始，至东坡益大放厥词，别开生面，成一代之大观。(清·赵翼《瓯北诗话》)

拓展阅读

沧浪诗话（节选）

严　羽

诗之极致有一，曰入神，诗而入神，至矣尽矣，蔑以加矣，惟李、杜得之，他人得之盖寡也。

李、杜数公，如金翅劈海，香象渡河，下视郊、岛辈，直虫吟草间耳。

李、杜二公，正不当优劣。太白有一二妙处，子美不能道；子美有一二妙处，太白不能作。子美不能为太白之飘逸，太白不能为子美之沉郁。太白《梦游天姥吟》、《远别离》等，子美不能道；子美《北征》、《兵车行》、《垂老别》等，太白不能作。论诗以李、杜为准，挟天子以令诸侯也。少陵诗法如孙吴，太白诗法如李广。

聚焦：

自韩愈这首诗开始，后人常将李白与杜甫两位大诗人并提。南宋诗论家严羽也高度评价了李杜二人的诗歌成就，并从整体上比较了二人的诗风差异。

1. 韩愈是如何用独特的想象来评价李、杜的？

2. 这首诗中有几句千古流传，请将它们找出来。

苦昼短

李　贺

李贺（790～816），字长吉，河南福昌（今河南宜阳西）人。唐代著名诗人，世称李长吉、鬼才、诗鬼等，与李白、李商隐三人并称唐代“三李”。少年时，才华出众，名动京师。其父名晋肃，因避父讳（晋、进同音），韩愈作《讳辨》鼓励李贺应试，但终不得登第。体貌细瘦，巨鼻，通眉，长指爪，一生愁苦多病，仕途不顺，以诗为业，因病而卒，时年 27 岁。李贺是中唐浪漫诗人的代表，又是中唐到晚唐诗风转变期的重要人物。他所写的诗大多是慨叹生不逢时和宣泄内心苦闷，抒发对理想、抱负的追求；除此之外对当时藩镇割据、宦官专权和人民所受的残酷剥削也有所反映。他喜欢在神话故事、鬼魅世界里驰骋，以其大胆、诡异的想象力，构造出波谲云诡、迷离惝恍的艺术境界，被后人称为“诗鬼”。

飞光[①]飞光，劝尔一杯酒。
吾不识青天高，黄地厚。
惟见月寒日暖，来煎人寿。
食熊则肥，食蛙则瘦。
神君何在，太一安有？
大东有若木[②]，卜置衔烛龙。
吾将斩龙足，嚼龙肉，使之朝不得回，夜不得伏。
自然老者不死，少者不哭。
何为服黄金，吞白玉？
谁是任公子[③]，云中骑碧驴？
刘彻茂陵多滞骨[④]，嬴政梓棺费鲍鱼[⑤]。

◎ 注释

① 飞光：指日月星光。

② 若木：《山海经》云：“灰野之山有树，青叶赤华，名曰若本，日所出入处。”东方日出之地有神木名扶桑，西方日落处有若木。

③ 任公子：传说中骑驴上天的仙人。

④ 刘彻茂陵多滞骨：刘彻即汉武帝，他好方术，但西王母却说他“非仙才”，只能在茂陵中慢慢腐烂成骨。

⑤ 嬴政梓馆费鲍鱼：嬴政即秦始皇，多次派人出海求仙药，但依然难免一死。死后其丞相李斯为了掩饰尸臭，在棺材里放了鲍鱼（古代指咸鱼）来掩盖。

李贺写这首诗用意有二：一是慨叹时光易逝，人生短促；二是讽刺迷信神仙、服药求长生的人，确切地说是指唐宪宗李纯。前六句开门见山，感叹时光流逝，点明“苦昼短”之意。这六句语奇意奇，势如万仞突起，崛峭破空。古人说，李贺作诗“每首工于发端，百炼千磨。开门即见”，这种评价恰如其分。第二部分是写如何解除“昼短”的痛苦，求长生不是解决的办法，要想长寿，唯有个人努力。最后四句，对求仙的荒唐愚昧行为进行了批判和讽刺。此诗佳处，不在景致，不在藻饰，完全靠意境胜出。诗韵随内容而转换，每一部分的最后一韵既完成了该部分的意思，又承上启下，衔接浑成，文思缜密。

汇评

鲸吸鳌掷，牛鬼蛇神，不足为其虚荒诞幻也。（唐·杜牧《李长吉歌诗叙》）

李长吉、玉川子诗皆出于《离骚》，未可以立谈判也。（北宋·胡仔《渔隐丛话》）

太白仙才，长吉鬼才，然仙诗、鬼诗皆不堪多见，多见则仙亦使人不敬，鬼亦使人不惊。（南宋·严羽《沧浪诗话》）

宋景文诸公在馆，尝评唐人诗云：“太白仙才，长吉鬼才。”（南宋·马端临《文献通考》）

李贺有太白之语，而无太白之才。太白以意为主，而失于少文；贺以词为主，而失于少理。（南宋·张戒《岁寒堂诗话》）

诗家变化，盛唐已极。后又欲别出头地，自不得无东野、长吉一派。（清·毛驰黄《诗辩坻》）

长吉穿幽入仄，惨淡经营，都在修辞设色，举凡谋篇命意，均落第二义。（钱钟书《谈艺录》）

拓展阅读

生年不满百

《古诗十九首》

生年不满百，常怀千岁忧。
昼短苦夜长，何不秉烛游！
为乐当及时，何能待来兹？
愚者爱惜费，但为后世嗤。
仙人王子乔，难可与等期。

聚焦：

这首诗出自《古诗十九首》，有“昼短苦夜长，何不秉烛游”的名句，与李贺的《苦昼短》主题、情感颇为相似，但意象和语言风格截然不同，前者意象自然、语言质朴，后者想象奇谲，语言瑰丽。

思考与练习

1. 李贺被称为“诗鬼”，读了李贺的诗，你作何感想？思考这种评价的理由。
2. 李贺用语较奇，从诗中找几个例子说明其奇。

蜀先主庙[①]

刘禹锡

刘禹锡（772～842），字梦得，彭城（今江苏徐州）人。贞元九年，21岁的刘禹锡与柳宗元同榜考中进士，同年又登博学鸿词科。与韩愈、柳宗元交往甚密，三人结为好友。刘禹锡经多次调动，后被派往苏州担任刺史，勤政爱民。苏州百姓把曾在苏州担任过刺史的韦应物、白居易和他合称为“三杰”，建立了三贤堂。刘禹锡是唐代中晚期著名诗人、哲学家、文学家，有“诗豪”之称。与柳宗元交好，人称“刘柳”，又与白居易常相唱和，并称“刘白”。其诗风格清新，宛转含蓄，善于吸收民歌的精华，并多反映社会生活。刘禹锡生前曾自编文集两种，一种是40卷的正集，另一种是10卷的自删《集略》，此外还有他和令狐楚、李德裕、白居易等人唱和诗的合集《彭阳唱和集》、《吴蜀集》、《汝洛集》等。

天地英雄气，千秋尚凛然。
势分三足鼎[②]，业复五铢钱[③]。
得相能开国，生儿不象贤。
凄凉蜀故妓，来舞魏宫前[④]。

◎ 注释

① 蜀先主庙：蜀先主庙在夔州（今重庆奉节县）白帝山上，诗人曾任夔州刺史（821～824），此诗当作于此时。
② 势分三足鼎：指刘备创立蜀汉，与魏、吴三分天下。
③ 五铢钱：汉武帝时的货币。此代指刘汉帝业。
④ 凄凉句：公元264年，刘禅降魏，东迁洛阳，被命为安乐县公。魏太尉司马懿在宴会中使蜀国的女乐表演歌舞，旁人见了都为刘禅感慨，独刘禅“喜笑自若”，乐不思蜀。

《蜀先主庙》是刘禹锡五律中传诵较广的一首，这首咏史之作立意在赞誉英雄，鄙薄庸碌。开篇一联高唱入云，突兀劲挺，境界雄阔绝伦，显示出诗人吞吐日月、俯仰古今之胸臆。颔联引出刘备的英雄业绩，颈联指出刘备功业之不能卒成，为之叹息，尾联感叹后主的不肖。全诗前四句写盛德，后四句写业衰，在鲜明的盛衰对比中，道出了古今兴亡的一个深刻教训。诗人咏史怀古，其着眼点当然还在于今。全诗语言洗练，句式工整，情感沉着而超拔，所塑造的刘备形象富有感染力。

汇评

雄浑老苍，沉着痛快，小家数不能及也。（南宋·刘克庄《后村诗话》）

句句精拔。起二句确是先主庙，妙似不用事者。后四句沉着之至，不病其直。（清·纪昀《瀛奎律髓刊误》）

苏子由晚年，多令人学刘禹锡诗，以为用意深远，有曲折处。（南宋·吕本中《童蒙训》）

气该今古，词总华实，运用似无甚过人，却都惬人意，语语可歌，真才情之最豪者。（明·胡震亨《唐音癸签》）

刘梦得诗典则既高，滋味亦厚；但正若巧匠矜能，不见少拙。（北宋·蔡绦《西清诗话》）

拓展阅读

蜀　相

杜　甫

丞相祠堂何处寻，锦官城外柏森森。
映阶碧草自春色，隔叶黄鹂空好音。
三顾频烦天下计，两朝开济老臣心。
出师未捷身先死，长使英雄泪满襟。

聚焦：

两首诗同为感怀三国时蜀国历史的诗歌，反映了唐时人们对这段历史的态度。

思考与练习

1. 请用一句话概括诗人对蜀国历史的情感态度。
2. 这首诗的语言有何特色？

琵 琶 行

白居易

白居易（772～846），字乐天，晚年又号香山居士，也自号“醉吟先生”，河南新郑（今郑州新郑）人。唐代著名诗人。唐德宗贞元十六年（800）进士，由校书郎累迁至左拾遗，后被贬为江州司马，官终刑部尚书。白居易的诗歌题材广泛，形式多样，语言平易通俗，有“诗魔”和“诗王”之称。诗风通俗易懂、流畅自然。代表作有《新乐府》五十首，《秦中吟》十首，长篇叙事诗《长恨歌》、《琵琶行》等名篇代表他艺术上的最高成就。对后世文学影响巨大，有《白氏长庆集》传世。

元和十年，予左迁九江郡司马。明年秋，送客湓浦口，闻舟中夜弹琵琶者。听其音，铮铮然有京都声。问其人，本长安倡女，尝学琵琶于穆、曹二善才。年长色衰，委身为贾人妇。遂命酒，使快弹数曲。曲罢悯然，自叙少小时欢乐事，今漂沦憔悴，转徙于江湖间。予出官二年，恬然自安，感斯人言，是夕始觉有迁谪意。因为长句，歌以赠之，凡六百一十六言。命曰《琵琶行》。

浔阳江[①]头夜送客。枫叶荻花秋瑟瑟[②]。主人下马客在船，举酒欲饮无管弦。
醉不成欢惨将别，别时茫茫江浸月。忽闻水上琵琶声，主人忘归客不发。
寻声暗问弹者谁，琵琶声停欲语迟。移船相近邀相见，添酒回灯重开宴。
千呼万唤始出来，犹抱琵琶半遮面。转轴拨弦三两声，未成曲调先有情。
弦弦掩抑声声思，似诉平生不得志。低眉信手续续弹，说尽心中无限事。
轻拢慢捻抹复挑，初为霓裳[③]后六幺[④]。大弦嘈嘈如急雨，小弦切切如私语。
嘈嘈切切错杂弹，大珠小珠落玉盘。间关莺语花底滑，幽咽泉流冰下难。
冰泉冷涩弦凝绝，凝绝不通声渐歇。别有幽愁暗恨生，此时无声胜有声。
银瓶乍破水浆迸，铁骑突出刀枪鸣。曲终收拨当心画，四弦一声如裂帛。
东船西舫悄无言，唯见江心秋月白。沉吟放拨插弦中，整顿衣裳起敛容。
自言本是京城女，家在虾蟆陵[⑤]下住。十三学得琵琶成，名属教坊[⑥]第一部。
曲罢常教善才伏，妆成每被秋娘[⑦]妒。五陵年少争缠头[⑧]，一曲红绡不知数。
钿头银篦击节碎，血色罗裙翻酒污。今年欢笑复明年，秋月春风等闲度。
弟走从军阿姨死，暮去朝来颜色故。门前冷落车马稀，老大嫁作商人妇。
商人重利轻别离，前月浮梁[⑨]买茶去。去来江口守空船，绕舱明月江水寒。
夜深忽梦少年事，梦啼妆泪红阑干。我闻琵琶已叹息，又闻此语重唧唧。
同是天涯沦落人，相逢何必曾相识。我从去年辞帝京，谪居卧病浔阳城。
浔阳地僻无音乐，终岁不闻丝竹声。住近湓江地低湿，黄芦苦竹绕宅生。
其间旦暮闻何物，杜鹃啼血猿哀鸣。春江花朝秋月夜，往往取酒还独倾。
岂无山歌与村笛，呕哑嘲哳难为听。今夜闻君琵琶语，如听仙乐耳暂明。
莫辞更坐弹一曲，为君翻作琵琶行。感我此言良久立，却坐促弦弦转急。
凄凄不似向前声，满座重闻皆掩泣。座中泣下谁最多？江州司马青衫[⑩]湿。

◎ 注释

① 浔阳江：流经浔阳境内的长江。
② 瑟瑟：形容枫树、芦荻被秋风吹动的声音。
③《霓裳》：即《霓裳羽衣曲》，本为西域乐舞，唐开元年间西凉节度使杨敬述依曲创声后流入中原。
④《六幺》：大曲名，又叫《乐世》、《绿腰》、《录要》，为歌舞曲。
⑤ 虾蟆陵：在长安城东南，曲江附近，是当时有名的游乐地区。
⑥ 教坊：唐代官办管领音乐杂技、教练歌舞的机关。
⑦ 秋娘：唐时歌舞伎常用的名字。
⑧ 缠头：用锦帛之类的财物送给歌舞伎。
⑨ 浮梁：古县名，唐属饶州。在今江西省景德镇市。
⑩ 青衫：黑色单衣，唐代官职低的官服颜色为青黑色。

《琵琶行》作于唐宪宗元和十一年（816）秋，时白居易45岁，被贬任江州司马，此事对白居易影响很大，是他思想变化的转折点，从此他早期的斗争锐气逐渐消磨，消极情绪日渐增多。

诗前的小序介绍了长诗所述故事发生的时间、地点和琵琶女其人，及诗人写作此诗的缘起。诗之开篇到“犹抱琵琶半遮面”为第一段，写琵琶女的出场。“转轴拨弦三两声”到“唯见江心秋月白”为第二段，写琵琶女高超的技艺。“沉吟放拨插弦中”到“梦啼妆泪红阑干”为第三段，琵琶女自述身世。“我闻琵琶已叹息”到全诗结束第四段，写诗人感慨自己的身世，抒发与琵琶女的同病相怜之情。全诗借琵琶女的高超琴技和她的凄凉身世，抒发了诗人在政治上受打击、遭贬斥的抑郁悲凄之情。在这里，诗人把琵琶女视为自己的风尘知己，与她同病相怜，写人写己，哭己哭人，将宦海的浮沉与沧桑、生命的不幸与悲哀融为一体，使作品具有不同寻常的感染力。全诗行云流水，一气贯注，音韵和谐，情景交融。尤其是其中对音乐的语言描绘，惟妙惟肖，出神入化，引人入胜。30年后唐宣宗在为白居易写的一首诗中说：“童子解吟《长恨》曲，胡儿能唱《琵琶》篇。”

汇评

本朝苏文忠公不轻许可，独敬爱乐天，屡形诗篇。盖其文章皆主辞达，而忠厚好施，刚直尽言，与人有情，于物无着，大略相似。谪居黄州，始号东坡，其原必起于乐天忠州之作也。（南宋·周必大《二老堂诗话》）

常语易，奇语难，此诗之初关也。奇语易，常语难，此诗之重关也。香山用常得奇，此境良非易到。（清·刘熙载《艺概》）

满腔迁谪之感，借商妇以发之，有同病相怜之意焉。比兴相纬，寄托遥深。（清·高宗敕编《唐宋诗醇》）

李凭箜篌引

李 贺

吴丝蜀桐张高秋，空山凝云颓不流。湘娥啼竹素女愁，李凭中国弹箜篌。
昆山玉碎凤凰叫，芙蓉泣露香兰笑。十二门前融冷光，二十三丝动紫皇。
女娲炼石补天处，石破天惊逗秋雨。梦入神山教神妪，老鱼跳波瘦蛟舞。
吴质不眠倚桂树，露脚斜飞湿寒兔。

聚焦：

这首诗与《琵琶行》都是唐诗中描写音乐的杰作，但与白居易对于琵琶女演奏技艺的精妙写实不同，李贺对于李凭演奏箜篌的情态描摹更多地运用了想象和夸张的手法，富于浪漫主义色彩。

思考与练习

1. 《琵琶行》中几次写到月亮？感情有何同与不同？
2. 分析《琵琶行》中诗人的情感。

无　题

李商隐

李商隐（812～858），字义山，号玉谿生，怀州河内（今河南沁阳）人。唐代著名诗人。因受牛李党争牵连，政治上备受挫折，潦倒终身。李商隐的诗歌广纳前人所长，承杜甫七律的沉郁顿挫，融齐梁诗的华丽秾艳，学李贺诗的诡异幻想，形成了深情、缠绵、绮丽、精巧的风格。李诗还善于用典，借助恰当的历史类比，使隐秘难言的意思得以表达，长于律、绝，以《无题》组诗最为著名。和杜牧并称“小李杜”，与温庭筠合称为“温李”，与同时期的段成式、温庭筠风格相近，且三人都在家族里排行十六，故并称为三十六体。在《唐诗三百首》中，李商隐的诗作有22首被收录，位列第四。有《李义山诗集》。

来是空言去绝踪，月斜楼上五更钟。
梦为远别啼难唤，书被催成墨未浓。
蜡照半笼金翡翠，麝熏微度绣芙蓉。
刘郎[①]已恨蓬山[②]远，更隔蓬山一万重！

◎ 注释

① 刘郎：相传东汉明帝永平五年刘晨、阮肇入山采药，迷不得出，遇二女子，邀至家留居半年才还。
② 蓬山：即蓬莱山，泛指仙境。

此诗抒发一位男子对远在他方的情人的思念之情。“来是空言去绝踪”凌空而起，“月斜楼上五更钟”宕开写景。远别经年，会合无缘，夜来入梦，两人忽得相见，一觉醒来，却踪迹杳然，但见朦胧斜月空照楼阁，远处传来悠长而凄清的晓钟声。梦醒后的空寂更证实了梦境的虚幻。全诗着意摹写缠绵悱恻的相思相忆和不知所以的婉曲心理，而整个相思相忆的心理流程又与斜月、晨钟、烛影、香晕的环境描写层递而下，在梦幻交织中创造出一个凄迷哀丽的境界，既避免了艺术上的平直，又恰到好处地突出了“远别之恨”的主旨。

汇评

于李、杜后，能别开生路，自成一家者，唯李义山一人。（清·吴乔《西昆发微》）

《无题》之中，有确有寄托者，“近知名阿侯”之类是也。有实属狎邪者，“昨夜星辰昨夜风”之类是也。有失去本题者，“万里风波一叶舟”之类是也。有与《无题》相连，误合为一者，“幽人不倦赏”之类是也。其摘首二字为题，如《碧城》《锦瑟》诸篇，亦同此例。一概以美人香草解之，殊乖本旨。（清·纪晓岚《四库全书总目提要》）

魏晋以降，多工赋体，义山犹存比兴。（清·贺裳《载酒园诗话》）

宋人七绝，大概学杜甫者什六七，学李商隐者什三四。（清·叶燮《原诗》）

拓展阅读

无　题

李商隐

飒飒东风细雨来，芙蓉塘外有轻雷。
金蟾啮锁烧香入，玉虎牵丝汲井回。
贾氏窥帘韩掾少，宓妃留枕魏王才。
春心莫共花争发，一寸相思一寸灰。

聚焦：
《无题》诗是李商隐的创造，可仔细体会其中幽婉、朦胧、含蓄的特色。

思考与练习

1. 李商隐的《无题》系列具有多义性，你对这两首诗如何理解？
2. 李商隐诗歌用典颇深，试分析其原因。

菩 萨 蛮

温庭筠

温庭筠（812？～866），本名岐，字飞卿。太原祁（今山西祁县）人。其先祖温彦博，任太宗朝宰相，封虞国公，是太宗信任的近臣，唐初政治上的风云人物。温庭筠自幼才思敏捷，长于诗赋，每入试，押官韵作赋，凡八叉手而八韵成，时号“温八叉”。《旧唐书》记载其“士行尘杂，不修边幅。能逐弦吹之音，为侧艳之词”。其词多表现女性生活，描写女性形象，词风秾丽，开创了花间词一派词风，为花间之鼻祖。今存词约70首，大都见于《花间集》。

小山①重叠金明灭②，鬓云欲度香腮雪。懒起画娥眉，弄妆③梳洗迟。　　照花前后镜，花面交相映。新帖绣罗襦④，双双金鹧鸪。

◎ 注释

① 小山：指的是“山屏”，雕画有小山的屏风。
② 金明灭：日光照在屏风上闪烁的样子。
③ 弄妆：梳妆打扮。
④ 襦：音 rú，短衣。

这首词描写美人晓起晨妆的情景。上片写晨起床前的景色及梳洗时的慵懒。一“懒”字、一“迟”字相互照应，包含着无人欣赏的哀怨，同时也包含着对自我的肯定。下片写梳妆之后，对镜簪花，多少心绪蕴涵其中。绣罗襦上新贴的“双双金鹧鸪”，更加反衬出自己的孤独与寂寞。这就是温飞卿的词，没有主观情感的抒发，纯任客观的抒写，却提供给读者无限的想象空间。

汇评

此感士不遇也。篇法仿佛《长门赋》，而用节节逆叙，此章从梦晓后领起。“懒起”二字，含后文情事；“照花”四句，《离骚》“初服”之意。（清·张惠言《词选序》）

飞卿词全祖《离骚》，所以独绝千古。《菩萨蛮》、《更漏子》诸阙，已臻绝顶，后来无能为继。（清·陈廷焯《白雨斋词话》）

此首写闺怨，章法极密，层次极清。首句，写绣屏掩映，可见环境之富丽；次句写鬓丝缭乱，可见人未起之容仪。三、四句叙事，画眉梳洗，皆事也，然“懒”字、“迟”字，又兼写人之情态。“照花”两句承上，言梳洗停当，簪花为饰，愈增艳丽。末句，言更换新绣之罗衣，忽睹衣上有鹧鸪双双，遂兴孤独之哀与膏沐谁容之感。有此收束，振起全篇。上文之所以懒画眉、迟梳洗者，皆因一段怨情蕴蓄于中也。（唐圭璋《唐宋词简释》）

张惠言诸人之以温词上拟楚《骚》，盖因用意推尊词体之故，故不惜牵附立说，然而张氏诸人之为此说，盖亦非无故。良以温词多写精美之物象，而精美之物象则极易引人生托喻之联想。温词虽未必有心存托喻之想，然其所叙写之情思如“懒起”、“画眉”、“弄妆”、“照花”等词句，则隐然与此种托喻之传统有暗合之处。（叶嘉莹《唐宋词名家论稿》）

菩　萨　蛮

温庭筠

水精帘里颇黎枕，暖香惹梦鸳鸯锦。江上柳如烟，雁飞残月天。　藕丝秋色浅，人胜参差翦。双鬓隔香红，玉钗头上风。

聚焦：

温庭筠写了14首《菩萨蛮》，清人张惠言在《词选》中评论说这14首菩萨蛮，“篇法仿佛《长门赋》，而节节逆序”，试体会此章法。

思考与练习

1. 如何理解此词中“懒起画蛾眉”的“懒”字？
2. 如何理解“双双金鹧鸪”的象征意义？
3. 对这首词有几种解读：一是感士不遇；二是表现“闺怨”；三是表现贵族女子空虚的生活；四是描写一个具有幸福的爱情生活的妇女形象。你同意哪种说法？为什么？
4. 分析此词中的女子形象及其表现手法。

菩　萨　蛮

韦　庄

韦庄（836？～910），字端己，京兆杜陵（今属陕西西安）人。少孤贫力学，才敏过人，然一生饱经乱离漂泊之苦。乾宁元年进士及第，授校书郎。晚年入蜀，为王建掌书记，唐灭亡后，帮助王建称帝，建立前蜀政权，官吏部侍郎兼平章事。其词与温庭筠齐名，并称“温韦”。多写艳情，但情感真切，主观色彩浓厚，语言浅显隽永、质朴，风格清丽，为花间词人成就较高者。著有《浣花集》。

人人尽说江南好，游人只合[①]江南老。春水碧于天，画船听雨眠。　垆[②]边人似月，皓腕凝霜雪[③]。未老莫还乡，还乡须断肠。

◎ 注释

① 合：合该，应该。
② 垆：又作“炉”，是酒店放置酒器的地方。
③ 霜雪：形容女子手腕白皙。

韦庄的《菩萨蛮》共有五首，这五首是前后呼应的一组作品。本篇为第二首，描写词人漂泊江南时矛盾复杂的心情。起二句直写江南好。“春水碧于天，画船听雨眠”紧承上句，用白描的手法极写江南的景色美、江南的生活美。下片，在上片江南景美的基础上进一步写江南的人美，这样对首二句中“游人只合江南老”做出了合理的解释。江南虽然景美、人美，但“未老莫还乡，还乡须断肠”，流露出作者对故园的怀念，及欲归而不得的痛苦心情。

汇评

此章述蜀人劝留之辞，即下章云：“满楼红袖招”也。江南即指蜀。中原沸乱，故曰：“还乡须断肠。”（清·张惠言《词选》）

强颜作愉快语，怕断肠，肠亦断矣。（清·周济《词辨》）

端己《菩萨蛮》：“未老莫还乡，还乡须断肠。”又“凝恨对斜晖，忆君君不知”。《归国谣》云：“别后只知相忆，泪珠难远寄。”《应天长》云：“夜夜绿窗风雨，断肠君信否。”皆留蜀后思君之辞。时中原鼎沸，欲归不得。端己人品未为高，然其情亦可哀矣。（清·陈廷焯《白雨斋词话》）

此首写江南之佳丽，但有思归之意。起两句，自为呼应。人人既尽说江南之好，劝我人住，我方可以老于此间也。“只合”二字，无限凄怆，意谓天下丧乱，游人飘泊，虽有乡不得还，虽有家不得归，惟有羁滞江南，以待终老。“春水”两句，极写江南景色之丽。“炉边”两句，极写江南人物之美。皆从一己之经历，证明江南果然是好也。“未老”句陡转，谓江南纵好，我仍思还乡，但今日若还乡，目击离乱，只令人断肠，故惟有暂不还乡，以待时定。情意宛转，哀伤之至。（唐圭璋《唐宋词简释》）

拓展阅读

菩　萨　蛮

韦　庄

其　一

红楼别夜堪惆怅，香灯半掩流苏帐。残月出门时，美人和泪辞。　琵琶金翠羽，弦上黄莺语。劝我早归家，绿窗人似花。

其　三

如今却忆江南乐，当时年少春衫薄。骑马倚斜桥，满楼红袖招。　翠屏金屈曲，醉入花丛宿。此度见花枝，白头誓不归。

其　四

劝君今夜须沉醉，尊前莫话明朝事。珍重主人心，酒深情亦深。　须愁春漏短，莫诉金杯满。遇酒且呵呵，人生能几何。

其 五

洛阳城里春光好，洛阳才子他乡老。柳暗魏王堤，此时心转迷。　　桃花春水渌，水上鸳鸯浴。凝恨对残晖，忆君君不知。

聚焦：

韦庄一共写了五首《菩萨蛮》，这五首词是前后呼应的，是一个统一的有机整体。

思考与练习

1. 词中从几个方面来描写“江南好”？
2. 分析此词的艺术特色。
3. 分析此词表达的情感。
4. 清人陈廷焯评价韦庄词“似直而纡，似达而郁”，你如何理解？

谒 金 门

冯延巳

冯延巳（903～960），字正中，广陵（今江苏扬州）人。有辞学，多伎艺，“学问渊博，文章颖发，辩说纵横”。南唐烈祖李昪任命他为秘书郎，使之与李璟交游，后累官至中书侍郎、左仆射同平章事。冯延巳词思深辞丽、含蓄蕴藉，是南唐词派重要的领军人物，他的词一方面继承了五代词伤春怨别的传统，另一方面在一定程度上摆脱了花间词风的影响，开拓了新的词境，深化了词的抒情品位，直接影响了北宋词人的创作。著有《阳春集》。

风乍①起，吹绉一池春水。闲引鸳鸯香径里，手挼②红杏蕊③。　　斗鸭阑干④独倚，碧玉搔头斜坠⑤。终日望君君不至，举头闻鹊喜。

◎ 注释

① 乍：忽然。
② 挼：音 ruó，揉搓。
③ 本句的意思是，手搓着杏花蕊，引逗着鸳鸯。此句是倒装句。
④ 斗鸭阑干：用阑干圈养着一些鸭，使它们相斗，三国时已有。
⑤ 玉搔头：玉簪。坠：掉下。这里形容玉簪歪斜，仿佛要掉下来。

这首词写闺怨，为我们成功地塑造了一个思妇的形象。“风乍起，吹绉一池春水”，既写景，也写情。春风不仅吹皱了池水，更搅乱了思妇的心！接下来，没有直接描写思妇的心绪是如何不宁静，而是用了“引”和“挼”这两个动作反衬出思妇此时的心境。这是上片，写女主人公的愁闷。下片更是通过对女主人公情态的描写，含蓄地刻画出思妇在等待远方爱人时百无聊赖的心绪。

汇评

冯词类多劳人、思妇之作，“忧生念乱，意内而言外”。（宋·陈世修《阳春集序》）

闻鹊报喜，须知喜中还有疑在，无非望幸希宠之心，而语自清隽。（清·黄蓼园《蓼园词选》）

南唐主（李璟）语冯延巳曰：“‘风乍起，吹皱一池春水’，何与卿事？”冯曰：“未若‘细雨梦回鸡塞远，小楼吹彻玉笙寒’。”不可使闻于邻国。然细看词意，含蓄尚多。又云：“无凭谐鹊语，犹觉暂心宽”，韩偓语也。冯延巳去偓不多时，用其语曰：“终日望君君不至，举头闻鹊喜。”虽窃其意，而语加蕴藉。（清·贺裳《皱水轩词筌》）

“风乍起”二句破空而来，在有意无意间，如柴浮水，似沾非著，宜后主盛加称赏。此在南唐全盛时作。“喜闻鹊报”句，殆有束带弹冠之庆及效忠尽瘁之思也。（俞陛云《唐五代两宋词选释》）

拓展阅读

蝶　恋　花

冯延巳

谁道闲情抛弃久？每到春来，惆怅还依旧。日日花前常病酒，不辞镜里朱颜瘦。　河畔青芜堤上柳，为问新愁，何事年年有。独立小桥风满袖，平林新月人归后。

蝶　恋　花

欧阳修

面旋落花风荡漾。柳重烟深，雪絮飞来往。雨后轻寒犹未放，春愁酒病成惆怅。　枕畔屏山围碧浪。翠被华灯，夜夜空相向。寂寞起来褰绣幌，月明正在梨花上。

聚焦：

清代刘熙载在《艺概》中说：“冯延巳词，晏同叔得其俊，欧阳修得其深。”请仔细体会。

思考与练习

1. “风乍起，吹绉一池春水”历来被评论家们所推崇，试分析此句的妙处。
2. “闲引鸳鸯香径里，手挼红杏蕊”，写了哪几个动作？通过动作的描写，表现出主人公的什么情感？
3. 这首词是如何体现女主人公的愁情的？是直接描写的吗？这样写的好处是什么？
4. 试举例说明冯延巳、晏殊、欧阳修词的异同。

相 见 欢[①]

李 煜

李煜（937～978），初名从嘉，字重光，号钟隐，莲峰居士。为南唐中主李璟之子，世称李后主。《五代史·南唐世家》记载李煜“善属文，工书画”，“性骄侈，好声色，又喜浮屠，为高谈，不恤政事”。公元961年嗣位，14年后（975），宋兵攻破金陵，出降为俘囚居汴京三年，后被宋太宗赐药毒死。李煜疏于治国，长于艺术，可谓亡国君主，词中圣手。李煜的词创作以降宋为界分为两个时期，前期词大都描写宫廷的生活与艳情，后期词大都描写在宋的囚徒生活以及亡国之思，真正用血和泪写出了国破家亡的痛苦。李煜的词本色而不雕琢，多用白描和口语，丽藻天成，不加修饰，开阔了词的境界。

林花谢了春红，太匆匆。无奈朝来寒雨晚来风。　　胭脂泪，相留醉，几时重。自是人生长恨水长东。

◎ 注释

①此调又称“乌夜啼”。

这首词是李煜降宋之后的代表作品。从一国之君到阶下之囚，巨大的反差，是一般人难以承受的。李煜把这样的悲哀用词这种形式宣泄出来，抒写自己的不幸遭遇，来表现亡国之思。然而正是这亡国之思中包含着李后主的博大情怀，他表现的不仅仅是花的悲哀、个人的悲哀，更是国家的悲哀、整个人类的悲哀。此词情景交融，语言直白却蕴涵丰富。

汇评

李后主词如生马驹，不受控捉。（清·周济《介存斋论词杂著》）

毛嫱西施，天下美妇人也。严妆佳，淡妆亦佳。粗服乱头，不掩国色。飞卿，严妆也。端己，淡妆也。后主则粗服乱头矣。（清·周济《介存斋论词杂著》）

词至李后主而眼界始大，感慨遂深，遂变伶工之词而为士大夫之词。周介存置诸温、韦之下，可谓颠倒黑白矣。“自是人生长恨水长东”、“流水落花春去也，天上人间”，《金荃》《浣花》，能有此气象耶。（清·王国维《人间词话》）

尼采谓：“一切文学，余爱以血书者。”后主之词，真所谓以血书者也。宋道君皇帝《燕山亭》词亦略似之。然道君不过自道身世之戚，后主则俨有释迦、基督担荷人类罪恶之意，其大小同不同矣。（清·王国维《人间词话》）

此首伤别，从惜花写起。“太匆匆”三字，极传惊叹之神。“无奈”句，又转怨恨之情，说出林花所以速谢之故。朝是雨打，晚是风吹，花何以堪，人何以堪，说花即以说人，语固双关也。“无奈”二字，且见无力护花，无计回天之意，一片珍惜怜爱之情，跃然纸上。下片，明点人事，以花落之易，触及人别离之易，花不得重上故枝，人亦不易重逢也。“几时重”三字轻顿；“自是”句重落。以水之必然长东，喻人之必然长恨，语最深刻。“自是”二字，尤能揭出人生苦闷之义蕴。此与“此外不堪行”，“肠断更无疑”诸语，皆以重笔收束，沈哀入骨。（唐圭璋《唐宋词简释》）

玉楼春

李煜

晚妆初了明肌雪，春殿嫔娥鱼贯列。凤箫吹断水云闲，重按《霓裳》歌遍彻。　临风谁更飘香屑，醉拍阑干情味切。归时休放烛花红，待踏马蹄清夜月。

虞美人

李煜

春花秋月何时了，往事知多少。小楼昨夜又东风，故国不堪回首月明中。　雕阑玉砌应犹在，只是朱颜改。问君能有几多愁？恰似一江春水向东流。

聚焦：

比较李煜前期词和后期词的风格，思考造成这一风格转变的原因。

思考与练习

1. 王国维在《人间词话》中说：“词至李后主而眼界始大，感慨遂深。”还说：“后主则俨然有释迦、基督担荷人类罪恶之意。”你如何理解这句话？
2. 试述李煜词的艺术特色。
3. 鉴赏题。

(1) 名句赏析：①胭脂泪，相留醉，几时重。②自是人生长恨水长东。

(2) 比较下列句子，同样表现对落花的哀伤，李后主的词句与其他有何不同：①林花谢了春红，太匆匆。无奈朝来寒雨晚来风。②一片花飞减却春，风飘万点正愁人。③湖上西风斜日，荷花落尽红英。④一年三百六十日，风刀霜剑严相逼。明媚鲜妍能几时，一朝飘泊难寻觅。

蝶 恋 花

晏 殊

晏殊（991～1055），字同叔，临川（今江西抚州）人。自幼就有过人之才，7岁能文，14岁时即以神童应召，赐同进士出身，为东宫伴读，受到真宗的常识。后一直官运亨通，做到宰相，位极人臣，历仕两朝。他在政治上表现平平，但在人才培养方面却是出色的，范仲淹、韩琦、富弼、宋祁、欧阳修、梅尧臣和张先等都是他的门生。一生关心文学，尤其是词的创作。晏殊词继承了五代冯延巳词的遗风，创造了圆融的意境，具有雍容大度、舒缓闲雅的情调，语言婉丽。有《珠玉词》传世。

槛[①]菊愁烟兰泣露，罗幕轻寒，燕子双飞去。明月不谙[②]离恨苦，斜光到晓穿朱户。

昨夜西风凋碧树，独上高楼，望尽天涯路。欲寄彩笺兼尺素[③]，山长水阔知何处！

◎ 注释

① 槛：栏杆。

② 谙：了解，熟悉。

③ 彩笺、尺素：这里都是书简、书信之意。尺素，语出古乐府《饮马长城窟行》："客从远方来，遗我双鲤鱼。呼儿烹鲤鱼，中有尺素书。"

王国维在《人间词话》中，将"昨夜西风凋碧树，独上高楼，望尽天涯路"作为成就事业及大学问的第一重境界，虽与此词词意无甚关联，但也说明了这首词的意境广远。这首词表达的是传统词中的相思离别之情。上片以写景起笔，一"愁"字、一"泣"字，赋予了烟与菊人格化色彩，使得虽写景物，而实写人情，透露出女主人公的悲苦。接下来燕子双飞，又反衬出女主人公的孤独，对明月无理的埋怨，又有力地体现出女主人公的煎熬。下片登楼望远，既然愁苦无处排遣，便"独上高楼"，而此时并未见愁苦怅惘，而境界一转，从狭小的心境当中转而对高远境界的希求，自然也有寄书寄信之意，然而，书信又往何处寄？令人感慨不已。

汇评

《诗·蒹葭》一篇最得风人深致，晏同叔之"昨夜西风凋碧树，独上高楼，望尽天涯路"，意颇近之，但一洒落，一悲壮耳。又曰："我瞻四方，蹙蹙靡所骋"，诗人之忧生也。"昨夜西风"似之。（清·王国维《人间词话》）

古今之成大事业大学问者必经过三种之境界。"昨夜西风凋碧树，独上高楼，望尽天涯路"，此一境也。"衣带渐宽终不悔，为伊销得人憔悴"，此二境也。"众里寻她千百度，蓦然回首，那人却在灯火阑珊处"，此第三境也。此等语皆非大词人不能道。（清·王国维《人间词话》）

抒写对离人的彻夜相思，将无可奈何的愁苦化为对明月的无理埋怨。下片在极为空阔高远的境界中寄予难以排遣的离愁。黄叶凋零，视野开阔，山阻水隔，音问难通，即使能望尽天涯，仍然不知离人所在之处。从字面看，虽然只是极写离情的间阻，然而也包含着人生会短离长、漂泊不定的落寞之感。“昨夜西风”三句因写景形象，富有启示性，还被王国维用来比喻为做学问的第一境界。（葛晓音《唐诗宋词十五讲》）

浣　溪　沙

晏　殊

一曲新词酒一杯，去年天气旧亭台。夕阳西下几时回？　　无可奈何花落去，似曾相识燕归来。小园香径独徘徊。

浣　溪　沙

晏　殊

一向年光有限身，等闲离别易销魂。酒筵歌席莫辞频。　　满目山河空念远，落花风雨更伤春。不如怜取眼前人。

聚焦：

叶嘉莹先生曾评论晏殊的词当中有一种“圆融”的精神。试从这些词中体会《珠玉词》珠圆玉润的圆融特质。

思考与练习

1. 这首词起句描写了什么景物，具有什么特点？
2. 词人写“双燕”的象征意义何在？
3. 分析这首词的上片和下片在意境与风格上的差异。
4. 晏殊词继承了五代时期冯延巳的词风，试述是如何继承，又是如何创新的？

八声甘州

柳　永

柳永（987? ～1053?），字耆卿，原名三变，字景庄，崇安（今福建崇安）人。宋仁宗景祐元年（1034），进士及第。先后做过睦州团练推官、定海晓峰盐场盐官、余杭县令、屯田员外郎等地方官，世称“柳屯田”，因排行第七，故又称“柳七”。其为人放荡不羁，终生贫困潦倒。柳永是北宋第一个专力填词的作家，大量创制慢词，开启了宋词的新天地。同时，他又开创了以俗为美、雅俗共赏的词学风格，对北宋词的发展起了重要的作用。其词语言俚俗，影响广泛，“凡有井水饮处，即能歌柳词”。有《乐章集》传世。

对潇潇暮雨洒江天，一番洗清秋。渐霜风凄紧，关河①冷落，残照当楼。是处红衰翠减②，苒苒物华休③。惟有长江水，无语东流。　　不忍登高临远，望故乡渺邈，归思难收。叹年来踪迹，何事苦淹留。想佳人、妆楼颙望④，误几回、天际识归舟⑤。争知我、倚阑干处，正恁⑥凝愁。

◎ 注释

① 关河：此处泛指江山。
② 是处：到处、处处。红衰翠减：形容花木凋零。
③ 苒苒：通“冉冉”，光阴逐渐流逝。物华：万物的芳华。
④ 颙望：举头凝望。此句意思是，从自己望她，想她也许在望我，说到对方。
⑤ 谢朓《宣城郡出新林浦向板桥》有云：“天际识归舟，云中辨江树。”
⑥ 恁：如此。

在以羁旅离愁为题材的词当中，这首词是上品。苏轼评价其“不减唐人高处”，王国维更将其与苏轼的《水调歌头》媲美，认为此二作皆“格高千古，不能以常调论也”，可见此词在词史上的地位之高。这首词上片写景，以一“对”字领起，暮雨下的秋色尽在眼前；又以一“渐”字领起，秋天的寒冷、凄清、肃杀，尽可感受到。随之，悲秋之意袭来，万物凋零，唯有滚滚而去的长江水无语东流。下片抒情，抒思乡之情，抒思妇之情，通过层层铺叙，把游子的羁旅离愁表达得强烈而又跌宕。

汇评

东坡云：“世言柳耆卿词俗，非也。如《八声甘州》云：‘风霜凄紧，关河冷落，残照当楼’，此语于诗句不减唐人。”（宋・赵令畤《侯鲭录》）

词有与古诗同妙者，如……“关河冷落，残照当楼”，即《敕勒歌》也。（清・刘体仁《七颂堂词绎》）

长调自以周柳苏辛为最工，若屯田之《八声甘州》格调千古，不能以常词论之。（清・王国维《人间词话》）

《八声甘州・对潇潇暮雨洒江天》。飞卿词“照花前后镜，花面交相映”，此词境颇似之。（梁启超《饮冰室评词》）

此首亦柳词名著。一起写雨后之江天，澄澈如洗。“渐霜风”三句，更写风紧日斜之境，凄寂可伤。以东坡之鄙柳词，亦谓此三句“唐人佳处，不适如此”。是处四句，复叹眼前景物凋残，惟有江水东流，自起首至此，皆写景。换头，即景生情。“不忍”句与“望故乡”两句，自为呼应。“叹年来”两句，自问自叹，与“为问新愁，何事年年有”句，同为恨极之语。“想”字贯至收处，皆是从对面着想，与少陵之“香雾云鬟湿，清辉玉臂寒”作法相同。小谢诗云：“天际识归舟”，屯田用其语，而加“误几回”三字，更觉

灵动。收处归到“倚阑”，与篇首应。梁任公谓此首词境颇似“照花前后镜，花面交相映”，说亦至当。（唐圭璋《唐宋词简释》）

鹤冲天

柳　永

黄金榜上，偶失龙头望。明代暂遗贤，如何向？未遂风云便，争不恣狂荡？何须论得丧。才子词人，自是白衣卿相。　烟花巷陌，依约丹青屏障。幸有意中人，堪寻访。且恁偎红倚翠，风流事，平生畅。青春都一饷。忍把浮名，换了浅斟低唱！

聚焦：

据记载，柳永正是因为这首词才“蹉跎于仁宗朝”，一生不得志，结合其词作及生平思考柳永的人格特征。

思考与练习

1. 柳永词的一大特色就是铺叙，结合这首《八声甘州》分析此词的层次。
2. 苏轼评价这首词“不减唐人高处”，请谈谈你的理解。
3. 请谈一谈下列词句的精彩之处。
   (1) 对潇潇暮雨洒江天，一番洗清秋。
   (2) 惟有长江水，无语东流。
   (3) 想佳人、妆楼颙望，误几回、天际识归舟。

江　城　子

密州出猎

苏　轼

苏轼（1037～1101），字子瞻，号东坡居士，眉州眉山（今四川眉山）人。与其父苏洵、其弟苏辙并称“三苏”。嘉祐二年（1057）进士，历任地方官，官至中书舍人、翰林学士，礼部尚书。一生起起伏伏，初因“乌台诗案”被贬黄州，绍圣初年，又被贬至惠州、儋州，徽宗时遇赦，病逝于常州。苏轼是一位全才的艺术家，在散文、诗、词方面都有杰出成就。散文与欧阳修并称“欧苏”；诗歌与黄庭坚并称“苏黄”；词与辛弃疾并称“苏辛”；书法与黄庭坚、米芾、蔡襄并称“四大家”；绘画是“文湖州竹派”的重要人物。苏轼词的艺术风格不拘一格，最重要的贡献就是“以诗为词”的创作倾向，开拓了词境，开创了“新天下耳目”的词风，陆游称其“豪放”，张炎称其“清丽”，楼敬思称其“清秀”，周济称其“韶秀”，王鹏运称其“清雄”，对后世词的创作产生了重要影响。有《苏东坡集》、《东坡乐府》。

老夫聊发少年狂。左牵黄，右擎苍[①]，锦帽貂裘[②]，千骑[③]卷平冈。为报倾城[④]随太守，亲射虎，看孙郎[⑤]。　　酒酣胸胆尚开张[⑥]。鬓微霜，又何妨！持节云中，何日遣冯唐[⑦]？会挽雕弓如满月，西北望，射天狼[⑧]。

◎ 注释

① 黄：黄犬；苍：苍鹰。古人常以牵犬擎苍比喻狩猎时气概之豪迈。
② 锦帽貂裘：锦蒙帽、貂鼠裘，原为汉羽林军装束，此指苏轼随从。
③ 千骑：一人一马合称骑。千骑，暗示知州身份。
④ 倾城：全城之人。
⑤ 孙郎：三国时孙权。《三国志》卷四七《吴书·吴主传》记载：“（建安）二十年十月，权将如吴，亲乘马射虎于庱（今江办丹阳东）。马为虎所伤，权投以双戟，虎却废，常从张世击以戈，获之。”此是以孙权自比。
⑥ 胸胆尚开张：此言心胸开阔，胆气雄壮。
⑦ 节：符节，古代使者持之以作凭信。云中：云中郡，今内蒙古自治区托克托县及山西西北部属其地。冯唐：《史记》卷一〇二《冯唐列传》记载，汉文帝时魏尚为云中太守，抵御匈奴，颇有战功，却因“坐上功首虏差六级”被“下之吏，削其爵，罚作之”。冯唐向文帝劝谏，“是日令冯唐持节赦魏尚，复以为云中守，而拜唐为车骑都尉，主中尉及郡国车士”。此以冯唐自比。
⑧ 天狼：星名。古代以为主侵略，以此比喻贪残、盗贼等，在这里比喻西夏。

这首词创作于熙宁八年（1075）十月密州任上，是苏轼豪放词的代表。全词出手不凡，上片一开始便以一“狂”字领起并奠定了全篇的情感基调，塑造了一个踌躇满志的太守形象，揭示出词人昂扬的精神状态，完成了一幅壮观的“太守出猎图”。下片作者由出猎想到国事，并进一步倾诉了自己的雄心壮志，鬓发虽白，却仍希望朝廷对自己委以重任，赴边疆抗敌。全词豪放激越，堪称豪放词的经典。

汇评

数日前猎于郊外，所获颇多，作得一阕，令东州壮士抵掌顿足而歌之，吹笛击鼓以为节，颇壮观也。（北宋·苏轼《与鲜于子骏书》）

东坡先生以文章余事作诗，溢而作词曲，高处出神入天，平处临镜笑春，不顾侪辈。东坡先生非醉心于音律者，偶尔作歌，指出向上一路，新天下耳目，弄笔者始知自振。（南宋·王灼《碧鸡漫志》卷二）

晁无咎云：“居十词，人多谓不谐音律。然横放杰出，自是曲子内缚不住者。（北宋·胡仔《苕溪渔隐丛话》后集卷三十三引）

词自晚唐五代以来，以清切婉丽为宗，至柳永而一变，如诗家之有白居易；至轼而又一变，如诗家之有韩愈，遂开南宋辛弃疾等一派。（清·纪昀《四库全书总目提要》卷一

九八）

上片描写自己出猎的装扮和阵容，牵狗臂鹰，写得洒脱豪放，极有声势。又以夸张的口吻渲染倾城出动观猎的热闹场面，以三国时吴主孙权射虎自喻，更将豪情胆气渲染到十分。下片生动地刻画出作者两鬓染霜而依旧胸怀开阔、壮志不衰的豪迈神情。汉文帝时魏尚为云中太守，击败匈奴，立有战功，但因报功时杀敌数字略有出入，朝廷将处刑。冯唐认为这种做法不公平，汉文帝便派冯唐持节去云中赦免魏尚之罪。这里有此典故，表示了希望得到朝廷信任的意思。结尾以一个雕塑般的英雄形象的特写重申了作者为国请缨、征服西夏辽国的雄心壮志。苏轼自述作得此词，曾“令东州壮士抵掌顿足而歌之，吹笛击鼓以为节，颇壮观也”。这是他有意抵制“柳七风味”、以讴歌报国壮志的豪放词自成一家的最初尝试。此后，他在《南乡子》“旌旆满江湖”、《阳关曲》（中秋作）等词里都塑造过爱国志士和从军将士的形象。（葛晓音《唐诗宋词十五讲》）

水调歌头

苏　轼

明月几时有？把酒问青天。不知天上宫阙，今夕是何年。我欲乘风归去，又恐琼楼玉宇，高处不胜寒。起舞弄清影，何似在人间。　转朱阁，低绮户，照无眠。不应有恨，何事长向别时圆！人有悲欢离合，月有阴晴圆缺，此事古难全。但愿人长久，千里共婵娟。

水　龙　吟
次韵章质夫杨花词

苏　轼

似花还似非花，也无人惜从教坠。抛家傍路，思量却是，无情有思。萦损柔肠，困酣娇眼，欲开还闭。梦随风万里，寻郎去处，又还被、莺呼起。　不恨此花飞尽，恨西园、落红难缀。晓来雨过，遗踪何在，一池萍碎。春色三分，二分尘土，一分流水。细看来，不是杨花，点点是离人泪。

聚焦：

作为一名全才的艺术家，苏轼词的风格也多种多样。通过赏析上面两首词，试体会。

思考与练习

1. 本词的词眼是什么？对全词起什么作用？
2. “会挽雕弓如满月，西北望，射天狼”勾勒出了怎样的形象？表达了作者怎样的心态？
3. 分析典故在此词当中的作用。

定风波

苏 轼

三月七日，沙湖[①]道中遇雨。雨具先去，同行皆狼狈，余独不觉。已而遂晴，故作此词。

莫听穿林打叶声，何妨吟啸[②]且徐行。竹杖芒鞋[③]轻胜马，谁怕？一蓑烟雨任平生。料峭[④]春风吹酒醒，微冷，山头斜照却相迎。回首向来萧瑟处，归去，也无风雨也无晴[⑤]。

◎ 注释

① 沙湖：《东坡志林》卷一："黄州东南三十里，为沙湖，亦曰螺师店，予买田其间。"
② 吟啸：意态潇洒，且吟且啸。
③ 芒鞋：草鞋。
④ 料峭：形容春寒。
⑤ "回首"二句：写自己的恬淡心境，无论自然风雨还是政治风雨，是阴雨还是晴天，全不介意。

这首词写于被贬黄州期间。这首词能够真正体现苏轼的人生境界：宠辱不惊，随遇而安。本词仅仅着眼于途中遇雨的一件小事，却见出人生中的大境界，表现出词人的旷达，胸襟的开阔。词的上片写遇雨，"莫听"、"吟啸"、"徐行"，这就是作者遇雨时的姿态：坦然面对风雨。而"一蓑烟雨任平生"，显然已经不仅仅指的是路途中的雨了，更是人生的风雨。下片写雨过天晴，既然风雨来时能够坦然面对，"回首向来萧瑟处，归去，也无风雨也无晴"。这就是一个物我两忘的、洒脱旷达的苏东坡。

汇评

杜诗"丹霞一缕轻"，《渔父词》"茧缕一钩轻"，胡少汲诗"隋堤烟雨一帆轻"，至若骚人于渔父则曰"一蓑烟雨"，于农父则曰"一犁春雨"，于舟子则曰"一篙春水"，皆曲尽形容之妙也。（南宋·俞成《萤雪丛说》卷上）

此中征是翁坦荡之怀，任天而动。琢句亦瘦逸，能道眼前景。以曲笔直写胸臆，倚声能事尽之矣。（清·郑文焯《批校东坡乐府》）

"风雨"是打击，是一种不幸；"晴"是温暖，是幸。有的人把打击和不幸看开了，对温暖和幸福却不能看开，那也不对。"也无风雨也无晴"的意思是，无论打击和不幸也好，无论是温暖和幸福也好，对我的心都没有干扰，都不能转移和改变我。风雨是外来的，我还是我；晴朗也是外来的，我也还是我。现在，他已经不只是通观，而且有了一种超然的旷观。惟其如此，苏东坡在晚年才能够达到一种很高的修养，写出"云散月明谁点缀，天容海色本澄清"这样的句子来。《定风波》虽然只是一首小词，但是他写出了很丰富的对人生的体会。（叶嘉莹《唐宋名家词赏析》）

临　江　仙

苏　轼

夜饮东坡醒复醉，归来仿佛三更。家童鼻息已雷鸣。敲门都不应，倚杖听江声。长恨此身非我有，何时忘却营营？夜阑风静縠纹平。小舟从此逝，江海寄馀生。

念　奴　娇
赤壁怀古

苏　轼

大江东去，浪淘尽，千古风流人物。故垒西边，人道是：三国周郎赤壁。乱石崩云，惊涛裂岸，卷起千堆雪。江山如画，一时多少豪杰。　　遥想公瑾当年，小乔初嫁了，雄姿英发。羽扇纶巾，谈笑间、樯橹灰飞烟灭。故国神游，多情应笑我，早生华发。人间如梦，一尊还酹江月。

聚焦：

这些都是黄州词，试想，如果苏轼没有被贬黄州，今天的苏轼词是否还会这样精彩！

思考与练习

1. 这首词给我们塑造了一个什么样的人物形象？
2. 这首词表现了词人什么样的人生态度？
3. 分析这首词的上片，上片连续用了“莫听”、“何妨”、“谁怕”、“任”等词语，这些词语的好处是什么？
4. 你如何理解“谁怕？一蓑烟雨任平生”一句？

浣　溪　沙

秦　观

秦观（1049～1100），字少游，一字太虚，号淮海居士。扬州高邮（今江苏高邮）人。北宋著名词人，“苏门四学士”之一。少年豪隽，胸怀大志，慷慨溢于文词。宋神宗元丰八年（1085）进士。曾任太学博士、秘书省正字、国史院编修官。后因卷入党争的政治漩涡，随苏轼而浮沉，先后被贬郴州、横州、雷州等地。后遇赦，无奈死于回乡途中——藤州的光化亭。秦观性格多愁善感，敏感多思，故其词多表达哀怨悲凄之情，并将身世之感打入艳情，情韵兼胜，可称为“婉约词人之冠”。有《淮海词》、《淮海居士长短句》传世。

漠漠轻寒上小楼，晓阴无赖[①]似穷秋[②]。淡烟流水[③]画屏幽。　　自在飞花轻似梦，无边丝雨细如愁。宝帘[④]闲挂小银钩。

◎ 注释

① 无赖：无奈。
② 穷秋：晚秋。
③ 淡烟流水：屏上的风景。
④ 宝帘：美丽的帘子。

清幽的意境，轻淡的哀愁，在词人的笔下写得多么轻、多么美！一个美丽的、多情的、带着淡淡哀愁在晚春时节登楼的女子的形象宛在眼前。词的上片写景，漠漠轻寒的晓阴、淡烟流水的画屏，带我们进入一个清幽的意境，一种寂寞凄凉的感觉萦绕心间。下片写愁，“自在飞花轻似梦，无边丝雨细如愁”，花尽管像梦一样，但毕竟春去花落，已成残花，而愁像迷蒙的丝雨一样，尽管纤细，但却无边无际。这里词人用很淡的笔法，用一种与众不同的比喻，形象地描绘出女主人公淡淡的哀愁。

汇评

秦少游词，体制淡雅，气骨不衰，清丽中不断意脉，咀嚼无滓，久而知味。（南宋·张炎《词源》卷下）

少游最和婉醇正，稍逊清真者辣耳。少游意在含蓄，如花初胎，故少重笔。（清·周济《宋四家词选》序论）

少游以绝尘之才，早与胜流，不可一世，而一谪南荒，遽丧灵宝。故所为词，寄慨身世，闲雅有情思，酒边花下，一往而深，而怨悱不乱，悄乎得《小雅》之遗，后主而后，一人而已。昔张天如论相如之赋云：“他人之赋，赋才也；长卿，赋心也。”予于少游之词亦云：他人之词，词才也；少游，词心也；得之于内，不可以传。虽子瞻之明俊，耆卿之幽秀；犹若有瞠乎后者，况其下耶？（清·冯煦《宋六十一家词选》例言）

此首，景中见情，轻灵异常。上片起言登楼，次怨晓阴，末述幽境。下片两对句，写花轻而细，境更微妙。“宝帘”一句，换醒全篇。盖有此一句，则帘外之愁境及帘内之愁人，皆分明矣。（唐圭璋《唐宋词简释》）

清婉而有余韵，是其擅长处。此调凡五首，此首最胜。（俞陛云《唐五代两宋词选释》）

拓展阅读

泗州东城晚望

秦　观

渺渺孤城白水环，舳舻人语夕霏间。
林梢一抹青如画，应是淮流转处山。

春日　五首　（其二）

秦　观

一夕轻雷落万丝，霁光浮瓦碧参差。
有情芍药含春泪，无力蔷薇卧晓枝。

聚焦：

秦观的诗歌被称为“女郎诗”，词也是如此，充满了泪水，他的诗风与词风的形成与其人生经历有密切的关系。

思考与练习

1. 王国维在《人间词话》中这样形容“词”这种文体的特点：“词之为体，要眇宜修。能言诗之所不能言，而不能尽言诗之所能言。诗之境阔，词之言长。”这里所说的“要眇宜修”，是指词具有幽细的本性，而所谓的“言长”，是说词的表达妙在深、婉、细，两者是一个意思。结合这一观点分析秦观的这首《浣溪沙》。
2. 试述秦观词的艺术风格。
3. “自在飞花轻似梦，无边丝雨细如愁”这句用了什么修辞方法？其特点是什么？

兰　陵　王

柳

周邦彦

周邦彦（1056～1121），字美成，号清真居士，钱塘（今浙江杭州）人。《宋史·文艺传》说他“疏隽少检，不为州里推重，而博涉百家之书”。历官太学正、庐州教授、知溧水县等。周邦彦精通音律，宋徽宗时仕至徽猷阁待制，提举大晟府。后出知顺昌府，徙处州，提举南京鸿庆宫，徽宗宣和三年（1121）病逝于南京（今河南商丘）。周邦彦的词多写闺情、羁旅、咏物等，由于他在音乐上的造诣，所以多创制新调，对词乐的发展做出了很大的贡献。其词风典雅精工，格律谨严，尤擅铺叙。

柳阴直，烟里丝丝弄碧。隋堤[①]上，曾见几番，拂水飘绵[②]送行色。登临望故国[③]，谁识京华[④]倦客。长亭路，年去岁来，应折柔条过千尺。　闲寻旧踪迹，又酒趁哀弦，灯照离席。梨花榆火催寒食[⑤]。愁一箭风快，半篙波暖，回头迢递[⑥]便数驿，望人在天北[⑦]。　凄恻，恨堆积。渐别浦萦回，津堠[⑧]岑寂。斜阳冉冉春无极。念月榭携手，露桥闻笛。沉思前事，似梦里，泪暗滴。

◎ 注释

① 隋堤：汴河之堤，隋炀帝时所修。
② 飘绵：即飞起的柳絮。
③ 故国：这里作“故乡”解。
④ 京华：这里指京城，即汴都。
⑤ 寒食：节令名，清明节前一天（或说清明前两天）。相传起于晋文公悼介之推事，以介之推抱木焚死，就定于是日禁火寒食。节后另取榆柳之火，以为饮食，谓“新火”。
⑥ 迢递：高远。
⑦ 天北：以自己南去，所以，“望人在天北”。
⑧ 津堠：津，渡口。堠，守望之所，每五里、十里一个。

这是一首送别词，共三片，所以又叫“渭城三叠”，突出显示了周邦彦长篇铺叙的才能。上片咏柳，从柳阴写起，到柳絮、柳条，引出送别之人及送别的主题，渲染别情；中片写送行，分为两个层次，先为“送”，送行时的美酒，送行时的哀弦，其次为“行”，“愁一箭飞快”，难舍难离之情溢于言表；下片为别恨，斜阳冉冉西下，春色一望无边，往日的一幕幕又重现眼前，想到这里不觉泪如雨下。全词在今昔、送留、想象与现实之间回旋往复，叙事曲折、萦回。

汇评

美成思力，独绝千古，如颜平原书，虽未臻两晋，而唐初之法，至此大备。后有作者，莫能出其范围矣。读得清真词多，觉他人之作，都不十分经意。

勾勒之妙，无如清真。他人一勾勒便薄，清真愈勾勒愈浑厚。（清·周济《介存斋论词杂著》）

周美成词，或称其无美不备。余谓论词莫先论品。美成词信富艳精工，只是当不得一个贞字。是以士大夫不肯学之，学之则不知终日意萦何处矣。

周美成律最精审，史邦卿句最警炼，然未得为君子之词者，周旨荡而史意贪也。（清·刘熙载《艺概》）

此首第一片，紧就柳上说出别恨。起句，写足题面。“隋堤上”三句，写垂柳送行之态。“登临”一句陡接，唤醒上文，再接“谁识”一句，落到自身。“长亭路”三句，与前路回应，弥见年来漂泊之苦。第二片写送别时情景。“闲寻”，承上片“登临”。“又酒趁”三句，记目前之别筵。“愁一箭”四句，是别去之设想。“愁”字贯四句，所愁者即风快，舟快、途远、人远耳。第三片实写人。

愈行愈远，愈远愈愁。别浦、津堠，斜阳冉冉，另开拓一绮丽悲壮之境界，振起全篇。“念月榭”两句，忽又折入前事，极吞吐之妙。“沉思”较“念”字尤深，伤心之极，遂迸出热泪。文字亦如百川归诲，一片苍茫。(唐圭璋《唐宋词简释》)

六 丑

蔷薇谢后作

周邦彦

正单衣试酒，怅客里光阴虚掷。愿春暂留，春归如过翼，一去无迹。为问花何在？夜来风雨，葬楚宫倾国。钗钿堕处遗香泽。乱点桃蹊，轻翻柳陌，多情为谁追惜？但蜂媒蝶使，时叩窗槅。 东园岑寂，渐蒙笼暗碧。静绕珍丛底，成叹息。长条故惹行客，似牵衣待话，别情无极。残英小，强簪巾帻。终不似，一朵钗头颤袅，向人欹侧。漂流处、莫趁潮汐。恐断红，尚有相思字，何由见得。

聚焦：

周邦彦精通音乐，擅长创制词调，尤其长于铺叙。这首词与上一首同为慢词，同能体现周邦彦的铺叙手法。

思考与练习

1. 这首词的主题与“柳”有何关系？用“柳”为题有何寓意？
2. 试分析这首词的铺叙手法。
3. 试述柳永的铺叙与周邦彦的铺叙有何不同。

一 剪 梅

李清照

李清照（1084～1055?），自号易安居士，济南章丘明水人。其父李格非，以文章受知于苏轼。其夫赵明诚，密州诸城人，精于金石收藏与考据。李清照从小就具有多样的创作才能，诗词文章无所不工，兼擅书画，通晓乐理。“靖康之变”后，举家南渡，避乱江南。无奈，赵明诚去世，二人搜集的金石书画也在避难中丧失殆尽。李清照只身漂泊，在凄凉孤苦的生活中度过晚年。李清照是我国古代一位杰出的女词人。她的词以宋室南渡为界，分为前后两期。前期主要以吟唱爱情、人生为主，风格委婉轻盈；后期多抒发国破家亡后的心境，表达家国之悲、乡关之思，风格凄苦。她的词独具一格，世称“易安体”。有《漱玉词》。

红藕[①]香残玉簟[②]秋。轻解[③]罗裳，独上兰舟。云中谁寄锦书[④]来？雁字[⑤]回时，月满西楼。　　花自飘零水自流。一种相思，两处闲愁。此情无计可消除，才下眉头，却上心头。

◎ 注释

① 红藕：荷花。
② 玉簟：光华如玉的精美竹席。
③ 轻解：轻挽，轻提。
④ 锦书：后世多指夫妇、情侣间的书信。
⑤ 雁字：雁群常在天空列成“一”字或“人”字形。传说雁能传书。

这首词是李清照前期的代表作，写于二人婚后不久赵明诚便去远游时，表达了对丈夫的思念之情。上片写秋景，既写出秋的凄清，又渲染出作者的孤寂。一“残”字、一“独”字，境界全出。“云中谁寄锦书来，雁字回时，月满西楼”三句写别后思念，情感掀起波澜。下片抒相思之情，“一种相思，两处闲愁”，由自己的相思进而推想丈夫此刻也在思念着自己，真可谓易安之才，“才下眉头，却上心头”，将别后的相思与哀愁抒发得淋漓尽致。

汇评

此词低回宛折，兰香玉润，即六朝才子恐不能拟。（明·杨慎批点《草堂诗馀》引钟人杰评）

俞仲茅小词云：“轮到相思没处辞，眉间露一丝。”视易安“才下眉头，却上心头”，可谓此子善盗。然易安亦从范希文“都来此事，眉间心上，无计相回避”脱胎，李特工耳。（清·王士禛《花草蒙拾》）

易安《一剪梅》词起句“红藕香残玉簟秋”七字，便有吞梅嚼雪不食人间烟火气象，其实寻常不经意语也。（清·梁绍壬《两般秋雨庵随笔》卷三）

《玉梅词隐》云：易安精研宫律，所作何至出韵？周美成倚声专家，为南北宋关键，其《一剪梅》第四句均不用韵，讵皆出韵耶？窃谓《一剪梅》调当以第四句不用韵一体为最早。晚近作者，好为靡靡之音，徒事和畅，乃添入此叶耳。（清·况周颐《漱玉词笺》）

由此以推，易安伤离之作，大抵皆为明诚而发，所谓“女子善怀”，充分表其浓挚悲酸情感，非如其他词人之代写闺情，终有“隔靴搔痒”之叹。（龙榆生《漱玉词叙论》）

拓展阅读

醉花阴

李清照

薄雾浓云愁永昼，瑞脑销金兽。佳节又重阳，玉枕纱橱，半夜凉初透。　　东篱把酒黄昏后，有暗香盈袖。莫道不销魂，帘卷西风，人比黄花瘦。

凤凰台上忆吹箫

李清照

香冷金猊，被翻红浪，起来慵自梳头。任宝奁尘满，日上帘钩。生怕离怀别苦，多少事、欲说还休。新来瘦，非干病酒，不是悲秋。　　休休。这回去也，千万遍阳关，也则难留。念武陵人远，烟锁秦楼。惟有楼前流水，应念我、终日凝眸。凝眸处，从今又添，一段新愁。

聚焦：

“一种相思，两处闲愁”，“薄雾浓云愁永昼”，“从今又添，一段新愁”，同属于李清照前期的“愁”，它们的内涵一样吗？

思考与练习

1. 《白雨斋词话》中说：“易安佳句，如《一剪梅》起七字云：‘红藕香残玉簟秋’，精秀绝伦，真不食人间烟火者。”你能说出它好在哪里吗？
2. 本词是如何表达李清照对丈夫的思念之情的？
3. 比较以下写愁的名句，体会李清照词的语言特色。
   (1) 问君能有几多愁，恰似一江春水向东流。
   (2) 白发三千丈，缘愁似个长。
   (3) 自在飞花轻似梦，无边丝雨细如愁。
   (4) 梧桐更兼细雨，到黄昏，点点滴滴。这次第，怎一个愁字了得！
   (5) 此情无计可消除，才下眉头，却上心头。

声　声　慢

李清照

寻寻觅觅，冷冷清清，凄凄惨惨戚戚。乍暖还寒时候，最难将息①。三杯两盏淡酒，怎敌他晚来风急？雁过也，正伤心，却是旧时相识。　　满地黄花堆积，憔悴损，如今有谁堪摘？守著窗儿，独自怎生得黑？梧桐更兼细雨，到黄昏，点点滴滴。这次第②，怎一个愁字了得！

◎ 注释

① 将息：调养，修养。
② 这次第：这情形，这光景。

这是李清照后期词的代表作，原题为《秋情》，通过对秋景秋情的描绘，抒发国破家亡、天涯沦落的悲苦。很显然，与前期的词相比，这里的愁不再仅仅指个人之愁，而是有了更多的内涵。全词一气呵成，情景交融，如泣如诉，感人至深。尤其是首句一连七组14个叠字，既形象地渲染了此时词人的心情，更显示了词人高超的语言技巧，同时与下文相互照应，“一字一泪，满纸呜咽”。

汇评

近时李易安词云：“寻寻觅觅，冷冷清清，凄凄惨惨戚戚。”起头连叠七字，以一妇人能创意出奇如此！（南宋·罗大经《鹤林玉露》）

易安居士“最难将息”、“怎一个愁字了得”，深妙稳雅，不落蒜酪，亦不落绝句，真此道本色当行第一人也。（清·刘体仁《七颂堂词绎》）

男中李后主，女中李易安，极是当行本色。（清·沈谦《填词杂说》）

此首纯用赋体，写竟日愁情，满纸呜咽。起下十四字叠字，总言心情之悲伤。中心无定，如有所失，故曰“寻寻觅觅”。房栊寂静，空床无人，故曰“冷冷清清”。“凄凄惨惨戚戚”六字，更深一层，写孤独之苦况，愈难为怀。以下分三层申言可伤之情景。“乍暖”两句，言气候寒暖不定之可伤。“三杯”两句，言晓风逼人之可伤。“雁过”两句，言雁声入耳之可伤。换头三句，仍是三层可伤之事。“满地”两句，言懒摘黄花之可伤。“守著”两句，言日长难黑之可伤。“梧桐”两句，言两滴梧桐之可伤。末句，总束以上六层可伤之专。（唐圭璋《唐宋词简释》）

拓展阅读

永遇乐

李清照

落日熔金，暮云合璧，人在何处？染柳烟浓，吹梅笛怨，春意知几许？元宵佳节，融和天气，次第岂无风雨？来相召，香车宝马，谢他酒朋诗侣。　中州盛日，闺门多暇，记得偏重三五。铺翠冠儿、捻金雪柳，簇带争济楚。如今憔悴，风鬟雾鬓，怕见夜间出去。不如向，帘儿底下，听人笑语。

聚焦：

这首词与《声声慢》一样是李清照入在宋室南渡后创作的词，试比较其与前期词的风格的不同。

思考与练习

1.《声声慢》一词表达了词人怎样的处境与心情？

2.“满地黄花堆积，憔悴损，如今有谁堪摘？”这几句运用了什么表达方式？寄寓了作者怎样的感情？

3. 分析这首词中叠字的用法。

4. 名句鉴赏。

(1) 寻寻觅觅，冷冷清清，凄凄惨惨戚戚。

(2) 满地黄花堆积，憔悴损，如今有谁堪摘?

(3) 梧桐更兼细雨，到黄昏，点点滴滴。

摸　鱼　儿

辛弃疾

辛弃疾（1140～1207），字幼安，号稼轩，历城（今山东济南）人。南宋著名爱国词人。历史记载其性格“豪爽，尚节气，识拔英俊”。一生致力于抗金北伐，早年参加耿京的抗金义军，成为掌书记，不久即归南宋，历任江西提点刑狱及湖北、江西、湖南安抚使等职。后遭投降派排挤，在江西上饶一带长期闲居。64 岁再起为浙东安抚使、镇江知府，不久即罢归。68 岁病逝。其词“大声镗鞳，小声铿訇，横绝六合，扫空万古，自有苍生所未见”，慷慨激昂，颇有英雄气，与苏轼并称为“苏辛”，与李清照并称为“济南二安”。有《稼轩长短句》传世。

淳熙己亥自湖北漕移湖南，同官王正之置酒小山亭，为赋①。

更能消②几番风雨，匆匆春又归去。惜春长怕③花开早，何况落红无数。春且住。见说道、天涯芳草无归路。怨春不语。算只有殷勤，画檐蛛网④，尽日惹飞絮。　长门事⑤，准拟佳期又误。蛾眉⑥曾有人妒。千金纵买相如赋，脉脉此情谁诉？君莫舞，君不见、玉环飞燕⑦皆尘土。闲愁最苦。休去倚危栏，斜阳正在、烟柳断肠处。

◎ 注释

① 淳熙己亥：即 1179 年。漕：转运使的简称，作者是从湖北转运副使调任湖南。小山亭：即在湖北转运使的衙门内。

② 消：消受，禁得。

③ 长怕：总怕。

④ 画檐蛛网：这四个字，放在句子中间，意思是算来只有画檐的蛛网，殷勤地镇日招惹飞絮而已。

⑤ 长门事：谓陈皇后以金百斤买司马相如一赋以感汉帝事。汉司马相如《长门赋》序云：“孝武皇帝陈皇后时得幸，颇妒。别在长门宫，愁闷悲思。闻蜀郡成都司马相如天下工为文，奉黄金百斤为相如、文君取酒，因于解悲愁之辞。而相如为文以悟上，陈皇后复得亲幸。”

⑥ 蛾眉：美人代称。

⑦ 玉环飞燕：杨玉环、赵飞燕，皆貌美善妒。

这首词创作于淳熙六年（1179）暮春，辛弃疾已40岁，但对于自己多年的主张，即抗金北伐，朝廷始终未采纳，所以作者借助于“惜春”这一常见的文学题材，抒发壮志难酬的悲愤，谴责屈辱求和的投降派，抒发对国势衰微的忧虑。词的上片从伤春写起，进而惜春，之后苦心留春，却又留春不住，进而又怨春不语，层层深入，委婉曲折。下片借用典故抒情，以陈皇后比喻自己，把玉环飞燕比喻成朝廷内争宠的小人，并暗示他们的结局。全词用残春来象征南宋日益衰败的国势，委婉、含蓄、曲折。

汇评

辛幼安晚春词“更能消几番风雨”云云，词意殊怨。“斜阳烟柳”之句，其与“未须愁日暮，天际乍轻阴”者异矣。使在汉、唐时，宁不贾种豆、种桃之祸哉？愚闻寿皇见此词，颇不悦，然终不加罪，可谓至德也已。（南宋·罗大经《鹤林玉露》）

权奇倜傥，纯用太白乐府诗法。“见说道”句是开，“君不见”句是合。（清·谭献评《词辨》）

此首以太白诗法，写忠爱之忱，宛转怨慕，尽态极妍。起处大踏步出来，激切不平“惜春”两句，惜花惜春。“春且住”两句，留春。“怨春”三句，因留春不住，故怨春。王壬秋谓“重檐蛛网”，“指张俊、秦桧一流人”，是也。下片，迳言本意。“长门”两句，言再幸无望，而所以无望者，则因有人妒也。“千金”两句，更深一层，言纵有相如之赋，仍属无望。脉脉谁诉，与“怨春不语”相应。“君莫舞”两句顿挫，言得宠之人化为尘土，不必伤感。“闲愁”三句，纵笔言今情，但于景中寓情，含思极凄婉。（唐圭璋《唐宋词简释》）

拓展阅读

水 龙 吟

甲辰岁寿韩南涧尚书

辛弃疾

渡江天马南来，几人真是经纶手？长安父老，新亭风景，可怜依旧！夷甫诸人，神州沉陆，几曾回首？算平戎万里，功名本是，真儒事，君知否？　　况有文章山斗，对桐阴满庭清昼。当年堕地，而今试看，风云奔走。绿野风尘，平泉草木，东山歌酒。待他年整顿，乾坤事了，为先生寿。

聚焦：

王国维说“东坡词旷”、“稼轩词豪”，仔细体会其中的差别。

思考与练习

1. 这首词的主旨是什么？
2. 这首词都用了哪些修辞手法？作用是什么？
3. 下片的典故有何寓意？
4. 分析这首词上片的层次。

贺　新　郎

辛弃疾

陈同甫自东阳来过余，留十日，与之同游鹅湖，且会朱晦庵于紫溪，不至，飘然东归。既别之明日，余意中殊恋恋，复欲追路，至鹭鸶林，则雪深泥滑，不得前矣。独饮方村，怅然久之，颇恨挽留之不遂也。夜半投宿泉湖吴氏四望楼，闻邻笛悲甚，为赋《贺新郎》以见意。又五日，同甫书来索词。心所同然者如此，可发千里一笑[①]。

把酒长亭[②]说。看渊明、风流酷似，卧龙诸葛[③]。何处飞来林间鹊？蹙踏松梢残雪。要破帽多添华发。剩水残山无态度，被疏梅料理成风月。两三雁，也萧瑟。　　佳人[④]重约还轻别。怅清江、天寒不渡，水深冰合。路断车轮生四角[⑤]，此地行人销骨[⑥]。问谁使君来愁绝？铸就而今相思错，料当初费尽人间铁[⑦]。长夜笛，莫吹裂[⑧]。

◎ 注释

① 此为小序。陈同甫，即陈亮，南宋著名思想家、文学家。淳熙十五年（1188）冬，陈亮自浙江东阳来江西上饶访辛弃疾，共商恢复大计，并寄信约朱熹到紫溪（江西铅山南）会晤。朱熹因事未能与会。辛弃疾与陈亮同游鹅湖寺（在铅山东北）；到紫溪等候朱熹不至，陈亮遂东归。辛弃疾于别后次日欲追赶陈亮回来，挽留他多住几天。到鹭鸶林，因雪深泥滑不能再进，只好怅然返回。那天夜里，辛弃疾在投宿处写了这首词。

② 长亭：古路旁亭舍，常用作饯别处。《白孔六帖》卷九有“十里一长亭，五里一短亭”。《一切经音义经》有“汉家因秦十里一亭。亭，留也”。

③ 卧龙诸葛：指三国谋士诸葛亮。

④ 佳人：指陈亮。

⑤ 路断车轮生四角：语本于陆龟蒙《古意》“愿得双车轮，　夜生四角”。

⑥ 销骨：极言离愁的销魂蚀骨。

⑦ “铸就”二句：据《资治通鉴》卷二六五载，唐末魏博节度使罗绍威为了对付魏承嗣，请来朱全忠的大军，半年之间，千方百计供朱军所需，结果虽然解除了威胁，却把本镇积蓄花光，从此一蹶不振。罗后悔说：“合六州四十三县铁，不能为此错也。”“错”本指错刀，语意双关也指错误。这里稼轩借此比喻自己与陈亮相互思念之深。

⑧ 长夜笛，莫吹裂：《太平广记》卷二〇四记载唐代独孤生善吹笛，“声发入云，……及入破，笛遂败裂”，又承接小序“闻邻笛悲甚”。诗人感叹说：哪里料到当初费尽九牛二虎的力量，竟铸成而今的“相思错”呢？

辛弃疾与陈亮二人一共唱和了五首《贺新郎》，成为南宋词坛上的佳话。辛弃疾的这首《贺新郎》写与朋友的离别之情，表达了对知己的倾慕之情，同时也表达了对南宋国事衰微的深深的担忧。上片写长亭送别及所见的景色，作者在这里既赞美陈亮，把其比作陶渊明和诸葛亮，同时描绘出冬天的萧瑟景色，象征国势的衰微，表达对国家的担忧。下片写追之不及的遭遇以及与陈亮别后的难舍之情，在这里既有二人的惺惺相惜之情，同时也包含了二人不能一展报国志向之痛。全词感情至深，催人泪下。

汇评

两美必合，是为双跃之龙；两雄并栖，将有一伤之虎。使稼轩龙川用而得其志，相遇中原，吾未知其如何也。（明·卓人月、徐士俊《古今词统》）

南宋词人，白石有格而无情，剑南有气而乏韵，其堪与北宋人颉颃者，唯一幼安耳。近人祖南宋而祧北宋，以南宋之词可学，北宋不可学也。学南宋者，不祖白石则祖梦窗，以白石、梦窗可学，幼安不可学也。学幼安者，率祖其粗犷滑稽，以其粗犷滑稽处可学，佳处不可学也。幼安之佳处，在有性情，有境界，即以气象论，亦有傍素波、干青云之概，宁后世龌龊小生所可拟耶？东坡之词旷，稼轩之词豪。无二人之胸襟而学其词，犹东施之效“捧心”也。读东坡、稼轩词，须观其雅量高致，有伯夷、柳下惠之风。白石虽似蝉蜕尘埃，然不免局促辕下。（清·王国维《人间词话》）

稼轩与陈同甫别后，意殊恋恋，往追之，雪深不得前，赋词见意。越日，同甫书来索词，两心相同，有如此者。稼轩与同甫，为并世健者，交谊之深厚，文章之振奇，可称词坛瑜、亮。此词为惬心之作。首三句言渊明之高逸，而以卧龙为比。如尚父之磻溪把钓，景略之扪虱清谈，避世而未忘用世也。“飞鹊”三句写景幽峭，兼有伤老之意。“剩水”二句见春色无私，不以陵谷沧桑而易态。兼有举目河山之异，惟寒梅聊可慰情耳。下阕言车轮生角，自古伤离，孰使君来，铸此相思大错。铸错语而用诸相思，句新而情更挚。通首劲气直达中不使一平笔，学稼轩者，非徒放浪通脱，便能学步也。（俞陛云《唐五代两宋词选释》）

拓展阅读

贺新郎

陈亮

（怀辛幼安用前韵）

话杀浑闲说。不成教、齐民也解，为伊为葛。樽酒相逢成二老，却忆去年风雪。新著了、几茎华发。百世寻人犹接踵，叹只今，两地三人月。写旧恨，向谁瑟。　　男儿何用伤离别。况古来、几番际会，风从云合。千里情亲长晤对，妙体本心次骨。卧百尺、高楼斗绝。天下适安耕且老，看买犁卖剑平家铁。壮士泪，肺肝裂。

贺新郎

同甫见和，再用韵答之

辛弃疾

老大那堪说。似而今、元龙臭味，孟公瓜葛。我病君来高歌饮，惊散楼头飞雪。笑富贵、千钧如发。硬语盘空谁来听？记当时、只有西窗月。重进酒，换鸣瑟。　　事无两样人心别。问渠侬、神州毕竟，几番离合？汗血盐车无人顾，千里空收骏骨。正目断、关河路绝。我最怜君中宵舞，道男儿、到死心如铁。看试手，补天裂。

聚焦：

辛弃疾与陈亮二人一连唱和了五首《贺新郎》，足见二人情谊之深。

1. “残山剩水”的象征意义是什么？
2. 你认为这首词的主旨是什么？
3. 分析这首词中的典故。

长亭怨慢[①]

姜　夔

姜夔（约1154～约1221），字尧章，号白石道人，饶州鄱阳（今江西鄱阳县）人。南宋著名词人。少年丧父，学诗词于萧德藻，得其赏识，并娶其侄女为妻，移居湖州，往来于苏、杭一带。以文名于世，颇受范成大、杨万里、辛弃疾等人推重。其为人清高，不汲汲于功名，终生不第，一生困顿。晚年移居杭州并卒于此。姜夔精通音律，常于通用词调外，自创词牌，自制新调曲谱，并能吹弹伴和。其词风清空、典雅，如“野云孤飞，去留无迹”。有《白石道人诗集》、《白石诗说》、《白石道人歌曲》等传世。

予颇喜自制曲，初率意为长短句，然后协以律，故前后阕多不同。桓大司马[②]云：“昔年种柳，依依汉南。今看摇落，凄怆江潭。树犹如此，人何以堪？”[③]此语予深爱之。

渐吹尽、枝头香絮[④]，是处人家，绿深门户。远浦萦回[⑤]，暮帆零乱向何许？阅人多矣，谁得似长亭树？树若有情时，不会得青青如此！　日暮，望高城不见，只见乱山无数。韦郎去也，怎忘得玉环分付[⑥]？第一是早早归来，怕红萼无人为主。算空有并刀[⑦]，难剪离愁千缕。

◎ 注释

① 长亭怨慢：这是姜夔的自度曲。

② 桓大司马：指桓温，东晋人，官至大司马。

③ “树犹如此”句：《世说新语·言语》载桓温语，只有“木犹如此，人何以堪”。此小序引语均出自庾信的《枯树赋》。

④ 香絮：即柳絮。

⑤ 远浦萦回：曲折迂回的水岸伸向远方。

⑥ “韦郎”句：指韦皋与玉箫玉环定情隔世姻缘事。唐韦皋游江夏，与姜家小青衣玉箫有情，约以少则五载、多则七年来娶，因留玉指环一枚。八年不至，玉箫绝食而死，以玉指环着于中指而葬。后韦皋晚年镇西川，得一歌姬，亦名玉箫，观之，乃真姜氏之玉箫也，而中指有肉环隐出，不异留别之玉环也。

⑦ 并刀：并，音 bīng，并州所产之刀。

据夏承焘先生考证，这首词当作于姜夔二三十岁游合肥时，在这期间，姜夔与歌女姐妹二人相恋，并屡次来往于合肥。词的上片咏柳，暮春时节，柳絮飘飞，已是“绿深门户”，面对离别，词人此时心境却如码头上的渡船一样凌乱，并化用了李贺诗“天若有情天亦老”的诗句，以柳树的无情来反衬自己的深情。下片描写离别后的思恋之情，行舟渐远却仍然依依不舍，并化用唐韦皋事，云：如今纵有锋利的剪刀，也无法剪断我心头丝丝缕缕的愁绪，把惜别之情写得凄恻缠绵。

汇评

姜白石词如野云孤飞，去留无迹。（南宋·张炎《词源》）

……〔长亭怨慢〕之“第一是早早归来，怕红萼无人为主”，乃为北庭后宫言之，则《卫风·燕燕》之旨也。读者以意逆志，是为得之。至其运笔之曲，如“阅人多矣。争得似长亭树。树若有情，不会得青青如此”……则如堂下斫轮，鼻端施垩。（清·邓廷桢《双砚斋词话》）

哀怨无端，无中生有，海枯石烂之情，缠绵沉着。（清·陈廷焯《词则·大雅集》）

此词颇有桓司马江潭之感。虽似怨别之辞，而实则乱愁无次，触绪纷来。凡怀人恋阙，抚今追昔，悉寓其中。首言春望景物，即紧接以“暮帆零乱”句发挥本意。望接天帆影，其中思妇离人，不知凡几，何忍入愁人之眼。惟亭树则冷漠无情，虽长年送尽行人，而青青依旧，与李白之“春风知别苦，不遣柳条青”皆伤心人语。下阕言举目河山，高城阻绝，望远而兼有“浮云蔽日”之感。以下叙离情，临歧片语，历久难忘，凝望早归而托言红萼，以雅逸之笔，致缠绵之思，犹《楚辞》之山间采秀，怅公子之忘归，深人无浅语也。（俞陛云《宋词选释》）

此首写旅况，情意亦厚。首句从别时别处写起。“远浦”两句，记水驿经历。“阅人”两句，因见长亭树而生感，用《枯树赋》语。“树若”两句，翻“天若有情天亦老”意，措语亦俊。换头，记山程经历，文字如奇峰突起，拔地千丈。乱山深处，最难忘玉环分付，“第一”两句正是分付之语，言情极真切。末以离愁难消作收。下片一气直贯到底，仿佛苏、辛。（唐圭璋《唐宋词简释》）

拓展阅读

扬州慢

姜　夔

淳熙丙申正日，予过维扬。夜雪初霁，荠麦弥望。入其城则四壁萧条，寒水自碧，暮色渐起，戍角悲吟。予怀怆然，感慨今昔，因自度此曲。千岩老人以为有“黍离”之悲也。

淮左名都，竹西佳处，解鞍少驻初程。过春风十里，尽荠麦青青。自胡马窥江去后，废池乔木，犹厌言兵。渐黄昏，清角吹寒，都在空城。　杜郎俊赏，算而今、重到须惊。纵豆蔻词工，青楼梦好，难赋深情。二十四桥仍在，波心荡、冷月无声。念桥边红药，年年知为谁生？

聚焦：

姜夔擅自度曲，本书选取的这两首词都是他的自度曲，另外，张炎评价其词“如野云孤飞，去留无迹”，请仔细体会。

思考与练习

1. 词前小序的作用是什么？
2. 词中用了两个“乱”字，“乱”的象征意义是什么？
3. 试析本词委婉含蓄的特色。
4. 比较鉴赏柳永《雨霖铃》、秦观《满庭芳·山抹微云》以及周邦彦《兰陵王》，这些都是写送别的词，分别体现了作者什么样的风格？

[双调] 小圣乐·骤雨打新荷

元好问

元好问（1190～1257），字裕之，号遗山，世称遗山先生，山西秀容（今山西忻州）人。正大元年（1224），中博学宏词科，授儒林郎，充国史院编修，历任镇平、南阳、内乡县令。正大八年（1231）秋，受诏入都，除尚书省掾、左司都事，转员外郎。金灭亡后，即不再做官，过着隐居著述的生活，诗文史学，萃于一身。元好问是我国金末元初最有成就的文学家和历史学家，是这一时期北方文学的代表。著有《遗山文集》40卷，《遗山乐府》5卷，《续夷坚志》4卷。现存散曲9首，不事雕饰，真率自然。

绿叶阴浓，遍池亭水阁，偏趁凉多。海榴初绽①，朵朵蹙红罗。乳燕雏莺弄语，有高柳鸣蝉相和。骤雨过，琼珠乱撒，打遍新荷。　　人生百年有几，念良辰美景，休放虚过。穷通前定②，何用苦张罗。命友邀宾玩赏，对芳尊浅酌低歌。且酩酊③，任他两轮日月，来往如梭。

◎ 注释

① 海榴初绽：石榴花初开。
② 穷通前定：意思是个人命运的好坏是前世就注定了的。
③ 酩酊：酒醉的样子。

这是元好问的自制曲，也是人们公认的古代散曲史上最早的北曲名篇之一。笔调清新、自然、朴素。全曲截取了盛夏生活中雨打新荷的一个片断，表现其高洁的心灵、旷达的人生态度，但同时也流露出作者在王朝更替过程中的苦闷，抒发其及时行乐的消极思想。上片写景，描写盛夏雨打新荷之景，先从晴天之景写起："绿叶阴浓"、"海榴初绽"、莺燕声声、"鸣蝉相和"；进而骤雨袭来，而"琼珠乱撒，打遍新荷"，一晴一雨，生机盎然。下片抒情，宣扬其浅斟低唱、及时行乐的思想，既然人生苦短，莫如酩酊大醉，忘记一切，取得片刻欢娱。

汇评

元遗山之词，如穷崖孤松。（明·朱权《太和正音谱》）

遗山词刻意争奇求胜，亦有可观。然纵横超逸，既不能为苏辛；骚雅清虚，复不能为姜史。于此道可称别调，非正声也。（清·陈廷焯《白雨斋词话》）

遗山之词，亦浑雅，亦博大。有骨干，有气象，以比坡公，得其厚矣，而不逮焉者，豪而后能雄，遗山所处不能豪，尤不忍豪。（清·况周颐《蕙风词话》）

遗山之词风流蕴藉者少。豪放雄快者多，故特表出苏辛，揆之北调，辞气实近。遗山少敛而为词，益放而为曲，词曲境界，自此渐泯。观董解元西厢，犹用词调甚众，气韵则殊，盖犹显者也。（罗慷烈《元曲三百首笺论》）

这是多么灵巧的曲子，简直令人百读不厌。

遗山曲，传者虽然不多，即从这首来看，其造诣并不在关汉卿等人之下。（罗锦堂《中国散曲史》）

拓展阅读

[黄钟] 人月圆·卜居外家东园

元好问

重冈已隔红尘断，村落更年丰。移居要就，窗中远岫，舍后长松。　　十年种木，一年种谷，都付儿童。老夫惟有，醒来明月，醉后清风。

聚焦：

元好问生活在乱世，因此其散曲多以叹世归隐为主要内容，表面看似旷达，实则有一种压抑在其中。

思考与练习

1. 这首曲的主旨是什么？
2. 这首曲的语言特色是什么？
3. 分析这首曲的结构。
4. 试述元好问对元代散曲的功绩。

[南吕] 一枝花·不伏老

关汉卿

关汉卿（约1220～1300），号已斋叟，大都（今北京）人，约生于金末，卒于元成宗大德年间。贾仲明的《录鬼簿》记载其曾为太医院尹，后混迹于勾栏书会。《圻津志》记载他“生而倜傥。博学多文，滑稽多智，蕴藉风流，为一时之冠”。晚年游历江南，曾到过杭州、扬州等地，和杨显之、梁进之、费君祥以及著名女演员朱帘秀等均有交往。关汉卿一生致力于戏曲创作，其杂剧有60余种，现存18种，大都反映社会现实，表现底层人民的苦难生活及反抗精神；散曲作品现存小令50余首，套数十余篇，曲风质朴本色。

[一枝花] 攀出墙朵朵花，折临路枝枝柳[①]。花攀红蕊嫩，柳折翠条柔，浪子风流。凭着我折柳攀花手，直煞得花残柳败休。半生来折柳攀花，一世里[②]眠花卧柳。

[梁州] 我是个普天下郎君领袖，盖世界浪子班头。愿朱颜不改常依旧，花中消遣，酒内忘忧。分茶攧竹[③]，打马藏阄[④]；通五音六律[⑤]滑熟，甚闲愁到我心头！伴的是银筝女银台前理银筝笑倚银屏[⑥]，伴的是玉天仙携玉手并玉肩同登玉楼，伴的是金钗客歌金缕[⑦]捧金樽满泛金瓯。你道我老也，暂休。占排场风月功名首，更玲珑又剔透。我是个锦阵花营[⑧]都帅头，曾玩府游州。

[隔尾] 子弟每是个茅草冈、沙土窝初生的兔羔儿乍向围场上走，我是个经笼罩、受索网苍翎毛老野鸡蹅踏的阵马儿熟[⑨]。经了些窝弓冷箭蜡枪头[⑩]，不曾落人后。恰不道“人到中年万事休”，我怎肯虚度了春秋。

[尾] 我是个蒸不烂煮不熟捶不扁炒不爆响珰珰一粒铜豌豆，恁子弟每谁教你钻入他锄不断斫不下解不开顿不脱慢腾腾千层锦套头[⑪]。我玩的是梁园[⑫]月，饮的是东京酒；赏的是洛阳花，攀的是章台柳。我也会围棋、会蹴鞠、会打围、会插科、会歌舞、会吹弹、会咽作[⑬]、会吟诗、会双陆。你便是落了我牙、歪了我嘴、瘸了我腿、折了我手，天赐与我这几般儿歹症候。尚兀自不肯休。则除是阎王亲自唤，神鬼自来勾。三魂归地府，七魄丧冥幽。天哪，那其间才不向烟花路儿上走。

◎ 注释

① 花、柳：这里都指妓女。
② 一世里：一辈子。
③ 分茶：宋代流行的一声茶道。攧竹：当为一种抽签博彩游戏。
④ 打马：古代流行的一种博彩游戏。藏阄：即藏钩，一种以猜出别人手中藏物为胜的游戏。
⑤ 五音：中国古代音乐五声音阶中的五个音级，宫、商、角、徵、羽。六律：中国古代音乐中的六个阳声律位，黄钟、太簇、姑洗、蕤宾、夷则、无射。
⑥ 银筝女：与后两句中玉天仙、金钗客均指妓女。银筝：银饰之筝，对筝的美称。
⑦ 金缕：即《金缕衣》，唐代曲调别称。
⑧ 锦阵花营：指妓院。
⑨ 蹅踏：踩踏。阵马：战阵，在此比喻风月场中的种种陷阱。

⑩ 窝弓冷箭蜡枪头：比喻遭受各种打击和中伤。
⑪ 锦套头：比喻妓女笼络嫖客的手段。
⑫ 梁园：汉代梁孝王所建。
⑬ 咽作：歌唱。

这是一首带有自述性质的著名套曲，作者以“郎君领袖”、“浪子班头”自居，既反映了其经常流连于市井和青楼的生活状态，又成为其反抗封建社会的大胆宣言。这首曲子为我们塑造了一个“折柳攀花”、“眠花卧柳”的风流浪子的形象？体现了对封建礼法的蔑视和玩世不恭，同时又表现出对当时社会的强烈关注，及对底层百姓的同情和赞颂。此曲善用衬字，曲风大胆、泼辣、诙谐，节奏铿锵，气势豪迈。

汇评

珠玑语唾自然溜，金玉词源即便有，玲珑肺腑天生就。（元·贾仲明《录鬼簿》）

关汉卿之词，如琼筵醉客。观其词语，乃可上可下之才。盖所以取者初为杂剧之始，故卓以前列。（明·朱权《太和正音谱》）

北曲名家，不可胜举，如白仁甫、贯酸斋、马东篱、王和卿、关汉卿、张小山、乔梦符、郑德辉、宫大用，其尤著也。诸家虽未开南曲之体，然南曲正当得其神味，观彼所制，圆溜潇洒，缠绵蕴籍，于此事固若有别材也。（清·刘熙载《艺概》）

关汉卿一空依傍，自铸伟词，而其言曲尽人情，字字本色，故当为元人第一。（清·王国维《宋元戏曲史》）

拓展阅读

[南吕] 一枝花·杭州景

关汉卿

[一枝花] 普天下锦绣乡，环海内风流地。大元朝新附国，亡宋家旧华夷。水秀山奇，一到处堪游戏，这答儿忒富贵。满城中绣幕风帘，一哄地人烟凑集。

[梁州] 百十里街衢整齐，万余家楼阁参差，并无半答儿闲田地。松轩竹径，药圃花蹊，茶园稻陌，竹坞梅溪。一陀儿一句诗题，一步儿一扇屏帏。西盐场便似一带琼瑶，吴山色千叠翡翠。兀良，望钱塘江万项玻璃。更有清溪绿水，画船儿来往闲游戏。浙江亭紧相对，相对着险岭高峰长怪石，堪羡堪题。

[尾] 家家掩映渠流水，楼阁峥嵘出翠微，遥望西湖暮山势。看了这壁，觑了那壁，纵有丹青下不得笔。

望海潮

柳永

东南形胜，三吴都会，钱塘自古繁华。烟柳画桥，风帘翠幕，参差十万人家。云树绕堤沙。怒涛卷霜雪，天堑无涯。市列珠玑，户盈罗绮，竞豪奢。　　重湖叠巘清嘉。有三秋桂子，十里荷花。羌管弄晴，菱歌泛夜，嬉嬉钓叟莲娃。千骑拥高牙。乘醉听箫鼓，吟赏烟霞。异日图将好景，归去凤池夸。

聚焦：

王国维评价关汉卿曲似柳永词。比较这两首同样描写杭州风景的作品，试体会王国维的评价。

1. 这首曲子用了哪些修辞方法，作用是什么？
2. 如何理解这首曲子中的“风流浪子”的形象？

[双调] 寿阳曲·潇湘夜雨[①]

马致远

马致远（1250？～1321?），一说字千里，号东篱，大都（今北京）人。少年时追求功名，未能得志，曾任江浙行省务官，晚年退隐山林，以诗酒自娱。马致远是元代享有盛名的戏曲作家，有“曲状元”之称。由于其作品大都与神仙道化有关，所以又称他为“万花丛里马神仙”。其所作杂剧15种，现存7种；其散曲作品久负盛名，有辑本《东篱乐府》，今存小令104首，套数17篇，曲风豪放洒脱，语言本色清俊。

渔灯暗，客梦回，一声声滴人心碎。孤舟五更家万里，是离人几行情泪。

◎ 注释

①潇湘夜雨：是宋元人所称“潇湘八景”之 。潇湘，原指湘水与潇水在零陵的汇合处，后用以指湖南。

这首小令写于由江西至湖南的途中，表达的是一个游了的羁旅之思。此来潇湘，离乡远云万里，夜宿孤舟之上，昏暗的渔火下本就寂寞凄清，好容易进入梦中，却又被雨声惊醒，雨点滴滴落下，敲击着船舱，更敲打在作者的心头，好不令人心碎！由此触景生情，“孤舟五更家万里”，从时间和空间两个方面表达作者此时的思乡之情。这点点的雨滴不正是游子眼中的清泪吗？心悲而景哀，情景交融。

汇评

马东篱之词，如朝阳鸣凤，其词典雅清丽，可与《灵光》《景福》而相颉颃，有振鬣长鸣、万马皆暗之意。又若神凤飞鸣于九霄，岂可与凡鸟共语哉？宜列群英之上。（明·朱权《太和正音谱》）

马之词老健而乏媚姿。（明·何良俊《四友斋丛说》）

可知元人之于曲，天实纵之，非后世所能望其项背也。（清·王国维《宋元戏曲史》）

马致远是第一期最有光辉的作家。……他无论在杂剧里、在散曲里，都有很浓厚的“自己”的色彩。尤其他的散曲，是那样的奔放，又是那样的飘逸；是那样的老辣，又是那样的清隽。（梁乙真《元明散曲小史》）

他（指马致远）的散曲风格豪放洒脱，语言本色清俊，带有较多的封建文人的气息，是散曲从勾栏演唱逐渐向文人自我陶写之作转化的产物。（游国恩《中国文学史》）

拓展阅读

［双调］清江引·野兴（八首选二）

西村日长人事少，一个新蝉噪。恰待葵花开，又早蜂儿闹，高枕上梦随蝶去了。

东篱本是风月主，晚节园林趣。一枕葫芦架，几行垂杨树，是搭儿快活闲住处。

聚焦：

马致远善于营造意境，达到“意”与“境”的完美融合。仔细体味马致远散曲的风格。

思考与练习

1. 这首曲子用了哪些修辞方法？作用是什么？
2. 分析这首曲子的层次。
3. 比较鉴赏。

(1) 渔灯暗，客梦回，一声声滴人心碎。

(2) 梧桐树，三更雨，不道离情正苦。一叶叶，一声声，空阶滴到明。（温庭筠《更漏子》）

(3) 梧桐更兼细雨，到黄昏，点点滴滴。（李清照《声声慢》）

［中吕］山坡羊·潼关[①]怀古

张养浩

张养浩（1270～1329），字希孟，号云庄，济南（今属山东）人。少年知名，勤而好学，被焦遂荐为东平学正，历官堂邑县尹、监察御史、翰林学士、礼部尚书、参议中书省事。后辞官而归，退隐八年，屡召不赴。天历二年（1329），关中大旱，特拜陕西行台中丞，到官四月，积劳成疾，死于任所。其散曲多写归隐生活、怀古和写景。有散曲集《云庄休居自适小乐府》，存小令161首，套数2篇。曲风格调高远，如“玉树临风”。

峰峦如聚，波涛如怒，山河表里潼关路[2]。望西都[3]，意踌躇。伤心秦汉经行处，宫阙万间都做了土。兴，百姓苦！亡，百姓苦！

◎ 注释

① 潼关：在今陕西省潼关县北，地势险要，为历代兵家必争之地。
② “山河”句：言潼关外有黄河，内有华山，形势十分险要。
③ 西都：西安。

天历二年（1329），关中大旱，张养浩时任陕西行台中丞前往赈灾，途经潼关，写了9首小令，这首曲子就是其中之一。此曲把潼关险要的地形与历史巧妙地结合起来，寓情于景，情景交融。先从山写起，山，“峰峦如聚”，再写水，“波涛如怒”，将一山一水赋予了人的情感，既写出了地势的险要，也写出了此时作者的心境难平，为下文的抒情作了铺垫。接下来，由潼关的险要联想到历史，昔日秦汉在西京留下的辉煌而今安在？但作者并未止于此，“兴，百姓苦！亡，百姓苦！”这是一种对于历史的深刻的认识，无论王朝如何更替，百姓之苦依然如故，表达了对百姓的无限同情，以及作者可贵的悲天悯人的情怀。

汇评

视其风致，盖出入于三家之间（指苏轼、辛弃疾、元好问三豪放派大家），可谓能也。（元·刘敏中《中庵集》）

张云庄之词，如玉树临风。（明·朱权《太和正音谱》）

元人散曲中怀古的作品较多的是感叹世运兴衰无定，而张养浩却能进一步想到百姓在兴亡之际所付出的沉重代价，确实要高出一筹。（邓绍基《元代文学史》）

此曲俯瞰古今，视野博大，高屋建瓴，气势雄浑，遣词精当，形象生动，不仅在元人小令中，乃至整个古曲诗中，都是难及的精构佳作。（杨波《元曲三百首》）

［正宫］塞鸿秋

张养浩

春来时绰然亭香雪梨花会，夏来时绰然亭云锦荷花会，秋来时绰然亭霜露黄花会，冬来时绰然亭风月梅花会。春夏与秋冬，四季皆佳会，主人此意谁能会。

［双调］落梅引

张养浩

野水明于月，沙鸥闲似云，喜村深地偏人静。带烟霞半山斜照影，都变做满川诗兴。

聚焦：

在多年的为官生涯中，张养浩有一段时间选择了归隐生活，在这些描写归隐生活的曲子当中，更多的是宁静与淡泊，而少了马致远曲子中的无奈与悲愤。

思考与练习

1. 这首散曲的语言风格是什么？
2. 分析这首散曲结构的妙处。
3. 朱权在《太和正音谱》中评价张养浩曲如“玉树临风”，你怎么看？
4. 如何理解“兴，百姓苦！亡，百姓苦”的历史观？

[双调] 蟾宫曲·梦中作

郑光祖

郑光祖，生卒年不详，字德辉，平阳（今山西临汾）人，钟嗣成《录鬼簿》记载其“为人方直，不妄与人交”，曾任杭州路吏，卒于杭州，葬于杭州西湖灵芝寺。郑光祖一生从事戏剧创作，史料记载当时他“名香天下，声振闺阁”，在当时的戏剧界有很高的声誉，都称其为“郑老先生”。周德清《中原音韵》将其与关汉卿、白朴、马致远并称为“元曲四大家”。其所作杂剧，《录鬼簿》载有 17 种，今存 7 种；其散曲作品，《全元散曲》辑有小令 6 首，套数 2 篇。

半窗幽梦微茫，歌罢钱塘①，赋罢《高唐》②。风入罗帏③，爽入疏棂④，月照纱窗。缥缈见梨花淡妆⑤，依稀闻兰麝⑥余香。唤起思量，待不思量，怎不思量！

◎ 注释

① 歌罢钱塘：宋代司马才仲昼寝，梦钱塘名妓苏小小为歌曲，有云：“妾本钱塘江上住……”后任钱塘幕官，所居官舍后正是苏小小之墓。
② 赋罢《高唐》：楚宋玉有《高唐赋》叙楚襄王梦中与神女欢会之事。
③ 罗帏：用细纱做的帐子。
④ 疏棂：稀疏的窗格。
⑤“缥缈”句：此句化用白居易《长恨歌》“玉容寂寞泪阑干，梨花一枝春带雨”。
⑥ 兰麝：兰香与麝香，均为名贵的香料。

这首曲子的题目既然为《梦中作》，即给我们创造了一个恍惚迷离的梦境。在这样的梦境中，作者与思念的恋人相会，醒后却茫然若失，从而表现出作者的孤独寂寞，突出了对爱情的坚定追求。作者的构思很奇特，梦境与幻觉，惝恍迷离，虚实相生。而尾句“唤起思量，待不思量，怎不思量”，由梦中相会引起的相思之苦却更加深刻，这一句对“思量”反复咏叹，增添了此曲的曲折迷离，让人感受到作者对爱人的刻骨相思之情。

汇评

美哉，德辉之才，名不虚传。（元·周德清《中原音韵》）

乾坤膏馥润肌肤，锦绣文章满肺腑。笔端写出惊人句，解翻腾，今是古，词坛老将伏输。（元·钟嗣成《录鬼簿》）

郑德辉之词，如九天珠玉，其词出语不凡，若咳唾落乎九天，临风而生珠玉，诚杰作也。（明·朱权《太和正音谱》）

清丽芊绵，自成馨逸，与关、白、马均不失为一流。（清·王国维《宋元戏曲史》）

拓展阅读

“元曲四大家”究竟是谁？

元明清涉及“元曲四大家”的资料，指代对象和排位顺序复杂多变。先对此做一些整理。

元代周德清可能是最早评论元曲曲家历史地位和作用的学者，他在《中原音韵·自序》中说：

言语一科。欲作乐府，必正言语；欲正言语，必宗中原之音。乐府之盛，之备，之难，莫如今时。其盛，则自缙绅及闾阎歌咏者众。其备，则自关郑白马，一新制作，韵共守自然之音，字能通天下之语，字畅语俊，韵促音调；观其所述，曰忠，曰孝，有补于世。其难，则有六字三韵，“忽听、一声、猛惊”是也。诸公已矣，后学莫及！

文中将“关郑白马”并提，这是我们今天所发现的有关“元曲四大家”最早的出处，但还未直接出现“元曲四大家”的提法。材料可证。周氏最推崇的曲家绝唱实为王实甫“六字三韵”，这是《西厢记》中的著名曲词，周德清视王实甫与“关马郑白”一样重要。

这之后就是明代的资料。如明代胡侍《真珠船》卷三“南北音”有云：

《击壤》《康衢》《卿云》《南风》《白云》《黄泽》之类、《诗》之篇什、汉之乐府，下逮关郑白马之撰，虽嗣有雅正，并北音也。

四人顺序与周德清上文一致，同为“关郑白马”，也未直接使用“元曲四大家”一词。

文献显示，最早将此上述四人简称为“四大家”的是何良俊，但给出的排位顺序和周德清、胡侍相异，见《四友斋丛说》卷三十七“词曲”：

元人乐府，称马东篱、郑德辉，关汉卿、白仁甫为四大家。马之辞老健而乏滋媚，关之词激厉而少蕴藉，白颇简淡，所欠者俊语。当以郑为第一。

也就是说，最初的“关郑白马”的顺序不为何良俊认可，“马郑关白”的顺序也不理想，他认为合理的顺序大概是“郑马关白”。即是说，“元曲四大家”一词在面世之初，就伴随着争论。

蒋一葵在《尧山堂外纪》中也论及“元曲四大家”，见该书卷六十八：

元人乐府称关马郑白为四大家。郑名德辉，白名仁甫。涵虚子《元词记》谓：“汉卿如琼筵醉客，致远如朝阳鸣凤，德辉如九天珠玉，仁甫如鹏抟九霄。”

文中的涵虚子是曲论家朱权的别号。这里蒋氏引的是朱权《太和正音谱》“古今群英乐府格势”中的内容，但朱权是对“元一百八十七人”风格作逐一点评，并未涉及到“四大家”的讨论。

与此相对，明代著名曲论家王骥德则多处直接论述过“四大家”的问题。他在《新校注古本西厢记》卷六“附评语”云：

元人称关郑白马。要非定论。四人汉卿稍杀一等，第之。当日王马关郑。有幸有不幸。

由此则评述可证。当时论者关于“四大家”排序的改动乃至人名的增删，都属有意为之，是曲论者的自觉褒贬。王骥德不但不认同周德清“关郑白马”的顺序，而且连关汉卿都删除了，这即是说，如果一定认为有所谓“元曲四大家”的话，王骥德会加王实甫并将其推为“四大家”之首，“元曲四大家”依次应指王实甫、马致远、郑光祖和白朴四人。

但王骥德的另一些论述中，也出现了“四大家”的所指和排序与上述周德清、胡侍相一致的情况。如《曲律》卷一“总论南北曲第二”有云：

古四方皆有音，而今歌曲但统为南北。如《击壤》《康衢》《卿云》《南风》《诗》之二《南》，汉之乐府，下逮关郑白马之撰，词有雅正，皆北音也。

这其中提到的四家，人名顺序都与周、胡相同，不过，这也只是在引述上文所引胡侍的原话。王骥德未作阐发。如不引述他人之语而是表达自己意见就不同了。王骥德在《曲律》卷三“杂论第三十九”中说：

胜国诸贤，盖气数一时之盛。王关马白。皆大都人也，今求其乡，不能措一语矣。

即又出现了“王关马白”之说，和他自己上文所述“王马郑白”顺序也不一致。

在王骥德的其他论述中，“四大家”还有新的变化，如上引《曲律》同卷有这样的论述：

作北曲者，如王马关郑辈，创法甚严。终元之世。沿守惟谨，无敢逾越。

成了“王马关郑”，这又跟他自己“王关马白”之说相异，删除了白朴，加上了郑光祖。

那么，王骥德是否真的认同元曲创作中有所谓“四大家”一说呢？他的确将关汉卿、王实甫、马致远、白朴和郑光祖五人中择四人并提，但他未尝使用“元曲四大家”一词。

晚明学者沈德符则直接论说过“元曲四大家”的问题，使用了“四大家”一词，见《万历野获编》卷二十五“词曲”：

若《西厢》才华富赡，北词大本未有能继之者，终是肉胜于骨，所以让《月亭》一头地。元人以郑马关白为四大家，而不及王实甫，有以也。

沈氏将王实甫《西厢记》与关汉卿《拜月亭记》作比较，以解析何以“四大家”中有关汉卿而缺王实甫：王氏“肉胜于骨”，所以输给关之《拜月亭记》。到底什么是“肉胜于骨”，他并没有给出详细阐述，留待后人体味和寻思。但意思正好与王骥德相对，可看出这是沈氏对王骥德抑关扬王的回应。在沈德符的“元曲四大家”中，郑光祖排在第一，是“郑马关白”。

焦循《剧说》卷四引卓珂月论曲体演变，也涉及到“四大家”：

作近体难于古诗，作诗余难于近体，作南曲难于诗余，作北曲难于南曲。总之，音调法律之间，愈严则愈苦耳。北如马白关郑，南如《荆》《刘》《拜》《杀》，无论矣。

焦循将马致远排在第一，是“马白关郑”，他将“四大家”排出了一个与上述论者都不相同的新顺序。

这里可以归结了，明代的曲论者在论述“元曲四大家”时，并没有众所公认的恒定的指称对象，在排位顺序上也未能取得共识。

就是到了清代，“元曲四大家”指称对象和顺序也未能统一规范起来。这里也引一些材料来证明。著名文人吴伟业称“关郑马白”，见《杂剧三集序》：

金元之乐，嘈杂凄紧，缓急之间，词不能接。一时才子，如关郑马白辈，更创为新声以媚之。

邹式金称“王白关郑”，见《杂剧三集·小引》：

虽以铁崖之才、酸斋之学，不得与王白关郑辈并趋争先。

孙振棫称“王关马郑”，见《国朝杭郡诗辑》卷六：

野君……又工杂剧，所撰多至六十余种，佳者欲于王关马郑抗手。

阮葵生称“关郑马白”，见《茶余客话》卷十八：

词曲著名者，北曲则关郑马白，南曲则施高汤沈，皆巨子矣。

上述所引文献中，关、郑、白、马、王分别指关汉卿、郑光祖、白朴、马致远和王实甫，这是没有争论的。但是否有一个固定的“元曲四大家”概念，“元曲四大家”中究竟是指哪几个人，优劣顺序若何，论者各执己见，歧见错出。上引资料已经做了充分证明。

（选自赵建坤《“元曲四大家”考》）

聚焦：

关于“元曲四大家”的说法历来有不同意见。经过史料的考证，你认为“元曲四大家”究竟是谁？如何排序？

思考与练习

1. 这首曲子的主旨是什么？
2. 比较鉴赏。

（1）唤起思量，待不思量，怎不思量！

（2）此情无计可消除，才下眉头，却上心头。（李清照《一剪梅》）

（3）也想不相思，可免相思苦。几次细思量，情愿相思苦。（胡适《生查子》）

第二单元　现当代诗歌

断　章[①]

卞之琳

卞之琳（1910～2000），江苏人。诗人、文学评论家、翻译家。1933 年毕业于北京大学英文系，曾师从徐志摩，并深受赏识。是新文化运动中重要的诗歌流派“新月派”的代表诗人。与何其芳、李广田合称“汉园三诗人”。其诗曾受“新月派”影响，更融合中国古诗和法国象征派等西方现代派风格，善于从日常生活中发现诗的内容，并进一步挖掘出常人意想不到的深刻内涵，在诗歌中探索宇宙和人生哲理，使其作品充满智慧的光芒。

短诗《断章》作于 1935 年 10 月，是他的代表作，也是现代诗歌史上的不朽名篇。

你站在桥上看风景，
看风景的人在楼上看你。
明月装饰了你的窗子，
你装饰了别人的梦。

◎ 注释

① 断章：卞之琳自己曾说过：“此四行无意中得之，原拟成一首完整的诗，接着感到说完了，也无需多说，可独立成篇，故名‘断章’。”

卞之琳的诗歌崇尚智慧的妙悟，常以有限、简单的物象，隐喻无限、奇妙的哲理。这首短诗以四句 30 余字，呈现了多种意象，构建了相对完整的时空、人生意境。诗歌表达了诗人对世间人物、事物关系的思考：看似零散、偶然的人和事物之间其实是息息相关、相互依存的，这边“看风景的人”，也可以是另一种视角下“装饰了别人的梦”的景致。当视角转换时，风景的含义也就随之扩大，万物、万事皆成风景。宇宙、历史、人生便以这样的方式联结成为一个整体。

汇评

还有比这再悲哀的，我们诗人对于人生的解释？都是装饰……但是这里的文字那样单

纯，情感那样凝练，诗面呈浮的是不在意，暗地却埋着说不尽的悲哀。（李健吾《〈鱼目集〉——卞之琳先生作》）

我贸然看做寓有无限的悲哀，着重在“装饰”两个字，而作者恰恰相反，着重看做冲突，不如说做有相成之美。（李健吾《咀华集·咀华二集》）

（《断章》）另有一种章法，却是于推衍之外又加上本身的对立，于是就更其复杂化了，因为它把那相对的事物重叠起来作了统一的工作。（李广田《论卞之琳的〈十年诗草〉》）

人站在镜子前面，与自己的影像面面相对，一举手一投足，影像都与之相应而相反。（张曼仪《镜子：对照的组织》）

（《断章》的结构）交相反射，具有层层更进的趣味……令人想到“螳螂捕蝉，黄雀在后”的成语。（余光中《诗与哲学》）

读过之后，像是懂了，仔细一想，又像没有全懂，越往深处想，就越觉得含义太多。（蓝棣之《现代派诗选》）

夜雨寄北

李商隐

君问归期未有期，巴山夜雨涨秋池。
何当共剪西窗烛，却话巴山夜雨时。

聚焦：

诗人废名在《谈新诗》中认为现代派诗是温庭筠、李商隐一派的发展。卞之琳作为中国诗歌现代派的重要诗人，其创作风格的确显示出了与温、李的联系。例如，这首《断章》与李商隐的《夜雨寄北》，两首诗都采用了“相对”视角。

思考与练习

1. 这首诗为何取名为“断章”？
2. “明月装饰了你的窗子，你装饰了别人的梦”，请从审美的角度简述你对“装饰”的理解。
3. 请细读作品，把握这首诗中的意象，并简述这些意象的内涵。
4. 卞之琳的诗歌善于探索宇宙人生的意义，《断章》是其代表作，如何理解这首诗中的哲理内涵？
5. 好的诗歌作品往往有多重意蕴，从而带给读者一种“言有尽而意无穷”的审美感受。谈一谈你对《断章》的主题多义性的理解。

野　兽

穆　旦

穆旦（1918～1977），原名查良铮，笔名穆旦、梁真，祖籍浙江海宁，生于天津。中国现代主义诗歌流派“九叶派”代表诗人、翻译家。1935年入清华大学外文系，抗日战争后随校转入昆明西南联合大学。在校期间，广泛接触西方现代主义诗歌，发表了《野兽》、《合唱》等诗。毕业后曾参加中国远征军，在缅甸抗日前线九死一生。1948年赴美留学，回国后任教于南开大学外文系。早期诗歌深受现代派影响，风格独特，引起读者关注。其后，又发表了具有爱国思想的《在寒冷的腊月的夜里》、《赞美》等诗。20世纪80年代后，他的诗不断受到重视，被认为是中国“20世纪最重要的诗人”之一。《野兽》是穆旦创作前期的重要作品，显示了现代主义的影响，风格独特。

黑夜里叫出了野性的呼喊，
是谁，谁噬咬它受了创伤？
在坚实的肉里那些深深的
血的沟渠，血的沟渠，灌溉了
翻白的花，在青铜样的皮上！
是多大的奇迹，从紫色的血泊中
它抖身，它站立，它跃起，
风在鞭挞它痛楚的喘息。

然而，那是一团猛烈的火焰，
是对死亡蕴积的野性的凶残，
在狂暴的原野和荆棘的山谷里，
像一阵怒涛绞着无边的海浪，
它拧起全身的力。
在黑暗中，随着一声凄厉的号叫，
它是以如星的锐利的眼睛，
射出那可怕的复仇的光芒。

1937年11月

这首诗作于1937年11月，时值抗日战争初期，诗人以受伤的野兽象征亡国威胁下苦难深重的中国，诗中野兽的意象既是对侵略者罪恶的控诉，也是对反抗、复仇的情感的宣泄。创作此诗时，诗人19岁，但诗歌全无幼稚单薄之感，反而充斥着少年恣意纵横的才气。全诗意象犀利、鲜明，语言铿锵、节奏感极强，结构紧凑，富有张力；通篇弥漫着深刻的孤独与痛彻心扉的悲愤之情。王小波称赞穆旦的诗为“雍容华贵的英雄体”，由此诗可窥一斑。

汇评

……《野兽》实在是穆旦第一篇成熟的诗，也是他第一本诗集《探险队》的开篇之作，这是否隐喻了穆旦的反叛野性：对于不公正的和正在糜烂的事物，“那是一团猛烈的火焰，/是对死亡蕴积的野性的凶残，/在狂暴的原野和荆棘的山谷里，/像一阵怒涛绞着无边的海浪”。一种强健、发自动物本能的力量，喷发前的火山对地壳沉默的怒目凝视。当野兽“以如星的锐利的眼睛，/射出那可怕和复仇的光芒”时，它的形象已经将个体生命和民族生力叠合一处，这坚厚的内在的情感与力暗示了对绞杀人性势力的愤怒——自然，也可以引向来自太阳帝国的侵略者。（张同道《带电的肉体与搏斗的灵魂——论穆旦》）

1937 年 11 月，他以极端愤怒的如刻刀似的笔，雕塑了一个在黑暗中深受创伤，从紫色的血泊中愤然跃起复仇的“野兽”的形象。……用隐蔽象征的方法，书写了一个悲壮抗争的民族的画像。（孙玉石《走近一个永远走不尽的世界——关于穆旦诗现代性的一些思考》）

拓展阅读

诗八首之三

穆　旦

你的年龄里的小小野兽，
它和春草一样的呼吸，
它带来你的颜色，芳香，丰满，
它要你疯狂在温暖的黑暗里。
我越过你大理石的理智殿堂，
而为它埋藏的生命珍惜；
你我的手的接触是一片草场，
那里有它的固执，我的惊喜。

聚焦：

《诗八首》作于 1942 年，是一组现代爱情诗，这里选取的是第三首。第一首表达初恋时候一方的热烈与另一方的冷静之间的矛盾。第二首讲爱摆脱理性的控制而开始进入热烈的阶段。第三首，则呈现热恋阶段的爱的狂热与惊喜。请仔细体味这里的“小小野兽”意象的内涵。

思考与练习

1. 这首诗为何取名为“野兽”？
2. 全诗分为两小节，这种划分的依据是什么？
3. 受伤的野兽是这首诗的核心意象，请论述这一意象的内涵。

4. 穆旦诗歌的语言风格独特，请谈一谈这首诗的语言特色。
5. 诗中有一句“它拧起全身的力”，使用了动词“拧”，你认为是否有更具表现力的动词可以代替它？

北　方

艾　青

艾青（1910～1996），原名蒋正涵，号海澄，中国现代诗歌代表诗人之一。浙江金华人。曾赴法国勤工俭学学习绘画，接触欧洲现代派诗歌。1932年回国，因参加革命文艺活动被捕，在狱中创作了成名作《大堰河——我的保姆》。艾青的诗歌常将个人的悲欢融合到时代的悲欢里，反映民族和人民的苦难命运。他是中国新诗发展史上推动过一代诗风并产生过重要影响的诗人，享有世界声誉。

一天
那个科尔沁草原上的诗人[①]
对我说：
“北方是悲哀的。”

不错
北方是悲哀的。
从塞外吹来的
沙漠风，
已卷去北方的生命的绿色
与时日的光辉
——一片暗淡的灰黄
蒙上一层揭不开的沙雾；
那天边疾奔而至的呼啸
带来了恐怖
疯狂地
扫荡过大地；
荒漠的原野
冻结在十二月的寒风里，
村庄呀，山坡呀，河岸呀，

颓垣与荒冢呀
都披上了土色的忧郁……
孤单的行人，
上身俯前
用手遮住了脸颊，
在风沙里
困苦地呼吸
一步一步地
挣扎着前进……
几只驴子
——那有悲哀的眼
和疲乏的耳朵的畜生，
载负了土地的
痛苦的重压，
它们厌倦的脚步
徐缓地踏过
北国的
修长而又寂寞的道路……
那些小河早已枯干了
河底也已画满了车辙，
北方的土地和人民
在渴求着
那滋润生命的流泉啊！
枯死的林木
与低矮的住房
稀疏地，阴郁地
散布在灰暗的天幕下；
天上，
看不见太阳，
只有那结成大队的雁群
惶乱的雁群
击着黑色的翅膀
叫出它们的不安与悲苦，
从这荒凉的地域逃亡
逃亡到
绿荫蔽天的南方去了……

北方是悲哀的
而万里的黄河
汹涌着混浊的波涛

给广大的北方
倾泻着灾难与不幸；
而年代的风霜
刻划着
广大的北方的
贫穷与饥饿啊。

而我
——这来自南方的旅客，
却爱这悲哀的北国啊。
扑面的风沙
与入骨的冷气
决不曾使我咒诅；
我爱这悲哀的国土，
一片无垠的荒漠
也引起了我的崇敬
——我看见
我们的祖先
带领了羊群
吹着笳笛
沉浸在这大漠的黄昏里；
我们踏着的
古老的松软的黄土层里
埋有我们祖先的骸骨啊，
——这土地是他们所开垦
几千年了
他们曾在这里
和带给他们以打击的自然相搏斗，他们为保卫土地
从不曾屈辱过一次，
他们死了
把土地遗留给我们——
我爱这悲哀的国土，
它的广大而瘦瘠的土地
带给我们以淳朴的言语
与宽阔的姿态，
我相信这言语与姿态
坚强地生活在土地上
永远不会灭亡；
我爱这悲哀的国土，
古老的国土

——这国土
养育了为我所爱的
世界上最艰苦
与最古老的种族。

1938 年 2 月 4 日　潼关

（选自《艾青诗选》，人民文学出版社，1997 年）

◎ 注释

①指现代作家端木蕻良（1912～1996），内蒙古科尔沁旗人，著有小说《科尔沁旗草原》。诗人牛汉认为："艾青把写小说的端木称为诗人，也是很有深意的。真的，在当年能说出'北方是悲哀的'这一句话，就应当被尊为诗人。"

本诗分为两部分：第一部分描绘战火中衰败、苦难的北方与北方的人民；第二部分抒发诗人对苦难的北方、悲哀的国土的挚爱。艾青之前的现代汉语诗歌多承接古典诗歌含蓄、悠远的意境，而艾青的这首《北方》则截然不同。看似自由、平常的形式下，沸腾着浓烈的情感与超拔的艺术天赋。写实、象征、想象、联想和直抒胸臆等多种手法浑然一体，突出色彩、线条和形体，营造了有生命的北方画卷。语言自然、节奏舒缓，显示了现代口语独有的散文美。

汇评

端木和艾青说的"北方是悲哀的"，是一个很深很深的真实的境界，至少在我当时的感觉上，它绝不仅仅指荒凉的大自然的景象而言，还有着更深的寓意，"悲哀"和"北方"是两个平凡的词，但这两个词一旦命运地关联在一起，就成为一声深情的呼唤，还有着历史的可感的深度。这是生命的自来的语言，只能是这么朴素。

……这十几行沉重的诗句，道出了艾青的胸怀与气质。《北方》的语言和情境，以及它显示的宽阔的姿态，正是悲哀而古老的国土和种族赋予诗人塑造这首诗的灵魂。《北方》所以能影响一代青年的心灵，是完全可以理解的，它是一首充满了爱国主义情操的诗。（牛汉《艾青名作欣赏·序言》）

艾青终于为实现自己的诗美理想——"把忧郁与悲哀看成一种力"而写出了《北方》、《车过武胜关》等诗。他成功地把"北方是悲哀的"这一点以浓墨重彩的笔触描绘了出来。但他的目的不在追求意象，而是想藉此兴发感动出一个苦难时代惶乱茫然的精神气质。艾青敏锐的联想透视力使他发现，就在这"黄土层里"，"埋有我们祖先的骸骨"："这土地是他们所开垦/几千年了/他们曾在这里/和带给他们以打击的自然相搏斗/他们为保卫土地/从不曾屈辱过一次。"在这场透视中获得的这种精神，进而成了艾青土地情结的重要部分，从而使他深信：传统的民族精神，"坚强地生活在大地上/永远不会灭亡"。（骆寒超《百年艾青的土地情结》）

拓展阅读

我爱这土地

艾 青

假如我是一只鸟，
我也应该用嘶哑的喉咙歌唱：
这被暴风雨所打击着的土地，
这永远汹涌着我们的悲愤的河流，
这无休止地吹刮着的激怒的风，
和那来自林间的无比温柔的黎明……
——然后我死了，
连羽毛也腐烂在土地里面。

为什么我的眼里常含泪水？
因为我对这土地爱得深沉……

1938年11月17日

聚焦：

土地是艾青诗中重要的意象，对土地的爱是其诗歌重要的主题。《北方》中“我爱这悲哀的国土/它的广大而瘦瘠的土地”，与这首诗中“为什么我的眼里常含泪水？/因为我对这土地爱得深沉……”表达的是同样的情感。

思考与练习

1. 诗歌显示了什么样的感情基调？
2. 诗中象征着北方形象的意象有哪些？
3. 艾青心中的北方是什么颜色的？
4. 如何理解诗人所深深认同的“北方是悲哀的”这句话？
5. 有人认为艾青的诗歌具有散文化的特点，试结合这首诗的内容对这一观点进行分析。

生命幻想曲

顾 城

顾城（1956～1993），当代诗歌朦胧诗派主要代表人物，生于北京。12岁时随父亲（诗人顾工）被下放至山东农村，因此辍学并开始创作诗歌。1974 年回京，其后开始发表诗作并引起强烈反响，成为朦胧诗派的主要代表诗人。1987 年开始应邀出访欧美进行文化交流、讲学活动。1988 年后隐居于新西兰激流岛。1993 年 10 月在新西兰家中辞世，留下大量诗、文、书法、绘画等作品。早期诗风纯净，善用孩童的语言呈现梦幻般的印象世界。被称为“童话诗人”、“当代的浪漫主义诗人”。作品已被译成英、法、德、西班牙、瑞典等十多种文字。《生命幻想曲》发表于 1976 年，创作于 1971 年（当时诗人 15 岁，随下放的家人在山东海滨荒滩上为公社放猪）。

把我的幻影和梦
放在狭长的贝壳里
柳枝编成的船篷
还旋绕着夏蝉的长鸣
拉紧桅绳
风吹起晨雾的帆
我开航了

没有目的
在蓝天中荡漾
让阳光的瀑布
洗黑我的皮肤

太阳是我的纤夫
它拉着我
用强光的绳索
一步步
走完十二小时的路途
我被风推着
向东向西
太阳消失在暮色里

黑夜来了
我驶进银河的港湾
几千个星星对我看着
我抛下了
新月——黄金的锚

天微明
海洋挤满阴云的冰山
碰击着
“轰隆隆”——雷鸣电闪
我到那里去呵
宇宙是这样的无边

用金黄的麦秸
织成摇篮
把我的灵感和心
放在里边
装好纽扣的车轮
让时间拖着
去问候世界

车轮滚过
百里香和野菊的草间
蟋蟀欢迎我
抖动着琴弦
我把希望溶进花香
黑夜象山谷
白昼象峰巅
睡吧！合上双眼
世界就与我无关

时间的马
累倒了
黄尾的太平鸟
在我的车中做窝
我仍然要徒步走遍世界——
沙漠、森林和偏僻的角落

太阳烘着地球
象烤一块面包
我行走着
赤着双脚
我把我的足迹
象图章印遍大地
世界也就溶进了
我的生命

我要唱
一支人类的歌曲
千百年后
在宇宙中共鸣

1971年的顾城被时代的激流冲到了生活的边缘地带，生存的苦痛激起了少年内心的生命本能，使他在沙滩上写下了这首《生命幻想曲》。这首诗源于无奈、混乱的现实，却指向完美的幻想世界。少年诗人对美与光明的追求、对永恒的信念，使它深具感染力。全诗意象丰富而新奇，语言稚气、纯净，充满奇妙、瑰丽的想象，以生命为主题，创造出了梦幻般的美丽世界，显示了顾城“童话诗人”的特征。这首诗被诗人认为是自己“少年时代最好的习作”，也被公认为是“朦胧诗”代表作之一。

汇评

当年的中国，正在动乱灾难中翻滚。而顾城小小的诗歌王国却一派繁盛。他深深沉溺于诗，灶火旁，河滩上，睡醒后，课堂里……脑海里总环绕着一团团神奇、迷人的光——终于，1971 年，15 岁的顾城写出了他的代表作《生命幻想曲》。这首诗是一个里程碑的标志——少年顾城，已经准确站在了中国彼时诗的最高峰！（徐敬亚《顾城诗全集》序言）

艺术并不能解决具体的人生问题，但艺术可以抚慰受创的心灵，填补精神上的空缺。《生命幻想曲》表现的正是诗人生活的脚步滞重之时，心灵、幻想、灵魂在另一个世界里漫游的情景。它“通过理想化的完美描述，把人的整个灵魂置入一种活动之中”（柯勒律治语）。物质的生活原因渐渐地远了，诗歌开始于一种精神性的“意识背景”之前，开始于那一片作为可亲善的大自然的象征的“河滩”，和河滩上启示、唤醒、震撼、融化了的“阳光”。（毕光明《悄寂的灵魂之旅 永恒的生命之歌——顾城〈生命幻想曲〉》）

我和十四岁的顾城在河滩上晒着黝黑的肢体。他用手指在沙砾中写了一首歪歪扭扭的《生命幻想曲》——我至今还在为那些美妙的诗句而惊喜。多么好，我真惊奇他那细小，柔软的手指怎会划出这样的宏丽、壮美的句子。（顾工，转引自姚家华编《朦胧诗论争集》）

拓展阅读

我是一个任性的孩子

顾　城

我是一个任性的孩子
——我想在大地上画满窗子，
让所有习惯黑暗的眼睛都习惯光明。

也许
我是被妈妈宠坏的孩子
我任性

我希望
每一个时刻
都像彩色蜡笔那样美丽
我希望
能在心爱的白纸上画画
画出笨拙的自由
画下一只永远不会

流泪的眼睛
一片天空
一片属于天空的羽毛和树叶
一个淡绿的夜晚和苹果
我想画下早晨
画下露水
所能看见的微笑
画下所有最年轻的
没有痛苦的爱情
她没有见过阴云
她的眼睛是晴空的颜色
她永远看着我
永远，看着
绝不会忽然掉过头去
我想画下遥远的风景
画下清晰的地平线和水波
画下许许多多快乐的小河
画下丘陵——
长满淡淡的茸毛
我让它们挨得很近
让它们相爱
让每一个默许
每一阵静静的春天激动
都成为一朵小花的生日

我还想画下未来
我没见过她，也不可能
但知道她很美
我画下她秋天的风衣
画下那些燃烧的烛火和枫叶
画下许多因为爱她
而熄灭的心
画下婚礼
画下一个个早早醒来的节日——
上面贴着玻璃糖纸
和北方童话的插图

我是一个任性的孩子
我想涂去一切不幸
我想在大地上
画满窗子

让所有习惯黑暗的眼睛
都习惯光明
我想画下风
画下一架比一架更高大的山岭
画下东方民族的渴望
画下大海——
无边无际愉快的声音

最后，在纸角上
我还想画下自己
画下一只树熊
他坐在维多利亚深色的丛林里
坐在安安静静的树枝上
发愣
他没有家
没有一颗留在远处的心
他只有，许许多多
浆果一样的梦
和很大很大的眼睛

我在希望
在想
但不知为什么
我没有领到蜡笔
没有得到一个彩色的时刻
我只有我
我的手指和创痛
只有撕碎那一张张
心爱的白纸
让它们去寻找蝴蝶
让它们从今天消失

我是一个孩子
一个被幻想妈妈宠坏的孩子
我任性

聚焦：

顾城早期诗歌中始终有一种孩子般的天真与任性，对现实采取一种回避或者抗拒的态度，例如《生命幻想曲》中“睡吧！合上双眼/世界就与我无关”，与这首诗中“我是一个孩子/一个被幻想妈妈宠坏的孩子/我任性”。

思考与练习

1. “生命幻想曲”这一题目的内涵是什么？
2. 1971年的诗人为何选择“生命幻想曲”这样“边缘化”的主题进行创作？
3. “合上双眼/世界就与我无关”表达了诗人对现实什么样的态度？
4. 这首诗是如何通过各种意象营造出幻想世界的“童话”色彩的？
5. 这首诗创造了一个极其美丽的幻想世界，请思考，这种高度纯净美好的状态与世界本来的面貌是否一致，人们为什么会被它吸引？其心理根源在哪里？

亚洲铜

海子

海子（1964～1989），原名查海生，安徽省安庆市怀宁县人。1979年考入北京大学法律系，1982年开始诗歌创作。诗人在短暂的诗歌生涯中，创作了数量惊人的作品，被收入近20种诗歌选集中，其中短诗影响最大。海子极富诗歌天赋，被认为是中国当代优秀的抒情诗人。他倾注热情写作乡村的自然事物，在对自然的体验中，感悟存在的纯朴真理，用简约、流畅又铿锵的诗歌语言传递他对于生命与乡土的热爱。

亚洲铜 亚洲铜
祖父死在这里 父亲死在这里 我也会死在这里
你是唯一的一块埋人的地方
亚洲铜 亚洲铜
爱怀疑和飞翔的是鸟 淹没一切的是海水
你的主人却是青草 住在自己细小的腰上
守住野花的手掌和秘密
亚洲铜 亚洲铜
看见了吗？那两只白鸽子 它是屈原遗落在沙滩上的白鞋子
让我们——我们和河流一起 穿上它吧
亚洲铜　亚洲铜
击鼓之后 我们把在黑暗中跳舞的心脏叫做月亮
这月亮主要由你构成

《亚洲铜》作于1984年，是作者以海子的笔名公开发表的第一首诗歌，也是他早期诗歌中的重要作品，奠定了海子在当代汉语诗坛的地位。“亚洲铜”既是这首诗的题目，也是它的主题与核心意象。通常认为它有双重含义：一重指中国北方广袤的黄色土地，另一重则是黄色土地代表的中国大地。诗歌围绕着亚洲铜的意象与主题，抒发着对这片苦难而美丽的古老土地的挚爱。诗歌意象鲜明生动，画面感与音乐感极强，联想丰富而大胆，极富情绪感染效果，与其真挚的情感交相辉映，使读者震撼，感动。

汇评

《亚洲铜》的另一意义，我以为在于它代表了当代大陆前卫诗发展过程中一个关键性的过渡阶段、甚至转折点……海子的《亚洲铜》一方面表现了寻根、“追求东方文化与现代意识”的“结合”，另一方面也标志着从对本土文化过渡到对诗本身的反思。（奚密《海子〈亚洲铜〉探析》）

海子在这里反复说“亚洲铜”，主要目的正是要使诗具有“如歌”的韵味。难怪谢冕称赞这诗“以歌谣的明亮写出了丰厚的意蕴”。……可以说，正是由于对“如歌”效果的明确追求，这首诗在汉语形象的创造上显出了成功。（王一川《海子：诗人中的歌者》）

《亚洲铜》是海子的成名作，也是最早为海子带来广泛声誉且奠定他日后在中国诗坛地位的重要诗篇。全诗所包蕴的深邃丰富的历史文化及生命情感内涵，使它在海子数量众多的充满纯粹抒情色彩的诗篇中显得卓尔不凡，分外引人瞩目！（谭五昌《海子诗歌精品》）

对于这首诗，我不曾感到过某种深刻的精神内蕴，或者那种强烈的艺术冲击力。但它又的确呈示着综合技术指标上的难度和密度。从某种意义上说，它是当代诗歌写作中一个特殊的标本。（燎原《海子评传》修订版）

五月的麦地

海　子

全世界的兄弟们
要在麦地里拥抱
东方 南方 北方和西方
麦地里的四兄弟 好兄弟
回顾往昔
背诵各自的诗歌
要在麦地里拥抱
有时我孤独一人坐下
在五月的麦地 梦想众兄弟
看到家乡的卵石滚满了河
黄昏常存弧形的天空
让大地上布满哀伤的村庄
有时我孤独一人坐在麦地里为众兄弟背诵中国诗歌

聚焦：

“麦地”是海子诗歌中反复出现的重要意象，它与“亚洲铜”相似，都显示了海子的乡土情结。

思考与练习

1. “亚洲铜”指什么？作者为什么选择“铜”象征中国的土地？
2. 请选出这首诗中除了“亚洲铜”外使你印象最深刻的一个意象，并简述原因。
3. 请论述这首诗所传达的对“亚洲铜”的情感内涵。
4. 请对比这首诗与顾城的《生命幻想曲》，二者的语言与意象创造手法是否有相似之处？也请思考，这两首诗的最大差别表现在哪里？

第三单元 古代散文

《四书》语录

《四书》

《四书》包括《大学》、《中庸》、《论语》、《孟子》，是儒家的经典之作。南宋朱熹将这四部分辑录在一起，并加以注释，题为《四书章句集注》，简称为《四书集注》，四书之名始立。朱熹，字元晦、仲晦，号晦庵、晦翁，晚号遁翁，别号考亭、紫阳，又号云谷老人、沧州病叟。祖籍徽州婺源（今江西婺源）。朱熹出入经史，学术渊博，是南宋著名的理学家、哲学家、文学家，世称朱子，是杰出的儒学大师。

大学之道[1]，在明明德[2]，在亲民[3]，在止于至善。知止而后有定[4]，定而后能静[5]，静而后能安，安而后能虑[6]，虑而后能得。物有本末，事有终始。知所先后，则近道矣。古之欲明明德于天下者，先治其国；欲治其国者，先齐其家；欲齐其家者，先修其身；欲修其身者，先正其心；欲正其心者，先诚其意；欲诚其意者，先致其知[7]。致知在格物[8]。物格而后知至，知至而后意诚，意诚而后心正，心正而后身修，身修而后家齐，家齐而后国治，国治而后天下平。自天子以至于庶人，壹是[9]皆以修身为本。其本乱而末治者否矣，其所厚者薄，而其所薄者厚，未之有也！（《大学》）

天命[10]之谓性，率性[11]之谓道，修道之谓教。道[12]也者，不可须臾离也，可离非道也。是故君子戒慎乎其所不睹，恐惧乎其所不闻。莫见乎隐[13]，莫显乎微。故君子慎其独也。喜怒哀乐之未发，谓之中；发而皆中节[14]，谓之和。中也者，天下之大本也；和也者，天下之达道也。致[15]中和，天地位焉，万物育焉。（《中庸》）

子曰："参[16]乎！吾道一以贯之。"曾子曰："唯[17]！"子出，门人问曰："何谓也？"曾子曰："夫子之道，忠恕而已矣。"（《论语·里仁》）

曾子曰："士不可以不弘毅[18]，任重而道远：仁以为己任，不亦重乎？死而后已[19]，不亦远乎？"（《论语·泰伯》）

子曰："君子和[20]而不同，小人同而不和。"（《论语·子路》）

司马牛[21]问君子[22]，子曰："君子不忧不惧。"曰："不忧不惧，斯谓之君子已乎？"子曰："内省不疚[23]，夫何忧何惧？"（《论语·颜渊》）

阳货[24]欲见孔子[25]，孔子不见。归孔子豚[26]。孔子时其亡也而往拜之[27]。遇诸涂[28]。谓孔子曰："来！予与尔言。曰[29]：怀其宝而迷其邦[30]，可谓仁乎？曰不可。——好从事而亟失时，可谓知乎？[31]曰：不可。——日月逝矣，岁不我与。"孔子曰："诺！吾将仕矣。"（《论语·阳货》）

梁惠王曰："寡人之于国也，尽心焉耳矣。河内凶[32]，则移其民于河东[33]，移其粟于河内；河东凶亦然。察邻国之政，无如寡人之用心者。邻国之民不加[34]少，寡人之民不加多，何也？"

孟子对曰："王好战，请以战喻。填然鼓之[35]，兵刃既接，弃甲曳兵而走[36]。或百步而后止，或五十步而后止。以五十步笑百步，则何如？"

曰："不可！直不百步耳，是亦走也。"

曰："王如知此，则无[37]望民之多于邻国也。"

"不违农时，谷不可胜食也。数罟不入洿池[38]，鱼鳖不可胜食也。斧斤以时入山林[39]，材木不可胜用也。谷与鱼鳖不可胜食，材木不可胜用，是使民养生丧死[40]无憾也。养生丧死无憾，王道之始也。"

"五亩之宅，树之以桑，五十者可以衣[41]帛矣。鸡豚狗彘之畜[42]，无失其时，七十者可以食肉矣。百亩之田，勿夺其时，数口之家可以无饥矣。谨庠序之教[43]，申之以孝悌[44]之义，颁白者不负戴于道路矣[45]。七十者衣帛食肉，黎民不饥不寒，然而不王者，未之有也。"

"狗彘食人食[46]而不知检[47]，涂有饿莩[48]而不知发[49]，人死，则曰：'非我也，岁[50]也。'是何异于刺人而杀之，曰：'非我也，兵也？'王无罪岁，斯天下之民至焉。"（《孟子·梁惠王上》）

◎ 注释

① 大学之道：大学的宗旨。
② 明明德：明，弘扬、发扬。明德，光明正大的品德。
③ 亲民：亲，同"新"，革新。亲民，即新民，使人弃旧图新，去恶从善。
④ 知止而后有定：止，所当止之地，这里指目标。知道目标，则志有定向。
⑤ 静：心不妄动。
⑥ 虑：处事精详。
⑦ 致其知：使自己获得知识。
⑧ 格物：推究、认识、研究万事万物。
⑨ 壹是：一切。
⑩ 天命：天赋。朱熹解释说："天以阴阳五行化生万物，气以成形，而理亦赋焉，犹命令也。"（《中庸章句》）所以，这里的天命（天赋）实际上就是指人的自然禀赋。
⑪ 率性：率，遵循。率性，遵循本性。
⑫ 道：万事万物运行的规律。朱熹解释说："道者，日用事物当行之理，皆性之德而具于心，无物不有，无时不然，所以不可须臾离也。"
⑬ 莫见乎隐：莫，在这里是"没有什么更……"的意思。见，同"现"，显现，明显。乎，于，在这里有比较的意味。
⑭ 中节：中，音 zhòng，符合。节，法度。
⑮ 致：推而极之。
⑯ 参：曾参，即曾子，孔子的弟子。
⑰ 唯：答应的声音。
⑱ 弘毅：弘，大，这里指心胸宽广。毅，刚强。

⑲ 已：停止。
⑳ 和：和谐。
㉑ 司马牛：名耕，字子牛，孔子的弟子。
㉒ 问君子：问怎样才算是君子。
㉓ 疚：病。这里指有愧于心。
㉔ 阳货：名虎，季氏家臣中最有权势的人。
㉕ 欲见孔子：见，音 xiàn，想让孔子谒见他。
㉖ 归孔子豚：归，通“馈”，赠送。豚，小猪，这里是指做熟了的小猪。
㉗ 孔子时其亡也而往拜之：时，伺，窥探。亡，不在。阳货送孔子豚是打算让孔子回拜他，借此能见到孔子，孔子不愿和阳货见面，趁他不在家的时候去回拜。
㉘ 塗：通“途”。
㉙ 曰：这里的“曰”和下文的两个“曰”都是阳货自问自答。
㉚ 怀其实而迷其邦：怀，揣在怀里。实，才能。迷，乱。这里说孔子有政见藏着不拿出来而使鲁国迷乱。
㉛ 好从事而亟失时：好，音 hào，好从事，喜欢从事于政治。亟，屡次。时，时机。知，音 zhì，有智慧，聪明。
㉜ 河内凶：河内，黄河北岸，今河南沁阳一带。凶，饥荒之年。
㉝ 河东：黄河以东，今山西西南部。
㉞ 加：更。
㉟ 填然鼓之：填，象声词，形容鼓声。
㊱ 弃甲曳兵而走：弃，扔掉。曳，音 yè，拖着。走，跑，这里指逃跑。
㊲ 无：通“毋”，不要。
㊳ 数罟不入洿池：数，音 cù，密。罟，音 gǔ，网。洿，音 wū，浊水不流。洿池，即池塘。
㊴ 斧斤以时入山林：斤，砍树的斧子。以时，按照一定的时候。
㊵ 养生丧死：养生，供养活着的人。丧死，为死了的人办丧事。
㊶ 衣：用作动词。
㊷ 畜：音 xù，养，养育。
㊸ 谨庠序之教：谨，谨慎。庠，音 xiáng。庠序，都是学校，商代叫序，周代叫庠。教，教化。
㊹ 孝悌：孝，顺从并奉养父母。悌，敬爱兄长。
㊺ 颁白者不负戴于道路矣：颁，通“斑”。颁白，斑白。负，背。戴，指把东西顶在头上。
㊻ 食人食：吃人所吃的东西。
㊼ 检：通“敛”，收积、储藏。
㊽ 饿莩：莩，音 piǎo。饿莩，饿死的人。
㊾ 发：指开创济民。
㊿ 岁：年成。

《四书》是《大学》、《中庸》、《论语》、《孟子》，是儒学的根基。其中《大学》原为《礼记》中的一篇，相传为曾子作，全面总结了先秦儒家关于道德修养、道德作用及其与治国平天下的关系，是“初学入德之门也”；《中庸》，一般认为是出自子思之手，主要讲天道与人道的关系，阐述天命与性的关系；《论语》记载孔子（公元前 483～公元前 402）及其弟子的言行，集中地反映了孔子的思想；《孟子》一书是孟子（约公元前 372～公元前 289）晚年和弟子万章等人共同编定的，主要记载孟子的言行，表现了他的思想学说。

汇评

某要人先读《大学》，以定其规模。次读《论语》，以立其根本。次读《孟子》，以观其发越。次读《中庸》，以求古人之微妙处。《大学》一篇，有等级次篇，总作一处，易晓，宜先看。《论语》即实，但言语散见，初看亦难。《孟子》有感激兴发人心处。《中庸》亦难读，看三书后，方宜读之。（南宋·朱熹《四书语类》）

《四书》者，王道之骨髓，五经之根柢也。（元·赵顺孙引自杨载《四书章图纂释》序）

尚论诸儒，必以《四书》为标准，《四书》无所得，虽经史淹贯，不可以为学也。（明·刁包 引自蔡清《四书蒙引》序）

孔子的精神修养发展过程

冯友兰

在道家著作《庄子》中，我们看到道家往往嘲笑孔子的眼光只限于仁义道德，只知道道德价值，却不知道还有超越道德的价值。从表面看，他们所说是对的，而从深一层看，他们其实是错的。孔子在对自己的灵性修养曾说："吾十有五，而志于学。三十而立。四十而不惑。五十而知天命。六十而耳顺。七十而从心所欲。不逾矩。"（《论语·为政》）

孔子所说的"学"，不是我们今天所说的"学"。在《论语·述而》篇中，孔子说："志于道。"在《论语·里仁》篇中，孔子又说："朝闻道，夕死可矣。"这里所说的"道"，含义是"道路"或"真理"。孔子说他自己"十五而有志于学"，是说懂得了立志学道。现在人们所说的"学"，是指"增长知识"，而"道"则是指悟性的提高。

孔子还说："立于礼（包括礼仪和举止得当）。"（《论语·泰伯》）他又说："不知礼无以立也。"（《论语·尧曰》）这就是孔子的说"三十而立"的含义，意思是他到三十岁时，懂得了行事为人的准则。

他说四十而不惑，从前引《论语·子罕》篇"知者不惑"可以知道，他回顾自己，到四十岁时，懂得了人生的智慧。

直到这时候，孔子所认识到的大概只有道德价值。但是自此以后，到五十、六十岁。他懂得了天命和顺命。换句话说，这时他进一步懂得了在道德以上的价值。在这方面，孔子和苏格拉底有点相像。苏格拉底觉得自己是承受了天命来唤醒希腊人。孔子也觉得自己承受了一种神圣的呼召。例如在《论语·子罕》篇里记载，孔子及随从弟子曾在匡这个地方遭到拘禁。孔子说："天之将丧斯文也，后死者不得与于斯文也；天之未丧斯文也，匡人其如予何！"（意思是：如果天意要让文明灭亡，后人如我者流就不会参与文明的机会，既然上天没有要让文明毁灭的意思，匡人就阻挡不住我的工作）《论语·八佾》篇还记载："天下之无道也久矣，天将以夫子为木铎。"（意思是：天下无道已久，上天是要把夫子当作唤醒大众的警钟吧）。由此我们可以看到，孔子在做他的工作时，意识到他是在遵行天命，受到上天的呵护；换句话说，他意识到那比道德更高的价值。

孔子所意识到的比道德更高的价值，和道家所意识到的有所不同。道家并不承认一个有智慧、有目标的上天；他们所寻求的是与浑元真体的神秘结合。因此，道家所主张和经验的超道德价值比通常所说人际关系中的价值观念更为超脱世俗。

如我们在上面所读到的，孔子到七十岁时，可以从心所欲，而所做的都合于规范，他的行为不再需要意识去引导，可以顺乎自然。这表明了圣人在心灵修养上最后阶段的造诣。

（选自《中国哲学简史》，新世界出版社，2004年）

聚焦：

孔子是儒家学派的创始人，他的思想博大而精深，一直影响着中国的文化和文学。

思考与练习

1. 何为“四书五经”？
2. 什么是“中庸”？
3. 儒家思想的核心是什么？你如何看待儒家文化？

逍遥游（节选）

庄　子

庄子（公元前369～公元前286），名周，战国时宋国蒙（今河南商丘东北）人，曾做过漆园吏，家贫，终身不仕。庄子是我国先秦时期著名的思想家、哲学家、文学家，是道家学派的代表人物，老子思想的继承者和发展者，与老子并称为“老庄”，主张“清静”、“无为”。著有《庄子》一书，《汉书·艺文志》记载《庄子》一书有52篇，但留下来的只有33篇，分为内篇7篇、外篇15篇、杂篇11篇。一般认为内篇是庄子本人所作，外篇和杂篇是他的门人和后学所作。其作品想象奇幻、变幻多端，多用寓言形式，形成汪洋恣肆的文风。

北冥①有鱼，其名为鲲。鲲②之大，不知其几千里也。化而为鸟，其名为鹏。鹏之背，不知其几千里也；怒而飞③，其翼若垂天④之云。是鸟也，海运⑤则将徙于南冥。南冥者，天池⑥也。

《齐谐》⑦者，志⑧怪者也。《谐》之言曰：“鹏之徙于南冥也，水击三千里，抟⑨扶摇而上者九万里，去以六月息⑩者也。”野马也，尘埃也，生物之以息相吹也⑪。天之苍苍，其正色邪？其远而无所至极邪？其视下也，亦若是则已矣。

且夫水之积也不厚⑫，则其负大舟也无力。覆杯水于坳堂之上⑬，则芥⑭为之舟；置杯焉则胶⑮，水浅而舟大也。风之积也不厚，则其负大翼也无力。故九万里，则风斯在下矣⑯，而后乃今培风[17]；背负青天而莫之夭阏[18]者，而后乃今将图南[19]。

蜩与学鸠笑之[20]曰："我决起而飞[21]，抢榆枋[22]，时则不至而控[23]于地而已矣，奚以[24]之九万里而南为?"适莽苍[25]者，三飡而反[26]，腹犹果然[27]；适百里者，宿舂粮[28]；适千里者，三月聚粮。之二虫又何知!

小知[29]不及大知，小年[30]不及大年。奚以知其然也？朝菌不知晦朔[31]，蟪蛄不知春秋[32]，此小年也。楚之南有冥灵[33]者，以五百岁为春，五百岁为秋；上古有大椿者，以八千岁为春，八千岁为秋，此大年也。而彭祖[34]乃今以久特闻，众人匹[35]之，不亦悲乎！

汤之问棘[36]也是已。

汤问棘曰："上下四方有极乎?"

棘曰："无极之外，无复极也。"穷发[37]之北有冥海者，天池也。有鱼焉，其广数千里，未有知其修[38]者，其名为鲲。有鸟焉，其名为鹏，背若太山，翼若垂天之云，抟扶摇羊角[39]而上者九万里，绝云气，负青天，然后图南，且适南冥也。斥鴳[40]笑之曰："彼且奚适也？我腾跃而上，不过数仞[41]而下，翱翔蓬蒿之间，此亦飞之至也。而彼且奚适也?"此小大之辩[42]也。

故夫知效一官，行比[43]一乡，德合一君而徵[44]一国者，其自视也亦若此矣。而宋荣子[45]犹然[46]笑之。且举世而誉之而不加劝，举世而非之而不加沮，定乎内外之分，辩乎荣辱之境，斯已矣。彼其于世未数数然[47]也。虽然，犹有未树也。夫列子御风而行[48]，泠然[49]善也，旬有五日而后反。彼于致福者，未数数然也。此虽免乎行，犹有所待[50]者也。

若夫乘天地之正[51]，而御六气之辩[52]，以游于无穷者，彼且恶乎待哉[53]！

故曰：至人无己，神人无功，圣人无名[54]。

◎ 注释

① 北冥：北海。冥，同"溟"。

② 鲲：本是鱼卵，此处借指大鱼。

③ 怒而飞：怒，同"努"，振奋的意思，这里形容鼓动翅膀。

④ 垂天：天边。垂，同"陲"。

⑤ 海运：大海波涛翻腾动荡。

⑥ 天池：天然之池。

⑦《齐谐》：书名。

⑧ 志：记载。

⑨ 抟：拍击。

⑩ 六月息：六月风。息，指气息。

⑪ "野马"句：野马，指地面水分蒸发，水气上腾如奔马。生物，空中活动之物。此句的意思是，空中的游气、游尘及活动之物，皆由风相吹而动。

⑫ 积也不厚：积，积蓄。厚，深。

⑬ 坳堂之上：堂上凹处。

⑭ 芥：小草。

⑮ 置杯焉则胶：放一个杯子在水上就粘住不动了。焉，兼词，于此。

⑯ 风斯在下矣：风就在大鹏之下了。

⑰ 而后乃今培风：而后乃今，然后随即……培风，凭风，乘风。

⑱ 莫之夭阏：阏，音 è。无所阻拦。

⑲ 图南：计划向南飞行。

⑳ 蜩与学鸠笑之：蜩，音 tiáo，蝉。学鸠，小鸟名。

㉑ 决起而飞：决，音 xuè，奋起而飞，尽力而飞。
㉒ 抢榆枋：抢，撞，碰到。榆枋，两种小树名。
㉓ 控：投。
㉔ 奚以：哪里犯得着。
㉕ 莽苍：指一片苍色草莽的郊野。
㉖ 三飡而反：飡，音 cān，同“餐”。反，同“返”。
㉗ 果然：形容饱的样子。
㉘ 宿舂粮：舂，音 chōng。到百里远的地方去的，隔夜捣米准备粮食。
㉙ 知：同“智”。
㉚ 年：寿命。
㉛ 朝菌不知晦朔：朝菌，朝生暮死的一种菌。晦朔：夏历每月最后一天叫晦，最初一天叫朔。这里指上月的最后一天和下月的最初一天。
㉜ 蟪蛄不知春秋：蟪蛄，音 huì gū，寒蝉。寒蝉春生则夏死，夏生则秋死，活不到一年。春秋，指一年。
㉝ 冥灵：海中灵龟。
㉞ 彭祖：传说中的长寿者。
㉟ 匹：比。
㊱ 棘：商汤时的大夫。
㊲ 穷发：不毛之地。
㊳ 修：长。
㊴ 羊角：风名，其风旋转而上似羊角。
㊵ 斥鴳：鴳，音 yàn，麻雀。斥，池，小泽。斥鴳，池泽中的小麻雀。
㊶ 仞：周人以七尺为一仞。
㊷ 辩：同“辨”。
㊸ 比：同“庇”，庇护，指其人行事，仅能庇护一乡之地。
㊹ 徵：信。
㊺ 宋荣子：战国宋人，其思想近于墨家。
㊻ 犹然：形容笑的样子。
㊼ 数数然：数，音 shuò，急促的样子。
㊽ 列子御风而行：故事见于《列子·黄帝篇》，列子，列御寇，郑国人。御风，驾风。
㊾ 泠然：泠，音 líng。轻妙的样子。
㊿ 有所待：有所依待，即有所拘束，致精神不得自主，心灵不得安放。
51 乘天地之正：即是顺应万物之性，即自然之道。
52 六气之辩：六气的变化。六气，阴、阳、风、雨、晦、明。辩，同“变”，变化。
53 恶乎待哉：有什么依待的呢？
54 至人无己，神人无功，圣人无名：至人无己，至德之人没有偏执的我见。神人无功，修养神化的人无意有功于人类。圣人无名，有道德学识的圣人无意于求名。

《逍遥游》是《庄子·内篇》中的第一篇，集中表现了庄子的思想。全文分为三个部分，本书选取的是第一部分。文章以寓言起，描绘出一个广大无穷的世界，创造出“鲲”、“鹏”的形象，无论是“鲲”的变化，还是“鹏”的展翅都让人瞠目！接着作者进一步引用《齐谐》中的话来说明世上的万物无论大小，都受到不同的限制。然后又引出蜩和学鸠的对话，得出“小知不及大知”命题，点出“小大之辩”。总之，全篇至此都在说明世界万物都是处在各种制约当中，那么如何摆脱呢？庄子提出“乘天地之正，而御六气之辩，以游于无穷”，最后得出结论：“至人无已，神人无功，圣人无名。”全文用寓言的形式，充满了丰富的想象，运用夸张、比喻、对比等多种表达方式，使文章变幻无穷，不拘一格，集中地体现了庄子散文汪洋恣肆的风格。

汇评

夫逍遥者，明至人之心也。庄生建言人道，而寄指鹏鷃。鹏以营生之路旷，故失适于体外；鴳以在近而笑远，有矜伐于心内。至人乘天正而高兴，游无穷于放浪；物物而不物于物，则遥然不我得，玄感不为，不疾而速，则逍然靡不适。此所以为逍遥也。（晋·支遁《逍遥论》）

其文汪洋辟阖，仪态万方，晚周诸子之作，莫能先也。（鲁迅《汉文学史文学纲要》）

逍遥游，是指的明道者——从必然王国进入自由王国以后所具有的最高精神境界。大鹏就是这种人的形象。蜩与学鸠、斥鴳，指世俗的人。在庄子看来，一般世俗的人，由于视野狭窄，知识有限，是不可能了解明道者的精神境界的。（王钟镛《庄子逍遥游新探》）

庄子的“无己”，与慎到的“去己”，是有分别的。总说一句，慎到的“去己”，是一去百去，而庄子的“无己”，让自己的精神，从形骸中突破出来，而上升到自己与万物相通的根源之地。（徐复观《中国人性论史》）

拓展阅读

逍遥游（节选）

庄　子

二

尧让天下于许由，曰：“日月出矣，而爝火不息，其于光也，不亦难乎！时雨降矣，而犹浸灌，其于泽也，不亦劳乎！夫子立而天下治，而我犹尸之，吾自视缺然。请致天下。”

许由曰：“子治天下，天下既已治也，而我犹代子，吾将为名乎？名者实之宾也，吾将为宾乎？鷦鷯巢于深林，不过一枝；偃鼠饮河，不过满腹。归休乎君，予无所用天下为！庖人虽不治庖，尸祝不越樽俎而代之矣。”

肩吾问于连叔曰：“吾闻言于接舆，大而无当，往而不返。吾惊怖其言，犹河汉而无极也，大有径庭，不近人情焉。”

连叔曰：“其言谓何哉？”

“曰‘藐姑射之山，有神人居焉。肌肤若冰雪，绰约若处子；不食五谷，吸风饮露；乘云气，御飞龙，而游乎四海之外；其神凝，使物不疵疠而年谷熟。’吾以是狂而不信也。”

连叔曰：“然！瞽者无以与乎文章之观，聋者无以与乎钟鼓之声。岂唯形骸有聋盲哉？夫知亦有之。是其言也，犹时女也。之人也，之德也，将旁礴万物以为一，世蕲乎乱，孰弊弊焉以天下为事！之人也，物莫之伤，大浸稽天而不溺，大旱金石流、土山焦而不热。是其尘垢粃糠，将犹陶铸尧舜者也，孰肯分分然以物为事。”

宋人资章甫而适诸越，越人断发文身，无所用之。尧治天下之民，平海内之政。往见四子藐姑射之山，汾水之阳，窅然丧其天下焉。

三

惠子谓庄子曰：“魏王贻我大瓠之种，我树之成而实五石。以盛水浆，其坚不能自举也。

剖之以为瓢，则瓠落无所容。非不呺然大也，吾为其无用而掊之。”

庄子曰：“夫子固拙于用大矣。宋人有善为不龟手之药者，世世以洴澼絖为事。客闻之，请买其方以百金。聚族而谋曰：‘我世世为洴澼絖，不过数金；今一朝而鬻技百金，请与之。’客得之，以说吴王。越有难，吴王使之将。冬与越人水战，大败越人，裂地而封之。能不龟手，一也；或以封，或不免于洴澼絖，则所用之异也。今子有五石之瓠，何不虑以为大樽而浮乎江湖，而忧其瓠落无所容？则夫子犹有蓬之心也夫！”

惠子谓庄子曰：“吾有大树，人谓之樗。其大本臃肿而不中绳墨，其小枝卷曲而不中规矩。立之涂，匠者不顾。今子之言，大而无用，众所同去也。”

庄子曰：“子独不见狸狌乎？卑身而伏，以候敖者；东西跳梁，不辟高下；中于机辟，死于罔罟。今夫斄牛，其大若垂天之云。此能为大矣，而不能执鼠。今子有大树，患其无用，何不树之于无何有之乡，广莫之野，彷徨乎无为其侧，逍遥乎寝卧其下。不夭斤斧，物无害者，无所可用，安所困苦哉！”

聚焦：

海德格尔曾说：“庄子的思想是东方神秘国度中国最有价值的思想。”试从《逍遥游》中体会。

思考与练习

1. 在文中，作者借用鲲鹏的寓言目的是什么？
2. 分析本文的结构层次。

刺客列传（节选）

司马迁

司马迁（公元前145？～公元前87?），字子长，夏阳（今陕西韩城）人，出生在一个世为史官的家庭，其父司马谈为太史令。司马迁20岁后曾数次出游，足迹遍及大江南北，考察风俗，采集传说，为其后《史记》的创作打下了坚实的基础。其父死后，司马迁继任太史令。太初元年（公元前104）开始《史记》的写作。后因替投降匈奴的李陵辩解，获罪下狱，受到宫刑，身心都遭到巨大的伤痛。出狱后，任中书令，继续《史记》的创作。此后情况不详。司马迁是西汉时期伟大的史学家和文学家，其创作的《史记》是我国第一部纪传体通史，共130篇，包括十二《本纪》、三十《世家》、七十《列传》、八《书》、十《表》，记载了从传说中的黄帝到汉武帝3000多年的历史。《史记》不仅是史学的典范，同时也是不朽的传记文学著作，被鲁迅先生誉为“史家之绝唱，无韵之《离骚》”。

荆轲者，卫人也。其先乃齐人，徙于卫，卫人谓之庆卿[①]。而之燕，燕人谓之荆卿。

荆卿好读书击剑，以术说卫元君，卫元君不用。其后秦伐魏，置东郡，徙卫元君之支属于野王[②]。

荆轲尝游过榆次[③]，与盖聂论剑，盖聂怒而目之。荆轲出，人或言复召荆卿。盖聂曰："曩[④]者吾与论剑有不称者，吾目之；试往，是宜去，不敢留。"使使往之主人[⑤]，荆卿则已驾而去榆次矣。使者还报，盖聂曰："固去也。吾曩者目摄[⑥]之!"

荆轲游于邯郸[⑦]，鲁句践与荆轲博[⑧]，争道，鲁句践怒而叱之，荆轲嘿[⑨]而逃去，遂不复会。

荆轲既至燕，爱燕之狗屠及善击筑[⑩]者高渐离。荆轲嗜酒，日与狗屠及高渐离饮于燕市，酒酣以往[⑪]，高渐离击筑，荆轲和而歌于市中，相乐也，已而相泣，旁若无人者。荆轲虽游于酒人乎，然其为人沉深好书；其所游诸侯，尽与其贤豪长者相结。其之燕，燕之处士[⑫]田光先生亦善待之，知其非庸人也。

居顷之，会燕太子丹质秦亡归燕[⑬]。燕太子丹者，故尝质于赵。而秦王政生于赵，其少时与丹欢。及政立为秦王，而丹质于秦。秦王之遇燕太子丹不善，故丹怨而亡归。归而求为报秦王者，国小，力不能。其后秦日出兵山东[⑭]以伐齐、楚、三晋[⑮]。稍蚕食诸侯，且至于燕，燕君臣皆恐祸之至。太子丹患之，问其傅鞠武。武对曰："秦地遍天下，威胁韩、魏、赵氏，北有甘泉、谷口之固[⑯]，南有泾、渭之沃，擅巴、汉之饶[⑰]，右陇、蜀之山[⑱]，左关、殽之险[⑲]，民众而士厉[⑳]，兵革有余。意有所出，则长城之南，易水以北，未有所定也。奈何以见陵[㉑]之怨，欲批其逆鳞哉!"丹曰："然则何由?"对曰："请入[㉒]图之。"

居有间[㉓]，秦将樊於期得罪于秦王，亡之燕，太子受而舍之。鞠武谏曰："不可。夫以秦王之暴而积怒于燕，足为寒心[㉔]，又况闻樊将军之所在乎？是谓'委肉当饿虎之蹊'[㉕]也，祸必不振矣！虽有管、晏，不能为之谋也。愿太子疾遣樊将军入匈奴以灭口[㉖]。请西约三晋，南连齐、楚，北购[㉗]于单于，其后乃可图也。"太子曰："太傅之计，旷日弥久，心惛然[㉘]，恐不能须臾。且非独于此也，夫樊将军穷困于天下，归身于丹，丹终不以迫于强秦而弃所哀怜之交，置之匈奴，是固丹命卒之时也。愿太傅更虑之。"鞠武曰："夫行危欲求安，造祸而求福，计浅而怨深，连结一人之后交，不顾国家之大害，此所谓'资怨而助祸'矣。夫以鸿毛燎于炉炭之上，必无事矣。且以雕鸷之秦，行怨暴之怒，岂足道哉！燕有田光先生，其为人智深而勇沉，可与谋。"太子曰："愿因太傅而得交于田先生，可乎?"鞠武曰："敬诺。"出见田先生，道"太子愿图国事于先生也"。田光曰："敬奉教。"乃造[㉙]焉。

太子逢迎[㉚]，却行[㉛]为导，跪而蔽席[㉜]。田光坐定，左右无人，太子避席[㉝]而请曰："燕秦不两立，愿先生留意也。"田光曰："臣闻骐骥盛壮之时，一日而驰千里；至其衰老，驽马先之。今太子闻光盛壮之时，不知臣精已消亡矣。虽然，光不敢以图国事，所善[㉞]荆卿可使也。"太子曰："愿因先生得结交于荆卿，可乎?"田光曰："敬诺。"即起，趋出[㉟]。太子送至门，戒曰："丹所报，先生所言者，国之大事也，愿先生勿泄也!"田光俛而笑曰："诺。"偻行[㊱]见荆卿，曰："光与子相善，燕国莫不知。今太子闻光壮盛之时，不知吾形已不逮[㊲]也，幸而教之曰'燕秦不两立，愿先生留意也'。光窃不自外，言足下于太子也，愿足下过[㊳]太子于宫。"荆轲曰："谨奉教。"田光曰："吾闻之，长者为行，不使人疑之。今太子告光曰'所言者，国之大事也，愿先生勿泄'，是太子疑光也。夫为行而使人疑之，非节侠也。"欲自杀以激荆卿，曰："愿足下急过太子，言光已死，明不言也。"因遂自刎而死。

荆轲遂见太子，言田光已死，致光之言。太子再拜而跪，膝行流涕，有顷而后言曰："丹所以诫田先生毋言者，欲以成大事之谋也。今田先生以死明不言，岂丹之心哉！"荆轲坐定，太子避席顿首曰："田先生不知丹之不肖，使得至前，敢有所道，此天之所以哀燕而不弃其孤也。今秦有贪利之心，而欲不可足也。非尽天下之地，臣海内之王者，其意不厌[39]。今秦已虏韩王[40]，尽纳其地。又举兵南伐楚，北临赵；王翦将数十万之众距漳、邺[41]，而李信出太原、云中[42]。赵不能支[43]秦，必入臣，入臣则祸至燕。燕小弱，数困于兵，今计举国不足以当秦。诸侯服秦，莫敢合从[44]。丹之私计，愚以为诚得天下之勇士使于秦，窥[45]以重利；秦王贪，其势必得所愿矣。诚得劫秦王，使悉反诸侯侵地，若曹沫之与齐桓公，则大善矣；则不可，因而刺杀之。彼秦大将擅兵于外而内有乱，则君臣相疑，以其间诸侯得合从，其破秦必矣。此丹之上愿，而不知所委命，唯荆卿留意焉。"久之，荆轲曰："此国之大事也，臣驽下，恐不足任使。"太子前顿首，固请毋让，然后许诺。于是尊荆卿为上卿，舍[46]上舍。太子日造门下，供太牢具[47]，异物间进[48]，车骑美女恣荆轲所欲，以顺适其意。

久之，荆轲未有行意。秦将王翦破赵，虏赵王，尽收入其地，进兵北略地至燕南界。太子丹恐惧，乃请荆轲曰："秦兵旦暮渡易水，则虽欲长侍足下，岂可得哉！"荆轲曰："微[49]太子言，臣愿谒之。今行而毋信，则秦未可亲也。夫樊将军，秦王购之金千斤，邑万家。诚得樊将军首与燕督亢[50]之地图，奉献秦王，秦王必说[51]见臣，臣乃得有以报。"太子曰："樊将军穷困来归丹，丹不忍以己之私而伤长者之意，愿足下更虑之！"

荆轲知太子不忍，乃遂私见樊於期曰："秦之遇将军可谓深[52]矣，父母宗族皆为戮没。今闻购将军首金千斤，邑万家，将奈何？"於期仰天太息[53]流涕曰："於期每念之，常痛于骨髓，顾计不知所出耳！"荆轲曰："今有一言可以解燕国之患，报将军之仇者，何如？"於期乃前曰："为之奈何？"荆轲曰："愿得将军之首以献秦王，秦王必喜而见臣，臣左手把其袖，右手揕其匈[54]，然则将军之仇报而燕见陵之愧除矣。将军岂有意乎？"樊於期偏袒搤捥[55]而进曰："此臣之日夜切齿腐心也，乃今得闻教！"遂自刭。太子闻之，驰往，伏尸而哭，极哀。既已不可奈何，乃遂盛樊於期首函[56]封之。

于是太子豫[57]求天下之利匕首，得赵人徐夫人匕首，取之百金，使工以药焠[58]之，以试人，血濡缕，人无不立死者。乃装[59]为遣荆卿。燕国有勇士秦舞阳。年十三，杀人。人不敢忤视。乃令秦舞阳为副。荆轲有所待，欲与俱；其人居远未来，而为治行[60]。顷之，未发，太子迟之，疑其改悔，乃复请曰："日已尽矣，荆卿岂有意哉？丹请得先遣秦舞阳。"荆轲怒，叱太子曰："何太子之遣？往而不返者，竖子[61]也！且提一匕首入不测之强秦，仆所以留者，待吾客与俱。今太子迟之，请辞决矣！"遂发。

太子及宾客知其事者，皆白衣冠以送之。至易水之上，既祖，取道，高渐离击筑，荆轲和而歌，为变徵[62]之声，士皆垂泪涕泣。又前而为歌曰："风萧萧兮易水寒，壮士一去兮不复还！"复为羽声[63]忼慨，士皆瞋目，发尽上指冠。于是荆轲就车而去，终已不顾。

遂至秦，持千金之资币物，厚遗秦王宠臣中庶子蒙嘉[64]。嘉为先言于秦王曰："燕王诚振怖[65]大王之威，不敢举兵以逆军吏，愿举国为内臣，比诸侯之列，给贡职如郡县，而得奉守先王之宗庙。恐惧不敢自陈，谨斩樊於期之头，及献燕督亢之地图，函封，燕王拜送于庭，使使以闻大王，唯大王命之。"秦王闻之，大喜，乃朝服，设九宾，见燕使者咸阳宫。荆轲奉樊於期头函，而秦舞阳奉地图柙，以次进[66]。至陛，秦舞阳色变振恐，群臣怪之。荆轲顾笑舞阳，前谢曰："北蕃蛮夷之鄙人，未尝见天子，故振慴[67]。愿大王少假借[68]之，使得毕使于前。"秦王谓轲曰："取舞阳所持地图。"轲既取图奏之，秦王发图，图穷而匕首见[69]。因左手把秦王之袖，而右手持匕首揕之。未至身，秦王惊，自引[70]而起，袖绝。拔剑，剑长，操其室[71]。时惶急，剑坚，故不可立拔。荆轲逐秦王，秦王环柱而走。群臣皆愕，卒[72]起不意，尽失其度。而秦法，群臣侍殿上者不得持尺寸之兵；诸郎中执兵皆陈殿下，非有诏召不得上。方急时，不及召下兵，以故荆轲乃逐秦王。而卒惶急。无以击轲，而以手共博之。是时侍医夏无且以其所奉药囊提[73]荆轲也。秦王方环柱走，卒惶急，不知所为，左右乃曰："王负剑!"负剑，遂拔以击荆轲，断其左股。荆轲废，乃引其匕首以擿[74]秦王，不中，中桐柱。秦王复击轲，轲被八创。轲自知事不就，倚柱而笑，箕踞[75]以骂曰："事所以不成者，以欲生劫之，必得约契以报太子也。"于是左右既前杀轲，秦王不怡者良久。已而论功，赏群臣及当坐[76]者各有差，而赐夏无且黄金二百溢，曰："无且爱我，乃以药囊提荆轲也。"

于是秦王大怒，益发兵诣赵，诏王翦军以伐燕。十月而拔蓟城。燕王喜、太子丹等尽率其精兵东保于辽东。秦将李信追击燕王急，代王嘉乃遗燕王喜书曰："秦所以尤追燕急者，以太子丹故也。今王诚杀丹献之秦王，秦王必解[77]，而社稷幸得血食。"其后李信追丹，丹匿衍水[78]中，燕王乃使使斩太子丹，欲献之秦。秦复进兵攻之。后五年，秦卒灭燕，虏燕王喜。

其明年，秦并天下，立号为皇帝。于是秦逐太子丹、荆轲之客，皆亡。高渐离变名姓为人庸保[79]，匿作于宋子[80]。久之，作苦，闻其家堂上客击筑，傍偟不能去。每出言曰："彼有善有不善。"从者以告其主，曰："彼庸乃知音，窃言是非。"家丈人[81]召使前击筑，一坐称善，赐酒。而高渐离念久隐畏约无穷时，乃退，出其装匣中筑与其善衣，更容貌而前。举坐客皆惊，下与抗礼[82]，以为上客。使击筑而歌，客无不流涕而去者。宋子传客之，闻于秦始皇。秦始皇召见，人有识者，乃曰："高渐离也。"秦皇帝惜其善击筑，重赦之，乃矐[83]其目。使击筑，未尝不称善。稍益近之，高渐离乃以铅置筑中，复进得近，举筑朴[84]秦皇帝，不中。于是遂诛高渐离，终身不复近诸侯之人。

鲁句践已闻荆轲之刺秦王，私曰："嗟乎，惜哉其不讲于刺剑之术也！甚矣吾不知人也！曩者吾叱之，彼乃以我为非人[85]也!"

太史公曰：世言荆轲，其称太子丹之命，"天雨粟，马生角"[86]也，太过。又言荆轲伤秦王，皆非也。始公孙季功、董生与夏无且游，具知其事，为余道之如是。自曹沫至荆轲五人，此其义或成或不成，然其立意较然[87]，不欺其志，名垂后世，岂妄也哉！

◎ 注释

① 庆卿：荆轲的先祖是齐人，齐有庆氏，荆轲或为庆氏之后，故卫人称之为"庆卿"；卿，对古代人的尊称。

② 野王：今河南沁阳。

③ 榆次：邑名，在今山西榆次。

④ 曩：音 nǎng，不久前，刚才。

⑤ 主人：指房东。

⑥ 摄：同"慑"，使畏惧。

⑦ 邯郸：战国赵都，今河北邯郸。

⑧ 博：一种棋类游戏。

⑨ 嘿：同“默”。
⑩ 筑：一种类似琴的乐器，演奏时以竹尺击弦发音。
⑪ 以往：以后。
⑫ 处士：有才德而隐居不仕的人。
⑬ 会燕太子丹质秦亡归燕：会，适逢。太子丹，燕王喜之子，名丹，曾为质于秦，秦王政十五年（公元前 232）自秦逃归。质，作人质。
⑭ 山东：殽山以东。
⑮ 三晋：指韩、赵、魏三国。
⑯ 甘泉：山名，在今陕西淳化西北。谷口：地名，在今陕西礼泉东北，因地当泾水出山谷处而得名。
⑰ 擅巴、汉之饶：擅，占有。巴，郡名，郡治江州（今重庆市北嘉陵江北岸）。汉，指汉中郡，郡治南郑（今陕西汉中）。
⑱ 右陇、蜀之山：陇，山名，在甘肃，为六盘山南段的别称。蜀，指今四川中部，秦为蜀郡（郡治成都，在今四川成都），多山。
⑲ 左关、殽之险：关，指函谷关。殽，殽山。
⑳ 厉：勇猛。
㉑ 见陵：被侮辱。
㉒ 入：深入，进一步。
㉓ 有间：间，音 jiàn，不长的时间。
㉔ 寒心：因恐惧而心战。
㉕ 委肉当饿虎之蹊：委，弃置，抛下。蹊：小路。这句比喻必将受害难以幸免。
㉖ 灭口：消除秦国进攻的借口。
㉗ 购：同“媾”，讲和。
㉘ 惛然：神志不清，迷迷糊糊。
㉙ 造：往，到。
㉚ 逢迎：迎接，迎上前去。
㉛ 却行：倒退着走。
㉜ 蔽：拂拭，擦。
㉝ 避席：古人席地而坐，离座而起，表示恭敬，称为避席。
㉞ 善：熟识、交情深。
㉟ 趋出：小步疾行而出，表示恭敬。
㊱ 偻行：曲背而行。
㊲ 不逮：不及，跟不上。
㊳ 过：前往拜访。
㊴ 厌：同“餍”，满足。
㊵ 韩王：指韩王安，韩桓惠王子，在位九年。秦王政十七年，秦虏韩王安，韩遂亡。
㊶ 王翦将数十万之众距漳、邺：王翦，秦国大将。将，率领。距，抵达。漳，水名，源出山西东南部，东南流经河北、河南两省交界处，又东北折，流入河水。“邺”，邑名，在今河北临漳西南邺镇东。漳、邺一带为当时赵国的南境。
㊷ 李信出太原、云中：李信，秦将。太原，郡名，郡治晋阳（今山西太原西南），辖境约相当于今山西五台山和管涔山以南、霍山以北地区。云中，郡名，郡治云中（今内蒙古托克托东北），辖境约相当于今内蒙古土默特右旗以东、大青山以南、卓资以西、黄河南岸及长城以北地区。
㊸ 支：支撑，抵挡。
㊹ 合从：六国在秦国之东，土地南北相连，他们联合抗秦称为“合从”。从，通“纵”。
㊺ 窥：炫示。
㊻ 舍：动词，住宿。

㊼ 供太牢具：准备丰盛的宴席。太牢，古代宴会并用牛羊猪三牲者称为太牢，这是待客的最尊敬的礼数。

㊽ 异物间进：异物，珍异奇巧的物品。间进，隔不多久送上一些。

㊾ 微：非，如果不是。

㊿ 督亢：当时燕国著名的富饶地区，在今河北易县、涿县、固安一带。

51 说：同“悦”。

52 深：极其苛刻残酷。

53 太息：长声叹息。

54 揕其匈：揕，音 zhèn，用刀剑刺。匈，同“胸”。

55 偏袒搤捥：“偏袒”，解衣袒露一臂。“搤捥”，用一手紧捏另一只手的腕部，表示激动的心情。“搤”，音 è，掐住，捏住。“捥”，通“腕”。

56 函：动词，用匣子装。

57 豫：预先。

58 焠：此指将匕首烧红，侵入毒液，使匕首沾上毒药。

59 装：收拾行装。

60 治行：收拾行装。

61 竖子：犹言“小子”，此指无知之辈。

62 变徵：古代七声音阶（宫、商、角、变徵、徵、羽、变宫）之一，以变徵为音阶起点的是变徵调式，即所谓“变徵之声”。此调苍凉凄清，适于悲歌。“徵”，音 zhǐ。

63 羽声：以羽为音阶起点的羽调式，此调激昂慷慨。

64 厚遗秦王宠臣中庶子蒙嘉：遗，音 wèi，赠与，致送。“中庶子”，官名，战国时国君、太子、相国皆有中庶子，乃近侍之臣。

65 振怖：战栗恐惧。

66 以次进：依次序走向前云。

67 振慴：慴，音 shè，同“慑”，恐惧。

68 假借：宽容，原谅。

69 见：“现”的本字，显露，出现。

70 引：向后退，避开。

71 室：剑鞘。

72 卒：同“猝”，突然，出乎意外。

73 提：音 dǐ，投掷。

74 擿：音 zhì，通“掷”，投击。

75 箕踞：坐时臀部着地，两脚向前岔开，身形如簸箕。依古人礼仪，坐当双膝着地，臀部坐于脚跟之上，箕踞是一种傲慢不敬之态。

76 坐：获罪。

77 解：和解。

78 衍水：燕辽东郡水名，即今流经辽宁辽阳、本溪的太子河。

79 庸保：受雇被役使之人。

80 宋子：邑名，在河北赵县东北。

81 家丈人：主人。

82 抗礼：以彼此平等的礼节相待。

83 矐：音 huò，把眼熏瞎。

84 朴：同“扑”，击打。

85 非人：不是志同道合的人。

86 天雨粟，马生角：据《燕丹子》所记，太子丹在秦当人质，秦王待他无礼，他想回燕国。秦王说，你

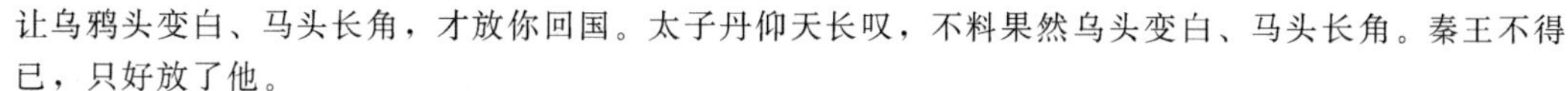

让乌鸦头变白、马头长角，才放你回国。太子丹仰天长叹，不料果然乌头变白、马头长角。秦王不得已，只好放了他。

87 较：音 jiào，明显。

本文选自《史记·刺客列传》，传中记载了曹沫、专诸、豫让、聂政、荆轲五个人的事迹，而以荆轲为最详，可见司马迁在荆轲身上倾注了很深的情感。这篇文章讲述了荆轲刺秦的全过程，全面而细致地刻画了荆轲的人物形象。文章结构完整，先从荆轲的身世写起，然后因田光而卷入燕、秦的纠纷，再到樊於期自刎献头，再到刺秦，层次清晰而分明。另外，在塑造人物形象上，司马迁也为后代文学家做出了榜样，无论是荆轲的深沉勇武、田光的大智、樊於期的高义、燕太子的坦诚与躁进、秦武阳的胆怯，俱皆传神。

汇评

然自刘向、扬雄博极群书，皆称迁有良史之材，服其善序事理，辨而不华，质而不俚，其文直，其事核，不虚美，不隐恶，故谓之实录。(东汉·班固《汉书·司马迁传》)

刺客是天壤间第一种激烈人，《刺客传》是《史记》中第一种激烈文字，故至今浅读之而须眉四照，深读之则刻骨十分。(清·吴见思《史记论文》)

(司马迁)发愤著书，意旨自激……恨为弄臣，寄心楮墨，感身世之戮辱，传畸人于千秋，虽背《春秋》之义，固不失为史家之绝唱，无韵之《离骚》矣。惟不拘于史法，不囿于字句，发于情，肆于心而为文，故能如茅坤所言："读游侠传即欲轻生，读屈原、贾谊传即欲流涕，读庄周、传鲁仲连传即欲遗世，读李广传即欲立斗，读石建传即欲俯躬，读信陵、平原君传即欲养士也"。(鲁迅《汉文学史纲要》)

《史记》的故事情节多是矛盾尖锐，冲突强烈，剑拔弩张，惊心动魄。这一点和古希腊的悲剧，和英国、法国悲剧很相似，而和我国宋元以来悲剧故事的那种好写小人物，好写市井生活大不相同。《史记》也常常极力突出悲剧效果的触目惊心……《史记》的悲剧气氛无往而不在。(韩兆琦《史记通论》)

拓展阅读

太史公自序（节选）

司马迁

太史公曰："先人有言：'自周公卒五百岁而有孔子。孔子卒后至于今五百岁，有能绍明世，正《易传》，继《春秋》，本《诗》《书》《礼》《乐》之际。'意在斯乎！意在斯乎！小子何敢让焉。"

上大夫壶遂曰："昔孔子何为而作《春秋》哉？"太史公曰："余闻董生曰：'周道衰废，孔子为鲁司寇，诸侯害之，大夫壅之。孔子知言之不用，道之不行也，是非二百四十二年之中，以为天下仪表，贬天子，退诸侯，讨大夫，以达王事而已矣。'子曰：'我欲载之空言，不如见之于行事之深切著明也。'夫《春秋》，上明三王之道，下辨人事之纪，别嫌疑，明是非，定犹豫，善善恶恶，贤贤贱不肖，存亡国，继绝世，补敝起废，王道之大者也。《易》著天地阴阳四时五行，故长于变；《礼》经纪人伦，故长于行；《书》记先王之事，故长于政；《诗》记山川溪谷禽兽草木牝牡雌雄，故长于风；《乐》乐所以立，故长于和；《春秋》辨是非，故长于治人。是故《礼》以节人，《乐》以发和，《书》以道事，《诗》以达意，《易》以道化，《春秋》以道义。拨乱世反之正，莫近于《春秋》。《春秋》文成数万，其指数千。万物之散聚皆在《春秋》。《春秋》之中，弑君三十六，亡国五十二，诸侯奔走不得保其社稷者不可胜数。察其所以，皆失其本已。故《易》曰'失之毫厘，差以千里'。故曰'臣弑君，子弑父，非一旦一夕之故也，其渐久矣'。故有国者不可以不知《春秋》，前有谗而弗见，后有贼而不知。为人臣者不可以不知《春秋》，守经事而不知其宜，遭变事而不知其权。为人君父而不通于《春秋》之义者，必蒙首恶之名。为人臣子而不通于《春秋》之义者，必陷篡弑之诛，死罪之名。其实皆以为善，为之不知其义，被之空言而不敢辞。夫不通礼义之旨，至于君不君，臣不臣，父不父，子不子。夫君不君则犯，臣不臣则诛，父不父则无道，子不子则不孝。此四行者，天下之大过也。以天下之大过予之，则受而弗敢辞。故《春秋》者，礼义之大宗也。夫礼禁未然之前，法施已然之后；法之所为用者易见，而礼之所为禁者难知。"

壶遂曰："孔子之时，上无明君，下不得任用，故作《春秋》，垂空文以断礼义，当一王之法。今夫子上遇明天子，下得守职，万事既具，咸各序其宜，夫子所论，欲以何明？"

太史公曰："唯唯，否否，不然。余闻之先人曰：'伏羲至纯厚，作《易》八卦。尧、舜之盛，《尚书》载之，礼乐作焉。汤、武之隆，诗人歌之。《春秋》采善贬恶，推三代之德，褒周室，非独刺讥而已也。'汉兴以来，至明天子，获符瑞，封禅，改正朔，易服色，受命于穆清，泽流罔极，海外殊俗，重译款塞，请来献见者，不可胜道。臣下百官力诵圣德，犹不能宣尽其意。且士贤能而不用，有国者之耻；主上明圣而德不布闻，有司之过也。且余尝掌其官，废明圣盛德不载，灭功臣世家贤大夫之业不述，堕先人所言，罪莫大焉。余所谓述故事，整齐其世传，非所谓作也，而君比之于《春秋》，谬矣。"

于是论次其文。七年而太史公遭李陵之祸，幽于缧绁。乃喟然而叹曰："是余之罪也夫！是余之罪也夫！身毁不用矣，"退而深惟曰："夫《诗》《书》隐约者，欲遂其志之思也。昔西伯拘羑里，演《周易》；孔子厄陈、蔡，作《春秋》；屈原放逐，著《离骚》；左丘失明，厥有《国语》；孙子膑脚，而论兵法；不韦迁蜀，世传《吕览》；韩非囚秦，《说难》、《孤愤》；《诗》三百篇，大抵贤圣发愤之所为作也。此人皆意有所郁结，不得通其道也，故述往事，思来者。"于是卒述陶唐以来，至于麟止，自黄帝始。

聚焦：

本文为《史记》最后一篇《太史公自序》的节选。这是其中的第二部分，可以使我们了解作者创作《史记》的动机及遭遇。

思考与练习

1. 司马迁塑造荆轲的形象用了哪些手法？
2. 分析燕太子丹这一人物形象的性格。
3. 你如何理解太史公最后的评论？
4. 你如何看待荆轲刺秦这一行动？

兰亭集序

王羲之

王羲之（321～379），字逸少，琅琊临沂（今属山东）人。出身于名门望族，曾任秘书郎、长史、江州刺史，官至右军将军，世称“王右军”。晚年称病去官。王羲之是东晋伟大的书法家，其书法作品博采众长，独创圆转流利的风格，隶、草、正、行各体皆精，被奉为“书圣”，其作《兰亭集序》“翩若惊鸿，宛若游龙”，被誉为“天下第一行书”。他的诗文清新俊雅，不饰雕饰。

永和九年，岁在癸丑[①]，暮春之初，会于会稽山阴[②]之兰亭，修禊事也[③]。群贤毕至，少长咸集[④]。此地有崇山峻岭，茂林修竹，又有清流激湍，映带左右，引以为流觞曲水[⑤]。列坐其次[⑥]，虽无丝竹管弦之盛，一觞一咏，亦足以畅叙幽情。是日也，天朗气清，惠风[⑦]和畅，仰观宇宙之大，俯察品类之盛，所以游目骋怀，足以极视听之娱，信[⑧]可乐也。

夫人之相与[⑨]，俯仰[⑩]一世，或取诸怀抱，晤言[⑪]一室之内；或因寄[⑫]所托，放浪形骸之外。虽趣舍万殊[⑬]，静躁不同，当其欣于所遇，暂得于己，快然[⑭]自足，曾不知老之将至。及其所之[⑮]既倦，情随事迁，感慨系之[⑯]矣。向之所欣，俯仰之间，已为陈迹，犹不能不以之兴怀[⑰]。况修短随化[⑱]，终期于尽。古人云：“死生亦大矣。”[⑲]岂不痛哉！

每览昔人兴感之由[⑳]，若合一契[㉑]，未尝不临文嗟悼，不能喻[㉒]之于怀。固知一死生为虚诞，齐彭殇[㉓]为妄作。后之视今，亦犹今之视昔。悲夫！故列叙时人[㉔]，录其所述[㉕]，虽世殊事异，所以兴怀，其致[㉖]一也。后之览者，亦将有感于斯文。

◎ 注释

① 永和九年，岁在癸丑：永和九年，即公元353年。癸丑，古人以天干地支相配纪年，永和九年相当于干支癸丑年。

② 会稽山阴：会稽，东晋郡名，辖地今浙江北部及江苏东南部。山阴，今浙江绍兴。

③ 修禊：禊，音xì。修禊，指三月上旬巳日（魏以后定为三月三日）古人临水行祭，以拔除不祥的活动。

④ 少长咸集：少长，指年长的人和王氏兄弟。咸，皆。

⑤ 曲水流觞：流觞，随水流动的酒杯。把放盛酒的杯子放在流水的上游，任其漂流而下，停在谁的面前，就取而饮之。

⑥ 次：旁边，这里指水边。

⑦ 惠风：和煦的春风。

⑧ 信：实在。

⑨ 相与：相处，相交接。

⑩ 俯仰：低头和抬头，比喻时间短暂。

⑪ 晤言：面对面地谈话。

⑫ 因寄：有所依托。

⑬ 趣舍万殊：趣舍，即取舍。万殊，各不相同。

⑭ 快然：大喜过望的样子。

⑮ 所之：已经得到的。
⑯ 系之：随之而来。
⑰ 兴怀：引发感触。
⑱ 修短随化：修短，长短，指寿命的长短。化，造化，指天。随化，由天决定。
⑲“死生”句：语见《庄子·德充符》：“仲尼曰：‘死生亦大矣，而不得与之变。’”
⑳ 兴感之由：发生感慨的缘由。
㉑ 若合一契：如符契那样相合。契，符契，古人用作凭信之物。
㉒ 喻：明白，理解。
㉓ 齐彭殇：齐，相同。彭，指彭祖，相传他的寿命很长，活了八百岁。殇，夭折。齐彭殇，把长寿短命等量齐观。
㉔ 列叙时人：一个一个地记下当时与会的人。
㉕ 述：指所作的诗文。
㉖ 致：情致。

公元353年农历三月初三，王羲之和当时名士谢安、孙统、孙绰、支遁及子侄等41人宴集于兰亭，吟诗作文，并结成文集。王羲之为之作序，是为《兰亭集序》，并成为脍炙人口的美文。

全文围绕着人生的重大问题，即生与死来解说。首先叙述此次宴会的时间、地点和原因，以及在湖光山色之间流觞曲水的乐趣；紧接着写对人生的体悟，哀叹人生短暂。全文脉络清晰，语言朴实，集记事、写景、抒情于一体，如行云流水，自然成文。

汇评

羲之自为之序以申其志。(唐·房玄龄等《晋书·王羲之传》)

通篇着眼在“死”、“生”二字。只为当时士大夫务清谈，鲜效实，一生死而齐彭殇，无经济大略，故触景兴怀，俯仰若有余痛。但逸少旷达人，故苍凉悲慨之中，自有无穷逸趣。(清·吴楚材、吴调侯《古文观止》)

盖右军亦深于情者，读《兰亭序》，足以知其怀抱。(余嘉锡《世说新语笺疏》)

拓展阅读

兰　亭　诗

王羲之

悠悠大象运，轮转无停际。陶化非吾因，去来非吾制。宗统竟安在？
即顺理自泰。有心未能悟，适足缠利害。未若任所遇，逍遥良辰会。
三春启群品，寄畅在所因。仰望碧天际，俯瞰绿水滨。寥朗无涯观，
寓目理自陈。大矣造化功，万殊莫不均。群籁虽参差，适我无非新。
猗与二三子，莫匪齐所托。造真探玄根，涉世若过客。前识非所期，
虚室是我宅。远想千载外，何必谢曩昔。相与无相与，形骸自脱落。
鉴明去尘垢，止则鄙吝生。体之固未易，三觞解天刑。方寸无停主，

矜伐将自平。虽无丝与竹，玄泉有清声。虽无啸与歌，咏言有余馨。取乐在一朝，寄之齐千龄。合散固所常，修短定无始。造新不暂停，一往不再起。于今为神奇，信宿同尘滓。谁能无此慨，散之在推理。言立同不朽，河清非所俟。

聚焦：

通过《兰亭集序》及《兰亭诗》了解王羲之的写作风格以及魏晋玄言诗。

思考与练习

1. 这篇序和一般的书序有什么不同？
2. 这篇文章表达了怎样的情感？

柳子厚墓志铭

韩　愈

子厚讳[①]宗元。七世祖庆，为拓跋魏侍中，封济阴公[②]。曾伯祖奭，为唐宰相，与褚遂良、韩瑗俱得罪武后，死高宗朝[③]。皇考讳镇，以事母弃太常博士，求为县令江南[④]。其后以不能媚权贵，失御史。权贵人死，乃复拜侍御史[⑤]。号为刚直，所与游，皆当世名人。

子厚少精敏，无不通达。逮其父时，虽少年已自成人，能取进士第，崭然见头角[⑥]。众谓柳氏有子矣。其后以博学宏词[⑦]，授集贤殿正字。俊杰廉[⑧]悍，议论证据今古，出入经史百子，踔厉风发[⑨]，率[⑩]常屈其座人。名声大振，一时皆慕与之交。诸公要人争欲令出我门下，交口荐誉之。

贞元十九年，由蓝田尉拜监察御史。顺宗即位，拜礼部员外郎。遇用事者得罪，例出为刺史。未至，又例贬永州司马[⑪]。居闲益自刻苦，务记览，为词章泛滥停蓄，为深博无涯涘。而自肆于山水间。

元和中，尝例召至京师；又偕出为刺史，而子厚得柳州[⑫]。既至，叹曰："是岂不足为政邪？"因其土俗，为设教禁，州人顺赖。其俗以男女质钱，约不时赎，子本相侔[⑬]，则没[⑭]为奴婢。子厚与设方计，悉令赎归。其尤贫力不能者，令书其佣，足相当，则使归其质。观察使下其法于他州，比[⑮]一岁，免而归者且[⑯]千人。衡湘[⑰]以南为进士者，皆以子厚为师，其经承子厚口讲指画[⑱]为文词者，悉有法度[⑲]可观。

其召至京师而复为刺史也，中山刘梦得禹锡亦在遣中[⑳]，当诣播州[㉑]。子厚泣曰："播州非人所居，而梦得亲[㉒]在堂，吾不忍梦得之穷，无辞以白其大人[㉓]；且万无母子俱往理。"请于朝，将拜疏，愿以柳易播，虽重得罪，死不恨。遇有以梦得事白上者[㉔]，梦得于是改刺连州[㉕]。呜呼！士穷乃见节义。今夫平居里巷[㉖]相慕悦，酒食游戏相征逐[㉗]，诩诩[㉘]强笑语以相取下，握手出肺肝相示，指天日涕泣，誓生死不相背负，真若可信。一旦临小利害，仅如毛发比，反眼若不相识；落陷阱，不一引手救，反挤之又下石焉者，皆是也。此宜禽兽夷狄所不忍为，而其人自视以为得计。闻子厚之风，亦可以少愧矣。

子厚前时少年，勇于为人，不自贵重顾藉，谓功业可立就，故坐废退。既退，又无相知有气力得位者推挽㉙，故卒死于穷裔㉚，材不为世用，道不行于时也。使子厚在台省㉛时，自持其身，已能如司马、刺史时，亦自不斥㉜。斥时，有人力能举之，且必复用不穷。然子厚斥不久，穷不极，虽有出于人，其文学辞章，必不能自力以致必传于后如今，无疑也。虽使子厚得所愿，为将相于一时，以彼易此，孰得孰失，必有能辨之者。

子厚以元和十四年十一月八日卒，年四十七。以十五年七月十日，归葬万年㉝先人墓侧。子厚有子男二人：长曰周六，始四岁；季曰周七，子厚卒乃生。女子二人，皆幼。其得归葬也，费皆出观察使河东裴君行立。行立有节概㉞，重然诺㉟，与子厚结交，子厚亦为之尽，竟赖其力。葬子厚于万年之墓者，舅弟卢遵。遵，涿㊱人，性谨慎，学问不厌。自子厚之斥，遵从而家焉，逮其死不去。既往葬子厚，又将经纪㊲其家，庶几㊳有始终者。

铭曰：是惟子厚之室㊴，既固既安，以利其嗣人㊵。

◎ 注释

① 讳：死者的名，这里有“避”的意思。古时对尊长不直接称其名，叫做避讳。在人死后称其名时，名前加“讳”字以示尊敬。

②“七世祖庆”三句：柳宗元的七世祖柳庆，曾为北魏侍中，入北周，被封为平齐县公。南北朝时魏的国君姓拓跋，故称“北魏”或“拓跋魏”。据柳宗元《先侍御史府君神道表》，他的六世祖柳旦是周中书侍郎，封济阴公。本文称柳庆封济阴公，当属误记。

③“曾伯祖奭”四句：奭，音 shì。柳奭，柳旦之孙，柳宗元高祖柳子夏之兄，当为“高伯祖”。柳奭是唐高宗王皇后的舅父，高宗永徽三年（652）为中书令。王皇后被废，武则天被立为皇后，柳奭被贬，不久被杀。褚遂良、韩瑗都是唐高宗时大臣，因反对武则天被贬而死。

④“皇考讳镇”三句：皇考，对已死父亲的尊称。据柳宗元《先侍御史府君神道表》，唐肃宗时柳镇在守母丧期满后，被命为太常博士，他因“有尊老孤弱在吴”愿为宣城县令。本文说柳镇“以事母，弃太常博士”，与事实稍有出入。

⑤“其后”四句：权贵，指窦参。唐德宗朝柳镇初升为殿中侍御史。这时御史中丞卢佋和宰相窦参共同诬陷侍御史穆赞。柳镇为穆赞平反冤狱，因被窦参借他事陷害，被贬为夔州司马。贞元八年（792），窦参得罪，柳镇再度出任侍御史。

⑥“逮其父时”四句：柳镇卒于唐德宗贞元九年五月，柳宗元是在这年他父亲还活着的时候考中进士的，年 21 岁。逮，到。崭然，高峻突出的样子。见，同“现”。

⑦ 博学宏词：唐朝制度，进士及第，再参加博学宏词科教科考试被录取后便得授官职。

⑧ 廉：堂屋的侧边，这里引申为品行方正。

⑨ 踔厉风发：踔，远。厉，高。风发，风卷起劲吹，比喻议论有气势，滔滔不绝。

⑩ 率：每每，常常。

⑪“顺宗即位”六句：唐顺宗于公元 805 年正月即位，改元永贞，任用王叔文进行政治改革，柳宗元被升为礼部员外郎，积极参与改革。同年八月，唐宪法宗即位，王叔文被贬官，后又被处死。柳宗元与其集团中成员刘禹锡等八人一起被贬，被贬为邵州刺史，又被贬为永州司马。

⑫“元和中”四句：唐宪宗元和十年（815），王叔文集团成员被贬八人中，两人已死，一人已上调，其余柳宗元等五人，已十年没有调动。这时把他们召到京城来，结果仍改派他们出去做更远地区的州刺史。柳州，今属广西。

⑬ 子本相侔：子本，指利息和本钱。侔，音 móu，相等的意思。
⑭ 没：没收。
⑮ 比：及。
⑯ 且：将近。
⑰ 衡湘：衡，衡山。湘，湘水。
⑱ 指画：指点。
⑲ 法度：规范。
⑳ “中山刘梦得”句：中山，今河北定县。刘梦得，唐代诗人刘禹锡。遣，贬谪。
㉑ 当诣播州：诣，往。播州，今贵州遵义。
㉒ 亲：父母，这里指母亲。
㉓ 大人：指刘禹锡的老母亲。
㉔ 遇有以梦得白上者：白上，告知皇上。据《新唐书》、《旧唐书》刘禹锡本传载：当时御史中丞裴度向宪宗说，播州西南极远荒僻之地，刘虽有罪，他的老母八十多岁一定不能去，恐怕这有损皇上的“孝理之风”。
㉕ 连州：今广东省连县。
㉖ 平居里巷：平日家居之时。
㉗ 征逐：交往密切。征，招呼。
㉘ 诩诩：媚好。
㉙ 推挽：举荐、援引。
㉚ 裔：边远之地。
㉛ 台省：台，御史属御史台。省，集贤殿属中书省。
㉜ 斥：贬斥。
㉝ 万年：今陕西省长安县。
㉞ 节概：节操气概。
㉟ 然诺：允许，信用。
㊱ 涿：今河北涿县。
㊲ 经纪：料理。
㊳ 庶几：差不多达到。
㊴ 室：死者安葬之地，即墓穴。
㊵ 嗣人：后人。

这是一篇声情并茂的碑文，被誉为“古今墓志第一”。柳宗元是唐朝著名文学家、政治家，一生文章、政绩颇丰，与韩愈同为中唐古文运动的领袖。全文以友谊为线索，贯穿全局，重点描写了柳宗元一生的四个片断：少年才俊、柳州德政、以柳易播以及文学成就。墓志铭本以记事为主，但韩愈此文却不然，他在此文中，不拘成法，夹叙夹议，并且注入了真挚的情感，墓志铭写得回旋抑扬，感人至深。

汇评

子厚之丧，昌黎韩退之之志其墓，且以书来吊曰：“哀哉若人之不淑！吾尝评其文，雄深雅健似司马子长，崔、蔡不足多也。”安定皇甫湜，于文章少所推让，亦以退之之言为然。（唐·刘禹锡《唐故尚书礼部员外郎柳君集纪》）

韩、柳之至交，此文以全力发明子厚之文学风义，其酣恣淋漓顿挫盘郁处，乃韩公真

实本领。而视所为墓铭以雕琢奇诡胜者，反为别调。盖至性至情之所为而文字之变格也。(清·吴汝纶转引自高步瀛《唐宋文举要》)

妙在说子厚始进时极斟酌，得罪处极含蓄，废弃后极勤敏，真瑜瑕不掩，绝不为子厚讳，就有无尽淋漓处……行文之妙，真绾事有法，感慨有情。(章懋勋《古文析观解》)

祭柳子厚文

韩　愈

维年月日，韩愈谨以清酌庶羞之奠，祭于亡友柳子厚之灵：

嗟嗟子厚，而至然邪！自古莫不然，我又何嗟？人之生世，如梦一觉；其间利害，竟亦何校？当其梦时，有乐有悲；及其既觉，岂足追惟？

凡物之生，不愿为材；牺尊青黄，乃木之灾。子之中弃，天脱馽羁；玉佩琼琚，大放厥词。富贵无能，磨灭谁纪？子之自著，表表愈伟。不善为斫，血指汗颜；巧匠旁观，缩手袖间。子之文章，而不用世；乃令吾徒，掌帝之制。子之视人，自以无前；一斥不复，群飞刺天。

嗟嗟子厚，今也则亡。临绝之音，一何琅琅？遍告诸友，以寄厥子。不鄙谓余，亦托以死。凡今之交，观势厚薄；余岂可保，能承子托？非我知子，子实命我；犹有鬼神，宁敢遗堕？念子永归，无复来期。设祭棺前，矢心以辞。

呜呼哀哉，尚飨！

聚焦：

韩愈为柳宗元一共写了三篇文章，《柳子厚墓志铭》是第二篇文章，着重谈柳宗元的高义；《祭柳子厚文》是第一篇文章，谈柳宗元的文学成就。

思考与练习

1. 本文的线索是什么？
2. 这篇墓志铭和其他墓志铭有何不同？
3. 柳宗元的政治成就和文学成就相比，哪个更高呢？
4. 你如何理解“文穷而后工”？并以此为主题写一篇文章。

钴鉧潭西小丘记

柳宗元

柳宗元（773～819），字子厚，祖籍河东（今山西永济），世称“柳河东”。唐代杰出的文学家、政治家。因为曾被贬官柳州，所以又称“柳柳州”。出身贵族，21岁中进士，29岁第博学宏词科，授校书郎，后又任蓝田尉，升监察御史里行。顺宗永贞元年任礼部员外郎，参加以王叔文为首的“永贞革新”，失败后，被贬为永州司马。元和十年，改任柳州刺史。柳宗元诗文皆工，尤擅散文，与韩愈共同倡导唐代古文运动，并称为“韩柳”，列入“唐宋八大家”，与刘禹锡并称“刘柳”。有《柳河东集》传世。

得西山后八日，寻[①]山口西北道[②]二百步，又得钴鉧潭，潭西二十五步，当湍而浚者[③]为鱼梁[④]。梁之上有丘焉，生竹树。其石之突怒偃蹇[⑤]，负土而出，争为奇状者，殆[⑥]不可数。其嵚然相累[⑦]而下者，若牛马之饮于溪；其冲然角列[⑧]而上者，若熊罴之登于山。

丘之小不能一亩，可以笼而有之[⑨]。问其主，曰：“唐氏之弃地，货而不售[⑩]。”问其价，曰：“止四百。”余怜而售[⑪]之。李深源、元克己时同游，皆大喜，出自意外。即更取器用[⑫]，铲刈[⑬]秽草，伐去恶木，烈火而焚之。嘉木立，美竹露，奇石显。由其中以望，则山之高，云之浮，溪之流，鸟兽之遨游，举熙熙然回巧献技[⑭]，以效[⑮]兹丘之下。枕席而卧，则清泠之状与目谋[⑯]，瀯瀯[⑰]之声与耳谋，悠然[⑱]而虚者与神谋，渊然[⑲]而静者与心谋。不匝旬而得异地者二[⑳]，虽古好事之士，或未能至焉。

噫！以兹丘之胜，致之沣、镐、鄠、杜[㉑]，则贵游之士争买者，日增千金而愈不可得。今弃是州也，农夫渔父过而陋[㉒]之，价四百，连岁不能售。而我与深源、克己独喜得之，是其果有遭[㉓]乎！书于石，所以贺兹丘之遭也。

◎ 注释

① 寻：沿着。
② 道：步行。
③ 当湍而浚者：当，面对。湍，急流。浚，深。
④ 鱼梁：石砌的拦水坝，中间留有空洞，以便鱼往来。
⑤ 偃蹇：音 yǎn jiǎn，形容石头高耸的姿态。
⑥ 殆：几乎。
⑦ 嵚然相累：嵚，音 qīn。嵚然，倾斜的样子。相累：重叠。
⑧ 冲然角列：冲然，向前耸起的样子。角列，突出成行。
⑨ 笼而有之：笼，包举。笼而有之，整个地占有它，形容其小。
⑩货而不售：出卖而卖不掉。货，卖。售，卖出。
⑪ 售：买进。
⑫ 更取器用：更取，轮换拿着。器用，指锄、镰一类器具。
⑬ 刈：音 yì，割掉。
⑭ 举熙熙然回巧献技：举，全部。熙熙然，和乐的样子。回巧献计，运用技巧，呈献绝技。回，运用。

⑮ 效：效力，指为小丘效劳，使之增色。
⑯ 清泠之状与目谋：清泠，清凉。与目谋，与眼睛相接触。谋，合。
⑰ 潆潆：潆，音 yíng，形容水流回旋的声音。
⑱ 悠然：自由自在的样子。
⑲ 渊然：深邃的样子。
⑳ 不匝旬而得异地者二：不匝旬，不满十天。匝，经过一周。旬，十天为一旬。得异地者二，得到两处奇境。一指西山，一指钴鉧潭及潭西的小丘。
㉑ 致之沣、镐、鄠、杜：致，搬到，放到。沣，地名，在今陕西省户县东。镐，地名，在今陕西省西安市西南。鄠，地名，在今陕西省户县。杜，杜曲，在今陕西省西安市东南。以上四个地方都是当时的名胜之地。
㉒ 陋：看轻。
㉓ 遭：遇合，机遇。

山水游记最能体现柳宗元散文的风格。在这些作品中，作者一方面用清新的语言对奇山异水作栩栩如生的描写，另一方面，又在山水景物的描写寄寓了自己政治上遭受迫害后的愤激与感慨。本文是作者在被贬到永州后所写的《永州八记》的第三篇。文章前半部分写景，作者抓住小丘多石的特点，对石头进行了形象的描绘，使得毫无生命的石头富于生机，同时也描写了小丘整治后的美丽景色。后半部分抒情，作者在感慨小丘无人赏识的同时，也抒发了自己被贬、怀才不遇的心境。这小丘正是柳宗元自己的真实写照。

汇评

今日要做好文者，但读《史》、《汉》、韩、柳，而不能，便请斫老僧头去。（南宋·朱熹《朱子语类》）

柳子厚文章精丽，而心术不掩焉，故理意多舛驳。（南宋·罗大经《鹤林玉露》）

三百年中，能文者不啻千余家，专其美者，独韩、柳二人而已。（明·叶子奇《草木子》）

古之善记佳山水，惟柳子厚为最。（明·茅坤《唐宋八大家文钞》）

柳州记山水，状人物，论文章，无不形容尽致；其自命为"牢笼百态"，固宜。（清·刘熙载《艺概》）

柳宗元散文更著名的是他的山水游记。这类作品，往往在景物描写之中，抒写了他的不幸遭际和他对于现实的不满。他描写山水之乐，一方面借以得到精神安慰，同时也曲折地表现了他对丑恶的现实的抗议。柳宗元的山水游记，文笔清新秀美，富有诗情画意。《永州八记》是他的代表作。（游国恩《中国文学史》第二册）

拓展阅读

始得西山宴游记

柳宗元

自余为僇人，居是州，恒惴栗。其隙也，则施施而行，漫漫而游，日与其徒上高山，入深林，穷回溪，幽泉怪石，无远不到。到则披草而坐，倾壶而醉；醉则更相枕以卧，卧而梦，意有所极，梦亦同趣；觉而起，起而归；以为凡是州之山水有异态者，皆我有也，而未始知西山之怪特。

今年九月二十八日，因坐法华西亭，望西山，始指异之。遂命仆人过湘江，缘染溪，斫榛莽，焚茅茷，穷山之高而止。攀援而登，箕踞而遨，则凡数州之土壤，皆在衽席之下。其高下之势，岈然洼然，若垤若穴，尺寸千里，攒蹙累积，莫得遁隐；萦青缭白，外与天际，四望如一。然后知是山之特立，不与培塿为类。悠悠乎与颢气俱，而莫得其涯；洋洋乎与造物者游，而不知其所穷。引觞满酌，颓然就醉，不知日之入。苍然暮色，自远而至，至无所见，而犹不欲归。心凝形释，与万化冥合。然后知吾向之未始游，游于是乎始。故为之文以志。

是岁，元和四年也。

聚焦：

这是《永州八记》的第一篇。王国维说："有我之境，以我观物，故物皆著我之色彩。"柳宗元的山水散文正是这句话的最好写照。

思考与练习

1. 这篇游记表达了怎样的情感？
2. 作者与小丘有何相似之处？

秋声赋

欧阳修

欧阳修（1007～1072），字永叔，自号醉翁，晚年又号六一居士，谥号文忠，世称欧阳文忠公，吉水（今属江西）人。北宋著名的文学家、政治家和史学家。幼年丧父，家境贫困。天圣进士，曾任枢密副史、参知政事等要职。欧阳修在政治上，积极参与"永新革新"；在史学上曾与宋祁合修《新唐书》，并独撰《新五代史》；在文学上，为一代文坛领袖，领导了北宋诗文革新运动，苏轼兄弟及曾巩、王安石皆出其门下。其诗歌流畅朴实，其词深婉清丽，其文自然委婉。

欧阳子[①]方夜读书，闻有声自西南来者，悚然[②]而听之，曰："异哉！"初淅沥以萧飒[③]，忽奔腾而砰湃[④]；如波涛夜惊[⑤]，风雨骤至。其触于物也，鏦鏦铮铮[⑥]，金铁皆鸣；又如赴敌之兵，衔枚[⑦]疾走，不闻号令，但闻人马之行声。余谓童子[⑧]："此何声也？汝出视之。"童子曰："星月皎洁，明河[⑨]在天，四无人声，声在树间。"

余曰："噫嘻悲哉！此秋声也。胡为而来哉？盖夫秋之为状[⑩]也：其色惨淡，烟霏云敛[⑪]；

其容清明，天高日晶[12]；其气栗冽[13]，砭人肌骨；其意萧条，山川寂寥。故其为声也，凄凄切切，呼号愤发。丰草绿缛[14]而争茂，佳木葱茏[15]而可悦。草拂之而色变，木遭之而叶脱。其所以摧败零落者，乃一气之馀烈。”

“夫秋，刑官也[16]，于时为阴[17]；又兵象也[18]，于行为金[19]。是谓天地之义气[20]，常以肃杀而为心[21]。天之于物，春生秋实。故其在乐也，商声主西方之音[22]，夷则为七月之律[23]。商，伤也[24]，物既老而悲伤；夷，戮也[25]，物过盛而当杀。”

“嗟乎！草木无情，有时飘零，人为动物，惟物之灵。百忧感其心，万事劳其形，有动于中，必摇[26]其精。而况思其力之所不及，忧其智之所不能，宜其渥然丹者为槁木[27]，黟然黑者为星星[28]；奈何以非金石之质，欲与草木而争荣！念谁为之戕贼[29]，亦何恨乎秋声！”

童子莫对，垂头而睡。但闻四壁虫声唧唧，如助余之叹息。

◎ 注释

① 欧阳子：作者自称。
② 悚然：吃惊的样子。
③ 初淅沥以萧飒：初，最初。淅沥，细雨声，这里形容风声。萧飒，风声。
④ 砰湃：砰，音 pēng。波涛冲激之声。
⑤ 夜惊：夜间骤起，令人震惊。
⑥ 鏦鏦铮铮：鏦，音 cōng。铮，音 zhēng，金属相碰的样子。
⑦ 衔枚：古代行军士兵嘴上横叼着枚，以防喧哗。枚，小木棍，两端有带，可系于颈后。
⑧ 童子：少年男仆人。
⑨ 明河：明亮的银河。
⑩ 状：情状。
⑪ 烟霏云敛：烟纷飞、云密集，指天气阴暗。霏，纷扬。敛，聚集。
⑫ 日晶：阳光灿烂。
⑬ 栗冽：寒冷。
⑭ 缛：丰茂。
⑮ 葱茏：草木青翠茂盛的样子。
⑯“夫秋”句：上古设官，以四时为官，掌管刑法的司寇为秋官。
⑰ 于时为阴：古人以春夏为阳，秋冬为阴。
⑱ 又兵象也：古代征伐多在秋天，所以称为“兵象”。
⑲ 于行为金：行，五行，金、木、水、火、土。古人认为四季变化是五行“相生”的结果，并把五行分配于四季，秋属金。
⑳ 天地之义气：指刚正之气。《礼记·乡饮酒义第四十五》说：“天地严凝之气，始于西南而盛于西北，此天地之尊严气也，此天地之义气也。”由西南方至西北方，正是秋的方位。
㉑ 心：指用心、目的。
㉒ 商声主西方之音：商声代表西方之音。商声是五声之一。五声也分配于四时，商属秋；又五声和五行相配，商声属金，主西方之音。
㉓ 夷则为七月之律：夷则是十二律之一。律，本是正音器具，后配十二月，以占气候。七月，正相当中十二律中的夷则。《礼记·月令》：“孟秋之月，其音商，律中夷则。”
㉔ 商，伤也：商音是悲伤的声音。
㉕ 夷，戮也：夷，就是杀戮。
㉖ 摇：指耗损。
㉗ 渥然丹者为槁木：渥然丹者，指容貌红润，比喻年轻力壮。渥然，滋润的样子。槁木，枯木，指

衰老。

㉘ 黝然黑者为星星：黝然黑者，指乌黑的鬓发，比喻年轻。黝然，乌黑的样子。星星，比喻点点白发。此句的意思是，乌黑的头发变得斑斑点点。

㉙ 戕贼：摧残。

秋士易感，是中国文学的传统，悲秋更是中国文学永恒不变的主题。但欧阳修此赋另辟蹊径，从描写“秋声”入手来抒写万物凋零、衰飒的悲感，然后以“有声之秋”与“无声之秋”的对比突出人类忧思所苦比秋气更易衰颓。

这篇赋在结构上跌宕起伏，精于构思；同时，铺张扬厉，继承了传统赋的写法，运用多种修辞方式，骈散相间，是宋代文赋的代表之作。

汇评

秋声无形者也，也写得形色宛然。读之使人悄然而悲，肃然而恐，真可谓绘风手矣。（清·孙琮《山晓阁选宋大家欧阳庐陵全集》卷四引明钟惺评）

总是悲秋一意。初言声，再言秋，复自秋推出声来，又自声推出所以来之故，见得天地本有自然之运，为生为杀，其势不得不出于此，非有心于戕物也。但念物本无情，其摧败零落，一听诸时之自至，而人日以无穷之忧思，营营名利，竟图一时之荣，而不知中动精摇，自速其老。是物之飘零者，在目前有声之秋；人之戕贼者，在意中无声之秋也，尤堪悲矣！篇中感慨处，带出警悟，自是神品。（清·林云铭《古文析义》）

赋每伤于俳俪。如此又简峭、又精炼、又径直、又波折，真是后学作文之点金神具也。（清·金圣叹《天下才子必读书》）

秋声本无可写，却借其色、其容、其气、其意，引出其声。（清·过珙《古文评注》）

九辩（节选）

宋　玉

悲哉秋之为气也！萧瑟兮草木摇落而变衰。憭栗兮，若在远行。登山临水兮送将归。泬寥兮天高而气清；寂漻兮收潦而水清，憯凄增欷兮薄寒之中人。怆怳懭悢兮去故而就新；坎廪兮贫士失职而志不平。廓落兮羁旅而无友生；惆怅兮而私自怜。燕翩翩其辞归兮，蝉寂漠而无声；雁廱廱而南游兮，鹍鸡啁哳而悲鸣。独申旦而不寐兮，哀蟋蟀之宵征。时亹亹而过中兮，蹇淹留而无成。悲忧贫蹙兮独处廓，有美一人兮心不绎。去乡离家兮徕远客，超逍遥兮今焉薄？专思君兮不可化，君不知兮可奈何！蓄怨兮积思，心烦憺兮忘食事。原一见兮道余意，君之心兮与余异。车既驾兮朅而归，不得见兮心伤悲。倚结軨兮长太息，涕潺湲兮下霑轼。忼慨绝兮不得，中瞀乱兮迷惑。私自怜兮何极，心怦怦兮谅直。皇天平分四时兮，窃独悲此禀秋。白露既下百草兮，奄离披此梧楸。去白日之昭昭兮，袭长夜之悠悠。离芳蔼之方壮兮，余萎约而悲愁。秋既先戒以白露兮，冬又申之以严霜。收恢台之孟夏兮，然欿傺而沈臧。叶菸邑而无色兮，枝烦挐而交横；颜淫溢而将罢兮，柯彷佛而萎黄；萷櫹椮之可哀兮，形销铄而瘀伤。惟其纷糅而将落兮，恨其失时而无当。揽騑辔而下节兮，聊逍遥以相羊。岁忽忽尔遒尽兮，恐余寿之弗将。悼余生之不时兮，逢此世之俇攘。澹容与而独倚兮，蟋蟀鸣此西堂。心怵惕而震荡兮，何所忧之多方！仰明月而太息兮，步列星而极明。窃悲夫蕙华之曾敷兮，纷旖旎乎都房；何曾华之无实兮，从风雨而飞扬？以为君独服此蕙兮，羌无以异于众芳。闵奇思之不通兮，将去君而高翔。心闵怜之惨凄兮，愿一见而有明。重无怨而生离兮，中结轸而增伤。岂不郁陶而思君兮？君之门以九重。猛犬狺狺而迎吠兮，关梁闭而不通。皇天淫溢而秋霖兮，后土何时而得干！块独守此无泽兮，仰浮云而永叹。何时俗之工巧兮，背绳墨而改错！

聚焦：

宋玉的《九辩》被称为"悲秋之祖"，试体会这篇楚辞与《秋声赋》在主题上的差别。

思考与练习

1. 赋这种文体的特点是什么？
2. 对于这篇文章的主题，有两种不同的看法：一种认为这是一篇典型的悲秋之作；另一种认为"同以往的许多'悲秋'之作相比，本文既无失意的惆怅，又无身世的感伤，体现了作者豁达超然的情怀"。你认为这篇文赋的主题是什么？为什么？
3. 以"秋"为主题写一篇文章，题目自拟，体裁不限。

留侯论

苏　轼

古之所谓豪杰之士者，必有过人之节[①]。人情有所不能忍者，匹夫见辱，拔剑而起，挺身而斗，此不足为勇也。天下有大勇者，卒然[②]临之而不惊，无故加之而不怒。此其所挟持[③]者甚大，而其志甚远也。

夫子房受书于圯上之老人[④]也，其事甚怪。然亦安知其非秦之世有隐君子[⑤]者，出而试之？观其所以微见[⑥]其意者，皆圣贤相与警戒之义，而世不察，以为鬼物，亦已过[⑦]矣。且其意不在书。当韩之亡、秦之方盛也，以刀锯鼎镬[⑧]待天下之士，其平居无罪夷灭者，不可胜数。虽有贲、育[⑨]，无所获施。夫持法太急者，其锋不可犯，而其末可乘[⑩]。子房不忍忿忿之心，以匹夫之力而逞于一击[⑪]之间。当此之时，子房之不死者，其间不能容发[⑫]，盖亦已危矣。千金之子[⑬]，不死于盗贼[⑭]，何者？其身可爱，而盗贼之不足以死也。子房以盖世之才，不为伊尹、太公之谋[⑮]，而特出于荆轲、聂政之计，以侥幸于不死，此圯上老人所为深惜者也。是故倨傲鲜腆[⑯]而深折[⑰]之，彼其能有所忍也，然后可以就大事，故曰："孺子可教也。"

楚庄王伐郑，郑伯肉袒牵羊以逆，庄王曰："其君能下人，必能信用其民矣。"遂舍之[⑱]。

勾践之困于会稽，而归臣妾于吴者，三年而不倦[19]。且夫有报人之志，而不能下人者，是匹夫之刚也。夫老人者，以为子房才有余而忧其度量之不足，故深折其少年刚锐之气，使之忍小忿而就大谋。何则？非有生平之素，卒然相遇于草野之间，而命以仆妾之役，油然而不怪者，此固秦皇之所不能惊，而项籍之所不能怒也。

观夫高祖[20]之所以胜，而项籍之所以败者，在能忍与不能忍之间而已矣。项籍唯不能忍，是以百战百胜而轻用其锋[21]；高祖忍之，养其全锋而待其弊[22]，此子房教之也。当淮阴破齐而欲自王，高祖发怒，见于词色。由是观之，犹有刚强不忍之气，非子房其谁全之！

太史公疑子房以为魁梧奇伟，而其状貌乃如妇人女子，不称其志气。呜呼！此其所以为子房欤！

◎ 注释

① 节：节操。
② 卒然：突然。卒，同“猝”。
③ 挟持：这里指抱负。
④ 圯上老人：圯，音 yí，桥。老人，指黄石公。
⑤ 隐君子：隐居的高士，指圯上老人。
⑥ 见：同“现”，显露。
⑦ 过：错。
⑧ 刀锯鼎镬：古代残酷的刑具，借指残酷的刑法。
⑨ 贲、育：孟贲、夏育，古代传说中的勇士。
⑩ “夫持法太急者”句：秦持法太严，锋芒不可触犯，而当锋芒一过，就有可乘之机。末，末势。
⑪ 逞于一击：快意于一击。据记载，张良为报秦灭韩之仇，在秦始皇东巡至博浪沙时，用铁椎击杀秦始皇，但未成功。
⑫ 其间不能容发：遭遇危险与脱离危险之间，只有一根头发的间隙，比喻情势危急。
⑬ 千金之子：富贵子弟。
⑭ 不死于盗贼：不死在做盗贼一类的事情上。
⑮ 伊尹、太公之谋：指安邦定国的计谋。伊尹，商朝开国大臣。太公，即吕尚，周朝开国功臣。
⑯ 倨傲鲜腆：倨，傲慢。鲜腆，无礼、厚颜。
⑰ 折：摧折，侮辱。
⑱ “楚庄王伐郑”句：据载，楚庄王伐郑，将攻入郑国都城。郑襄公肉袒牵羊来迎接楚庄王。楚庄王说：“郑君为人谦卑，必能取信于他的百姓。我哪敢奢望得到郑国的土地！”于是退兵而返。肉袒，袒露身体，表示请罪。逆，迎接。
⑲ “勾践之困于会稽”句：据载，吴王夫差打败越国，越王勾践带领五千甲兵，躲在会稽山上，派大夫文种入吴为臣，后亲自与大夫范蠡入吴为臣，以妻为吴王妾，三年才得归国。会稽，指会稽山，在今浙江绍兴。
⑳ 高祖：汉高祖刘邦。
㉑ 轻用其锋：指项羽迷信武力，随意出兵。
㉒ 弊：疲弊，疲劳。

这篇文章是苏轼早年应“制科”考试时所作《进论》之一。张良，字子房，西汉开国功臣，封于留，所以称为留侯。本文根据张良圯下受书及辅佐刘邦统一天下的史实，论证张良成功的原因。全文翻新出奇，以“忍”字来贯穿全篇，论证“忍小忿而就大谋”。为了论证这一主旨，作者引用了大量的正面的和反面的例证，并且层层递进，使论证非常严谨，富于逻辑性。行文流畅而又极尽曲折变化之妙，富于气势。

汇评

《庄子》之文，以无为有，《战国策》之文，以曲作直。东坡平生熟此二书，故其为文，横说竖说，惟意所到，俊辩痛快，无复滞碍。（南宋·罗大经《鹤林玉露》）

作文须寻大头脑，立得意定，然后遣词发挥，方是气象浑成。如韩退之《代张籍与李浙东书》以“盲”字贯说，苏子瞻《留侯论》以“忍”字贯说是也。（明·归有光《文章指南》）

东坡文如长江大河，一泻千里，至其浑浩流转，曲折变化之妙，则无复可以名状，而尤长于陈述叙事。留侯一论，其立论超卓如此。（明·杨慎《三苏文范》）

此文得意在“且其意不在书”一句起，掀翻尽变，如广陵秋涛之排空而起也。（清·金圣叹《天下才子必读书》）

留侯论

魏禧

客问魏子曰：“或曰：‘子房弟死不葬，以求报韩。’既击始皇搏浪沙中，终辅汉灭秦，似矣。韩王成既杀，郦生说汉立六国后，而子房沮之，何也？故以为子房忠韩者，非也。”

魏子曰：“噫，是乌足知子房哉！人有力能为人报父仇者，其子父事之，而助之以灭其仇，岂得为非孝子哉？子房知韩下能以必兴也，则报韩之仇而已矣。天下之能报韩仇者，莫如汉，汉既灭秦，而羽杀韩王，是子房之仇，昔在秦而今又在楚也。六国立则汉不兴，汉不兴则楚不灭，楚不灭则六国终灭于楚。夫立六国，损于汉，无益于韩。不立六国，则汉可兴，楚可灭，而韩之仇以报。故子房之地决矣。”

“子房之说项梁立横阳君也，意固亦欲得韩之主而事之，然韩卒以夷灭。韩之为国与汉之为天下，子房辨之明矣。范增以沛公有天子气，劝羽急击之，非不忠于所事，而人或笑以为愚。且夫天下公器非一人一姓之私也，天为民而立君，故能救生民于水火，则天以为子，而天下戴之以为父。子房欲遂其报韩之志，而得能定天下祸乱之君，故汉必不可以不辅。夫孟子，学孔子者也，孔子尊周，而孟子游说列国，惓惓于齐梁之君，教之以王。夫孟子岂不欲周之子孙王天下而朝诸侯？周卒不能；两天下之生民，不可以不救。天生子房以为天下也，顾欲责子房以匹夫之谅、为范增之所为乎？亦已过矣！”

聚焦：

清人魏禧也写了一篇《留侯论》，但是角度明显与苏轼的文章不同。

思考与练习

1. 本文的脉络是什么？
2. 圯上老人出现的用意是什么？
3. 太史公的猜测之误，对表现张良以及文章的中心有什么作用？
4. 你认为张良成功的原因是什么？
5. 你如何看待苏东坡对张良的评价？

徐文长[①]传

袁宏道

袁宏道（1568～1610），字中郎，号石公，公安（今属湖北）人。明代著名文学家。少敏慧，善诗文，万历二十年（1591）进士。选吴县知县，历任国子助教、礼部主事、考功部员外郎、迁稽勋郎中，后谢病归，卒于家。袁宏道与其兄袁宗道、其弟袁中道合称为“公安三袁”，为公安派创始人。在文学上，他反对摹拟、复古，提出“独抒性灵，不拘格套”的性灵说。

余一夕坐陶太史[②]楼，随意抽架上书，得《阙编》诗一帙。恶楮毛书[③]，烟煤败黑，微有字形。稍就灯间读之，读未数首，不觉惊跃，急呼周望：“《阙编》何人作者？今耶？古耶？”周望曰：“此余乡徐文长先生书也。”两人跃起，灯影下，读复叫，叫复读。僮仆睡者皆惊起。盖不佞[④]生三十年，而始知海内有文长先生。噫，是何相识之晚也！因以所闻于越人士者，略为次第[⑤]，为《徐文长传》。

徐渭，字文长，为山阴诸生[⑥]，声名藉甚[⑦]。薛公蕙校越时[⑧]，奇其才，有国士之目[⑨]。然数奇[⑩]，屡试辄蹶[⑪]。中丞胡公宗宪闻之，客诸幕[⑫]。文长每见，则葛衣乌巾[⑬]，纵谈天下事，胡公大喜。是时，公督数边兵[⑭]，威振东南，介胄之士[⑮]，膝语蛇行，不敢举头，而文长以部下一诸生傲之，议者方[⑯]之刘真长、杜少陵[⑰]云。会得白鹿[⑱]，属文长作表。表上，永陵[⑲]喜。公以是益奇之，一切疏记[⑳]，皆出其手。文长自负才略，好奇计，谈兵多中，视一世士无可当意者，然竟不偶[㉑]。

文长既已不得志于有司[㉒]，遂乃放浪曲蘖[㉓]，恣情山水，走齐、鲁、燕、赵之地，穷览朔漠。其所见山崩海立，沙起云行，风鸣树偃，幽谷大都[㉔]，人物鱼鸟，一切可惊可愕之状，一一皆达之于诗。其胸中又有勃然不可磨灭之气，英雄失路、托足无门之悲。故其为诗，如嗔如笑，如水鸣峡，如种出土，如寡妇之夜哭，羁人之寒起；虽其体格时有卑者，然匠心独出，有王者气，非彼巾帼而事人者所敢望也[㉕]。文有卓识，气沉而法严，不以模拟损才，不以议论伤格[㉖]，韩、曾之流亚也[㉗]。文长既雅不与时调合，当时所谓骚坛主盟者，文长皆叱而奴之[㉘]。故其名不出于越，悲夫！喜作书，笔意奔放如其诗，苍劲中姿媚跃出，欧阳公所谓“妖韶女老自有余态”者也[29]。间以其余[30]，旁溢为花鸟，皆超逸有致。

卒以疑杀其继室，下狱论死[31]，张太史元汴力解，乃得出[32]。晚年愤益深，佯狂益甚。显者至门，或拒不纳[33]。时携钱至酒肆，呼下隶与饮。或自持斧击破其头，血流被面，头骨皆折，揉之有声。或以利锥锥其两耳，深入寸余，竟不得死。周望言：“晚岁诗文益奇，无刻本，集藏于家。”余同年[34]有官越者，托以抄录，今未至。余所见者，《徐文长集》、《阙编》二种而已。然文长竟以不得志于时，抱愤而卒。

石公曰：“先生数奇不已，遂为狂疾；狂疾不已，遂为囹圄[35]。古今文人牢骚困苦，未有若先生者也。虽然，胡公间世豪杰，永陵英主，幕中礼数异等[36]，是胡公知有先生矣；表上，人主悦，是人主知有先生矣。独身未贵耳。先生诗文崛起，一扫近代芜秽之习，百世而下，自有定论，胡为不遇哉？梅客生尝寄余书曰[37]：‘文长，吾老友，病奇于人，人奇于诗。’余谓文长，无之而不奇者也。无之而不奇，斯无之而不奇也[38]，悲夫。”

◎ 注释

① 徐文长：即徐渭（1521～1593），字文长，别号天池生，晚号青藤道人。山阴（今浙江省绍兴市）人。嘉靖间秀才，性格狂傲不拘，一生潦倒。曾做胡宗宪幕府书记。明中叶著名文人、画家、戏剧家。著有《徐文长集》30卷、《四声猿》杂剧4种等。

② 陶太史：即陶望龄，字周望，号石篑，会稽（今绍兴市）人。曾任翰林院编修，官至国子监祭酒。

③ 恶楮毛书：纸张粗劣，书写粗糙。楮，音 chǔ，树名，叶似桑，皮可作纸，因以为纸的代称。

④ 不佞：没有才能。

⑤ 略为次第：略加编排次序。

⑥ 诸生：明代经过省各级考试录取为府、州、县学的生员，统称诸生。

⑦ 声名藉甚：名声很大。

⑧ 薛公蕙校越时：薛蕙作浙江省乡试主考官的时候。薛公蕙：即薛蕙，字君采，公是对他的尊称。亳州（今安徽省亳县）人。正德时进士，曾官吏部考功司郎中。校越：意即作浙江省的乡试主考官。校：考核。

⑨ 有国士之目：对徐渭有“国士”的评价。国士：举国闻名的贤士。

⑩ 数奇：奇，音 jī，命运不好。

⑪ 蹶：跌倒，引申为失败，挫折。

⑫ “中丞胡公宗”句：中丞，是古代官名。胡宗宪，字汝贞，安徽绩溪人，嘉靖进士，时任浙江巡抚。曾率兵打败过入侵的倭寇。因结交严嵩父子，严嵩败后，他也遭革职被捕，死于狱中。客诸幕，把他请到幕府中做宾客。

⑬ 葛衣乌巾：葛衣，粗布衣。葛，藤类植物，其纤维可织成葛布。乌巾，黑纱做的头巾。

⑭ 督数边兵：嘉靖三十五年（1556），胡宗宪任总督，督江南、江北、浙江、山东、福建诸军事。

⑮ 介胄之士：指军人。介，铠甲。胄，头盔。

⑯ 方：比方，比做。

⑰ 刘真长：即刘惔，真长是他的字，晋代著名清淡家，曾做过简文帝幕中的上宾。杜少陵：即杜甫，在蜀中时曾做过剑南节度使严武的幕僚。刘、杜二人都是身为僚属而在长官面前不拘礼数的人物。

⑱ 白鹿：古代以得白鹿为国家祥瑞，所以胡宗宪上表奏闻皇帝。

⑲ 永陵：明世宗嘉靖皇帝（朱厚熜）的陵墓。此代指明世宗。

⑳ 疏记：此指奏章、奏记之类。

㉑ 不偶：指仕途不顺利。

㉒ 有司：官吏。这里指考官。

㉓ 曲蘖：音 qū niè，酒母，代指酒。

㉔ 大都：大的都市。
㉕ 巾帼而事人者：指故作卑屈以讨好权贵的那些文士。巾帼：古代妇女的头巾和发饰。
㉖ 不以议论伤格：意指徐渭所作诗文，虽用议论，但不伤害格调。格：格调。
㉗ 韩、曾之流亚：韩愈、曾巩一流的人物。流亚，指同一类的人物。
㉘ 叱而奴之：把他们视为奴婢一样，大声呵斥。
㉙ 欧阳公句：欧阳修《水谷夜行寄子美圣俞》："作诗三十年，视我犹后辈。文词愈清新，心意虽老大。譬如妖韶女，老自有余态。"妖韶：美艳的样子。原文指的是苏子美的诗，这里借以论书法。
㉚ 间以其余：间，有时。余，余力。
㉛ 卒以两句：陶望龄《徐文长传》："渭为人猜而妒。妻死后，有所娶辙以嫌弃，至是（嘉靖四十九年）又击杀其后妇，遂坐法，系狱中。"继室，续娶的妻子，徐渭继室为张氏。
㉜ 张太史两句：万历元年（1573），徐渭被保释出狱。张元汴：字子荩，山阴人。隆庆进士，官至翰林侍读。陶望龄《徐文长传》："狱事之解，张宫谕元汴力为多，渭心德之。"
㉝ 显者句：万历十年（1580）徐渭抱病回乡。陶望龄《徐文长传》："既归，病时作时止，日闭门与长者饮醵，而深恶富贵人，自郡守丞以下求见者不得也。尝有诣者，伺便排户半入，渭遽手拒扉，口应曰：'某不在。'"
㉞ 同年：同科考中的人，互称"同年"。
㉟ 囹圄：牢狱。
㊱ 礼数异等：所受礼遇与别人不同。
㊲ 梅客生：即梅国祯，字客生，湖北省麻城县人，万历间进士，官至兵部右侍郎。
㊳ "余谓"三句：我以为徐文长的思想行为，没有一样是不奇特的，正因为这样，所以他便没有一样是顺利的。后一"奇"字，音 jī，"数奇"之意。

这是一篇人物传记，传主是明代的一位奇人——徐渭，他自认为"书第一，诗次之，文次之，画又次之"。而作者并未从此着眼，而是选取了另外一个角度，即"奇"。全文以"奇"字立骨，从几个方面紧扣这一"奇"字：才能"奇"、性格"奇"、遭遇"奇"，全面而生动地记叙了徐渭的人生，展现他的才华与个性，让我们为这样一位狂放不羁的文学艺术家的悲惨遭遇而叹息！

汇评

中郎之传文长，伯敬之传白云，皆能不蔽人于没者也。使其生得之，当何如哉！传中亦多悲愤语不欲竟之象。摹其品，衡其诗，俱千秋定案。（明·陆云龙《翠娱阁袁宏道文选》）

文长固数奇不偶，然而致身幕府．为天子嘉叹，不可谓不遇矣。而竟抱愤而卒，何其不善全乎？非石公识之残编断简中，几埋没千古矣。（清·吴楚材、吴调侯《古文观止》）

以"奇"字作骨，而重惜其不得志。悲壮淋漓，文如其人。且令天下后世负才不遇者，一齐下泪。（清·林云铭《古文析义》）

自来奇人，必有奇事奇文；无奇事奇文，何以为奇人？然奇事奇文，必有奇穷；若无奇穷，何以成奇事奇文？文长为人奇穷矣，而文与事皆奇。故此传之文，即以"奇"字为骨，且末段用"石公曰"三字，俨然史笔，尤为大奇。然非是文，不足以表是人也。（清·李扶九《古文笔法百篇》）

海　上　曲

徐　渭

暇日弃筹策，卒卒相束手。四疆险何限，但阻孤城守。
旷野独非民，弃之如弃草。城市有一夫，谁不如木偶？
长立睥睨间，尽日不得溲。朝餐雪没胫，夜卧风吹肘。
彼亦何人斯，炙肉方进酒！

题墨葡萄诗

徐　渭

半生落魄已成翁，独立书斋啸晚风。
笔底明珠无处卖，闲抛闲掷野藤中。

聚焦：
从徐渭的诗歌感受徐渭的灵魂。

思考与练习

1. 全文的主旨是什么？
2. 作者的情感是怎样的？
3. 你认为徐谓是个什么样的人？
4. 如何理解袁宏道的话“无之而不奇，期无之而不奇也”？

西湖七月半[①]

张　岱

张岱（1597～1679），字宗子，又字石公，号陶庵，浙江山阴（今浙江绍兴）人。明末清初著名散文家。出身于官宦人家，但为人淡泊名利。明朝灭亡后，隐居山林。张岱的作品以小品文见长，文笔诙谐幽默，清新生动。著有《陶庵梦忆》、《西湖梦寻》等。

西湖七月半，一无可看，止可看看七月半之人。看七月半之人，以五类看之：其一，楼船箫鼓[②]，峨冠[③]盛筵，灯火优傒[④]，声光相乱，名为看月而实不见月者，看之。其一，亦船亦楼，名娃闺秀，携及童娈[⑤]，笑啼杂之，环坐露台，左右盼望，身在月下而实不看月者，看之。其一，亦船亦声歌，名妓闲僧，浅斟低唱，弱管轻丝[⑥]，竹肉相发[⑦]，亦在月下，亦看月而欲人看其看月者，看之。其一，不舟不车，不衫不帻[⑧]，酒醉饭饱，呼群三五，跻[⑨]入人丛，昭庆[⑩]、断桥，嘄呼[⑪]嘈杂，装假醉，唱无腔曲[⑫]，月亦看，看月者亦看，不看月者亦看，而实无一看者，看之。其一，小船轻幌[⑬]，净几暖炉，茶铛[⑭]旋煮，素瓷静递，好友佳人，邀月同坐，或匿影树下，或逃嚣里湖，看月而人不见其看月之态，亦不作意看月者，看之。

杭人游湖，巳出酉归[⑮]，避月如仇。是夕好名[⑯]，逐队争出，多犒[⑰]门军酒钱。轿夫擎燎[⑱]，列俟[⑲]岸上。一入舟，速舟子[⑳]急放断桥，赶入胜会。以故二鼓[㉑]以前，人声鼓吹，如沸如撼，如魇[㉒]如呓，如聋如哑。大船小船一齐凑岸，一无所见，止[㉓]见篙击篙，舟触舟，肩摩肩，面看面而已。少刻兴尽，官府席散，皂隶[㉔]喝道去。轿夫叫船上人，怖[㉕]以关门，灯笼火把如列星，一一簇拥而去。岸上人亦逐队赶门，渐稀渐薄，顷刻散尽矣。

吾辈始舣舟[㉖]近岸，断桥石磴始凉，席[㉗]其上，呼客纵饮。此时月如镜新磨，山复整妆，湖复颒面[㉘]，向[㉙]之浅斟低唱者出，匿影树下者亦出。吾辈往通声气[㉚]，拉与同坐。韵友[㉛]来，名妓至，杯箸安，竹肉发。月色苍凉，东方将白，客方散去。吾辈纵舟，酣睡于十里荷花之中，香气拍人，清梦甚惬[㉜]。

◎ 注释

① 七月半：农历七月十五，古代为中元节、盂兰盆节。
② 楼船箫鼓：楼船，有楼阁的华贵游船。箫鼓，这里用作动词，吹箫击鼓。
③ 峨冠：高高的帽子，古代士大夫的装束。这里指代士大夫。
④ 优傒：乐伎与奴仆。
⑤ 童娈：漂亮的侍僮。娈：美貌。
⑥ 弱管轻丝：弱，轻柔。管，指吹奏乐器，如箫笛之类。丝，指弹拨乐器，如琴瑟之类。
⑦ 竹肉相发：器乐声伴随着歌声。竹，指管乐器，这指泛指器乐演奏。肉，指歌喉。相发，相互协调。
⑧ 帻：古代男子包头发的头巾。
⑨ 跻：登，这里指挤进。
⑩ 昭庆：昭庆寺，与断桥同为西湖名胜。
⑪ 嘄呼：嘄，音 jiào，古同“叫”，大喊大叫。
⑫ 无腔曲：不成调的曲子。
⑬ 轻幌：轻细的帐幔。
⑭ 茶铛：铛，音 chēng。煮茶用的三足小锅。
⑮ 巳出酉归：巳时，即上午 9 时至 11 时。酉时，即下午 5 时至 7 时。
⑯ 好名：追求名声。
⑰ 犒：用食物或财物慰劳别人。
⑱ 擎燎：举着火把。
⑲ 列俟：列，列队；俟，等候。
⑳ 速舟子：这里用作动词，催促。舟子，船夫。
㉑ 二鼓：二更天，约晚上 9 时至 11 时。
㉒ 魇：作噩梦时发出的呻吟或惊叫。
㉓ 止：同“只”。
㉔ 皂隶：官府衙门里的差役。
㉕ 怖：恐吓。

㉖ 舣舟：拢船靠岸。
㉗ 席：这里用作动词，摆开宴席。
㉘ 颒面：颒，音 huì。颒面，洗脸。此处指湖面复归明洁。
㉙ 向：刚才。
㉚ 往通声气：过去打招呼。
㉛ 韵友：风雅的朋友。
㉜ 惬：惬意，心满意足。

本文选自《陶庵梦忆》。张岱的这篇小品文，没有写闻名天下的杭州西湖的湖光山色，也没有写七月十五的西湖月色，而是写"看月之人"，令人耳目一新。文中作者描写了"看月"的五类人，在对比之下，既有嘲讽，也有标榜，生动传神，栩栩如生。作者用一种轻松随意的笔调描述了明末杭州人在七月十五游西湖的盛况，重现了当时的民风民俗，将论事、写景、抒情融而为一。

汇评

虽问涉游戏三昧，而奇情壮采，议论风生，笔墨横姿，几令读者心目俱眩。(清·伍崇曜《陶庵梦忆·伍跋》)

其所记游，有郦道元之博奥，有刘同人之生辣，有袁中郎之倩丽，有王季重之诙谐。其一种空灵晶映之气，寻其笔墨又一无所有。(清·祁豸佳《西湖梦寻·祁豸佳序》)

张岱在中国文学史上是第一个自觉地致力于用散文来表现普通人的生活，表现其对"人"的尊重和现实生活的真挚喜爱之情的作家。(胡益民《张岱研究》)

拓展阅读

湖心亭看雪

张 岱

崇祯五年十二月，余住西湖。大雪三日，湖中人鸟声俱绝。

是日更定矣，余拿一小舟，拥毳衣炉火，独往湖心亭看雪。雾凇沆砀，天与云、与山、与水，上下一白。湖中影子，惟长堤一痕，湖心亭一点，与余舟一芥，舟中人两三粒而已。

到亭上，有两人铺毡对坐，一童子烧酒，炉正沸。见余，大喜曰："湖中焉得更有此人!"拉余同饮。余强饮三大白而别。问其姓氏，是金陵人，客此。

及下船，舟子喃喃曰："莫说相公痴，更有痴似相公者。"

聚焦：

雪中的西湖在张岱的笔下又有一番情趣。

思考与练习

1. "西湖七月半，一无可看，只可看看七月半之人"在全文中的作用是什么？
2. 文中描写了看月的哪五类人？
3. 你对张岱描写的这五类人有何评价？

第四单元 现当代散文

江南的冬景

郁达夫

郁达夫（1895～1945），现代作家。原名郁文，浙江富阳人。自幼学习中国古典文学，基础深厚。1913 年赴日本留学，开始走上文学创作的道路，1921 年参与发起成立创造社，出版了最早的白话短篇小说集《沉沦》，震动文坛。1923 年后在北京大学、武昌师范大学等校任教。1930 年参加中国左翼作家联盟，1933 年起在白色恐怖下移居杭州，遁迹于浙、皖等地的山水之间，写有不少文笔优美的游记。1945 年在新加坡被日本宪兵秘密杀害。其创作风格独特，成就卓著，小说和散文成就颇高，影响广泛。本文选自郁达夫著名的游记散文集《屐痕处处》。

凡在北国过过冬天的人，总都道围炉煮茗，或吃涮羊肉、剥花生米、饮白干的滋味。而有地炉、暖炕等设备的人家，不管它门外面是雪深几尺，或风大若雷，而躲在屋里过活的两三个月的生活，却是一年之中最有劲的一段蛰居异境；老年人不必说，就是顶喜欢活动的小孩子们，总也是个个在怀恋的，因为当这中间，有的萝卜、雅儿梨[①]等水果的闲食，还有大年夜、正月初一元宵等热闹的节期。

但在江南，可又不同；冬至过后，大江以南的树叶，也不至于脱尽。寒风——西北风——间或吹来，至多也不过冷了一日两日。到得灰云扫尽，落叶满街，晨霜白得象黑女脸上的脂粉似的。清早，太阳一上屋檐，鸟雀便又在吱叫，泥地里便又放出水蒸气来，老翁小孩就又可以上门前的隙地[②]里去坐着曝背谈天，营屋外的生涯了；这一种江南的冬景，岂不也可爱得很么?

我生长江南，儿时所受的江南冬日的印象，铭刻特深；虽则渐入中年，又爱上了晚秋，以为秋天正是读读书，写写字的人的最惠[③]节季，但对于江南的冬景，总觉得是可以抵得过北方夏夜的一种特殊情调，说得摩登[④]些，便是一种明朗的情调。

我也曾到过闽粤，在那里过冬天，和暖原极和暖，有时候到了阴历的年边，说不定还不得不拿出纱衫来着；走过野人的篱落，更还看得见许多杂七杂八的秋花！一番阵雨雷鸣过后，凉冷一点；至多也只好换上一件夹衣，在闽粤之间，皮袍棉袄是绝对用不着的；这一种极南的气候异状，并不是我所说的江南的冬景，只能叫它作南国的长春，是春或秋的延长。

江南的地质丰腴而润泽，所以含得住热气，养得住植物；因而长江一带，芦花可以到冬至而不败，红时也有时候会保持得三个月以上的生命。象钱塘江两岸的乌桕树，则红叶落后，还有雪白的桕子着在枝头，一点一丛，用照相机照将出来，可以乱梅花之真。草色顶多成了赭色，根边总带点绿意，非但野火烧不尽，就是寒风也吹不倒的。若遇到风和日暖的午后，你一个人肯上冬郊去走走，则青天碧落之下，你不但感不到岁时的肃杀，并且还可以饱觉着一种莫名其妙的含蓄在那里的生气；“若是冬天来了，春天也总马上会来”的诗人的名句，只有在江南的山野里，最容易体会得出。

说起了寒郊的散步，实在是江南的冬日，所给与江南居住者的一种特异的恩惠；在北方的冰天雪地里生长的人，是终他的一生，也决不会有享受这一种清福的机会的。我不知道德国的冬天，比起我们江浙来如何，但从许多作家的喜欢以 Spaziergang[⑤]一字来做他们的创造题目的一点看来，大约是德国南部地方，四季的变迁，总也和我们的江南差仿[⑥]不多。譬如说十九世纪的那位乡土诗人洛在格（Peter Rosegger，1843～1918）罢，他用这一个“散步”做题目的文章尤其写得多，而所写的情形，却又是大半可以拿到中国江浙的山区地方来适用的。

江南河港交流，且又地滨大海，湖沼特多，故空气里时含水分；到得冬天，不时也会下着微雨，而这微雨寒村里的冬霖[⑦]景象，又是一种说不出的悠闲境界。你试想想，秋收过后，河流边三五家人家会聚在一道的一个小村子里，门对长桥，窗临远阜[⑧]，这中间又多是树枝槎丫的杂木树林；在这一幅冬日农村的图上，再洒上一层细得同粉也似的白雨，加上一层淡得几不成墨的背景，你说还够不够悠闲？若再要点景致进去，则门前可以泊一只乌篷小船，茅屋里可以添几个喧哗的酒客，天垂暮了，还可以加一味红黄，在茅屋窗中画上一圈暗示着灯光的月晕。人到了这一个境界，自然会得胸襟洒脱起来，终至于得失俱亡，死生不问了；我们总该还记得唐朝那位诗人做的“暮雨潇潇江上村”[⑨]的一首绝句罢？诗人到此，连对绿林豪客[⑩]都客气起来了，这不是江南冬景的迷人又是什么？

一提到雨，也就必然的要想到雪：“晚来天欲雪，能饮一杯无？”[⑪]自然是江南日暮的雪景。“寒沙梅影路，微雪酒香村”[⑫]，则雪月梅的冬宵三友，会合在一道，在调戏酒姑娘了。“柴门村犬吠，风雪夜归人”[⑬]，是江南雪夜，更深人静后的景况。“前村深雪里，昨夜一枝开”又到了第二天的早晨，和狗一样喜欢弄雪的村童来报告村景了。诗人的诗句，也许不尽是在江南所写，而做这几句诗的诗人，也许不尽是江南人，但假了这几句诗来描写江南的雪景，岂不直截了当，比我这一枝愚劣的笔所写的散文更美丽得多？

有几年，在江南，在江南也许会没有雨没有雪的过一个冬，到了春间阴历的正月底或二月初再冷一冷下一点春雪的；去年（一九三四）的冬天是如此，今年的冬天恐怕也不得不然，以节气推算起来，大约太冷的日子，将在一九三六年的二月尽头，最多也总不过是七八天的样子。象这样的冬天，乡下人叫作旱冬，对于麦的收成或者好些，但是人口却要受到损伤；旱得久了，白喉，流行性感冒等疾病自然容易上身，可是想恣意享受江南的冬景的人，在这一种冬天，倒只会得到快活一点，因为晴和的日子多了，上郊外去闲步逍遥的机会自然也多；日本人叫作 Hiking[⑭]，德国人叫作 Spaziergang 狂者，所最欢迎的也就是这样的冬天。

窗外的天气晴朗得象晚秋一样；晴空的高爽，日光的洋溢，引诱得使你在房间里坐不住，空言不如实践，这一种无聊的杂文，我也不再想写下去了，还是拿起手杖，搁下纸笔，上湖上散散步罢！

◎ 注释

① 雅儿梨：即鸭梨，“雅儿梨”的叫法来自天津方言。

② 隙地：空地。
③ 惠：合适。
④ 摩登：英语"modern"的音译，意为时髦、流行。
⑤ Spaziergang：德语词，意为散步、步行。另：郁达夫通包括德语在内的五门外语，其他分别为日语、英语、法语、马来西亚语。
⑥ 差仿：相差。
⑦ 霖：久下不停的雨。
⑧ 阜：土山。
⑨ 暮雨潇潇江上村：诗句，出自唐代诗人李涉的《井栏砂宿遇夜客》。
⑩ 绿林豪客：对强盗的敬称。相传李涉写这首诗的背景为旅途中遇劫，强盗求诗，于是在诗中以诙谐的口吻对强盗说："他时不用逃名姓，世上于今半是君。"所以郁达夫说"连对绿林豪客都客气起来了"。
⑪ 晚来天欲雪，能饮一杯无：诗句，出自白居易的《问刘十九》。
⑫ 寒沙梅影路，微雪酒香村：诗句，出自元代诗人何中的《辛亥元夕》。
⑬ 柴门村犬吠，风雪夜归人：诗句，应是出自唐代诗人刘长卿的《逢雪宿芙蓉山主人》："柴门闻犬吠，风雪夜归人。"
⑭ Hiking：英语，意为徒步旅行，远足。日语中含有大量外来语，常不加翻译，直接使用。

本文是一篇游记散文。游记散文多适合描摹具体的一处景物，而"江南的冬景"则是一片广大地区的一个季节，空间之广，时间之长，都不易把握。郁达夫自幼生长于江南，对江南的地理、人文了解极深，又深具文学天赋，以清新、雅致、不乏幽默的文字完整呈现了优美、闲适、和煦的江南冬景，似以轻灵之笔勾勒出的风景长卷，美不胜收。作者古典文学素养丰厚，兼通各地及外国风俗，在文中穿插了不少诗句、典故、风俗，使风景画更加鲜活，令读者如在其中。

汇评

达夫的散文，如行云流水中映着霞绮。他和古代写景抒情之作不相蹈袭，而又得其神髓。写到山水，尤其他故乡富阳一带风光，不愧是一位大画师。他把诗人的灵感赋予了每一朵浪花、每一片绿叶、每一块巉岩、每一株小草，让大自然的一切具有性格和情味，再把风俗人情穿插其间，浓淡疏密，无笔不美，灵动浑成，功力惊人。……青年画家不精读郁达夫的游记，画不了浙皖的山水；不看钱塘、富阳、新安，也读不通达夫的妙文。（刘海粟《漫论郁达夫》）

他的率真、坦诚、热情呼号的自剖式文字，无所隐饰地暴露赤裸裸的自己，称得上是个独树一帜的散文家。……率真自然的写法，不但在传统散文中少见，在新文学中也很独特。郁达夫散文很恣肆放达，靠才情动人。（钱理群、温儒敏、吴福辉《现代文学三十年》）

三十年代以后，郁达夫将创作的重点由小说转向散文，写下大量小品、杂文和游记等。这些散文有一个鲜明的变化，就是早年那种自我表现的呼喊少了，风格转变为清丽、疏朗和隽永。特别值得称道的是三十年代前期所写的许多游记，既保留了自己那种自然酣畅的特点，又吸取了历代山水游记中布局谋篇等方面的精华，艺术上达到了炉火纯青的地步，许多篇什都称得上现代游记文学中的绝品，直至今日也足称楷模。（温儒敏《略论郁达夫的散文》）

济南的冬天

老　舍

对于一个在北平住惯的人，像我，冬天要是不刮风，便觉得是奇迹；济南的冬天是没有风声的。对于一个刚由伦敦回来的人，像我，冬天要能看得见日光，便觉得是怪事；济南的冬天是响晴的。自然，在热带的地方，日光是永远那么毒，响亮的天气，反有点叫人害怕。可是，在北中国的冬天，而能有温晴的天气，济南真得算个宝地。

设若单单是有阳光，那也算不了出奇。请闭上眼睛想：一个老城，有山有水，全在天底下晒着阳光，暖和安适地睡着，只等春风来把它们唤醒，这是不是个理想的境界？小山整把济南围了个圈儿，只有北边缺着点口儿。这一圈小山在冬天特别可爱，好像是把济南放在一个小摇篮里，它们安静不动地低声地说："你们放心吧，这儿准保暖和。"真的，济南的人们在冬天是面上含笑的。他们一看那些小山，心中便觉得有了着落，有了依靠。他们由天上看到山上，便不知不觉地想起："明天也许就是春天了吧？这样的温暖，今天夜里山草也许就绿起来了吧？"就是这点幻想不能一时实现，他们也并不着急，因为这样慈善的冬天，干什么还希望别的呢！

最妙的是下点小雪呀。看吧，山上的矮松越发的青黑，树尖上顶着一髻儿白花，好像日本看护妇。山尖儿全白了，给蓝天镶上一道银边。山坡上，有的地方雪厚点儿，有的地方草色还露着；这样，一道儿白，一道儿暗黄，给山们穿上一件带水纹的花衣；看着看着，这件花衣好像被风儿吹动，叫你希望看见一点更美的山的肌肤。等到快日落的时候，微黄的阳光斜射在山腰上，那点薄雪好像忽然害了羞，微微露出点粉色。就是下小雪吧，济南是受不住大雪的，那些小山太秀气！

古老的济南，城里那么狭窄，城外又那么宽敞，山坡上卧着些小村庄，小村庄的房顶上卧着点雪，对，这是张小水墨画，也许是唐代的名手画的吧。

那水呢，不但不结冰，倒反在绿萍上冒着点热气，水藻真绿，把终年贮蓄的绿色全拿出来了。天儿越晴，水藻越绿，就凭这些绿的精神，水也不忍得冻上，况且那些长枝的垂柳还要在水里照个影儿呢！看吧，由澄清的河水慢慢往上看吧，空中，半空中，天上，自上而下全是那么清亮，那么蓝汪汪的，整个的是块空灵的蓝水晶。这块水晶里，包着红屋顶，黄草山，像地毯上的小团花的小灰色树影。

这就是冬天的济南。

聚焦：

本文描绘的是北方的济南冬天的景色，与郁达夫的文章相比，语言风格更为平实、口语化。

思考与练习

1. 作者对于"江南的冬景"的整体印象是什么样的？
2. 文中还描绘了哪几个地区的冬景？这样做的目的是什么？
3. 郁达夫善用比喻描绘江南冬景，请举两例。
4. 郁达夫的游记散文富有古典文化气息，请结合具体内容对这一风格加以论述。

祖父死了的时候

萧　红

萧红（1911～1942），现代女作家。原名张乃莹，生于黑龙江省呼兰县（现哈尔滨市呼兰区）的一个地主家庭。20世纪30年代开始文学创作，1935年发表成名作《生死场》。萧红一生坎坷多难，一直关注下层人民尤其是东北下层人民的苦难生活。后期代表作《呼兰河传》极富东北地域气息。萧红所受教育不多，却有惊人的文学天赋，其作品深受鲁迅肯定，是东北作家群中最有才华的一位，也是现代文学史上最杰出的女性作家之一。除小说外，萧红还留有散文、诗歌、剧本等作品。散文结集为《萧红散文》，本文即出自其中。

祖父[①]总是有点变样子，他喜欢流起眼泪来，同时过去很重要的事情他也忘掉。比方过去那一些他常讲的故事，现在讲起来，讲了一半下一半他就说："我记不得了。"

某夜，他又病了一次，经过这一次病，他竟说："给你三姑写信，叫她来一趟，我不是四五年没看过她吗？"他叫我写信给我已经死去五年的姑母。

那次离家是很痛苦的。学校来了开学通知信，祖父又一天一天地变样起来。

祖父睡着的时候，我就躺在他的旁边哭，好像祖父已经离开我死去似的，一面哭着一面抬头看他凹陷的嘴唇。我若死掉祖父，就死掉我一生最重要的一个人，好像他死了就把人间一切"爱"和"温暖"带得空空虚虚。我的心被丝线扎住或铁丝绞住了。

我联想到母亲死的时候。母亲死以后，父亲怎样打我，又娶一个新母亲来。这个母亲很客气，不打我，就是骂，也是指着桌子或椅子来骂我。客气是越客气了，但是冷淡了，疏远了，生人一样。

"到院子去玩玩吧！"祖父说了这话之后，在我的头上撞了一下，"喂！你看这是什么？"一个黄金色的桔子落到我的手中。

夜间不敢到茅厕去，我说："妈妈同我到茅厕去趟吧。"

"我不去！"

"那我害怕呀！"

"怕什么？"

"怕什么？怕鬼怕神？"父亲也说话了，把眼睛从眼镜上面看着我。

冬天，祖父已经睡下，赤着脚，开着纽扣跟我到外面茅厕去。

学校开学，我迟到了四天。三月里，我又回家一次，正在外面叫门，里面小弟弟嚷着："姐姐回来了！姐姐回来了！"大门开时，我就远远注意着祖父住着的那间房子。果然祖父的面孔和胡子闪现在玻璃窗里。我跳着笑着跑进屋去。但不是高兴，只是心酸，祖父的脸色更惨淡更白了。等屋子里没有其他人时，他流着泪，他慌慌忙忙的一边用袖口擦着眼泪，一边抖动着嘴唇说："爷爷不行了，不知早晚……前些日子好险没跌……跌死。"

"怎么跌的？"

"就是在后屋，我想去解手，招呼人，也听不见，按电铃也没有人来，就得爬啦。还没到后门口，腿颤，心跳，眼前发花了一阵就倒下去。没跌断了腰……老了，有什么用处！"

"爷爷是81岁呢。"

“爷爷是 81 岁。”

“没用了，活了八十一岁还是在地上爬呢！我想你看不着爷爷了，谁知没有跌死，我又慢慢爬到炕上。”

我走的那天也是和我回来那天一样，白色的脸的轮廓闪现在玻璃窗里。在院心我回头看着祖父的面孔，走到大门口，在大门口我仍可看见，出了大门，就被门扇遮断。

从这一次祖父就与我永远隔绝了。虽然那次和祖父告别，并没说出一个永别的字。我回来看祖父，这回门前吹着喇叭，幡杆挑得比房头更高，马车离家很远的时候，我已看到高高的白色幡杆了，吹鼓手们怆凉[②]的喇叭的在悲号。马车停在喇叭声中，大门前的白幡、白对联、院心的灵棚、闹嚷嚷许多人，吹鼓手们响起乌乌的哀号。

这回祖父不坐在玻璃窗里，是睡在堂屋的板床上，没有灵魂的躺在那里。我要看一看他白色的胡子，可是怎样看呢！拿开他脸上蒙着的纸帕，胡子、眼睛和嘴，都不会动了，他真的一点感觉也没有了？我从祖父的袖管里去摸他的手，手也没有感觉了。祖父这回真死去了啊！

祖父装进棺材去的那天早晨，正是后园里玫瑰花开放满树的时候。我扯着祖父的一张被角，抬向灵前去。吹鼓手在灵前吹着大喇叭。

我怕起来，我号叫起来。

“咣咣！”黑色的，半尺厚的灵柩盖子压上去。

吃饭的时候，我饮了酒，用祖父的酒杯饮的。饭后我跑到后园玫瑰树下去卧倒，园中飞着蜂子和蝴蝶，绿草的清凉的气味，这都和十年前一样。可是十年前死了妈妈。妈妈死后我仍是在园中扑蝴蝶；这回祖父死去，我却饮了酒。

过去的十年我是和父亲打斗着生活。在这期间我觉得人是残酷的东西。父亲对我是没有好面孔的，对于仆人也是没有好面孔的，他对于祖父也是没有好面孔的。因为仆人是穷人，祖父是老人，我是个小孩子，所以我们这些完全没有保障的人就落到他的手里。

后来我看到新娶来的母亲也落到他的手里，他喜欢她的时候，便同她说笑，他恼怒时便骂她，母亲渐渐也怕起父亲来。

母亲也不是穷人，也不是老人，也不是孩子，怎么也怕起父亲来呢？我到邻家去看看，邻家的女人也是怕男人。我到舅家去，舅母也是怕舅父。

我懂得的尽是些偏僻的人生，我想世间死了祖父，就没有再同情我的人了，世间死了祖父，剩下的尽是些凶残的人了。

我饮了酒，回想，幻想……

以后我必须不要家，到广大的人群中去，但我在玫瑰树下颤怵[③]了，人群中没有我的祖父。

所以我哭着，整个祖父死的时候我哭着。

◎ 注释

① 祖父：萧红的祖父张维祯是幼年失母的萧红在这个封建家庭中唯一的保护者，是一位慈祥的老人，与萧红感情深厚，他的形象经常出现在萧红回忆或者自传性质的作品当中，如《呼兰河传》。

② 怆凉：悲怆、凄凉。

③ 颤怵：颤抖、恐惧。

本文是一篇记叙与抒情相结合的散文。作者记述了祖父去世前后的事件，抒写了对祖父衰老无助的哀伤、天人永隔的创痛与失去唯一亲人的悲凉之情。全文语言凄婉，细节动人，却看不到任何痕迹的艺术技巧，也毫不煽情。通篇文字皆为真情流露，哀婉沉郁，感人至深。虽然时代、处境相去甚远，读者却很容易被它感染，与作者的情感产生深深的共鸣。生命与死亡是文学中的一个永恒主题，本文以短小篇幅、数笔文字，把握其本质，刻画其神髓，足见作者内心情感之诚、文学天赋之深。

汇评

都做得好的——不是客气话——充满着热情和只玩些技巧的所谓"作家"的作品大不两样。（鲁迅《1933 年 2 月 9 日信》）

这里顺便说到鲁迅先生的《萧红作〈生死场〉序》，序言可以写成很多种文体，一般只要跟所序之书有关系即可。鲁迅这篇序言饱含着对年青的文学新人萧红的一片真情，"我的心现在却好像古井中水，不生微波，麻木的写了以上那些字。这正是奴隶的心！——但是，如果还是扰乱了读者的心呢？那么，我们还决不是奴才。"这是普通的"记叙"么？怎样理解此中的"观点"呢？顺便再读读萧红的《祖父死了的时候》，就知道萧红也是真情之人。真情的文章，即使罗里罗嗦，笔法乱成了"百花错拳"，也仍然好看。文章千古事，得益于千古有真情也。（孔庆东《文章千古事——漫话记叙文写作》）

萧红的小说写得有散文的韵味，散文就更有散文的风格。（林非《中国现代散文的借鉴与研究》）

在萧红的文学世界中，小说与散文的界限极为模糊，《呼兰河传》你可以当作弥漫着浓郁的乡思乡愁的一组散文去读；《小六》、《初冬》、《白面孔》等，你若将其当作小说去读也未尝不可。这种小说散文化与散文小说化并存的艺术风格，既是萧红独特的叙述策略，也是她独到的美学追求。（张传芳《在寂寞和忧郁中唱出的凄婉的歌谣——萧红散文的个性风格》）

呼兰河传（节选）

萧　红

我拉着祖父就到后园里去了，一到了后园里，立刻就另是一个世界了。决不是那房子里的狭窄的世界，而是宽广的，人和天地在一起，天地是多么大，多么远，用手摸不到天空。

而土地上所长的又是那么繁华，一眼看上去，是看不完的，只觉得眼前鲜绿的一片。

一到后园里，我就没有对象地奔了出去，好像我是看准了什么而奔去了似的，好像有什么在那儿等着我似的。其实我是什么目的也没有。只觉得这园子里边无论什么东西都是活的，好像我的腿也非跳不可了。若不是把全身的力量跳尽了，祖父怕我累了想招呼住我，那是不可能的，反而他越招呼，我越不听话。

等到自己实在跑不动了，才坐下来休息，那休息也是很快的，也不过随便在秧子上摘下一个黄瓜来，吃了也就好了。

休息好了又是跑。

樱桃树，明是没有结樱桃，就偏跑到树上去找樱桃。李子树是半死的样子了，本不结李子的，就偏去找李子。一边在找，还一边大声地喊，在问着祖父："爷爷，樱桃树为什么不结樱桃？"

祖父老远地回答着："因为没有开花，就不结樱桃。"

再问："为什么樱桃树不开花？"

祖父说："因为你嘴馋，它就不开花。"

我一听了这话，明明是嘲笑我的话，于是就飞奔着跑到祖父那里，似乎是很生气的样子。等祖父把眼睛一抬，他用了完全没有恶意的眼睛一看我，我立刻就笑了。而且是笑了半天的工夫才能够止住，不知哪里来了那许多的高兴。把后园一时都让我搅乱了，我笑的声音不知有多大，自己都感到震耳了。

后园中有一棵玫瑰，一到五月就开花的，一直开到六月。

花朵和酱油碟那么大。开得很茂盛，满树都是，因为花香，招来了很多的蜂子，嗡嗡地在玫瑰树那儿闹着。

别的一切都玩厌了的时候，我就想起来去摘玫瑰花，摘了一大堆把草帽脱下来用帽兜子盛着。在摘那花的时候，有两种恐惧，一种是怕蜂子的勾刺人，另一种是怕玫瑰的刺刺手。好不容易摘了一大堆，摘完了可又不知道做什么了。忽然异想天开，这花若给祖父戴起来该多好看。

祖父蹲在地上拔草，我就给他戴花。祖父只知道我是在捉弄他的帽子，而不知道我到底是在干什么。我把他的草帽给他插了一圈的花，红通通的二三十朵。我一边插着一边笑，当我听到祖父说："今年春天雨水大，咱们这棵玫瑰开得这么香。二里路也怕闻得到的。"就把我笑得哆嗦起来。我几乎没有支持的能力再插上去。

等我插完了，祖父还是安然的不晓得。他还照样地拔着垄上的草。我跑得很远的站着，我不敢往祖父那边看，一看就想笑。所以我借机进屋去找一点吃的来，还没有等我回到园中，祖父也进屋来了。

那满头红通通的花朵，一进来祖母就看见了。她看见什么也没说，就大笑了起来。父亲母亲也笑了起来，而以我笑得最厉害，我在炕上打着滚笑。

祖父把帽子摘下来一看，原来那玫瑰的香并不是因为今年春天雨水大的缘故，而是那花就顶在他的头上。

他把帽子放下，他笑了十多分钟还停不住，过一会一想起来，又笑了。

祖父刚有点忘记了，我就在旁边提着说："爷爷……今年春天雨水大呀……"

一提起，祖父的笑就来了。于是我也在炕上打起滚来。

就这样一天一天的，祖父，后园，我，这三样是一样也不可缺少的了。

刮了风，下了雨，祖父不知怎样，在我却是非常寂寞的了。去没有去处，玩没有玩的，觉得这一天不知有多少日子那么长。

聚焦：

本文节选自萧红后期小说代表作《呼兰河传》，它被认为是"散文化的小说"。这段记述了萧红童年时与祖父在后院劳作、玩耍的经历。

1. 文中通过哪些细节写出了“祖父”的衰老？
2. 如何理解“我的心被丝线扎住或铁丝绞住了”？
3. 文中侧面描写出来的“父亲”是一个什么样的形象？
4. 悼亡一直是中国文学中的重要题材，其文多以情动人，但萧红的这篇散文却是其中极其突出的，请思考为什么这篇文章如此感人？

沙坪的美酒

丰子恺

丰子恺（1898～1975），浙江桐乡人。原名丰润，后改名仁，又名子恺。1917 年进浙江省立第一师范学校，师从李叔同（后来的弘一法师）学习绘画、音乐，深受其佛学思想影响。1921 年赴日学习音乐和美术。1922 年回国，后与友人创办立达学园，任教于上海大学、复旦大学、浙江大学美术专业。1931 年，出版散文集《缘缘堂随笔》。1943 年后专心绘画、写作。丰子恺长于绘画、书法，散文创作成就也很高，文学翻译亦有涉猎。本文作于 1947 年，选自《丰子恺文集》。

胜利快来到了。逃难的辛劳渐渐忘却了。我住在重庆郊外的沙坪坝庙湾特五号自造的抗建式小屋中的数年间，晚酌是每日的一件乐事，是白天笔耕的一种慰劳。

我不喜吃白酒，味近白酒的白兰地，我也不要吃。巴拿马赛会得奖的贵州茅台酒，我也不要吃。总之，凡白酒之类的，含有多量酒精的酒，我都不要吃。所以我逃难中住在广西贵州的几年，差不多戒酒。因为广西的山花[①]，贵州的茅台，均含有多量酒精，无论本地人说得怎样好，我都不要吃。

由贵州茅台酒的产地遵义迁居到重庆沙坪坝之后，我开始恢复晚酌，酌的是“渝酒”，即重庆人仿造的黄酒。

我所以不喜白酒而喜黄酒，原因很简单：就为了白酒容易醉，而黄酒不易醉。“吃酒图醉，放债图利”，这种功利的吃酒，实在不合于吃酒的本旨。吃饭，吃药，是功利的。吃饭求饱，吃药求愈，是对的。但吃酒这件事，性状就完全不同。吃酒是为兴味，为享乐，不是求其速醉。譬如二三人情投意合，促膝谈心，倘添上各人一杯黄酒在手，话兴一定更浓。吃到三杯，心窗洞开，真情挚语，娓娓而来。古人所谓“酒三昧”[②]，即在于此。但决不可吃醉，醉了，胡言乱道，诽谤唾骂，甚至呕吐，打架。那真是不会吃酒，违背吃酒的本旨了。所以吃酒决不是图醉。所以容易醉人的酒决不是好酒。

巴拿马赛会[③]的评判员倘换了我，一定把一等奖给绍兴黄酒。

沙坪的酒，当然远不及杭州上海的绍兴酒。然而“使人醺醺而不醉”，这重要条件是具足了的。人家都讲究好酒，我却不大关心。有的朋友把从上海坐飞机来的真正“陈绍”送我。其酒固然比沙坪的酒气味清香些，上口舒适些；但其效果也不过是“醺醺而不醉”。在抗战期间，请绍酒坐飞机，与请洋狗坐飞机有相似的意义。这意义所给人的不快，早已抵销了其气味的清香与上口的舒适了。我与其吃这种绍酒，宁愿吃沙坪的渝酒。

“醉翁之意不在酒”，这真是善于吃酒的人说的至理名言。

我抗战期间在沙坪小屋中的晚酌，正是“意不在酒”。我借饮酒作为一天的慰劳，又作为家庭聚会的一种助兴品。在我看来，晚餐是一天的大团圆。我的工作完毕了；读书的、办公的孩子们都回来了；家离市远，访客不再光临了；下文是休息和睡眠，时间尽可从容了。

若是这大团圆的晚餐只有饭菜而没有酒，则不能延长时间，匆匆地把肚皮吃饱就散场，未免太少兴趣。况且我的吃饭，从小养成一种快速习惯，要慢也慢不来。

有的朋友吃一餐饭能消磨一两小时，我不相信他们如何吃法。在我，吃一餐饭至多只花十分钟。这是我小时从李叔同先生学钢琴时养成的习惯。那时我在师范学校读书，只有吃午饭（十二点）后到一点钟上课的时间，和吃夜饭（六点）后到七点钟上自修的时间，是教弹琴的时间。我十二点吃午饭，十二点一刻须得到弹琴室；六点钟吃夜饭，六点一刻须得到弹琴室。吃饭，洗碗，洗面，都要在十五分钟内了结。这样的数年，使我养成了快吃的习惯。后来虽无快吃的必要，但我仍是非快不可。这就好比反刍类的牛，野生时代因为怕狮虎侵害而匆匆吞入胃内，急忙回到洞内，再吐出来细细地咀嚼，养成了反刍的习惯；做了家畜以后，虽无快吃的必要，但它仍是要反刍。如果有人劝我慢慢吃，在我是一件苦事。因为慢吃违背了惯性，很不自然，很不舒服。一天的大团圆的晚餐，倘使我以十分钟了事，岂不太草草了？所以我的晚酌，意不在酒，是要借饮酒来延长晚餐的时间，增加晚餐的兴味。

沙坪的晚酌，回想起来颇有兴味。那时我的儿女五人，正在大学或专科或高中求学，晚上回家，报告学校的事情，讨论学业的问题。他们的身体在我的晚酌中渐渐高大起来。我在晚酌中看他们升级，看他们毕业，看他们任职。就差一个没有看他们结婚。在晚酌中看成群的儿女长大成人，照一班的人生观说来是“福气”，照我的人生观说来只是“兴味”。这好比饮酒赏春，眼看花草树木，欣欣向荣；自然的美，造物的用意，神的恩宠，我在晚酌中历历地感到了。陶渊明诗云：“试酌百情远，重觞忽忘天。”[④]我在晚酌三杯以后，便能体会这两句诗的真味。我曾改古人诗云：“满眼儿孙身外事，闲将美酒对银灯。”[⑤]因为沙坪小屋的电灯特别明亮。

还有一种兴味，却是千载一遇的：我在沙坪小屋的晚酌中，眼看抗战局势的好转。我们白天各自看报，晚餐桌上大家报告讨论。我在晚酌中眼看东京的大轰炸，莫索里尼的被杀，德国的败亡，独山的收复，直到波士坦宣言的发出，八月十日夜日本的无条件投降。我的酒味越吃越美。我的酒量越吃越大，从每晚八两增加到一斤。大家说我们的胜利是有史以来的一大奇迹。我的胜利的欢喜，是在沙坪小屋晚上吃酒吃出来的！所以我确认，世间的美酒，无过于沙坪坝的四川人仿造的渝酒。

我有生以来，从未吃过那样的美酒。即如现在，我已“胜利复员，荣归故乡”；故乡的真正陈绍[⑥]，比沙坪坝的渝酒好到不可比拟，我也照旧每天晚酌；然而味道远不及沙坪的渝酒。因为晚酌的下酒物，不是物价狂涨，便是盗贼蜂起；不是贪污舞弊，便是横暴压迫。沙坪小屋中的晚酌的那种兴味，现在已经不可复得了！唉，我很想回重庆去，再到沙坪小屋里去吃那种美酒。

◎ 注释

① 山花：应指三花酒，广西所产的一种米香型白酒，被称为“桂林三宝”之一。

② 酒三昧：“三昧”为佛教用语，引申为“真谛”之一，“酒三昧”指喝酒的真谛。如宋代诗人黄庭坚的《谢答闻善二兄九绝句》写到：“阮籍刘伶智如海，人间有道作糟丘。酒中无净真三昧，便觉嵇康输一筹。”

③ 巴拿马赛会：即 1915 年 2 月在西海岸的旧金山市举办的“巴拿马太平洋万国博览会”。中国首次大规模参加世界级博览会，大量商品获奖，赢得国际声誉。

④ 试酌百情远，重觞忽忘天：诗句，出自陶渊明《连雨夜饮》。

⑤ 满眼儿孙身外事，闲将美酒对银灯：改自唐代窦巩《代邻叟》中的诗句“满眼儿孙身外事，闲梳白发对残阳”。

⑥ 陈绍：指储藏多年的绍兴黄酒，绍兴黄酒是中国黄酒最负盛名与代表性的一种，储藏时间越长，味道越好。

丰子恺善写随笔，常将智慧感悟融入小事小物。本文记录了抗日战争结束前后他在重庆日常喝酒的一段经历，表现了对饮酒之乐与人生之乐的独特理解，富有哲理，传达了对家庭与国家的热爱，真切动人。“酒不醉人人自醉”，少坪坝的“酒”美，美在人生真谛与爱国情怀。全文语言朴素而洒脱，文字通俗而有古风，在平淡中流露真情，看似随意而闲适，却又意境深远。

汇评

他的散文妙在自然。清如无云的蓝天，朴如天涯的大地，如春华秋实，夏绿冬雪。他的散文不但造词遣句清朴自然，题材意境也清朴自然。（司马长风《中国新文学史》（下卷））

丰子恺的文学创作探索局面甚为广大，但所有的作品都指向人生社会的同情和谅解，以赤子之心固定地支持着他的想象力和认识。（杨牧《丰子恺的散文》）

正因如此我们说丰子恺是从艺术家的角度，在解脱人生困境的基点上来理解和吸纳佛学精神的，而这又使他的艺术创作充满灵性和美。（何霄燕《传统精神特质与时代的融合之路》）

一个人须是一个艺术家才能创造出真正的艺术作品。子恺从头至踵，浑身都是艺术家。他的胸襟，他的言论笑貌，待人接物，无一不是艺术的，无一不是至爱深情的流露。……形成他的人品和画品的主要还是中国的民族文化传统，他熟悉中国诗词，又从弘一法师学过书法，下过很久的功夫（朱光潜《缅怀丰子恺老友》）

他只是平易的写去，自然就有一种美，文字的干净流利和漂亮，怕只有朱自清可以和他媲美。（赵景深《文人印象·丰子恺》）

我觉得，著者丰子恺，是现代中国最像艺术家的艺术家，这并不是因为他多才艺，会弹钢琴，写随笔的缘故，我所喜欢的，乃是他的像艺术家的真率，对于万物的丰富的爱，如他的气质、气骨。（（日）吉川幸次浪《缘缘堂随笔·译者的话》）

拓展阅读

凉州词

王 翰

葡萄美酒夜光杯，欲饮琵琶马上摧。醉卧沙场君莫笑，古来征战几人回？

少年行

王 维

新丰美酒斗十千，咸阳游侠多少年。相逢意气为君饮，系马高楼垂柳边。

聚焦：

这两首唐诗都表达了与美酒相关的情感，请联系丰文，体会三篇作品各自的“酒三昧”。

思考与练习

1. 作者对待饮酒的态度是什么？
2. 为什么说“我抗战期间在沙坪小屋中的晚酌，正是‘意不在酒’”？
3. “千载一遇”的“兴味”指什么？
4. 请结合课文内容，论述作者眼中沙坪的“美酒”“美”在哪里。
5. 文中对于饮酒的态度和“美酒”的评判标准传达了作者对人生、家庭与国家什么样的情感态度？这些情感态度对你有何启发？

傅雷家书一则（一九五四年十月二日）

傅 雷

傅雷（1908～1966），字怒安，号怒庵，上海南汇县（现南汇区）人。翻译家、文艺理论家。早年曾赴法国巴黎留学，学习美术理论与艺术批评。学成回国后翻译引介了大量巴尔扎克的作品，也向当时的国人推介了罗曼·罗兰的作品，其中《约翰·克利斯朵夫》深深影响了几代中国人。除翻译外，他还有散文、书评、音乐鉴赏、札记等作品。20 世纪 80 年代他写给长子傅聪的家信被结集出版，即《傅雷家书》，自出版至今，影响巨大，本文为其中一则。

一九五四年十月二日

聪①，亲爱的孩子。收到九月二十二晚发的第六信，很高兴。我们并没为你前信感到什么烦恼或是不安。我在第八信中还对你预告，这种精神消沉的情形，以后还是会有的。我是过来人，决不至于大惊小怪。你也不必为此耽心[②]，更不必硬压在肚里不告诉我们。心中的苦闷不在家信中发泄，又哪里去发泄呢？孩子不向父母诉苦向谁诉呢？我们不来安慰你，又该谁来安慰你呢？人一辈子都在高潮——低潮中浮沉，唯有庸碌的人，生活才如死水一般；或者要有极高的修养，方能廓然无累[③]，真正的解脱。只要高潮不过分使你紧张，低潮不过分使你颓废，就好了。太阳太强烈，会把五谷晒焦；雨水太猛，也会淹死庄稼。我们只求心理相当平衡，不至于受伤而已。你也不是栽了筋斗爬不起来的人。我预料国外这几年，对你整个的人也有很大的帮助。这次来信所说的痛苦，我都理会得；我很同情，我愿意尽量安慰你，鼓励你。克利斯朵夫[④]不是经过多少回这种情形吗？他不是一切艺术家的缩影与结晶吗？慢慢的你会养成另外一种心情对付过去的事：就是能够想到而不再惊心动魄，能够从客观的立场分析前因后果，做将来的借鉴，以免重蹈覆辙。一个人唯有敢于正视现实，正视错误，用理智分析，彻度感悟；终不至于被回忆侵蚀。我相信你逐渐会学会这一套，越来越坚强的。我以前在信中和你提过感情的 ruin［创伤，覆灭］，就是要你把这些事当做心灵的灰烬看，看的时候当然不免感触万端，但不要刻骨铭心的伤害自己，而要像对着古战场一般的存着凭吊的心怀。倘若你认为这些话是对的，对你有些启发作用，那末[⑤]将来在遇到因回忆而痛苦的时候（那一定免不了会再来的），拿出这封信来重读几遍。

说到音乐的内容，非大家指导见不到高天厚地的话，我也有另外的感触，就是学生本人先要具备条件：心中没有的人，再经名师指点也是枉然的。

为了你，我前几天已经在《大英百科辞典》上找 Krakow［克拉可夫］[⑥]那一节看了一遍，知道那是七世纪就有的城市，从十世纪起，城市的历史即很清楚。城中有三十余所教堂。希望你买一些明信片，并成一包，当印刷品（不必航空）寄来，让大家看看喜欢一下。

◎ 注释

① 聪：即傅聪，钢琴演奏家，傅雷之子。1934 年生于上海，幼年习琴，曾获第五届肖邦国际钢琴大赛第三名及“玛祖卡”最佳表演奖。后留学波兰，1958 年移居英国，享有“钢琴诗人”的美誉。

② 耽心：即“担心”。《说文・人部》：“儋，何（荷）也。”段注：“儋，俗作担（担）……韦昭《齐语》注曰：‘背曰负’；肩曰儋；任，抱也；何，揭也。’按统言之，则以肩以手以背以首皆得云儋也。”由此引申，以心也得云儋。所谓“担心”意思是心有负担。“耽心”是用的借字。宜以“担心”为规范词形。

③ 廓然无累：音 kuò rán wú lěi　指内心广阔平静，不为现实名利所累。

④ 克利斯朵夫：法国作家罗曼・罗兰的小说《约翰・克利斯朵夫》中的主人公，是以贝多芬为原型塑造出来的形象，小说记录了他坎坷多难而又坚定顽强并最终成为一名伟大的音乐家的人生经历。1937 年，傅雷曾将这部小说译为中文。

⑤ 那末：意即“那么”，“那末”在现代汉语白话文中曾有使用，后统一使用“那么”。

⑥ Krakow［克拉可夫］：波兰南部城市，也译作克拉科夫。

本文是傅雷写给远在异国他乡的儿子的家书中的一封，就格式而言，是一篇书信体散文；就内容而言，是哲理散文；就情感而言，则是抒情散文。全文主题是如何对待人生的低潮与情感的创伤，傅雷劝慰儿子以平常心看待人生的低潮并勇敢面对，又建议将情感的创伤看做“心灵的灰烬”，带着敬意去凭吊回味，而不要沉溺自伤。文字中既流淌着深沉的父爱，又闪烁着人生的智慧火花。语言亲切、委婉，说理畅达而平实，举例恰当，富有文化气息，虽不是文艺性散文，却颇具审美价值。

汇评

《傅雷家书》的出版，是一桩值得欣慰的好事。它告诉我们：一颗纯洁、正直、真诚、高尚的灵魂，尽管有时会遭受到意想不到的磨难、污辱、迫害，陷入到似乎不齿于人群的绝境，而最后真实的光不能永远掩灭，还是要为大家所认识，使它的光焰照彻人间，得到它应该得到的尊敬和爱。(楼适夷《读家书，想傅雷》)

与初读《傅雷家书》的八十年代相比，我现在重读此书的年代虽然比之二十年前要繁华和富裕了，但却也更加浮燥和浅薄了。我们在粗糙的音乐和文字的包围中生活，以致我们的情感和知觉也变得粗痞起来，我们的灵魂也开始跟着正在堕落中的文化一起堕落。我们觉得一切都成了游戏，没有什么可以让我们敬仰和认真的了。我们甚至麻木得已经认不清自己的这种堕落。

现在我读完了这本书，它仿佛对我的灵魂进行了一次清洗。它令我蓦然间清醒。我想，人还是要有自己的信仰，人还是要对崇高的东西有所追求，人还是要让自己的心灵干干净净。人活一场，还是要认真地活过，像傅雷先生有过的认真一样。(方方《最是家书感天动地》)

《傅雷家书》的文化格调应该说是“顶级”的。傅雷本人对古今中外的文学、音乐、绘画涉猎广泛，研究精深。而他培养的对象又是从小接受良好的家庭教育，终于成长为国际钢琴大师的傅聪。楼适夷先生称其为“一部最好的艺术学徒修养读物”是并非夸大其词的赞扬。(沈敏特《本爱读也怕读的书——评〈傅雷家书〉》)

傅雷家书（节选）

傅　雷

有理想就有苦闷，不随波逐流就到处龃龉。生年不满百，常怀千岁忧：此二语可为你我写照。

身外之名，只是为社会上一般人所追求，惊叹；对个人本身的渺小与伟大都没有相干。孔子说的“富贵于我如浮云”，现代的“名”也属于精神上“富贵”之列。

我一生做事，总是第一坦白，第二坦白，第三还是坦白。

历史上受莫名其妙的指摘的人不知有多少，连伽利略、巴尔扎克辈都不免，何况区区我辈！老话说得好：是非自有公论，日子久了自然会黑白分明！

任何孤独都不怕，只怕文化的孤独，精神思想的孤独。

文章千古事，得失寸心知，哪一门艺术不如此！

聚焦：

以上内容皆出自《傅雷家书》，古人常有“文如其人”的评价，根据课文与这些格言的内容，可以看出傅雷的人品与性情。

思考与练习

1. 本文属于书信体散文，与一般散文最大的不同在哪方面？
2. 作者如何看待人生的低潮？

3. “心灵的灰烬”指什么？

4. 请论述这则家书哲理性的内容背后的情感内涵。

5. 为何《傅雷家书》能在读者中引起巨大反响，它的价值在于哪些方面？

容忍与自由

胡 适

胡适（1891～1962），字适之，安徽绩溪人。著名诗人、文史学者、思想家。青年时代考取庚子赔款第二期官费生赴美留学，先读农科，后改为文科。1914 年往哥伦比亚大学攻读哲学，受教于哲学家杜威。1917 年获哥伦比亚大学哲学博士学位后回国，就任北京大学教授，并以《新青年》月刊为阵地，发表《文学改良议》、《文学进化观念与戏剧改良》等文章，率先从事白话新诗与文学史的写作，成为五四新文学运动的主要代表人物。他是第一位提倡白话文的学者，也是新红学派“考据派”的创始人，在我国哲学史、文学史、古典小说和古籍整理等多个领域的研究工作中都有重要成就。本文原载于 1959 年 3 月 16 日台北《自由中国》第 20 卷第 6 期。

十七八年前，我最后一次会见我的母校康耐儿大学[①]的史学大师布尔先生（George Lincoln Burr）。

我们谈到英国文学大师阿克顿（Lord Acton）一生准备要著作一部《自由之史》，没有写成他就死了。布尔先生那天谈话很多，有一句话我至今没有忘记。他说，“我年纪越大，越感觉到容忍（tolerance）比自由更重要。”布尔先生死了十多年了，他这句话我越想越觉得是一句不可磨火的格言。我自己也有“年纪越大，越觉得容忍比自由还更重要”的感想。有时我竟觉得容忍是一切自由的根本：没有容忍，就没有自由。

我十七岁的时候（一九〇八）曾在《竞业旬报》上发表几条《无鬼丛话》，其中有一条是痛骂小说《西游记》和《封神榜》的，我说：

《王制》有之[②]：“假于鬼神时日卜筮以疑众[③]，杀。”吾独怪夫数千年来之排治权者，之以济世明道自期者[④]，乃懵然[⑤]不之注意，惑世诬民之学说得以大行，遂举我神州民族投诸极黑暗之世界！……

这是一个小孩子很不容忍的“卫道”态度。我在那时候已是一个无鬼论者、无神论者，所以发出那种摧除迷信的狂论，要实行《王制》的“假于鬼神时日卜筮以疑众，杀”的一条经典！

我在那时候当然没有梦想到说这话的小孩子在十五年后（一九二三）会很热心的给《西游记》作两万字的考证！我在那时候当然更没有想到那个小孩子在二、二十年后还时时留心搜求可以考证《封神榜》的作者的材料！我在那时候也完全没有想想《王制》那句话的历史意义。那一段《王制》的全文是这样的：

析言破律，乱名改作，执左道以乱政[6]，杀。作淫声异服奇技奇器以疑众[7]，杀。行伪而坚，言伪而辩，学非而博，顺非而泽以疑众[8]，杀。假于鬼神时日卜筮以疑众，杀。此四诛者，不以听[9]。

我在五十年前，完全没有懂得这一段话的"诛"正是中国专制政体之下禁止新思想、新学术、新信仰、新艺术的经典的根据。我在那时候抱着"破除迷信"的热心，所以拥护那"四诛"之中的第四诛："假于鬼神时日卜筮以疑众，杀。"我当时完全没有梦到第四诛的"假于鬼神……以疑众"和第一诛的"执左道以乱政"的两条罪名都可以用来摧残宗教信仰的自由。我当时也完全没有注意到郑玄注里用了公输般作"奇技异器"的例子[10]；更没有注意到孔颖达《正义》里举了"孔子为鲁司寇七日而诛少正卯"的例子[11]来解释"行伪而坚，言伪而辩，学非而博，顺非而泽以疑众，杀"。故第二诛可以用来禁绝艺术创作的自由，也可以用来"杀"许多发明"奇技异器"的科学家。故第三诛可以用来摧残思想的自由，言论的自由，著作出版的自由。

我在五十年前引用《王制》第四诛，要"杀"《西游记》《封神榜》的作者。那时候我当然没有想到十年之后我在北京大学教书时就有一些同样"卫道"的正人君子也想引用《王制》的第三诛，要"杀"我和我的朋友们。当年我要"杀"人，后来人要"杀"我，动机是一样的：都只因为动了一点正义的火气，就都失掉容忍的度量了。

我自己叙述五十年前主张"假于鬼神时日卜筮以疑众，杀"的故事，为的是要说明我年纪越大，越觉得"容忍"比"自由"还更重要。

我到今天还是一个无神论者，我不信有一个有意志的神，我也不信灵魂不朽的说法。但我的无神论与共产党的无神论有一点根本的不同。我能够容忍一切信仰有神的宗教，也能够容忍一切诚心信仰宗教的人。共产党自己主张无神论，就要消灭一切有神的信仰，要禁绝一切信仰有神的宗教，——这就是我五十年前幼稚而又狂妄的不容忍的态度了。

我自己总觉得，这个国家，这个社会，这个世界，绝大多数人是信神的，居然能有这雅量，能容忍我的无神论，能容忍我这个不信神也不信灵魂不灭的人，能容忍我在国内和国外自由发表我的无神论的思想，从没有人因此用石头掷我，把我关在监狱里，或把我捆在柴堆上用火烧死。我在这个世界里居然享受了四十多年的容忍与自由。我觉得这个国家，这个社会，这个世界对我的容忍度量是可爱的，是可以感激的。

所以我自己总觉得我应该用容忍的态度来报答社会对我的容忍。所以我自己不信神，但我能诚心的谅解一切信神的人，也能诚心的容忍并且敬重一切信仰有神的宗教。

我要用容忍的态度来报答社会对我的容忍，因为我年纪越大，我越觉得容忍的重要意义。若社会没有这点容忍的气度，我决不能享受四十多年大胆怀疑的自由，公开主张无神论的自由。

在宗教自由史上，在思想自由史上，在政治自由史上，我们都可以看见容忍的态度是最难得，最稀有的态度。人类的习惯总是喜同而恶异的，总不喜欢和自己不同的信仰、思想、行为。这就是不容忍的根源。不容忍只是不能容忍和我自己不同的新思想和新信仰。一个宗教团体总相信自己的宗教信仰是对的，是不会错的，所以它总相信那些和自己不同的宗教信仰必定是错的，必定是异端，邪教。一个政治团体总相信自己的政治主张是对的，是不会错的，所以它总相信那些和自己不同的政治见解必定是错的，必定是敌人。

一切对异端的迫害，一切对“异己”的摧残，一切宗教自由的禁止，一切思想言论的被压迫，都由于这一点深信自己是不会错的心理。因为深信自己是不会错的，所以不能容忍任何和自己不同的思想信仰了。

试看欧洲的宗教革新运动的历史。马丁·路德（Martin Luther）和约翰·高尔文（John Calvin）等人起来革新宗教[12]，本来是因为他们不满意于罗马旧教的种种不容忍，种种不自由。但是新教在中欧北欧胜利之后，新教的领袖们又都渐渐走上了不容忍的路上去，也不容许别人起来批评他们的新教条了。高尔文在日内瓦掌握了宗教大权，居然会把一个敢独立思想，敢批评高尔文的教条的学者塞维图斯（Servetus）定了“异端邪说”的罪名，把他用铁链锁在木桩上，堆起柴来，慢慢的活烧死。这是一五五三年十月二十三日的事。

这个殉道者塞维图斯的惨史[13]，最值得人们的追念和反省。宗教革新运动原来的目标是要争取“基督教的人的自由”和“良心的自由”。何以高尔文和他的信徒们居然会把一位独立思想的新教徒用慢慢的火烧死呢？何以高尔文的门徒（后来继任高尔文为日内瓦的宗教独裁者）柏时（deBeze）竟会宣言“良心的自由是魔鬼的教条”呢？

基本的原因还是那一点深信我自己是“不会错的”的心理。像高尔文那样虔诚的宗教改革家，他自己深信他的良心确是代表上帝的命令，他的口和他的笔确是代表上帝的意志，那末他的意见还会错吗？他还有错误的可能吗？在塞维图斯被烧死之后，高尔文曾受到不少人的批评。一五五四年，高尔文发表一篇文字为他自己辩护，他毫不迟疑的说：“严厉惩治邪说者的权威是无可疑的，因为这就是上帝自己说话。……这工作是为上帝的光荣战斗。”

上帝自己说话，还会错吗？为上帝的光荣作战，还会错吗？这一点“我不会错”的心理，就是一切不容忍的根苗。深信我自己的信念没有错误的可能（infallible），我的意见就是“正义”，反对我的人当然都是“邪说”了。我的意见代表上帝的意旨，反对我的人的意见当然都是“魔鬼的教条”了。

这是宗教自由史给我们的教训：容忍是一切自由的根本；没有容忍“异己”的雅量，就不会承认“异己”的宗教信仰可以享受自由。但因为不容忍的态度是基于“我的信念不会错”的心理习惯，所以容忍“异己”是最难得，最不容易养成的雅量。

在政治思想上，在社会问题的讨论上，我们同样的感觉到不容忍是常见的，而容忍总是很稀有的。我试举一个死了的老朋友[14]的故事作例子。四十多年前，我们在《新青年》杂志上开始提倡白话文学的运动，我曾从美国寄信给陈独秀，我说：

此事之是非，非一朝一夕所能定，亦非一二人所能定。甚愿国中人士能平心静气与吾辈同力研究此问题。讨论既熟，是非自明。吾辈已张革命之旗，虽不容退缩，然亦决不敢以吾辈所主张为必是而不容他人之匡正也。

独秀在《新青年》上答我道：

鄙意容纳异议，自由讨论，固为学术发达之原则，独于改良中国文学当以白话为正宗之说，其是非甚明，必不容反对者有讨论之余地；必以吾辈所主张者为绝对之是，而不容他人之匡正也。……

我当时看了就觉得这是很武断的态度。现在在四十多年之后，我还忘不了独秀这一句话，我还觉得这种“必以吾辈所主张者为绝对之是”的态度是很不容忍的态度，是最容易引起别人的恶感，是最容易引起反对的。

我曾说过，我应该用容忍的态度来报答社会对我的容忍。我现在常常想我们还得戒律自己[15]：我们着想别人容忍谅解我们的见解，我们必须先养成能够容忍谅解别人的见解的度量。

至少至少我们应该戒约自己决不可“以吾辈所主张者为绝对之是”。我们受过实验主义的训练的人，本来就不承认有“绝对之是”，更不可以“以吾辈所主张者为绝对之是”。

◎ 注释

① 康耐儿大学：常译作康奈尔大学（英文 Cornell University），位于美国纽约州伊萨卡的私立研究型大学，是著名的常春藤盟校成员。胡适于1910年考取“庚子赔款”第二期官费生赴美国留学，于康奈尔大学先读农科，后改读文科。

②《王制》：儒家经典《礼记》中的一篇，比较系统地记述了有关封侯、爵禄、朝觐、丧祭、巡狩、刑政、学校等典章制度，内容与《礼记》弘扬的“周礼”不尽相符。

③ 假于鬼神时日卜筮以疑众：筮，音 shì，假借鬼神的名义，经常用蓍草占卜的迷信举动来蛊惑民众。

④ 以济世明道自期者：期望自己能够成为救济世人并使之明辨大道的人。

⑤ 懵然：懵，音 měng，糊里糊涂、不明事理的样子。

⑥ 析言破律：曲解圣贤之言，破坏既定法制。乱名改作：扰乱名物概念，改变行为规范。左道：旁门邪道。

⑦ 淫声异服奇技奇器：放荡音乐、奇装异服、怪诞技巧、奇异器物。

⑧ 行伪而坚：行为虚伪却固执己见。言伪而辩：议论虚伪却巧言善辩。学非而博：学理错误却驳杂恣肆。顺非而泽：依从错误却文过饰非。

⑨ 不以听：不必再审问和听取意见。

⑩ 郑玄注：汉代郑玄对《礼记》的注释。公输般：春秋时鲁国人，公输氏，名般，亦作班、盘，通称鲁班。古代建筑大匠，被后代奉为木工的祖师，曾创造攻城的云梯、磨粉的硙等多种奇巧的木质工具。

⑪ 孔颖达《正义》：指唐代孔颖达的《礼记正义》一书。少正卯：春秋时鲁国大夫，与孔子同时代，也曾开办私学。据《荀子·宥坐》所说，孔子在鲁国摄政第七日就杀了少正卯，理由是少正卯有“心达（或作逆）而险、行辟而坚、言伪而辩、记丑而博、顺非而泽”五种恶劣品性，犯了“四诛”之罪。清代学者考证，对孔子诛少正卯一事多持怀疑态度。

⑫ 马丁·路德和约翰·高尔文：1517年，德国马丁·路德发表《九十五条论纲》，揭开欧洲宗教革新运动的序幕，反对教皇对各国教会的控制，要求建立适合君主专制的新教会、新教义，深得市民上层和一部分德国各邦诸侯的支持。法国高尔文，常译作加尔文，受马丁·路德的影响较深，1533年改信新教，是法国著名的宗教改革家、神学家、基督教新教的重要派别加尔文教派（在法国称胡格诺派）创始人。曾以“异端”罪名，处死西班牙科学家塞维图斯等多人。

⑬ 殉道者：殉，音 xùn，原指为维护信仰而牺牲自己生命的人，也引申为对为科学、理想、道德等殉身者的称呼。

⑭ 老朋友：指下文的陈独秀，他与胡适皆为新文化领军人物，虽政治信仰不同，常有分歧，但彼此尊重，友情深厚。

⑮ 戒律：动词，意为警戒、约束。

胡适一生所著散文很少，这篇《容忍与自由》是其中之一。作为一篇议论性散文，它探讨了“容忍与自由”之间的关系。胡适一生以思想影响社会，到了晚年，深感容忍的重要性——“容忍是一切自由的根本；没有容忍，就没有自由。”文章通过三部分逐步加深论述，其一是这种观点来自于他个人几十年来的人生体验。其二是感慨于历史上缺少容忍的传统。最后倡导从自己做起的容忍态度。本文思想深邃，观点明晰，逻辑清楚，结合史实、典籍与个人生活体验作为论据，严谨、真诚的态度颇使人信服。全文语言朴实，言之有物，体现了以思想内涵见长的优势。

汇评

从他们（指胡适与殷海光，后者就胡适的《容忍与自由》作出了评论，并提出了自己的见解）承继的儒家观点出发，政治秩序的基础是道德与思想，而政治活动的秩序，是要靠道德与理知成就高的人出来担任政治领袖来建立的。……在这种深受儒家的价值观与分析范畴影响的气氛中，我们很容易了解为什么他们会在主观上认为，利用知识分子本身的资源为自由、民主呼吁、请命是有积极意义的。……而他们在接受西方自由主义所坚持的人的道德自主性（人是目的，不是手段）这一点上，也颇反映了儒家“仁的哲学”对他们的影响。他们发现“仁的哲学”所蕴涵的道德自主性，在自由的社会中最有实践的可能。（林毓生《两种关于如何构成政治秩序的观念——兼论容忍与自由》）

胡适之先生的了不起之处，便是他原是我国新文化运动的开山宗师，但是经过五十年之考验，他既未流于偏激，亦未落伍。始终一贯地保持了他那不偏不倚的中流砥柱的地位。开风气之先，据杏坛之首；实事求是，表率群伦，把我们古老的文明，导向现代化之路。熟读近百年中国文化史，群贤互比，我还是觉得胡老师是当代第一人！（唐德刚《胡适杂忆》）

拓展阅读

《宽容》序

房　龙

在宁静的无知山谷里，人们过着幸福的生活。

永恒的山脉向东西南北各个方向蜿蜒绵亘。

知识的小溪沿着深邃破败的溪谷缓缓地流着。

它发源于昔日的荒山。

它消失在未来的沼泽。

这条小溪并不象江河那样波澜滚滚，但对于需求浅薄的村民来说，已经绰有余裕。

晚上，村民们饮毕牲口，灌满木桶，便心满意足地坐下来，尽享天伦之乐。

守旧的老人们被搀扶出来，他们在荫凉角落里度过了整个白天。对着一本神秘莫测的古书苦思冥想。

他们向儿孙们叨唠着古怪的字眼，可是孩子们却惦记着玩耍从远方捎来的漂亮石子。

这些字眼的含意往往模糊不清。

不过，它们是一千年前由一个已不为人所知的部族写下的，因此神圣而不可亵渎。

在无知山谷里，古老的东西总是受到尊敬。

谁否认祖先的智慧，谁就会遭到正人君子的冷落。

所以，大家都和睦相处。

恐惧总是陪伴着人们。谁要是得不到园中果实中应得的份额，又该怎么办呢？

深夜，在小镇的狭窄街巷里，人们低声讲述着情节模糊的往事，讲述那些敢于提出问题的男男女女。

这些男男女女后来走了，再也没有回来。

另一些人曾试图攀登挡住太阳的岩石高墙。

但他们陈尸石崖脚下，白骨累累。

日月流逝，年复一年。

在宁静的无知山谷里，人们过着幸福的生活。

外面是一片漆黑，一个人正在爬行。

他手上的指甲已经磨破。

他的脚上缠着破布，布上浸透着长途跋涉留下的鲜血。

他跌跌撞撞来到附近一间草房，敲了敲门。

接着他昏了过去。借着颤动的烛光，他被抬上一张吊床。

到了早晨，全村都已知道："他回来了。"

邻居们站在他的周围，摇着头。他们明白，这样的结局是注定的。

对于敢于离开山脚的人，等待他的是屈服和失败。

在村子的一角，守旧老人们摇着头，低声倾吐着恶狠狠的词句。

他们并不是天性残忍，但律法毕竟是律法。他违背了守旧老人的意愿，犯了弥天大罪。

他的伤一旦治愈，就必须接受审判。

守旧老人本想宽大为怀。

他们没有忘记他母亲的那双奇异闪亮的眸子，也回忆起他父亲三十年前在沙漠里失踪的悲剧.

不过，律法毕竟是律法，必须遵守。

守旧老人是它的执行者。

守旧老人把漫游者抬到集市区，人们毕恭毕敬地站在周围，鸦雀无声。

漫游者由于饥渴，身体还很衰弱，老者让他坐下。

他拒绝了

他们命令他闭嘴。

但他偏要说话。

他把脊背转向老者，两眼搜寻着不久以前还与他志同道合的人。

"听我说吧，"他恳求道，"听我说，大家都高兴起来吧！我刚从山的那边来，我的脚踏上了新鲜的土地，我的手感觉到了其他民族的抚摸，我的眼睛看到了奇妙的景象。

"小时候，我的世界只是父亲的花园。

"早在创世的时候，花园东面、南面、西面和北面的疆界就定下来了。

"只要我问疆界那边藏着什么，大家就不住地摇头，一片嘘声。可我偏要刨根问底，于是他们把我带到这块岩石上，让我看那些敢于蔑视上帝的人的嶙嶙白骨。

"'骗人！上帝喜欢勇敢的人！'我喊道。于是，守旧老人走过来，对我读起他们的圣书。他们说，上帝的旨意已经决定了天上人间万物的命运。山谷是我们的，由我们掌管，野兽和花朵，果实和鱼虾，都是我们的，按我们的旨意行事。但山是上帝的，对山那边的事物我们应该一无所知，直到世界的末日。

"他们是在撒谎。他们欺骗了我，就象欺骗了你们一样。

"那边的山上有牧场，牧草同样肥沃，男男女女有同样的血肉，城市是经过一千年能工巧匠细心雕琢的，光采夺目。

"我已经找到一条通往更美好的家园的大道，我已经看到幸福生活的曙光。跟我来吧，我带领你们奔向那里。上帝的笑容不只是在这儿，也在其它地方。”

他停住了，人群里发出一声恐怖的吼叫。

“亵渎，这是对神圣的亵渎。”守旧老人叫喊着。“给他的罪行以应有的惩罚吧！他已经丧失理智，胆敢嘲弄一千年前定下的律法。他死有余辜!”

人们举起了沉重的石块。

人们杀死了这个漫游者。

人们把他的尸体扔到山崖脚下，借以警告敢于怀疑祖先智慧的人，杀一儆百。

没过多久，爆发了一场特大干旱。潺潺的知识小溪枯竭了，牲畜因干渴而死去，粮食在田野里枯萎，无知山谷里饥声遍野。

不过，守旧老人们并没有灰心。他们预言说，一切都会转危为安，至少那些最神圣的篇章是这样写的。

况且，他们已经很老了，只要一点食物就足够了。

冬天降临了。

村庄里空荡荡的，人稀烟少。

半数以上的人由于饥寒交迫已经离开人世。活着的人把唯一希望寄托在山脉那边。

但是律法却说，“不行!”

律法必须遵守。

一天夜里爆发了叛乱。

失望把勇气赋予那些由于恐惧而逆来顺受的人们。

守旧老人们无力地抗争着。

他们被推到一旁，嘴里还抱怨自己的命运不济，诅咒孩子们忘恩负义。下过，最后一辆马车驶出村子时，他们叫住了车夫，强迫他把他们带走。

这样，投奔陌生世界的旅程开始了。

离那个漫游者回来的时间，已经过了很多年，所以要找到他开辟的道路并非易事。

成千上万人死了，人们踏着他们的尸骨，才找到第一座用石子堆起的路标。

此后，旅程中的磨难少了一些。

那个细心的先驱者已经在丛林和无际的荒野乱石中用人烧出了一条宽敞大道。

它一步一步把人们引到新世界的绿色牧场。

大家相视无言。

“归根结底他是对了，”人们说道，“他对了，守旧老人错了。”

“他讲的是实话，守旧老人撒了谎……

“他的尸首还在山崖下腐烂，可是守旧老人却坐在我们的车里，唱那些老掉牙的歌子。

“他救了我们，我们反倒杀死了他。”

“对这件事我们的确很内疚，不过，假如当时我们知道的话，当然就……”

随后，人们解下马和牛的套具，把牛羊赶进牧场，建造起自己的房屋，规划自己的土地。从这以后很长时间，人们又过着幸福的生活。

几年以后，人们建起了一座新大厦，作为智慧老人的住宅，并准备把勇敢先驱者的遗骨埋在里面。

一支肃穆的队伍回到了早已荒无人烟的山谷。但是，山脚下空空如也，先驱者的尸首荡然无存。

一只饥饿的豺狗早已把尸首拖入自己的洞穴。

人们把一块小石头放在先驱者足迹的尽头（现在那已是一条大道），石头上刻着先驱者的名字，一个首先向未知世界的黑暗和恐怖挑战的人的名字，他把人们引向了新的自由。

石上还写明，它是由前来感恩朝礼的后代所建。

这样的事情发生在过去，也发生在现在，不过将来（我们希望）这样的事不再发生了。

聚焦：

这篇《〈宽容〉序》的作者是美国学者与通俗作家房龙，房龙比胡适大九岁，青年时代也曾在康奈尔大学求学。两篇文章主题相似，但说理方式却完全不同。

思考与练习

1. 本文的论点是什么？
2. 作者为了证明自己的观点使用了哪些论据？
3. 作者认为“不容忍的根源”是什么？
4. 请论述作者所提及的《王制》“四诛”与“自由”之间的关系。
5. 你对“容忍”或者“宽容”如何理解，除了课文与拓展阅读课文所提及的方面，是否还有其他人、事物或者领域需要我们以这种态度去对待？

泡 茶 馆

汪曾祺

汪曾祺（1920～1997），江苏高邮人，现当代作家、散文家、戏剧家。生于旧式家庭，自幼受传统文化浸染。1930 年考入西南联合大学中国文学系并师从沈从文学习写作，1940 年开始发表文学作品。其创作周期跨越现代与当代，在小说、散文、戏剧文学与艺术研究领域都有建树。被誉为“抒情的人道主义者，中国最后一个纯粹的文人，中国最后一个士大夫”。著有小说《受戒》、《大淖记事》，影响广泛。其散文多写日常生活，格调高雅，趣味盎然，结集为《蒲桥集》，本文即选自其中。

“泡茶馆”是联大学生特有的语言。本地原来似无此说法，本地人只说“坐茶馆”。“泡”是北京话。其含义很难准确地解释清楚。勉强解释，只能说是持续长久地沉浸其中，像泡泡菜似的泡在里面。“泡蘑菇”、“穷泡”，都有长久的意思。北京的学生把北京的“泡”字带到了昆明，和现实生活结合起来，便创造出一个新的语汇。“泡茶馆”，即长时间地在茶馆里坐着。本地的“坐茶馆”也含有时间较长的意思。到茶馆里去，首先是坐，其次才是喝茶（云南叫吃茶）。不过联大的学生在茶馆里坐的时间往往比本地人长，长得多，故谓之“泡”。

有一个姓陆的同学，是一怪人，曾经徒步旅行半个中国。这人真是一个泡茶馆的冠军。他有一个时期，整天在一家熟识的茶馆里泡着。他的盥洗用具就放在这家茶馆里。一起来就到茶馆里去洗脸刷牙，然后坐下来，泡一碗茶，吃两个烧饼，看书。一直到中午，起身出去吃午饭。吃了饭，又是一碗茶，直到吃晚饭。晚饭后，又是一碗，直到街上灯火阑珊，才夹着一本很厚的书回宿舍睡觉。

昆明的茶馆共分几类，我不知道。大别起来，只能分为两类，一类是大茶馆，一类是小茶馆。

正义路原先有一家很大的茶馆，楼上楼下，有几十张桌子。都是荸荠紫[①]漆的八仙桌，很鲜亮。因为在热闹地区，坐客常满，人声嘈杂。所有的柱子上都贴着一张很醒目的字条："莫谈国事"。时常进来一个看相的术士，一手捧一个六寸来高的硬纸片，上书该术士的大名（只能叫做大名，因为往往不带姓，不能叫"姓名"；又不能叫"法名"、"艺名"，因为他并未出家，也不唱戏），一只手捏着一根纸媒子[②]，在茶桌间绕来绕去，嘴里念说着"送看手相不要钱"！"送看手相不要钱"——他手里这根媒子即是看手相时用来指示手纹的。

这种大茶馆有时唱围鼓。围鼓即由演员或票友清唱。我很喜欢"围鼓"这个词。唱围鼓的演员、票友好像不是取报酬的。只是一群有同好的闲人聚拢来唱着玩。但茶馆却可借来招揽顾客，所以茶馆便于闹市张贴告条："某月日围鼓"。到这样的茶馆里来一边听围鼓，一边吃茶，也就叫做"吃围鼓茶"。"围鼓"这个词大概是从四川来的，但昆明的围鼓似多唱滇剧。我在昆明七年，对滇剧始终没有入门。只记得不知什么戏里有一句唱词"孤王头上长青苔"。孤王的头上如何会长青苔呢？这个设想实在是奇，因此一听就永不能忘。

我要说的不是那种"大茶馆"。这类大茶馆我很少涉足，而且有些大茶馆，包括正义路那家兴隆鼎盛的大茶馆，后来大都陆续停闭了。我所说的是联大附近的茶馆。

从西南联大新校舍出来，有两条街，凤翥[③]街和文林街，都不长。这两条街上至少有不下十家茶馆。

从联大新校舍，往东，折向南，进一座砖砌的小牌楼式的街门，便是凤翥街。街角右手第一家便是一家茶馆。这是一家小茶馆，只有三张茶桌，而且大小不等，形状不一的茶具也是比较粗糙的，随意画了几笔兰花的盖碗。除了卖茶，檐下挂着大串大串的草鞋和地瓜（即湖南人所谓的凉薯），这也是卖的。张罗茶座的是一个女人。这女人长得很强壮，皮色也颇白净。她生了好些孩子。身边常有两个孩子围着她转，手里还抱着一个孩子。她经常敞着怀，一边奶着那个早该断奶的孩子，一边为客人冲茶。她的丈夫，比她大得多，状如猿猴，而目光锐利如鹰。他什么事情也不管，但是每天下午却捧了一个大碗喝牛奶。这个男人是一头种畜。这情况使我们颇为不解。这个白皙强壮的妇人，只凭一天卖几碗茶，卖一点草鞋、地瓜，怎么能喂饱了这么多张嘴，还能供应一个懒惰的丈夫每天喝牛奶呢？怪事！中国的妇女似乎有一种天授的惊人的耐力，多大的负担也压不垮。

由这家往前走几步，斜对面，曾经开过一家专门招徕大学生的新式茶馆。这家茶馆的桌椅都是新打的，涂了黑漆。堂倌系着白围裙。卖茶用细白瓷壶，不用盖碗（昆明茶馆卖茶一般都用盖碗）。除了清茶，还卖沱茶、香片、龙井。本地茶客从门外过，伸头看看这茶馆的局面，再看看里面坐得满满的大学生，就会挪步另走一家了。这家茶馆没有什么值得一记的事，而且开了不久就关了。联大学生至今还记得这家茶馆是因为隔壁有一家卖花生米的。这家似乎没有男人，站柜卖货是姑嫂两人，都还年轻，成天涂脂抹粉。尤其是那个小姑子，见人走过，辄作媚笑。联大学生叫她花生西施。这西施卖花生米是看人行事的。好看的来买，就给得多。难看的给得少。因此我们每次买花生米都推选一个挺拔英俊的“小生”去。

再往前几步，路东，是一个绍兴人开的茶馆。这位绍兴老板不知怎么会跑到昆明来，又不知为什么在这条小小的凤翥街上来开一爿[④]茶馆。他至今乡音未改。大概他有一种独在异乡为异客的情绪，所以对待从外地来的联大学生异常亲热。他这茶馆里除了卖清茶，还卖一点芙蓉糕、萨其玛、月饼、桃酥，都装在一个玻璃匣子里。我们有时觉得肚子里有点缺空而又不到吃饭的时候，便到他这里一边喝茶一边吃两块点心。有一个善于吹口琴的姓王的同学经常在绍兴人茶馆喝茶。他喝茶，可以欠账。不但喝茶可以欠账，我们有时想看电影而没有钱，就由这位口琴专家出面向绍兴老板借一点。绍兴老板每次都是欣然地打开钱柜，拿出我们需要的数目。我们于是欢欣鼓舞，兴高采烈，迈开大步，直奔南屏电影院。

再往前，走过十来家店铺，便是凤翥街口，路东路西各有一家茶馆。

路东一家较小，很干净，茶桌不多。掌柜的是个瘦瘦的男人，有几个孩子。掌柜的事情多，为客人冲茶续水，大都由一个十三四岁的大儿子担任，我们称他这个儿子为“主任儿子”。街西那家又脏又乱，地面坑洼不平，一地的烟头、火柴棍、瓜子皮。茶桌也是七大八小，摇摇晃晃，但是生意却特别好。从早到晚，人坐得满满的。也许是因为风水好。这家茶馆正在凤翥街和龙翔街交接处，门面一边对着凤翥街，一边对着龙翔街，坐在茶馆，两条街上的热闹都看得见。到这家吃茶的全部是本地人，本街的闲人、赶马的“马锅头”、卖柴的、卖菜的。他们都抽叶子烟。要了茶以后，便从怀里掏出一个烟盒——圆形，皮制的，外面涂着一层黑漆，打开来，揭开覆盖着的菜叶，拿出剪好的金堂叶子，一支一支地卷起来。茶馆的墙壁上张贴、涂抹得乱七八糟。但我却于西墙上发现了一首诗，一首真正的诗：

记得旧时好，
跟随爹爹去吃茶。
门前磨螺壳，
巷口弄泥沙。

是用墨笔题写在墙上的。这使我大为惊异了。这是什么人写的呢？

每天下午，有一个盲人到这家茶馆来说唱。他打着扬琴，说唱着。照现在的说法，这应是一种曲艺，但这种曲艺该叫什么名称，我一直没有打听着。我问过“主任儿子”，他说是“唱扬琴的”，我想不是。他唱的是什么？我有一次特意站下来听了一会儿，是：

良田美地卖了，
高楼大厦拆了，
娇妻美妾跑了，
狐皮袍子当了……

我想了想，哦，这是一首劝诫鸦片的歌，他这唱的是鸦片烟之为害。这是什么时候传下来的呢？说不定是林则徐时代某一忧国之士的作品。但是这个盲人只管唱他的，茶客们似乎都没有在听，他们仍然在说话，各人想自己的心事。到了天黑，这个盲人背着扬琴，点着马杆，踽踽[⑤]地走回家去。我常常想：他今天能吃饱么？

进大西门，是文林街，挨着城门口就是一家茶馆。这是一家最无趣味的茶馆。茶馆墙上的镜框里装的是美国电影明星的照片，蓓蒂·黛维丝、奥丽薇·德·哈弗兰、克拉克·盖博、泰伦宝华……除了卖茶，还卖咖啡、可可。这家的特点是：进进出出的除了穿西服和麂皮夹克的比较有钱的男同学外，还有把头发卷成一根一根香肠似的女同学。有时到了星期六，还开舞会。茶馆的门关了，从里面传出《蓝色的多瑙河》和《风流寡妇》舞曲，里面正在“嘣嚓嚓”。

和这家斜对着的一家，跟这家截然不同。这家茶馆除卖茶，还卖煎血肠。这种血肠是牦牛肠子灌的，煎起来一街都闻见一种极其强烈的气味，说不清是异香还是奇臭。这种西藏食品，那些把头发卷成香肠一样的女同学是绝对不敢问津的。

由这两家茶馆往东，不远几步，面南便可折向钱局街。街上有一家老式的茶馆，楼上楼下，茶座不少。说这家茶馆是“老式”的，是因为茶馆备有烟筒，可以租用。一段青竹，旁安一个粗如小指半尺长的竹管，一头装一个带爪的莲蓬嘴，这便是“烟筒”。在莲蓬嘴里装了烟丝，点以纸媒，把整个嘴埋在筒口内，尽力猛吸，筒内的水咚咚作响，浓烟便直灌肺腑，顿时觉得浑身通泰。吸烟筒要有点功夫，不会吸的吸不出烟来。茶馆的烟筒比家用的粗得多，高齐桌面，吸完就靠在桌腿边，吸时尤需底气充足。这家茶馆门前，有一个小摊，卖酸角（不知什么树上结的，形状有点像皂荚，极酸，入口使人攒眉）、拐枣（也是树上结的，应该算是果子，状如鸡爪，一疙瘩一疙瘩的，有的地方即叫做鸡脚爪，味道很怪，像红糖，又有点像甘草）和泡梨（糖梨泡在盐水里，梨味本是酸甜的，昆明人却偏于盐水内泡而食之。泡梨仍有梨香，而梨肉极脆嫩）。过了春节则有人于门前卖葛根。葛根是药，我过去只在中药铺见过，切成四方的棋子块儿，是已经经过加工的了，原物是什么样子，我是在昆明才见到的。这种东西可以当零食来吃，我也是在昆明才知道。一截葛根，粗如手臂，横放在一块板上，外包一块湿布。给很少的钱，卖葛根的便操起有点像北京切涮羊肉的肉片用的那种薄刃长刀，切下薄薄的几片给你。雪白的。嚼起来有点像干瓢的生白薯片，而有极重的药味。据说葛根能清火。联大的同学大概很少人吃过葛根。我是什么奇奇怪怪的东西都要买一点尝一尝的。

大学二年级那一年，我和两个外文系的同学经常一早就坐在这家茶馆靠窗的一张桌边，各自看自己的书，有时整整坐一上午，彼此不交语。我这时才开始写作，我的最初几篇小说，即是在这家茶馆里写的。茶馆离翠湖很近，从翠湖吹来的风里，时时带有水浮莲的气味。

回到文林街。文林街中，正对府甬道，后来新开了一家茶馆。这家茶馆的特点一是卖茶用玻璃杯，不用盖碗，也不用壶。不卖清茶，卖绿茶和红茶。红茶色如玫瑰，绿茶苦如猪胆。第二是茶桌较少，且覆有玻璃桌面。在这样桌子上打桥牌实在是再适合不过了，因此到这家茶馆来喝茶的，大都是来打桥牌的，这茶馆实在是一个桥牌俱乐部。联大打桥牌之风很盛。有一个姓马的同学每天到这里打桥牌。解放后，我才知道他是老地下党员，昆明学生运动的领导人之一。学生运动搞得那样热火朝天，他每天都只是很闲在，很热衷地在打桥牌，谁也看不出他和学生运动有什么关系。

文林街的东头，有一家茶馆，是一个广东人开的，字号就叫“广发茶社”——昆明的茶馆我记得字号的只有这一家，原因之一，是我后来住在民强巷，离广发很近，经常到这家去。原因之二是——经常聚在这家茶馆里的，有几个助教、研究生和高年级的学生。这些人多多少少有一点玩世不恭。那时联大同学常组织什么学会，我们对这些俨乎其然的学会微存嘲讽之意。有一天，广发的茶友之一说：“咱们这也是一个学会，——广发学会!”这本是一句茶余的笑话。不料广发的茶友之一，解放后，在一次运动中被整得不可开交，胡乱交待问题，说他曾参加过“广发学会”。这就惹下了麻烦。几次有人专程到北京来外调“广发学会”问题。被调查的人心里想笑，又笑不出来，因为来外调的政工人员态度非常严肃。广发茶馆代卖广东点心。所谓广东点心，其实只是包了不同味道的甜馅的小小的酥饼，面上却一律贴了几片香菜叶子，这大概是这一家饼师的特有的手艺。我在别处吃过广东点心，就没有见过面上贴有香菜叶子的——至少不是每一块都贴。

或问：泡茶馆对联大学生有些什么影响？答曰：第一，可以养其浩然之气。联大的学生自然也是贤愚不等，但多数是比较正派的。那是一个污浊而混乱的时代，学生生活又穷困得近乎潦倒，但是很多人却能自许清高，鄙视庸俗，并能保持绿意葱茏的幽默感，用来对付恶浊和穷困，并不颓丧灰心，这跟泡茶馆是有些关系的。第二，茶馆出人才。联大学生上茶馆，并不是穷泡，除了瞎聊，大部分时间都是用来读书的。联大图书馆座位不多，宿舍里没有桌凳，看书多半在茶馆里。联大同学上茶馆很少不夹着一本乃至几本书的。不少人的论文、读书报告，都是在茶馆写的。有一年一位姓石的讲师的《哲学概论》期终考试，我就是把考卷拿到茶馆里去答好了再交上去的。联大八年，出了很多人才。研究联大校史，搞“人才学”，不能不了解了解联大附近的茶馆。第三，泡茶馆可以接触社会。我对各种各样的人、各种各样的生活都发生兴趣，都想了解了解，跟泡茶馆有一定关系。如果我现在还算一个写小说的人，那么我这个小说家是在昆明的茶馆里泡出来的。

一九八四年五月十三日

◎ 注释

① 荸荠紫：像荸荠外皮颜色的紫色，微微发红的暗紫色，传统家具常用这种颜色的漆。
② 纸媒子：在火柴、打火机普及之前用火石打火时代用来引火的草纸小卷筒儿，也叫“火纸媒子”。
③ 翥：音 zhù，鸟向上飞。
④ 爿：音 pán，量词，用于商店、田地、工厂等。
⑤ 踽踽：音 jǔ jǔ，形容一个人走路孤零零的样子。

本文写于 1984 年，是作者回忆在西南联合大学读书时的生活经历的一系列散文中的一篇，其中包括著名的《跑警报》。抗日战争时期的西南联合大学以“自由”精神著称，培养了大批人才。作者选取的“泡茶馆”这一看似边缘化的生活方式，正是这种精神的重要体现。全文基调亲切幽默，笔触细腻传神，将学校附近众多小茶馆的物象、人情，乃至昆明本地的风俗文化一一道来，以小见大，生动展示了中国人日常生活的情趣。汪曾祺的散文语言能力极强，既有古典散文的雅致精炼，又有现代北京口语的通俗生动，使行文具有韵律感，另有一种语言本身的吸引力。

汇评

许多人都注意到，汪曾祺似乎和士大夫人格、性灵派文学传统一脉相承。也许，正是在相对疏离政治功利适度靠近传统中，汪曾祺显示了他的魅力。……从作家与现实的关系看，汪曾祺所持的是“边缘化”的立场；同时汪曾祺还以他的创造让我们重温了审美化的人生之魅力，他以文人的情致雅趣关怀去掉了日常生活的粗鄙，代之以诗意和书卷气。汪曾祺散文的意义不仅表明了以汉语为母语的写作和传统不可分割的血缘关系，而且展示了以汉语写作的永恒魅力。（王尧《“最后一个中国古典抒情诗人”——再论汪曾祺散文》）

汪曾祺为张扬平民意识找到了一条通幽的捷径，一个广阔的舞台，用人们最熟悉不过的场景和画面，演绎出一幅当代中国百姓的《清明上河图》，唤起人们找回亲切的平民意识，回归久违的精神家园。风俗是通俗的，但通俗绝不等于流俗。（郭之瑗《汪曾祺散文创作探微》）

汪曾祺的散文题材非常广泛：个人经历、天文地理、民情风俗、饮食男女、街头巷议、人生世相、文坛曲艺等等无不可以入文。……我们探讨汪曾祺的散文，则想采用这样的视角，即从他的散文中体现出来的他的人格魅力的角度探讨，一是因为汪曾祺本人非常赞赏文如其人的说法，另外就是他的散文的确体现了他的真性情，体现了他人格的各个侧面。（付艳霞《好老头儿汪曾祺——小议汪曾祺的散文》）

喝　茶

周作人

前回徐志摩先生在北平中学讲“吃茶”，——并不是胡适之先生所说的“吃讲茶”，——我没工夫去听，又可惜没有见到他精心结构的讲稿，但我推想他是在讲日本的“茶道”，英文译作“teaism”。而且一定说得很好，茶道的意思，用平凡的话来说，可以称作“忙里偷闲，苦中作乐”，在不完全的现世享乐一点美和谐，在刹那间体会永久，在日本之“象征的文化”里的一种代表艺术。关于这一件事，徐先生一定已有透彻巧妙的解说，不必再来多嘴，我现在所想说的，只是我个人的很平常的喝茶观罢了。

喝茶以绿茶为正宗，红茶已没有什么意味，何况又加糖与牛奶？葛辛（george gissing）的《草堂随笔》确是很有趣味的书，但冬之卷里说及饮茶以为英国家庭里下午的红茶与黄油面包是一日中最大的乐事，支那饮茶以历千百年，未必能领略此种乐趣与实益的万分之一，则我殊不以为然。红茶带“土斯”未始不可吃，但这只是当饭，在肚饥时食之而已；我的所谓喝茶，却是在喝清茶，在赏鉴其色与香与味，意未必在止渴，自然更不在果腹了。中国古昔曾吃过煎茶及抹茶，现在所用的都是泡茶，冈仓觉三在《茶之书》里很巧妙地称之曰“自然主义的茶”所以我们所重的即在这自然之妙味，中国人上茶馆去，左一碗右一碗的喝了半天，好像是从沙漠里回来的样子，颇合于我喝茶意思（听说闽粤有所谓吃工夫茶者自然也有道理）只可惜近来太是洋场化，失了本意，其结果成了饭馆子之流，只在乡村还保存一点古风，唯是屋宇器具简陋万分，或者但可称为颇有喝茶之意，而未可许为已得喝茶之道也。

喝茶当于瓦屋纸窗之下，清泉绿茶，用素雅的陶瓷茶具，同二三人同饮，得半日之闲，可抵上十年的尘梦。喝茶之后，再去继续修各人的胜业，无论为名为利，都无不可，但偶然的片刻优游乃正亦断不可少，中国喝茶时多吃瓜子，我觉得不很适宜，喝茶时所吃的东西应当是清淡的“茶食”，中国的“茶食”却变了“满汉饽饽”其性质与“阿阿兜”相差无几；不是喝茶时所吃的东西了。日本的点心虽是豆米的成品，但那优雅的形色，朴素的味道，很合于茶食的资格，如各色“羊羹”（据上田恭辅氏考据，说是处于中国唐时的羊肝饼），尤有特殊的风味。江南茶馆中有一种“干丝”用豆腐干切成细丝，加姜丝酱油，重汤炖热，上浇麻油，出以供客，其利益为“堂倌”所独有。豆腐干中本有一种“茶干”，今变而为丝，亦颇与茶相宜。在南京时常食此品，据云有某寺方丈所制为最，虽也曾尝试，却已忘记，所记得乃只是下关的江天阁而已。学生们的习惯，平常“干丝”既出，大抵不即食，等到麻油再加，开水重换之后，始行举箸，最为合式，因为一到即罄，次碗继至，不遑应酬，否则麻油三浇，旋即撤去，怒形于色，未免使客不欢而散，茶意都消了。

聚焦：

本文也是关于喝茶的，但基调更偏于文人趣味，与汪文的日常生活趣味迥异。

思考与练习

1. “泡茶馆”的“泡”有何含义？妙在哪里？
2. 对于文中提到的西南联合大学附近的“小茶馆”，作者对哪几家持否定态度？
3. 文中提到“花生西施”用了什么样的口吻？
4. 请结合课文中的具体内容，论述“泡茶馆可以接触社会”。
5. 这篇《泡茶馆》具有浓郁的生活气息，态度也是极其认真的，请思考，作者是如何把它写得如此有趣的？

第五单元 古代小说

世说新语三则

刘义庆

刘义庆（403～444），字季伯，南朝宋武帝刘裕之侄，长沙景王刘道怜之子，出嗣给临川烈王刘道规，袭封临川王。《宋书》记载他“性简素，寡嗜欲，爱好文艺，才词虽不多，然足为宗室之表”。著有《幽明录》、《世说新语》等。《世说新语》是六朝时期最具代表性并且保存最完整的志人小说集。它记载了汉末、三国、两晋时期士族阶层的逸闻轶事，共三卷，按内容分为德行、言语、政事、文学等36门，从方方面面展示当时士族的生活状态及精神风貌。

嵇中散①临刑东市②，神气不变，索琴弹之，奏《广陵散》。曲终，曰：“袁孝尼③尝请学此散，吾靳固不与，《广陵散》于今绝矣！”太学生三千人上书，请以为师，不许。文王④亦寻悔焉。（《雅量》）

孙子荆⑤以有才少所推服⑥，唯雅敬王武子⑦。武子丧时，名士无不至者。子荆后来，临尸恸哭，宾客莫不垂涕。哭毕，向灵床曰：“卿常好我作驴鸣，今我为卿作。”体似真声，宾客皆笑。孙举头曰：“使君辈存，令此人死！”（《伤逝》）

王子猷⑧居山阴⑨，夜大雪，眠觉⑩，开室，命酌酒，四望皎然。因起彷徨，咏左思《招隐诗》，忽忆戴安道⑪。时戴在剡⑫，即便夜乘小船就之。经宿方至⑬，造门不前而返。人问其故，王曰：“吾本乘兴而行，兴尽而返，何必见戴？”（《任诞》）

◎ 注释

① 嵇中散：嵇康（224～263），字叔夜，谯国铚县（现安徽宿州境内）人。魏晋玄学的代表人物，“竹林七贤”之一，著名的文学家、思想家、音乐家。
② 东市：汉代在长安东市处决犯人，后因以东市指刑场。
③ 袁孝尼：名准，字孝尼，三国魏人，曾经想向嵇康学习《广陵散》。
④ 文王：司马昭。
⑤ 孙子荆：名楚，太原中都（今山西平遥西北）人，史称其“才藻卓绝，爽迈不群”。
⑥ 推服：推崇佩服。
⑦ 王武子：名济，太原晋阳（今山西太原）人，名士，西晋大将军王浑的次子。

⑧ 王子猷：王徽之，字子猷，王羲之子。
⑨ 山阴：在今浙江绍兴。
⑩ 眠觉：睡醒。
⑪ 戴安道：戴逵，字安道，谯郡铚（今安徽宿州市）人，博学多艺，隐居不仕。
⑫ 剡：今浙江嵊州市。
⑬ 经宿方至：经过一夜才到。

《世说新语》以其丰富生动的内容，传神的艺术手法，展现了魏晋时代的风貌。在这样一个美的自觉的时代，产生了一个个独具个性而又富有人格魅力的生动的人物形象，他们自由、独立、超尘脱俗。

在众多脍炙人口的人物描摹中，本书选取了三则：嵇康超然物外，视死如归，临终一曲，给他的人生画上了一个完美的句号；孙楚于葬礼之上作驴鸣而"宾客皆笑"，不拘礼法而凭吊友人；王徽之雪夜访戴却不至，率性如此。

汇评

读《史记》之后，或难为《汉书》，读《汉书》之后，且不可看他史。今古风流，惟有晋代。至读其正史，板质冗木，如工作瀛洲学士图，面面肥皙，虽略具老少，而神情意态，十八人不甚分别。前宋刘义庆撰《世说新语》，专罗晋事，而映带汉、魏间十数人，门户自开，科条另定。其中顿置不安，微博未的，吾不能为之讳，然而小摘短拈，冷提忙点，每奏一语，几欲起王、谢、桓、刘诸人之骨，一一呵活眼前，而毫无追憾者。又说中本一俗语，经之即文；本一浅语，经之即蓄；本一嫩语，经之即辣；盖其牙室利灵，笔颠老秀，得晋人之意于言前，而因得晋人之言于舌外，此小史中之徐夫人也。（明·王思任《世说新语序》）

《世说新语》今本凡三十八篇，自《德行》至《仇隙》，以类相从，事起后汉，止于东晋，记言则玄远冷峻，记行则高简瑰奇，下至缪惑，亦资一笑。孝标作注，又征引浩博。或驳或申，映带本文，增其隽永，所用书四百余种，今又多不存，故世人尤珍重之。（鲁迅《中国小说史略》）

拓展阅读

鲁迅《魏晋风度及文章与药及酒之关系》（略）

聚焦：

这是一个美的自觉的时代，请从鲁迅先生的这篇文章中领略这一时代的风采。

思考与练习

1.《世说新语》的文体是什么？
2. 分析这三则故事的人物描写。
3. 以这三则故事为例，分析《世说新语》的语言特色。
4. 查阅资料，说说什么是"魏晋风度"。

连 城

蒲松龄

蒲松龄（1640～1715），字留仙，一字剑臣，号柳泉居士，世称聊斋先生。淄川（今山东淄博）人。出生于一个衰落的世家，从小随父读书，但屡试不第，长困科场，直到71岁才补了一个岁贡生。多年来为生活所困，以幕宾、塾师为业。其作品除《聊斋志异》之外，还有诗词、古文、戏曲、杂著等。今人编有《蒲松龄集》。《聊斋志异》是蒲松龄从中年时开始创作，直到晚年。全书共八卷，近500篇，继承六朝以来的志怪传统，用鬼狐世界来反映现实人生，是中国古代文言短篇小说的顶峰之作。

乔生，晋宁人[①]，少负才名。年二十余，犹偃蹇[②]，为人有肝胆。与顾生善，顾卒，时恤其妻子。邑宰以文相契重[③]，宰终于任，家口淹滞不能归，生破产扶柩，往返二千余里。以故士林益重之，而家由此益替[④]。

史孝廉有女字连城，工刺绣，知书。父娇爱之。出所刺《倦绣图》，征少年题咏，意在择婿。生献诗云："慵鬟高髻绿婆娑，早向兰窗绣碧荷。刺到鸳鸯魂欲断，暗停针线蹙双蛾。"又赞挑绣[⑤]之工云："绣线挑来似写生，幅中花鸟自天成。当年织锦非长技，幸把回文感圣明。"女得诗喜，对父称赏，父贫之。女逢人辄称道，又遣媪娇[⑥]父命，赠金以助灯火[⑦]。生叹曰："连城我知己也！"倾怀结想，如饥思啖。

无何，女许字于鹾贾[⑧]之子王化成，生始绝望；然梦魂中犹佩戴之。未几，女病瘵，沉痼不起。有西域头陀自谓能疗，但须男子膺肉一钱，捣合药屑。史使人诣王家告婿。婿笑曰："痴老翁，欲我剜心头肉也！"使返。史乃言于人曰："有能割肉者妻之。"生闻而往，自出白刃，刲膺授僧。血濡袍裤，僧敷药始止。合药三丸。三日服尽，疾若失。史将践其言，先告王。王怒，欲讼官。史乃设筵招生，以千金列几上，曰："重负大德，请以相报。"因具白背盟之由。生怫然[⑨]曰："仆所以不爱膺肉者，聊以报知己耳，岂货肉哉！"拂袖而归。女闻之，意良不忍，托媪慰谕之。且云："以彼才华，当不久落。天下何患无佳人？我梦不祥，三年必死，不必与人争此泉下物也。"生告媪曰："'士为知己者死'，不以色也。诚恐连城未必真知我，但得真知我，不谐何害[⑩]？"媪代女郎矢诚自剖。生曰："果尔，相逢时当为我一笑，死无憾！"媪既去。逾数日，生偶出，遇女自叔氏归，睨之。女秋波转顾，启齿嫣然。生大喜曰："连城真知我者！"

会王氏来议吉期[⑪]，女前症又作，数月寻死。生往临吊，一痛而绝。史舁送其家。生自知已死，亦无所戚。出村去，犹冀一见连城。遥望南北一道，行人连续如蚁，因亦混身杂迹其中。俄顷，入一廨署[⑫]，值顾生，惊问："君何得来？"即把手将送令归。生太息[⑬]言："心事殊未了。"顾曰："仆在此典牍[⑭]，颇得委任。倘可效力，不惜也。"生问连城。顾即导生旋转多所，见连城与一白衣女郎，泪睫惨黛，藉坐廊隅。见生至，骤起似喜，略问所来。生曰："卿死，仆何敢生！"连城泣曰："如此负义人，尚不吐弃之，身殉何为？然已不能许君今生，愿矢来世耳。"生告顾曰："有事君自去，仆乐死不愿生矣。但烦稽连城托生何里，行与俱去耳。"顾诺而去。白衣女郎问生何人，连城为缅述之。女郎闻之，若不胜悲。连城告生曰："此妾同姓，小字宾娘，长沙史太守女。一路同来，遂相怜爱。"生视之，意态怜人。方欲研问，而顾已反，向生贺曰："我为君平章已确[15]，即教小娘子从君返魂，好否？"两人各喜。

方将拜别，宾娘大哭曰："姊去，我安归？乞垂怜救，妾为姊捧帨耳。"连城凄然，无所为计，转谋生。生又哀顾。顾难之，峻辞以为不可。生固强之。乃曰："试妄为之。"去食顷而返，摇手曰："何如！诚万分不能为力矣！"宾娘闻之，宛转娇啼，惟依连城肘下，恐其即去。惨怛无术，相对默默；而睹其愁颜戚容，使人肺腑酸柔。顾生愤然曰："请携宾娘去。脱有愆尤[16]，小生拚身受之！"宾娘乃喜，从生出。生忧其道远无侣。宾娘曰："妾从君去，不愿归也。"生曰："卿大痴矣。不归，何以得活也？他日至湖南，勿复走避，为幸多矣。"适有两媪摄牒[17]赴长沙，生属[18]，宾娘泣别而去。

途中，连城行蹇缓，里余辄一息；凡十余息，始见里门。连城曰："重生后，惧有反覆。请索妾骸骨来，妾以君家生，当无悔也。"生然之。偕归生家。女惕惕若不能步，生伫待之。女曰："妾至此，四肢摇摇，似无所主。志恐不遂，尚宜审谋；不然，生后何能自由？"相将入侧厢中。默定少时，连城笑曰："君憎妾耶？"生惊问其故。赧然曰："恐事不谐，重负君矣。请先以鬼报也。"生喜，极尽欢恋。因徘徊不敢遽生，寄厢中者三日。连城曰："谚有之：'丑妇终须见姑嫜。'戚戚于此，终非久计。"乃促生入。才至灵寝，豁然顿苏。家人惊异，进以汤水。生乃使人要史来，请得连城之尸，自言能活之。史喜，从其言。方舁入室，视之已醒。告父曰："儿已委身乔郎矣，更无归理。如有变动，但仍一死！"史归，遣婢往役给奉。

王闻，具词申理。官受赂，判归王。生愤懑欲死，亦无奈之。连城至王家，忿不饮食，惟乞速死。室无人，则带悬梁上。越日，益惫，殆将奄逝。王惧，送归史。史复舁归生。王知之亦无如何，遂安焉。连城起，每念宾娘，欲遣信探之，以道远而艰于往。一日，家人进曰："门有车马。"夫妇出视，则宾娘已至庭中矣。相见悲喜。太守亲诣送女，生延入。太守曰："小女子赖君复生，誓不他适，今从其志。"生叩谢如礼。孝廉亦至，叙宗好[19]焉。生名年，字大年。

异史氏曰："一笑之知，许之以身，世人或议其痴。彼田横五百人岂尽愚哉！此知希之贵，贤豪所以感结而不能自已也。顾茫茫海内，遂使锦绣才人，仅倾心于蛾眉之一笑也，亦可慨矣！"

◎ 注释

① 晋宁：州县名，今云南省晋宁县。
② 偃蹇：指困顿科场，科举不得志。
③ 契重：投合，尊重。
④ 替：衰败。
⑤ 挑绣：挑花和刺绣，绣花时的两道工艺。
⑥ 矫：假托。
⑦ 助灯火：资助乔生读书费用。
⑧ 鹾贾：音 cuó gǔ，盐商。
⑨ 怫然：生气的样子。
⑩ 不谐何害：不谐，不能成事，指不能结为夫妻。何害，何妨。
⑪ 吉期：好日子，指完婚日期。
⑫ 廨署：官署。
⑬ 太息：叹息。
⑭ 典牍：主管文书案卷。
⑮ 平章已确：商办已妥。平章，商量处理。

⑯ 脱有愆尤：假若有罪责、过失。
⑰ 摄牒：携带公文。
⑱ 属：同“嘱”。
⑲ 叙宗好：叙同宗之族谊。孝廉与太守同姓史。

本篇选自《聊斋志异》卷三。才子佳人的爱情经历了种种磨难，最终结合。表面上看这是一个传统的爱情故事：乔生才华横溢，“为人有肝胆”，为连城治病而割去“心头肉”；连城重情重义，再以死威胁父亲和盐商王姓夫家，最终两人得结连理。但就是在这样一个传统的爱情模式当中，蒲松龄又赋予它新的主题，即“一笑知之”。但明伦评“士为知己者死”为“一篇主意”，的确道出了蒲松龄的真实用心。

汇评

《聊斋》盛行一时，然才子之笔，非著书者之笔也。《虞初》以下，干宝以上，古书多佚，其可见者，如刘敬叔《异苑》、陶潜《续搜神记》，小说类也；《飞燕外传》、《会真记》，传记类也；《太平广记》，事以类聚，故可并收。今一书而兼二体，所未解也。小说既述见闻，即属叙事，不比戏场关目，随意装点。伶玄之《传》，得之樊嫕故猥琐具详，元稹之记，出于自述，故约略梗概。杨升庵伪撰《秘辛》，尚知此意，升庵多见古书故也。今嬿昵之词，狎之态，细微曲折，摹绘如生，使出自言，似无此理；使出作者代言，则从何而见闻，又所未解也。留仙之才，予诚莫逮万一，惟此二事，则夏虫不免疑冰。刘舍人云：滔滔前世，既洗予闻；渺渺来修，谅尘彼观。心知其意，尚有人乎？远村曰：《聊斋》以传记体叙小说之事，仿史、汉遗法，一书兼二体，弊实有之，然非此精神不出，所以通人爱之，俗人亦爱之，竟传矣。虽有乖体例可也。纪公阅微草堂四种，颇无二者之病，然文字力量精神，别是一种，其生趣不逮矣。（清·纪昀《读聊斋杂说》）

《聊斋志异》虽亦如当时同类之书，不外记神仙狐鬼精魅故事，然描写委曲，叙次井然，用传奇法，而以志怪，变幻之状，如在目前；又或易调改弦，别叙畸人异行，出于幻域，顿入人间；偶叙琐闻，亦多简洁，故读者耳目，为之一新。

明末志怪群书，大抵简略，又多荒怪，诞而不情，《聊斋志异》独于详尽之外示以平常，使花妖狐魅，多具人情，和易可亲，忘其异类，而又偶见鹘突，知复非人……

又其叙人间事，亦尚不过为形容，致失常度……

至于每卷之末，常缀小文，则缘事极简短，不合于传奇之笔，故数行即尽，与六朝之志怪近矣。（鲁迅《中国小说史略》）

拓展阅读

聊斋志异
自　序

蒲松龄

披萝带荔，三闾氏感而为骚；牛鬼蛇神，长爪郎吟而成癖。自鸣天籁，不择好音，有由然矣。松落落秋萤之火，魑魅争光；逐逐野马之尘，魍魉见笑。才非干宝，雅爱搜神；情类黄州，喜人谈鬼。闻则命笔，遂以成编。久之，四方同人又以邮筒相寄，因而物以好聚，所积益夥。甚者：人非化外，事或奇于断发之乡；睫在眼前，怪有过于飞头之国。遄飞逸兴，狂固难辞；永托旷怀，痴且不讳。展如之人，得勿向我胡卢耶？然五爷衢头，或涉滥听；而三生石上，颇悟前因。放纵之言，有未可概以人废者。松悬弧时，先大人梦一病瘠瞿昙，偏袒入室，药膏如钱，圆粘乳际。寤而松生，果符墨志。且也，少羸多病，长命不犹。门庭之凄寂，则冷淡如僧；笔墨之耕耘，则萧条似钵。每搔头自念，勿亦面壁人果吾前身耶？盖有漏根因，未结人天之果；而随风荡堕，竟成藩溷之花。茫茫六道，何可谓无其理哉！独是子夜荧荧，灯昏欲蕊；萧斋瑟瑟，案冷疑冰。集腋为裘，妄续幽冥之录；浮白载笔，仅成孤愤之书。寄托如此，亦足悲矣！嗟乎！惊霜寒雀，抱树无温；吊月秋虫，偎栏自热。知我者，其在青林黑塞间乎！

康熙己未春日　柳泉自题

聚焦：

蒲松龄认为《聊斋志异》是一部“忧愤之书”，试从这些花妖鬼狐的故事当中体会。

思考与练习

1. 分析乔生和连城的性格。
2. 本文表现的社会人生的内涵是什么？
3. 你如何评价“异史氏曰”这一段内容？
4. 你认为什么是“知己”？“知己”的内涵是什么？

埋香冢飞燕泣残红[①]

曹雪芹

曹雪芹（1715？～1763?），名霑，字梦阮，号雪芹，又号芹圃、芹溪。其先祖本为汉人，后被编入满洲正白旗。从曾祖起，三代先后担任江宁织造。曹雪芹就是在这样的富贵家庭长大的。雍正初年，其父被革职，举家迁居北京，从此家道败落。晚年，曹雪芹移居北京西郊，过着贫困如洗的生活，最后贫病而卒。《红楼梦》是曹雪芹“批阅十载，增删五次”、“字字看来皆是血，十年辛苦不寻常”的作品。规模宏大，情节复杂，代表中国古代长篇小说的高峰。

如今且说林黛玉，因夜间失寐，次日起来迟了，闻得众姊妹都在园中作饯花会，恐人笑他痴懒，连忙梳洗了出来。刚到了院中，只见宝玉进门来了，笑道：“好妹妹，你昨儿可告了我不曾？教我悬了一夜心。”林黛玉便回头叫紫鹃道：“把屋子收拾了，撂下一扇纱屉；看那大燕子回来，把帘子放下来，拿狮子倚住；烧了香就把炉罩上。”一面说，一面又往外走。宝玉见他这样，还认作是昨日中晌的事，那知晚间的这段公案，还打恭作揖的。林黛玉正眼也不看，各自出了院门，一直找别的姊妹去了。宝玉心中纳闷，自己猜疑：看起这个光景来，不像是为昨日的事；但只昨日我回来的晚了，又没有见他，再没有冲撞了他的去处了。一面想，一面由不得从后面追了来。

只见宝钗探春正在那边看鹤舞，见黛玉去了，三个一同站着说话儿。又见宝玉来了，探春便笑道："宝哥哥身上好！我整整的三天没见你了。"宝玉笑道："妹妹身上好！我前儿还在大嫂子跟前问你呢。"探春道："宝哥哥你往这里来，我和你说话。"宝玉听说，便跟了他，离了钗、玉两个，到了一棵石榴树下。探春因说道："这几天老爷可曾叫你？"宝玉笑道："没有叫。"探春说："昨儿我恍惚听见说老爷叫你出去的。"宝玉笑道："那想是别人听错了，并没叫的。"探春又笑道："这几个月，我又攒下有十来吊钱了。你还拿了去，明儿出门逛去的时候，或是好字画，好轻巧顽意儿，替我带些来。"宝玉道："我这么城里城外、大廊小庙的逛，也没见个新奇精致东西，左不过是那些金玉铜磁，没处撂的古董，再就是绸缎吃食衣服了。"探春道："谁要这些。怎么像你上回买的那柳枝儿编的小篮子，整竹子根抠的香盒儿，胶泥垛的风炉儿，这就好了。我喜欢的什么似的，谁知他们都爱上了，都当宝贝似的抢了去了。"宝玉笑道："原来要这个。这不值什么，拿五百钱出去给小子们，管拉一车来。"探春道："小厮们知道什么。你拣那些朴而不俗、直而不拙者，这些东西，你多多的替我带了来。我还像上回的鞋作一双你穿——比那一双还加工夫，如何呢？"

宝玉笑道："你提起鞋来，我想起个故事：那一回我穿着，可巧遇见了老爷，老爷就不受用，问是谁做的。我那里敢提'三妹妹'三个字，我就回说是前儿我生日，是舅母给的。老爷听了是舅母给的，才不好说什么，半日还说：'何苦来！虚耗人力，作践绫罗，作这样的东西。'我回来告诉了袭人，袭人说这还罢了，赵姨娘气的抱怨的了不得：'正经兄弟，鞋搭拉袜搭拉的没人看的见，且作这些东西！'"探春听说，登时沉下脸来，道："这话糊涂到什么田地！怎么我是该作鞋的人么？环儿难道没有分例[②]之人？一般的衣裳是衣裳，鞋袜是鞋袜，丫头、老婆一屋子，怎么抱怨这些话！给谁听呢！我不过是闲着没事儿，作一双半双，爱给那个哥哥兄弟，随我的心。谁敢管我不成！这也是他气的。"宝玉听了，点头笑道："你不知道，他心里自然又有个想头了。"探春听说，益发动了气，将头一扭，说道："连你也糊涂了！他那想头自然是有的，不过是那阴微卑贱的见识。他只管这么想，我只管认得老爷、太太两个人，别人我一概不管。就是姊妹弟兄跟前，谁和我好，我就和谁好，什么偏的庶的，我也不知道。论理我不该说他，但忒昏愦的不象了！还有笑话呢：就是上回我给你那钱，替我带那顽的东西。过了两天，他见了我，也是说没钱便怎么难，我也不理论。谁知后来丫头们出去了，他就抱怨起来，说我攒的钱为什么给你使，倒不给环儿使呢。我听见这话，又好笑又好气，我就出来往太太跟前去了。"正说着，只见宝钗那边笑道："说完了，来罢。显见的是哥哥妹妹了，丢下别人，且说梯己[③]去。我们听一句儿就使不得了！"说着，探春宝玉二人方笑着来了。

宝玉因不见了林黛玉，便知他躲了别处去了，想了一想，索性迟两日，等他的气消一消再去也罢了。因低头看见许多凤仙石榴等各色落花，锦重重的落了一地，因叹道："这是他心里生了气，也不收拾这花儿来了。待我送了去，明儿再问着他。"说着，只见宝钗约着他们往外头去。宝玉道："我就来。"说毕，等他二人去远了，便把那花兜了起来，登山渡水，过树穿花，一直奔了那日同林黛玉葬桃花的去处来。将已到了花冢，犹未转过山坡，只听山坡那边有呜咽之声，一行数落着，哭的好不伤感。宝玉心下想道："这不知是那房里的丫头，受了委曲，跑到这个地方来哭。"一面想，一面煞住脚步，听他哭道是：

花谢花飞飞满天，红消香断有谁怜？
游丝软系飘春榭，落絮轻沾扑绣帘。

闺中女儿惜春暮，愁绪满怀无释处，
手把花锄出绣闺，忍踏落花来复去。
柳丝榆荚自芳菲，不管桃飘与李飞。
桃李明年能再发，明年闺中知有谁？
三月香巢已垒成，梁间燕子太无情！
明年花发虽可啄，却不道人去梁空巢也倾。
一年三百六十日，风刀霜剑严相逼，
明媚鲜妍能几时，一朝飘泊难寻觅。
花开易见落难寻，阶前闷杀葬花人！
独倚花锄泪暗洒，洒上空枝见血痕。
杜鹃无语正黄昏，荷锄归去掩重门。
青灯照壁人初睡，冷雨敲窗被未温。
怪奴底事倍伤神，半为怜春半恼春：
怜春忽至恼忽去，至又无言去未闻。
昨宵庭外悲歌发，知是花魂与鸟魂。
花魂鸟魂总难留，鸟自无言花自羞。
愿奴胁下生双翼，随花飞到天尽头。
天尽头，何处有香丘？
未若锦囊收艳骨，一抔净土掩风流！
质本洁来还洁去，强于污淖陷渠沟。
尔今死去侬收葬，未卜侬身何日丧？
侬今葬花人笑痴，他年葬侬知是谁？
试看春残花渐落，便是红颜老死时。
一朝春尽红颜老，花落人亡两不知！

宝玉听了，不觉痴倒。

话说林黛玉只因昨夜晴雯不开门一事，错疑在宝玉身上。至次日又可巧遇见饯花之期，正是一腔无明正未发泄，又勾起伤春愁思，因把些残花落瓣去掩埋，由不得感花伤己，哭了几声，便随口念了几句。不想宝玉在山坡上听见，先不过点头感叹；次后听到“侬今葬花人笑痴，他年葬侬知是谁”，“一朝春尽红颜老，花落人亡两不知”等句，不觉恸倒山坡之上，怀里兜的落花撒了一地。试想林黛玉的花颜月貌，将来亦到无可寻觅之时，宁不心碎肠断！既黛玉终归无可寻觅之时，推之于他人，如宝钗、香菱、袭人等，亦可到无可寻觅之时矣！宝钗等终归无可寻觅之时，则自己又安在哉？且自身尚不知何在何往，则斯处、斯园、斯花、斯柳，又不知当属谁姓矣！因此一而二，二而三，反复推求了去，真不知此时此际欲为何等蠢物，杳无所知，逃大造，出尘网，始可解释这段悲伤。正是：花影不离身左右，鸟声只在耳东西。

那林黛玉正自伤感，忽听山坡上也有悲声，心下想道：“人人都笑我有些痴病，难道还有一个痴子不成？”想着，抬头一看，见是宝玉。林黛玉看见，便道：“啐！我道是谁，原来是这个狠心短命的。”刚说到“短命”二字，又把口掩住，长叹了一声，自己抽身便走了。这里宝玉伤恸了一回，忽然抬头不见了黛玉，便知黛玉看见他躲开了，自己也觉无味，抖抖土起来，下山寻归旧路，往怡红院来。

可巧看见林黛玉在前头走，连忙赶上去，说道："你且站住。我知你不理我，我只说一句话，从今后撂开手。"林黛玉回头看见是宝玉，待要不理他，听他说"只说一句话，从此撂开手"，这话里有文章，少不得站住说道："有一句话，请说来。"宝玉笑道："两句话，说了你听不听？"黛玉听说，回头就走。宝玉在身后面叹道："既有今日，何必当初！"林黛玉听见这话，由不得站住，回头道："当初怎么样？今日怎么样？"宝玉叹道："当初姑娘来了，那不是我陪着顽笑？凭我心爱的，姑娘要，就拿去；我爱吃的，听见姑娘也爱吃，连忙干干净净收着等姑娘吃。一桌子吃饭，一床上睡觉。丫头们想不到的，我怕姑娘生气，我替丫头们想到。我心里想着：姊妹们从小儿长大，亲也罢，热也罢，和气到了头儿，才见得比人好。如今谁承望姑娘人大心大，不把我放在眼睛里，倒把外四路的什么宝姐姐凤姐姐的放在心坎儿上，倒把我三日不理四日不见的。我又没个亲兄弟亲姊妹——虽然有两个，你难道不知道是和我隔母的？我也和你是独出，只怕同我的心一样。谁知我是白操了这个心，弄的有冤无处诉！"说着不觉滴下眼泪来。黛玉耳内听了这话，眼内见了这形景，心内不觉灰了大半，也不觉滴下泪来，低头不语。宝玉见他这般形景，遂又说道："我也知道我如今不好了，但只凭着怎么不好，万不敢在妹妹跟前有错处。便有一二分错处，你倒是或教导我，戒我下次，或骂我两句，打我两下，我都不灰心。谁知你总不理我，叫我摸不着头脑，少魂失魄，不知怎么样才好。就便死了，也是个屈死鬼，任凭高僧高道忏悔也不能超生，还得你申明了缘故，我才得托生呢！"

黛玉听了这个话，不觉将昨晚的事都忘在九霄云外了，便说道："你既这么说，昨儿为什么我去了，你不叫丫头开门？"宝玉诧异道："这话从那里说起？我要是这么样，立刻就死了！"黛玉啐道："大清早起死呀活的，也不忌讳。你说有呢就有，没有就没有，起什么誓呢。"宝玉道："实在没有见你去。就是宝姐姐坐了一坐，就出来了。"林黛玉想了一想，笑道："是了。想必是你的丫头们懒待动，丧声歪气的也是有的。"宝玉道："想必是这个原故。等我回去问了是谁，教训教训他们就好了。"黛玉道："你的那些姑娘们也该教训教训，只是论理我不该说。今儿得罪了我的事小，倘或明儿宝姑娘来，什么贝姑娘来，也得罪了，事情岂不大了。"说着抿着嘴笑。宝玉听了，又是咬牙，又是笑。

二人正说话，只见丫头来请吃饭，遂都往前头来了。

◎ 注释

① 本文节选自《红楼梦》第二十七回、第二十八回。
② 分例：指按定例发放的钱物。
③ 梯己：贴心的，亲近的，这里指贴心话。

"满纸荒唐言，一把辛酸泪；都云作者痴，谁解其中味？"曹雪芹把一生的辛酸之泪都给了《红楼梦》这本书；林黛玉也把一生的辛酸之泪都给了贾宝玉。宝黛爱情从二人初会到青梅竹马，到共读西厢，再到黛玉葬花，吟出《葬花吟》，发展到了高潮。本文正是描写宝黛爱情的重要关目。从误会起，到重归于好止，宝玉的痴情，黛玉的担忧始终伴随其间，而最能反映黛玉性格特征的正是《葬花吟》。

汇评

《石头记》者，清康熙朝政治小说也。作者持民族主义甚挚。书中本事，在吊明之亡，揭清之失，而尤于汉族名士仕清者，寓痛惜之意。当时既虑触文网，又欲别开生面，特于本事以上，加以数层障幂，使读者有横看成岭侧成峰之状况。（蔡元培《石头记索引》）

在《红楼梦》的开端明明写着这是一部“将真事隐去”的书。

若作者是曹雪芹，那么，曹雪芹即是《红楼梦》开端时那个深自忏悔的“我”！即是书里的甄贾（真假）两个宝玉的底本！懂得这个道理，便知书中的贾府与甄府都只是曹雪芹家的影子。（胡适《〈红楼梦〉考证》）

《红楼梦》是中国许多人所知道，至少，是知道这名目的书。谁是作者和续者姑且勿论，单是命意，就因读者的眼光而有种种：经学家看见《易》，道学家看见淫，才子看见缠绵，革命家看见排满，流言家看见宫闱秘事……在我的眼下的宝玉，却看见他看见许多死亡；证成多所爱者当大苦恼，因为世上，不幸人多。惟憎人者，幸灾乐祸，于一生中，得小欢喜少有罣碍。然而憎人却不过是爱人者的败亡的逃路，与宝王之终于出家，同一小器。（鲁迅《集外集拾遗补编》）

拓展阅读

《红楼梦》的独创性

俞平伯

《红楼梦》的独创性很不好讲。到底什么才算它的独创呢？如“色”、“空”观念，上文说过《金瓶梅》也有的。如写人物的深刻活现，《金瓶梅》何尝不如此，《水浒》又何尝不如此。不错，作者立意要写一部第一奇书。果然，《红楼梦》地地道道是一部第一奇书。但奇又在哪里呢？要直接简单回答这问题原很难的。

全书八十回洋洋大文浩如烟海，我想从立意和笔法两方面来说，即从思想和技术两方面来看，后来觉得技术必须配合思想，笔法正所以发挥作意的，分别地讲，不见得妥当。要知笔法，先明作意；要明白它的立意，必先探明它的对象、主题是什么？本书虽亦牵涉种族、政治、社会一些问题，但主要的对象还是家庭，行将崩溃的封建地主家庭。主要人物宝玉以外，便是一些“异样女子”所谓“十二钗”。本书屡屡自己说明，即第二回脂砚斋评也有一句扼要的话：“盖作者实因之悲，棠棣之威，故撰此闺阁庭帏之传。”简单说来，《红楼梦》的作意不过如此。

接着第二个问题来了，他对这个家庭，或这样这类的家庭抱什么态度呢？拥护赞美，还是暴露批判，细看全书似不能用简单的是否来回答，拥护赞美的意思原很少，暴露批评又很不够。先世这样的煊赫，他对过去自不能无所留恋；末世这样的荒淫腐败，自不能无所愤慨，所以对这答案的正反两面可以说都有一点。再细比较去，否定的成分多于肯定的，在“贾天祥正照风月鉴”一回书中说得最明白。这风月宝鉴在那第十二回上是一件神物，在第一回上则作为《红楼梦》之别名。作者说风月宝鉴，“千万不可照正面，只照背面，要紧要紧”。可惜二百年来正照风月鉴的多。所谓正照者，仿佛现在说从表面看问题，不仅看正面的美人不看反面的骷髅叫正照，即如说上慈下孝即认为上慈下孝，说祖功宗德即认为祖功宗德也就是正照。既然这样，文字的表面和它的内涵、联想、暗示等等便有若干的距离，这就造成了《红楼梦》的所谓“笔法”。为什么其他说部没有种种的麻烦问题而《红楼》独有，又为什么其他说部不发生“笔法”的问题，而《红楼》独有，在这里得到一部分的解答。

用作者自己的话，即“真事隐去”、“假语村言”。他用甄士隐、贾雨村这两个谐声的姓名来代表这观念。自来看《红楼梦》的不大看重这两回书，或者不喜欢看，或者看不大懂，直到第三回才慢慢地读得津津有味起来。有一个脂砚斋评本，曾对这开端文字不大赞成，在第二回之末批道：

语言太烦令人不耐。古人云惜墨如金，看此视墨如土矣，虽演至千万回亦可也。

这虽然不对，却也是老实话。实在看不出什么好处来。殊不知这两回书正是全书的关键、提纲，一把总钥匙。看不懂这个，再看下去便有进入五花八门迷魂阵的感觉。这大片的锦绣文章，非但不容易看懂，且更容易把它弄拧了。我以为第一回书说甄士隐跟道士而去；甄士隐去即真事隐去。第二回记冷子兴与贾雨村的长篇对白；贾雨村言即假语村言。两回书已说明了本书的立意和写法，到第三回便另换一副笔墨，借贾雨村送林黛玉入荣国府，立即展开红楼如梦的境界了。

作者表示三点：(一) 真事，(二) 真的隐去，即真去假来，(三) 假语和村言。第二即一三的联合，简化一点即《红楼梦》用假话和村粗的言语（包括色情描写在内）来表现真人真事的。这很简单的，作者又说得明明白白，无奈人多不理会它。他们过于求深，误认"真事隐"为灯虎之类，于是大家瞎猜一阵，谁都不知道猜着没有，谁都以为我猜着了，结果引起争论以至于吵闹。《红楼梦》在文学上虽是一部绝代奇书，若当作谜语看，的确很笨的。这些红学家意欲抬高《红楼梦》，实际上反而大大的糟蹋了它。

把这总钥匙找着了再去看全书，便好得多了，没有太多的问题。表面上看，《红楼梦》既意在写实，偏又多理想；对这封建家庭既不满意，又多留恋，好像不可解。若用上述作者所说的看法，便可加以分析，大约有三种成分：(一) 现实的，(二) 理想的，(三) 批判的。这些成分每互相纠缠着，却在基本的观念下统一起来的。虽虚，并非空中楼阁；虽实，亦不可认为本传年表；虽褒，他几时当真歌颂；虽贬，他又何尝无情暴露。对恋爱性欲，十分的肯定，如第五回警幻之训宝玉；同时又极端的否定，如第十二回贾瑞之照风月鉴。对于书中的女性，大半用他的意中人作模型，自然褒胜于贬，却也非有褒无贬，是按照各人的性格来处理的。对贾家最高统治者的男性，则深恶痛绝之，不留余地。凡此种种，可见作者的态度，相当地客观，也很公平的。他自然不曾背叛他所属的阶级，却已相当脱离了阶级的偏向，批判虽然不够，却已有了初步的尝试。我们不脱离历史的观点来看，对《红楼梦》的价值容易得到公平的估计，也就得到更高的估计。《红楼梦》像彗星一般的出现，不但震惊了当时的文学界，而且会惹恼了这些反动统治者。这就能够懂得为什么既说真事，又要隐去；既然"追踪隐迹"，又要用"荒唐言"、"实非"之言、"胡诌"之言来混人耳目，他是不得已。虽亦有个人的性格、技术上的需要种种因素，而主要的，怕是它在当时的违碍性。说句诡辩的话，《红楼梦》正因为它太现实了，才写得这样太不现实的啊。

读者原可以自由自在地来读《红楼梦》，我不保证我的看法一定对。不过本书确也有它比较固定的面貌，不能够十分歪曲的。譬如以往种种"索隐"许多"续书"，至今未被大众所公认，可见平情之论，始能服人，公众的意见毕竟是正确的。

（节选自《红楼心解》）

聚焦：

关于《红楼梦》主题的探讨很多，正所谓一人眼中一个《红楼梦》。

思考与练习

1. 分析本文中林黛玉的心理。
2. 分析宝、黛的人物形象。
3. 鉴赏《葬花吟》。
4. 鲁迅先生曾精辟地说："经学家看见《易》，道学家看见淫，才子看见缠绵，革命家看见排满，流言家看见宫闱秘事。"那么，结合《红楼梦》这部小说及有关资料，你认为《红楼梦》是一部什么样的书？

第六单元 现当代小说

伤逝[①]——涓生的手记（节选）

鲁　迅

鲁迅（1881～1936），原名周树人，字豫才，浙江绍兴人。我国伟大的文学家、思想家、革命家。出生于破落的封建家庭，1902 年去日本留学，原在仙台医学院学医，后弃医从文，希望借此改变国民精神。1909 年回国，先后在杭州、绍兴任教。辛亥革命后，曾任南京临时政府和北京政府教育部部员、佥事等职，兼在北京大学、女子师范大学等校授课。五四运动前后，参加《新青年》杂志工作，成为五四新文化运动的主将。1936 年 10 月 19 日病逝于上海。

鲁迅的作品以小说、杂文为主。1918 年 5 月，首次用“鲁迅”的笔名，发表中国现代文学史上第一篇白话小说《狂人日记》，奠定了新文学运动的基石。其代表作有：小说集《呐喊》、《彷徨》等；散文集《朝花夕拾》；散文诗集《野草》；论文集《门外文谈》；杂文集《坟》、《热风集》、《华盖集》等；文学论著《中国小说史略》等。

我们总算度过了极难忍受的冬天，这北京的冬天；就如蜻蜓落在恶作剧的坏孩子的手里一般，被系着细线，尽情玩弄，虐待，虽然幸而没有送掉性命，结果也还是躺在地上，只争着一个迟早之间。

写给《自由之友》的总编辑已经有三封信，这才得到回信，信封里只有两张书券[②]：两角的和三角的。我却单是催，就用了九分的邮票，一天的饥饿，又都白挨给于己一无所得的空虚了。

然而觉得要来的事，却终于来到了。

这是冬春之交的事，风已没有这么冷，我也更久地在外面徘徊；待到回家，大概已经昏黑。就在这样一个昏黑的晚上，我照常没精打采地回来，一看见寓所的门，也照常更加丧气，使脚步放得更缓。但终于走进自己的屋子里了，没有灯火；摸火柴点起来时，是异样的寂寞和空虚！

正在错愕中，官太太便到窗外来叫我出去。

“今天子君的父亲来到这里，将她接回去了。”她很简单地说。

这似乎又不是意料中的事，我便如脑后受了一击，无言地站着。

“她去了么？”过了些时，我只问出这样一句话。

“她去了。”

“她，——她可说什么?”

“没说什么。单是托我见你回来时告诉你，说她去了。”

我不信；但是屋子里是异样的寂寞和空虚。我遍看各处，寻觅子君；只见几件破旧而黯淡的家具，都显得极其清疏，在证明着它们毫无隐匿一人一物的能力。我转念寻信或她留下的字迹，也没有；只是盐和干辣椒，面粉，半株白菜，却聚集在一处了，旁边还有几十枚铜元。这是我们两人生活材料的全副，现在她就郑重地将这留给我一个人，在不言中，教我借此去维持较久的生活。

我似乎被周围所排挤，奔到院子中间，有昏黑在我的周围；正屋的纸窗上映出明亮的灯光，他们正在逗着孩子推笑。我的心也沉静下来，觉得在沉重的迫压中，渐渐隐约地现出脱走的路径：深山大泽，洋场，电灯下的盛筵；壕沟，最黑最黑的深夜，利刃的一击，毫无声响的脚步……

心地有些轻松，舒展了，想到旅费，并且嘘一口气。

躺着，在合着的眼前经过的豫想的前途，不到半夜已经现尽；暗中忽然仿佛看见一堆食物，这之后，便浮出一个子君的灰黄的脸来，睁了孩子气的眼睛，恳托似的看着我。我一定神，什么也没有了。

但我的心却又觉得沉重。我为什么偏不忍耐几天，要这样急急地告诉她真话的呢?现在她知道，她以后所有的只是她父亲——儿女的债主——的烈日一般的严威和旁人的赛过冰霜的冷眼。此外便是虚空。负着虚空的重担，在严威和冷眼中走着所谓人生的路，这是怎么可怕的事呵！而况这路的尽头，又不过是——连墓碑也没有的坟墓。

我不应该将真实说给子君，我们相爱过，我应该永久奉献她我的说谎。如果真实可以宝贵，这在子君就不该是一个沉重的空虚。谎语当然也是一个空虚，然而临末，至多也不过这样地沉重。

我以为将真实说给子君，她便可以毫无顾虑，坚决地毅然前行，一如我们将要同居时那样。但这恐怕是我错误了。她当时的勇敢和无畏是因为爱。

我没有负着虚伪的重担的勇气，却将真实的重担卸给她了。她爱我之后，就要负了这重担，在严威和冷眼中走着所谓人生的路。

我想到她的死……我看见我是一个卑怯者，应该被摈于强有力的人们，无论是真实者，虚伪者。然而她却自始至终，还希望我维持较久的生活……

我要离开吉兆胡同，在这里是异样的空虚和寂寞。我想，只要离开这里，子君便如还在我的身边；至少，也如还在城中，有一天，将要出乎意表地访我，像住在会馆时候似的。

然而一切请托和书信，都是一无反响；我不得已，只好访问一个久不问候的世交去了。他是我伯父的幼年的同窗，以正经出名的拔贡[③]，寓京很久，交游也广阔的。

大概因为衣服的破旧罢，一登门便很遭门房的白眼。好容易才相见，也还相识，但是很冷落。我们的往事，他全都知道了。

“自然，你也不能在这里了，”他听了我托他在别处觅事之后，冷冷地说，“但那里去呢?很难。——你那，什么呢，你的朋友罢，子君，你可知道，她死了。”

我惊得没有话。

“真的?”我终于不自觉地问。

“哈哈。自然真的。我家的王升的家，就和她家同村。”

“但是，——不知道是怎么死的？”

“谁知道呢。总之是死了就是了。”

我已经忘却了怎样辞别他，回到自己的寓所。我知道他是不说谎话的；子君总不会再来的了，像去年那样。她虽是想在严威和冷眼中负着虚空的重担来走所谓人生的路，也已经不能。她的命运，已经决定她在我所给与的真实——无爱的人间死灭了！

自然，我不能在这里了；但是，“那里去呢？”

四围是广大的空虚，还有死的寂静。死于无爱的人们的眼前的黑暗，我仿佛一一看见，还听得一切苦闷和绝望的挣扎的声音。

我还期待着新的东西到来，无名的，意外的。但一天一天，无非是死的寂静。

我比先前已经不大出门，只坐卧在广大的空虚里，一任这死的寂静侵蚀着我的灵魂。死的寂静有时也自己战栗，自己退藏，于是在这绝续之交，便闪出无名的，意外的，新的期待。

一天是阴沉的上午，太阳还不能从云里面挣扎出来；连空气都疲乏着。耳中听到细碎的步声和咻咻的鼻息，使我睁开眼。大致一看，屋子里还是空虚；但偶然看到地面，却盘旋着一匹小小的动物，瘦弱的，半死的，满身灰土的……

我一细看，我的心就一停，接着便直跳起来。

那是阿随。它回来了。

我的离开吉兆胡同，也不单是为了房主人们和他家女工的冷眼，大半就为着这阿随。但是，“那里去呢？”新的生路自然还很多，我约略知道，也间或依稀看见，觉得就在我面前，然而我还没有知道跨进那里去的第一步的方法。

经过许多回的思量和比较，也还只有会馆是还能相容的地方。依然是这样的破屋，这样的板床，这样的半枯的槐树和紫藤，但那时使我希望，欢欣，爱，生活的，却全都逝去了，只有一个虚空，我用真实去换来的虚空存在。

新的生路还很多，我必须跨进去，因为我还活着。但我还不知道怎样跨出那第一步。有时，仿佛看见那生路就像一条灰白的长蛇，自己蜿蜒地向我奔来，我等着，等着，看看临近，但忽然便消失在黑暗里了。

初春的夜，还是那么长。长久的枯坐中记起上午在街头所见的葬式，前面是纸人纸马，后面是唱歌一般的哭声。我现在已经知道他们的聪明了，这是多么轻松简截的事。

然而子君的葬式却又在我的眼前，是独自负着虚空的重担，在灰白的长路上前行，而又即刻消失在周围的严威和冷眼里了。

我愿意真有所谓鬼魂，真有所谓地狱，那么，即使在孽风怒吼之中，我也将寻觅子君，当面说出我的悔恨和悲哀，祈求她的饶恕；否则，地狱的毒焰将围绕我，猛烈地烧尽我的悔恨和悲哀。

我将在孽风和毒焰中拥抱子君，乞她宽容，或者使她快意……

但是，这却更虚空于新的生路；现在所有的只是初春的夜，竟还是那么长。我活着，我总得向着新的生路跨出去，那第一步，——却不过是写下我的悔恨和悲哀，为子君，为自己。

我仍然只有唱歌一般的哭声，给子君送葬，葬在遗忘中。

我要遗忘；我为自己，并且要不再想到这用了遗忘给子君送葬。

我要向着新的生路跨进第一步去，我要将真实深深地藏在心的创伤中，默默地前行，用遗忘和说谎做我的前导……

一九二五年十月二十一日毕

◎ 注释

① 本篇写于1925年，收入《彷徨》集。

② 书券：购书用的代价券，旧时有的报刊用它代替现金支付稿酬。

③ 拔贡：清代科举考试制度，在规定的年限选拔“文行计优”的秀才，保送到京师，贡入国子监，称为“拔贡”，是贡生的一种。

这是鲁迅先生唯一一篇以爱情为题材的小说。小说的构思方式很特别，以一种“独白”或者“手记”的方式，表达对一段逝去情感的反思。二人敢于冲破封建枷锁，追求恋爱自由，却以悲剧收场。鲁迅先生用强烈的、抒情的笔调，以蒙太奇的方式组接了涓生和子君爱情生活中的点点滴滴，同时也表达了他的爱情观：“人必生活着，爱才有所附丽。”“爱情必须时时更新，生长，创造，安宁和幸福是要凝固的。”

汇评

他与本世纪的所有的世界杰出的思想家与文学家一样，在关注本民族的发展的同时，也在关注与思考人类共同面临的问题，并做出了自己的独特贡献。

……对于他的时代与民族，鲁迅又是超前的。他因此无论身前与身后，都不能避免寂寞的命运。我们民族有幸拥有了鲁迅，但要真正理解与消化他留给我们的丰富的思想文化（文学）遗产，还需要时间。（钱理群《中国现代文学三十年》）

拿一个与鲁迅《伤逝》相似的胡适的作品来讲，在“五四”个性解放的浪潮中，胡适曾写过一个剧本，很有名，叫《终身大事》……他想到的东西别人都想得到，有什么深刻之处？……你看看鲁迅的《伤逝》，恰恰是自由恋爱两个人同居了之后，悲剧才发生了。……这就是鲁迅的深刻，也是很多攻击他的人所说的刻毒，当然这也是胡适所不能及的地方。（孔庆东《正说鲁迅》）

拓展阅读

鲁迅自传

我于一八八一年生于浙江省绍兴府城里的一家姓周的家里。父亲是读书的；母亲姓鲁，乡下人，她以自修得到能够看书的学力。听人说，在我幼小时候，家里还有四五十亩水田，并不很愁生计。但到我十三岁时，我家忽而遭了一场很大的变故，几乎什么也没有了；我寄住在一个亲戚家里，有时还被称为乞食者。我于是决心回家，而我底父亲又生了重病，约有三年多，死去了。我渐至于连极少的学费也无法可想；我底母亲便给我筹办了一点旅费，教我去寻无需学费的学校去，因为我总不肯学做幕友或商人，——这是我乡衰落了的读书人家子弟所常走的两条路。

其时我是十八岁，便旅行到南京，考入水师学堂了，分在机关科。大约过了半年，我又走出，改进矿路学堂去学开矿，毕业之后，即被派往日本去留学。但待到在东京的豫备学校毕业，我已经决意要学医了。原因之一是因为我确知道了新的医学对于日本维新有很大的助力。我于是进了仙台（Sen-dai）医学专门学校，学了两年。这时正值俄日战争，我偶然在电影上看见一个中国人因做侦探而将被斩，因此又觉得在中国医好几个人也无用，还应该有较为广大的运动……先提倡新文艺。我便弃了学籍，再到东京，和几个朋友立了些小计划，但都陆续失败了。我又想往德国去，也失败了。终于，因为我底母亲和几个别的人很希望我有经济上的帮助，我便回到中国来；这时我是二十九岁。

我一回国，就在浙江杭州的两级师范学堂做化学和生理学教员，第二年就走出，到绍兴中学堂去做教务长，第三年又走出，没有地方可去，想在一个书店去做编译员，到底被拒绝了。但革命也就发生，绍兴光复后，我做了师范学校的校长。革命政府在南京成立，教育部长招我去做部员，移入北京；后来又兼做北京大学，师范大学，女子师范大学的国文系讲师。到一九二六年，有几个学者到段祺瑞政府去告密，说我不好，要捕拿我，我便因了朋友林语堂的帮助逃到厦门，去做厦门大学教授，十二月走出，到广东做了中山大学教授，四月辞职，九月出广东，一直住在上海。

我在留学时候，只在杂志上登过几篇不好的文章。初做小说是一九一八年，因为一个朋友钱玄同的劝告，做来登在《新青年》上的。这时才用"鲁迅"的笔名（Pen-name）；也常用别的名字做一点短论。现在汇印成书的有两本短篇小说集：《呐喊》，《彷徨》。一本论文，一本回忆记，一本散文诗，四本短评。别的，除翻译不计外，印成的又有一本《中国小说史略》，和一本编定的《唐宋传奇集》。

一九三〇年五月十六日

聚焦：

另请阅读《呐喊》和《彷徨》。所谓"知人论世"，了解作者及其所处的时代，我们才能更深刻地理解其作品。

思考与练习

1. 分析子君和涓生的人物形象。
2. 思考子君和涓生爱情悲剧的内涵。
3. 你认为正确的爱情观是什么？

断魂枪①

老 舍

老舍（1899～1966），原名舒庆春，字舍予，满族，北京人。现代著名文学家。1918 年毕业于北京师范学校，1924 年赴英国伦敦大学东方学院讲授汉语和中国文学，1930 年回国，先后到济南齐鲁大学、青岛山东大学任教。1937 年抗日战争爆发，只身前往武汉，投入到文艺界的抗日洪流之中，在 1938 年成立的"中华全国文艺界抗敌协会"中，担任总务部主任。新中国成立后，曾任全国文联副主席、北京市文联主席等职。1966年8月因迫害而死。老舍是一位多产的作家，被授予“人民艺术家”称号。其作品具有鲜明的民族风格，有很高的艺术成就。代表作有长篇小说《骆驼祥子》、《四世同堂》、《离婚》等，中短篇小说《月牙儿》等，戏剧《龙须沟》、《茶馆》等。

“生命是闹着玩，事事显出如此；从前我这么想过，现在我懂得了。”

沙子龙的镖局已改成客栈。

东方的大梦没法子不醒了。炮声压下去马来与印度野林中的虎啸。半醒的人们，揉着眼，祷告着祖先与神灵；不大会儿，失去了国土、自由与权利。门外立着不同面色的人，枪口还热着。他们的长矛毒弩，花蛇斑彩的厚盾，都有什么用呢？连祖先与祖先所信的神明全不灵了啊！龙旗的中国也不再神秘，有了火车呀，穿坟过墓的破坏着风水。枣红色多穗的镖旗，绿鲨皮鞘的钢刀，响着串铃的口马，江湖上的智慧与黑话，义气与声名，连沙子龙，他的武艺、事业，都梦似的变成昨夜的。今天是火车、快枪，通商与恐怖。听说，有人还要杀下皇帝的头呢！

这是走镖已没有饭吃，而国术还没被革命党与教育家提倡起来的时候。

谁不晓得沙子龙是利落、短瘦、硬棒，两眼明得像霜夜的大星？可是，现在他身上放了肉。镖局改了客栈，他自己在后小院占着三间北房，大枪立在墙角，院子里有几只楼鸽。只是在夜间，他把小院的门关好，熟习熟习他的“五虎断魂枪”。这条枪与这套枪，二十年的工夫，在西北一带，给他创出来“神枪沙子龙”五个字，没遇见过敌手。现在，这条枪与这套枪不会再替他增光显胜了；只是摸摸这凉、滑、硬而发颤的杆子，使他心中少难过一些而已。只有在夜间独自拿起枪来，才能相信自己还是“神枪沙”。在白天，他不大谈武艺与往事；他的世界已被狂风吹了走。

在他手下创练起来的少年们还时常来找他。他们大多数是没落子弟，都有点武艺，可是没地方去用。有的在庙会上去卖艺：踢两趟腿，练套家伙，翻几个跟头，附带着卖点大力丸，混个三吊两吊的。有的实在闲不起了，去弄筐果子，或挑些毛豆角，赶早儿在街上论斤吆喝出去。那时候，米贱肉贱，肯卖膀子力气本来可以混个肚子圆；他们可是不成：肚量既大，而且得吃口管事儿的；干饽饽辣饼子咽不下去。况且他们还时常去走会：五虎棍，开路，太狮少狮……虽然算不了什么——比起走镖来——可是到底有个机会活动活动，露露脸。是的，走会捧场是买脸的事，他们打扮得像个样儿，至少得有条青洋绉裤子，新漂白细市布的小褂，和一双鱼鳞洒鞋——顶好是青缎子抓地虎靴子。他们是神枪沙子龙的徒弟——虽然沙子龙并不承认——得到处露脸，走会得赔上俩钱，说不定还得打场架。没钱，上沙老师那里去求。沙老师不含糊，多少不拘，不让他们空着手儿走。可是，为打架或献技去讨教一个招数，或是请给说个“对子”——什么空手夺刀，或虎头钩进枪——沙老师有时说句笑话，马虎过去：“教什么？拿开水浇吧！”有时直接把他们逐出去。他们不大明白沙老师是怎么了，心中也有点不乐意。

可是，他们到处为沙老师吹腾，一来是愿意使人知道他们的武艺有真传授，受过高人的指教；二来是为激动沙老师：万一有人不服气而找上老师来，老师难道还不露一两手真的吗？所以，沙老师一拳就砸倒了个牛！沙老师一脚把人踢到房上去，并没使多大的劲！他们谁也没见过这种事，但是说着说着，他们相信这是真的了，有年月，有地方，千真万确，敢起誓！

王三胜——沙子龙的大伙计——在土地庙拉开了场子，摆好了家伙。抹了一鼻子茶叶末色的鼻烟，他抡了几个竹节钢鞭，把场子打大一些。放下鞭，没向四围作揖，叉着腰念了两句："脚踢天下好汉，拳打五路英雄！"向四围扫了一眼："乡亲们，王三胜不是卖艺的；玩艺儿会几套，西北路上走过镖，会过绿林中的朋友。现在闲着没事，拉个场子陪诸位玩玩。有爱练的尽管下来，王三胜以武会友，有赏脸的，我陪着。神枪沙子龙是我的师傅；玩艺地道！诸位，有愿下来的没有？"他看着，准知道没人敢下来，他的话硬，可是那条钢鞭更硬，十八斤重。

王三胜，大个子，一脸横肉，努着对大黑眼珠，看着四围。大家不出声。他脱了小褂，紧了紧深月白色的"腰里硬"，把肚子杀进去。给手心一口唾沫，抄起大刀来："诸位，王三胜先练趟瞧瞧。不白练，练完了，带着的扔几个；没钱，给喊个好，助助威。这儿没生意口。好，上眼！"

大刀靠了身，眼珠努出多高，脸上绷紧，胸脯子鼓出，像两块老桦木根子。一跺脚，刀横起，大红缨子在肩前摆动。削砍劈拨，蹲越闪转，手起风生，忽忽直响。忽然刀在右手心上旋转，身弯下去，四围鸦雀无声，只有缨铃轻叫。刀顺过来，猛的一个踩泥，身子直挺，比众人高着一头，黑塔似的，收了势："诸位！"一手持刀，一手叉腰，看着四围。稀稀的扔了几个铜钱，他点点头。"诸位！"他等着，等着，地上依旧是那几个亮而削薄的铜钱，外层的人偷偷散去。他咽了口气："没人懂！"他低声地说，可是大家全听见了。

"有功夫！"西北角上一个黄胡子老头儿答了话。

"啊？"王三胜好似没听明白。

"我说，你——有——功——夫！"老头子的语气很不得人心。

放下大刀，王三胜随着大家的头往西北看。谁也没看起这个老人：小干巴个儿，披着件粗蓝布大衫，脸上窝窝瘪瘪，眼陷进去很深，嘴上几根细黄胡，肩上扛着条小黄草辫子，有筷子那么细，而绝对不像筷子那么直顺。王三胜可是看出这老家伙有功夫，脑门亮，眼睛亮——眼眶虽深，眼珠可黑得像两口小井，深深地闪着黑光。王三胜不怕：他看得出别人有功夫没有，可更相信自己的本事，他是沙子龙手下的大将。

"下来玩玩，大叔！"王三胜说得很得体。

点点头，老头儿往里走。这一走，四处全笑了。他的胳臂不大动；左脚往前迈，右脚随着拉上来，一步步地向前拉扯，身子整着，像是患过瘫痪病。蹭到场中，把大衫扔在地上，一点儿没理会四围怎样笑他。

"神枪沙子龙的徒弟，你说？好，让你使枪吧，我呢？"老头子非常的干脆，很像久想动手。

人们全回来了，邻场耍狗熊的无论怎么敲锣也不中用了。

"三截棍进枪吧？"王三胜要看老头子一手，三截棍不是随便就拿得起来的家伙。

老头子又点点头，拾起家伙来。王三胜努着眼，抖着枪，脸上十分难看。

老头子的黑眼珠更深更小了，像两个香火头，随着面前的枪尖儿转，王三胜忽然觉得不舒服，那俩黑眼珠似乎要把枪尖吸进去！四外已围得风雨不透，大家都觉出老头子确是有威。为躲那对眼睛，王三胜耍了个枪花。老头子的黄胡子一动："请！"王三胜一扣枪，向前躬步，枪尖奔了老头子的喉头去，枪缨打了一个红旋。老人的身子忽然活展了，将身微偏，让过枪尖，前把一挂，后把撩王三胜的手。拍，拍，两响，王三胜的枪撒了手。场外叫了好。王三胜连脸带胸口全紫了，抄起枪来；一个花子，连枪带人滚了过来，枪尖奔了老人的中部。老头子的眼亮得发着黑光；腿轻轻一屈，下把掩裆，上把打着刚要抽回的枪杆；拍，枪又落在地上。

场外又是一片彩声。王三胜流了汗，不再去拾枪，努着眼，木在那里。老头子扔下家伙，拾起大衫，还是拉拉着腿，可是走得很快了，大衫搭在臂上，他过来拍了王三胜一下："还得练哪，伙计！"

"别走！"王三胜擦着汗："你不离，姓王的服了！可有一样，你敢会会沙老师？"

"就是为会他才来的！"老头子的干巴脸上皱起点来，似乎是笑呢。"走？收了吧，晚饭我请！"

王三胜把兵器拢在一处，寄放在变戏法二麻子那里，陪着老头子往庙外走。后面跟着不少人，他把他们骂散了。

"你老贵姓？"他问。

"姓孙哪，"老头子的话与人一样，都那么干巴。"爱练；久想会会沙子龙。"

沙子龙不把你打扁了！王三胜心里说。他脚底下加了劲，可是没把孙老头落下。他看出来，老头子的腿是老走着查拳门中的连跳步；交起手来，必定很快。但是，无论他怎么快，沙子龙是没对手的。准知道孙老头要吃亏，他心中痛快了些，放慢了些脚步。

"孙大叔贵处？"

"河间的，小地方。"孙老者也和气了些："月棍年刀一辈子枪，不容易见功夫！真的，你那两手就不坏！"

王三胜头上的汗又回来了，没言语。

到了客栈，他心中直跳，唯恐沙老师不在家，他急于报仇。他知道老师不爱管这种事，师弟们已碰过不少钉子，可是他相信这回必定行，他是大伙计，不比那些毛孩子；再说，人家在庙会上点名叫阵，沙老师还能丢这个脸吗？

"三胜，"沙子龙正在床上看着本《封神榜》，"有事吗？"

三胜的脸又紫了，嘴唇动着，说不出话来。

沙子龙坐起来，"怎么了，三胜？"

"栽了跟头！"

只打了个不甚长的哈欠，沙老师没别的表示。

王三胜心中不平，但是不敢发作；他得激动老师："姓孙的一个老头儿，门外等着老师呢；把我的枪，枪，打掉了两次！"他知道"枪"字在老师心中有多大分量。没等吩咐，他慌忙跑出去。

客人进来，沙子龙在外间屋等着呢。彼此拱手坐下，他叫三胜去泡茶。三胜希望两个老人立刻交了手，可是不能不沏茶去。孙老者没话讲，用深藏着的眼睛打量沙子龙。

沙子龙很客气："要是三胜得罪了你，不用理他，年纪还轻。"

孙老者有些失望，可也看出沙子龙的精明。他不知怎样好了，不能拿一个人的精明断定他的武艺。"我来领教领教枪法！"他不由地说出来。

沙子龙没接碴儿。王三胜提着茶壶走进来——急于看二人动手，他没管水开了没有，就沏在壶中。

"三胜，"沙子龙拿起个茶碗来，"去找小顺们去，天汇见，陪孙老者吃饭。"

"什么！"王三胜的眼珠几乎掉出来。看了看沙老师的脸，他敢怒而不敢言地说了声："是啦！"走出去，噘着大嘴。

"教徒弟不易！"孙老者说。

"我没收过徒弟。走吧，这个水不开！茶馆去喝，喝饿了就吃。"沙子龙从桌子上拿起缎子褡裢，一头装着鼻烟壶，一头装着点钱，挂在腰带上。

“不，我还不饿！”孙老者很坚决，两个“不”字把小辫从肩上抡到后边去。

“说会子话儿。”

“我来为领教领教枪法。”

“功夫早搁下了，”沙子龙指着身上，“已经放了肉！”

“这么办也行，”孙老者深深地看了沙老师一眼：“不比武，教给我那趟五虎断魂枪。”

“五虎断魂枪？”沙子龙笑了：“早忘干净了！早忘干净了！告诉你，在我这儿住几天，咱们逛逛各处，临走，多少送点盘缠。”

“我不逛，也用不着钱，我来学艺！”孙老者立起来，“我练趟给你看看，看够得上学艺不够！”一屈腰已到了院中，把楼鸽都吓飞起去。拉开架子，他打了趟查拳：腿快，手飘洒，一个飞脚起去，小辫儿飘在空中，像从天上落下来一个风筝；快之中，每个架子都摆得稳、准，利落；来回六趟，把院子满都打到。走得圆，接得紧，身子在一处，而精神贯串到四面八方。抱拳收势，身儿缩紧，好似满院乱飞的燕子忽然归了巢。

“好！好！”沙子龙在台阶上点着头喊。

“教给我那趟枪！”孙老者抱了抱拳。

沙子龙下了台阶，也抱着拳：“孙老者，说真的吧；那条枪和那套枪都跟我入棺材，一齐入棺材！”

“不传？”

“不传！”

孙老者的胡子嘴动了半天，没说出什么来。到屋里抄起蓝布大衫，拉拉着腿：“打搅了，再会！”

“吃过饭走！”沙子龙说。

孙老者没言语。

沙子龙把客人送到小门，然后回到屋中，对着墙角立着的大枪点了点头。

他独自上了天汇，怕是王三胜们在那里等着。他们都没有去。

王三胜和小顺们都不敢再到土地庙去卖艺，大家谁也不再为沙子龙吹腾；反之，他们说沙子龙栽了跟头，不敢和个老头儿动手；那个老头子一脚能踢死个牛。不要说王三胜输给他，沙子龙也不是“个儿”。不过呢，王三胜到底和老头子见了个高低，而沙子龙连句硬话也没敢说。“神枪沙子龙”慢慢似乎被人们忘了。

夜静人稀，沙子龙关好了小门，一气把六十四枪刺下来，而后，拄着枪，望着天上的群星，想起当年在野店荒林的威风。叹一口气，用手指慢慢摸着凉滑的枪身，又微微一笑：“不传！不传！”

◎ 注释

① 本篇最初发表于1935年9月天津《大公报》副刊《文艺》第13期。

当“沙子龙的镖局已改成客栈”时，当以中国武术为代表的传统国术面对强大的坚船利炮时，当近代中国面临着巨大变迁时，以沙子龙为代表的“东方大梦”的觉醒者陷入了一种生存的困境之中：一方面留恋往昔的辉煌；另一方面在痛苦当中谋求改变。而以王三胜和孙老者为代表的未觉醒者，面对变革还沉浸在“东方大梦”中。通过对比，三人的性格特征非常鲜明地表现出来。

汇评

在《断魂枪》里，我表现了三个人，一桩事。这三个人与一桩事是我由一大堆材料中选出来的，他们的一切都在我心中想过了许多回，所以他们都能立得住。（老舍《老舍自传》）

事实逼得我不能不把长篇的材料写作短篇了，这是事实，因为索稿的日多，而材料不那么方便了，于是把心中留着的长篇材料拿出来救急。不用说，这么由批发而改为零卖是有点难过。可是及至把十万字的材料写成五千字的一个短篇——像《断魂枪》——难过反倒变成了觉悟。（老舍《老舍自传》）

读老舍的小说，宛若在读白居易的诗，平易畅达，老妪能解。（杨义《中国现代小说史》）

而“断魂枪”法的主人沙子龙，一点也看不出他哪怕起码是在心劲儿上的抗争，他好像早就心宽气宏地接纳了那命运的陡变，作家构思与运笔的精妙之处，也许恰恰在此处，从沙子龙口中连连喊出的“不传”，明示着读者，他业已参透一切并重新拿定了方寸，绝不去跟迎面压过来的时势较真用气，绝不发泄任何心中不悦，这可就不是常人所能修养到的境界了：当我们捕捉到了这条思路，再把寻觅的眼光略微放远一点儿，便可以恍然想到，我们的古老民族确曾有着为数不多的文化人，他们面临眼前文化百相的风云翻覆，胸中虽郁结过层层叠叠的文化块垒，并在偌长的时间里孜孜求索，但是，他们毕竟依赖于个人的悟性，艰难地跨越了某道心理极限，逐渐获取了一双冷眼，一份静心，进而试图借用一副历史老人的心肠，来领略和透视大千文化的嬗替锐变。沙子龙，可能就是作家比照着这种心态，塑造出来的一位甘为旧有美质文化而殉道的末路英豪，他决计要刚毅地迎纳现实的轰击和毁灭，走上与心中的完美事物（虽然是历史性的）共相厮守的终极之路，而把不尽的哀伤、悲凉，悉数留给未达到相应顿悟的芸芸世人。（关纪新《老舍评传》）

拓展阅读

阅读《月牙儿》、《微神》、《四世同堂》、《骆驼祥子》。

聚焦：

通过阅读了解老舍小说语言的特色及其小说中的民族性。

思考与练习

1. 这篇小说的主旨是什么？
2. 这篇小说是如何刻画沙子龙这个人物形象的？
3. 王三胜、沙子龙对刻画沙子龙这个人物有什么作用？

家[①]（节选）

巴　金

巴金（1904～2005），原名李尧棠，字芾甘，笔名佩竿、余一、王文慧等，四川成都人。1923年离开家，前往上海和南京，1927年赴法国留学，在此完成了他的处女作长篇小说《灭亡》，并开始使用巴金的笔名。1928年底，回到上海，继续从事文学创作和翻译工作。抗日战争爆发后，巴金积极组织并参加抗日救亡文化活动，编辑《呐喊》、《救亡日报》等报刊。新中国成立后，曾先后担任全国文联主席、中国作家协会主席、中国笔会中心主席、全国政协副主席等职。2005年10月在上海逝世。巴金是我国现代著名的文学家、出版家、翻译家，被誉为五四新文化运动以来最有影响的作家之一，中国的"卢梭"，是20世纪中国杰出的文学大师、中国当代文坛的巨匠。他生前凝聚毕生的激情与智慧，写下了《爱情三部曲》（《雾》《雨》《电》）、《激流三部曲》（《家》《春》《秋》）、《萌芽》、《寒夜》《随想录》、《死去的阳光》、《新生》、《砂丁》……为我们留下了千万字的作品。

第二天觉新果然来得很早，而且带了海臣同来。淑华如约搬来了。淑英也来了，不过她没有得到父亲的许可，不能够搬到城外来住。后来琴也来了。这个小小的院子里又有了短时间的欢乐，有了笑声，还有别的。

然而在欢笑中光阴过得比平常更快，分别的时刻终于又到了。临行时海臣忽然哭起来不肯回去，说是要跟着妈妈留在这儿。这自然是不可能的。瑞珏说了许多话安慰他，骗他，才使他转啼为笑，答应好好地跟着爹爹回家。

瑞珏依然把觉新送到门口。"你明天还是早点来吧。"她说着，眼睛里闪起了泪光。

"明天我恐怕不能来。他们喊了泥水匠来给爷爷修假坟，要我监工。"他忧郁地说。但是他忽然注意到了她的眼角的泪珠，又不忍使她失望，便改口说："我明天会想法来看你，我一定来。珏，你怎么这样容易伤心？你自己的身体要紧。要是你再有什么病痛，你叫我……"说到这里他把话咽住了。

"我自己也不晓得为什么缘故这样容易伤心，"瑞珏的脸上浮出了凄凉的微笑，她抱歉似地说，眼睛不肯离开他的脸，一只手还在摩抚海臣的脸颊，"每天你回去的时候，我总觉得好像不能再跟你见面一样。我很害怕，我自己也不明白为什么要害怕。"她说了又用手去揉眼睛。

"有什么害怕呢？我们隔得这么近，我每天都可以来看你，现在又有三妹在这儿陪你。"觉新勉强装出笑容来安慰瑞珏。他不敢往下想。

"就是那座庙吗？"她忽然指着右边不远处突出的屋顶问道，"听说梅表妹的灵柩就停在那儿。我哪天有空倒想去看看她。"

觉新随着瑞珏的手指看去，他的脸色马上变了。他连忙掉开头，一个可怕的思想开始咬他的脑子。他伸手去捏她的手，他把那只温软的手紧紧握着，好像这时候有人要把她夺去一般。"珏，你不要去！"他重复地说了两遍，用的是那样的一种声音，使得瑞珏许久都不能够忘记，虽然她不明白他为什么这样坚持地不要她到那里去。

他不再等她说什么，猝然放开她的手，再说一次："我回去了。"又叫海臣唤了两声"妈妈"，然后大步上了轿。两个轿夫抬起轿子放在肩上。海臣还在轿里唤"妈妈"，他却默默地吞眼泪。

觉新回到家里，还不曾走进灵堂，就看见陈姨太从那里出来。

“大少爷，少奶奶还好吗?”她带笑地问。

“还好，难为你问，”觉新勉强装出笑脸来回答。

“快生产了吧?”

“恐怕还有几天。”

“那么，还不要紧。不过大少爷，请你记住，你不能进月房啰，”陈姨太忽然收起笑容正经地对觉新说，说完就带着她平日常有的那股香气走开了。

这样的话觉新已经听到三次了。然而今天在这种情形里听到她用这种声音说了它出来，他气得半晌吐不出一个字。他呆呆地望着陈姨太的背影。他手里牵着的海臣在旁边仰起头唤“爹爹”，他也没有听见。

四天后，觉新照常到瑞珏的新居去，这一天因为家里有事情他去得比往日迟一点，到了那里已经是午后三点多钟了。他走进院子，叫了一声“珏”，连忙向她的房间走去。他刚把一只脚放进门槛，便给人拦住了。肥胖的张嫂带着庄严的表情站在房门口，拦住他，不要他进去。她说：“大少爷，你进来不得!”她再没有第二句话。然而他已经懂得了。

他毫不反抗地缩回了那只脚，怅惘地在中间房里立了半晌。他忽然觉得有点紧张，就走到外面去了。接着砰的一声瑞珏的房门关上了。里面有脚步声，有陌生的女音在低声说话。

他立在窗下，望着小天井里的青草和野花出神。他有一种奇怪的感觉。这感觉究竟是苦是甜，是喜是悲，是愤怒或是满足，连他自己也说不出来，不过他觉得好像样样都有。几年以前他也曾有过跟这略略相似的感觉，但也只是略略相似而已，实际上却差了许多。他还记得在几年前，当他处在好像跟这相似而实际却跟这不同的情景里的时候，他曾经怀着感动的心情，流下喜悦的眼泪感谢她，照料她。他为她的挣扎而感到痛苦，他又为她给他带来的礼物而感到喜悦。他在旁边看见她经历了那一切而达到最后的胜利，他的心情也由紧张变到宽松，由痛苦变到喜悦。他看见了那个孩子，他的第一个孩子。他还记得他怎样从接生婆的手里接过了那个包裹在襁褓里的婴儿，带着感激与爱怜去吻那张红红的小脸，在心里宣誓要爱那个婴儿，要为婴儿牺牲一切，因为他已经把自己的生命寄托在那个初生孩子的身上了。他又走到妻的床前，看着妻的苍白的、疲倦的脸，摩抚她的一只手，低声问到她的健康，又从眼光里说出许多不能给别人听见的充满着感激与热爱的话。同样她也用得意与热爱的眼光看他，又看那个婴儿，又用感激的声音对他说：“我现在很好。你看，他不可爱吗？快给他起一个名字。”她的脸上是怎样地闪耀着喜悦的光辉，那种第一次做母亲的人的喜悦的光辉!

然而今天同样地她躺在床上，她开始在低声呻吟，房里有人在走动，有人严肃地低声说话。这一切似乎跟从前并没有不同，可是现在他和她却在这样的一个地方，而且两扇木板门隔开了他们，使他就在这一刻也不能够进去看她一眼，鼓舞她，安慰她，或者分担她的痛苦。现在他怀着一种跟从前完全两样的心情等待着将要发生的一切。他没有喜悦，没有满足，他只有恐怖，只有悔恨。他只有一个思想，这就是：

“我害了她。”

“少奶奶，你觉得怎样?”张嫂的声音在问。

接着是一阵严肃的沉默。

“哎哟！……哇……哎哟……我痛啊!”

忽然一阵痛苦的叫声从窗里飞出来，直往他的耳朵里钻。这一阵声音使他浑身发抖。他咬紧牙齿，捏紧拳头，极力在挣扎。他起初甚至想："这不会是她的声音，她从来不曾有过这样大的声音。"然而房里除了她以外还有谁会发出这样的叫声呢？"一定是她，一定是珏！"他自语道。

"哇！……痛啊，……我痛啊！……哎哟！"声音更凄厉了，几乎不像是人的叫声。在房里，脚步声，人声，碗碟家具响动声跟这叫声响在一起。他用手蒙住耳朵，口里喃喃地自语："一定不是她，一定不是珏。她不会叫得像这样。"他疯狂似地走近窗前伸长了颈项去望。可是窗户紧紧关着。他只能听见声音，他不能够看见里面的情形。他绝望地掉转了身子。

"少奶奶，你要忍住，过一会儿就好了。"一个陌生的女音在说。

"我痛啊！……哇！"又是一声怪叫。

"嫂嫂，你忍耐些，这不过是短痛，过一会儿就好了。"是淑华的声音。

叫声渐渐地低下去，后来房里只有微弱的呻吟。

忽然门开了。他转过身去望。张嫂从里面匆匆忙忙地跑出来，到灶房里去了一趟，又很快地捧了一盆热水走回去。他迟疑一下，便走进了中间屋子，眼睁睁地望着半掩的门，偶尔有一个人影在里面晃动，他的心跳得厉害，但是他还没有进去的念头。等到张嫂从另一间屋子走出来回到瑞珏的房里去时，他突然下了决心要跟着她进去。可是她一进屋就把房门关上了。

他推了几下门，里面没有一声回应。他绝望地放下手，正打算走出去，却又听见里面的怪叫声。他用力推门，他用力捶门。

"哪个？"房里有人在问，这是张嫂的声音。

"放我进来！"他叫道。声音里充满了恐怖、痛苦和愤怒。没有人答应，也没有人开门。他的妻还在大声叫痛。

"放我进来！张嫂，放我进来！"他愤怒地叫着，一面继续用拳头在门上捶。

"大少爷，你进来不得！我不敢给你开门。太太、四太太、陈姨太她们都吩咐过的！……"张嫂走到门口在里面大声说。

张嫂似乎还在说话，但是他已经不去听她了。他明白她的意思。他记起家里那些长辈们曾经对他说过的话。他的希望，他的勇气都给那些话赶走了。他绝望地立在门前，不能够说一句话来驳倒张嫂。

"大少爷呢？他在哪儿？"在房里瑞珏用悲惨的声音叫起来。"他为什么还不来看我？……张嫂，你去把大少爷请来！我痛啊！……哇！……"这个声音使得觉新连心都紧了。

"珏，我在这儿，我在这儿！珏，我来了！开门！快放我进来！她要见我！你们放我进来！"他忘了自己地狂叫着，他用了他所能够叫出的最大的声音。他又用拳头去捶门。

"明轩，你在哪儿？为什么我看不见你？……我痛啊！你在哪儿？……你们为什么不让他进来？……哇！……"

"珏，我在这儿！我就进来！我要守住你！我不会离开你！……放我进来！你们放我进来！你们看她痛成这个样子，你们不可怜她吗？"他嘶声叫着，一面死命地捶着门。

房里静下来了。可是又起了一阵忙乱。有人在奔走，有人在呼唤。"嫂嫂！""少奶奶！"这些声音响成了一片。他想她一定是昏厥过去了。他更紧张，他用最大的声音叫着："珏，我在这儿！你听得见我的声音吗？"

房里的唤声停止了。仿佛瑞珏在说话，过后又是她的呻吟，声音非常微弱。

又过了一些时候。

"哇！我痛啊！……你们不来救我！……明轩，你在哪儿？你为什么也不来救我？……我痛啊！……”她又在里面怪声叫了。

“我在这儿！珏，我给你说我在这儿！我在这儿！珏，听见吗？……放我进来！……三妹，你是懂事的，你快给我开门！你放我进来吧！”他还在外面狂叫。

她的声音又停止了。房里没有人说话。忽然在严肃的静寂中，一个婴儿的哭声响了起来。是宏亮的啼声。

“谢天谢地！”他欣慰地说。他感到一阵轻松，好像心上的大石头已经撒开了。他想她的痛苦快要完了。

现在恐怖和痛苦都去远了。他又一次感到一种不能够用言语形容的喜悦。他的眼里充满了泪水。他感动地想道：“我以后要加倍地爱她，看护她，也要爱这个孩子。”他一个人在房门外笑，又在房门外哭。

“嫂嫂！”过了好一会儿，忽然一个恐怖的叫声从房里飞奔出来，像一块巨石落到他的头上。

“她的手冷了！”这又是淑华的带哭的声音。

“少奶奶！”张嫂也开始叫了。

“嫂嫂！”和“少奶奶！”的声音又响成一片。在房里叫唤的只有两个人，因为除了接生婆以外就只有这两个人。竟然是如此凄凉！

觉新知道大祸临头了。他不敢多想。他又把拳头拼命地在门上擂，擂得门发出更大的响声。但是这也没有用。没有人理他。他嘶声叫着：“珏，”又叫：“放我进来！”然而两扇油漆脱落的木板门冷酷地遮住了房里的一切。它们拦住他，一点也不肯退让。它们甚至不让他救她，或者跟她见最后的一面。希望完全破灭了。

房里的女人开始哭起来。然而他还在门外叫：“珏，我在喊你，你听得见吗？……”这不仅是哀号与狂叫，这还是生命的呼声，他把他的全量的爱都贯注在这里面，要把她从到另一世界的途中唤回来。他不仅是在挽救别人的生命，他还是在挽救他自己的生命。他明白，没有了她，他的生存是怎么一回事情。

但是死来了。

里面有人走近门前，他以为张嫂来开门了。谁知却是接生婆抱着新生的婴儿在门缝里传出话来：“恭喜大少爷，是一位公子。”她说完就转身走开了。觉新还听到她一面拍着婴儿，一面自言自语：“可惜生下来就没有娘了。”

这句话刺痛了他的心，他没有一点做父亲时的喜悦。这个孩子似乎并不是他的爱儿，却是他的仇人，夺去了他的妻子的生命的仇人。

愤怒和悲哀混合在一起，紧紧地抓住了他。他更厉害地捶着门。然而两扇小门如今好像有了千斤的重量。

他本来下了决心要不顾一切地跑到里面去，跪倒在妻的床前，向她忏悔他这几年来的错误，哀求她的最后的宽恕，可是已经迟了。两扇木板门是多么脆弱的东西，如今居然变成了专制的君主，它们拦住了最后的爱，不许他进去跟他所爱的人诀别，甚至不许他到她面前痛哭一场。

他突然明白了，这两扇小门并没有力量，真正夺去了他的妻子的还是另一种东西，是整个制度，整个礼教，整个迷信。这一切全压在他的肩上，把他压了这许多年，给他夺去了青春，夺去了幸福，夺去了前途，夺去了他所最爱的两个女人。他现在开始觉得这个担子太重了。他想把它摔掉。他在挣扎。然而同时他又明白他是不能够抵抗这一切的，他是一个无力的、懦弱的人。他绝望了。他突然跪倒在门前。他伤心地哭着。这个时候他不是在哭她，他是在哭自己。房里的哭声和他的哭声互相应和。但这是多么不同的两种声音！

两乘轿子在院子的门前停下来。进来的是他的继母周氏和一个女客。袁成气咻咻地跟在后面。

周氏一进门就听见哭声，她的脸色马上变了，惊惶地对那个女客说："完了！"她们连忙走进中间的屋子去。

"明轩，你在做什么？"周氏看见觉新跪在那里便吃惊地叫起来。

觉新回过头一看，马上站起来，摊开两只手抽泣地对周氏说："妈，珏，珏。"这时他才看见了那个女客，便用惭愧的悲痛的声音招呼她，给她行了礼，于是大声哭起来。从房里送出来一阵婴儿的啼声。

女客不说话，她只顾用手帕揩眼睛。

房门已经开了，是袁成叫开的。周氏让女客进去，一面说："亲家太太，请进去吧，我不能够进月房。"

女客答应一声便走进去了。接着房里又添了一种响亮的哭声：

"瑞珏，瑞珏，你就忍心这样去了？你不等看见妈一面吗？妈来了，妈从多远的路赶来照应你，妈有好多话要跟你讲。你有什么话，告诉我嘛！……瑞珏，你要活转来！妈来晏[②]了，你为什么连一天也不肯多等？……你死得好惨呀！我苦命的儿！看你一个人在这儿冷清清的。要是我早来一天，你也不会死得这样可怜。……我的儿，我苦命的儿呀！妈对不起你……"

周氏和觉新清清楚楚地听见了这些话，它们好像是许多根针，一针一针地刺在他们的心上。

◎ 注释

① 节选自《家》，作于1933年。
② 晏：即晚。

《家》是巴金的代表作，以20年代初期中国内地城市四川成都为背景，以觉慧和鸣凤以及觉新与梅、瑞珏之间的爱情故事为主线，真实地写出了高家这个很有代表性的封建大家庭腐烂、溃败的历史。本文节选的这一段突出体现了觉新性格上的逆来顺受、委曲求全。高老太爷死后，陈姨太以"血光之灾"为由，将要生产的瑞珏送到城外荒郊的茅屋中，是觉新的"不抵抗"葬送了她的命。他所谓的"善良"顾全了封建的礼教，却也使他和瑞珏成了这个旧制度的"殉葬者"。

汇评

《家》是我自己喜欢的作品。我自己就是在那样的家庭里长大的，我如实地描写了我的祖父和我的大哥——一个"我说了算"的专制家长和一个逆来顺受的孝顺子弟，还有一些钩心斗角、互相倾轧、损人利己、口是心非的男男女女——我的长辈们，还有那些横遭摧残的年轻生命，还有受苦、受压迫的"奴隶"们。我写这小说，仿佛挖开了我们家的坟墓，我读这小说，仍然受到爱与憎烈火的煎熬。我又看到了年轻时代的我，多么幼稚！多么单纯！但是我记得法国资产阶级革命家乔治·丹东的话："大胆，大胆，永远大胆！"我

明白青春是美丽的，我不愿意做一个任人宰割的牺牲品。我向一个垂死的制度叫出了“我控诉”。（《家》代序·文学生活五十年）

巴金在文坛上是非常独特的作家，他与别的以文学为生，以语言为生的作家是完全不一样的。作为一个政治上的失败者，巴金以他最大的愤怒在批判、抨击这个社会。可是这是个黑暗的专制社会，不允许他那么赤裸裸地直接地去攻击，他改变了方式，他以公开攻击自己的家庭为旗号为幌子来表达对社会的攻击。这是他对社会的基本策略，这不是他发明的，是托尔斯泰发明的，他是从托尔斯泰那儿学来的，即如果我要批评你，我就是不说你，我说我自己。我在忏悔我的家庭，我的家庭是有罪的，是个专制的家庭，我要攻击批判它。你国民党再腐败专制，我骂自己的爷爷总可以吧？他用这种自我暴露自我忏悔的方式来达到对社会的深刻批判。（陈思和《海藻集》）

呈献给一个人（《家》初版代序）

巴　金

大前年冬天我曾经写信告诉你，我打算为你写一部长篇小说，可是我有种种的顾虑。你却写了鼓舞的信来，你希望我早日把它写成，你说你不能忍耐地等着读它。你并且还提到狄更司写《块肉余生述》的事，因为那是你最爱的一部作品。

你的信在我的抽屉里整整放了一年多，我的小说还不曾动笔。我知道你是怎样焦急地在等待着。直到去年四月我答应了时报馆的要求，才下了决心开始写它。我想这一次不会使你久待了。我还打算把报纸为你保留一份集起来寄给你。然而出乎我的意料之外，我的小说星期六开始在报上发表，而报告你的死讯的电报星期日就到了。你连读我的小说的机会也没有!

你的那个结局我也曾料到，但是我万想不到会来得这样快，而且更想不到你果然用毒药结束了你的生命，虽然在八九年前我曾经听见你说过要自杀。你不过活了三十多岁，你到死还是一个青年，可是你果然有过青春么？你的三十多年的生活，那是一部多么惨痛的历史啊。你完全成为不必要的牺牲品而死了。这是你一直到死都不明白的。

你有一个美妙的幻梦，你自己把它打破了；你有一个光荣的前途，你自己把它毁灭了。你在一个短时期内也曾为自己创造了一个新的理想，你又拿“作揖主义”和“无抵抗主义”把自己的头脑麻醉了。你曾经爱过一个少女，而又让父亲用拈阄的办法决定了你的命运，去跟另一个少女结婚；你爱你的妻，却又因为别人的鬼话把你的待产的孕妇送到城外荒凉的地方去。你含着眼泪忍受了一切不义的行为，你从来不曾说过一句反抗的话。你活着完全是为了敷衍别人，任人播弄。自己知道已经逼近深渊了，不去走新的路，却只顾向着深渊走去，终于到了落下去的一天，便不得不拿毒药来做你的唯一的拯救了。你或者是为着顾全绅士的面子死了；或者是不能忍受未来的更痛苦的生活死了：这一层，我虽然熟读了你的遗书，也不明白。然而你终于丧失了绅士的面子，而且把更痛苦的生活留给你所爱的妻和儿女，或者还留给另一个女人（我相信这个女人是一定有的，你曾经向我谈到你对她的灵的爱，然而连这样的爱情也不能够拯救你，可见爱情这东西在生活里究竟占着怎样次要的地位了）。

倘使你能够活起来，读到我的小说，或者看到你死后你所爱的人的遭遇，你也许会觉悟吧，你也许会毅然地去走新的路吧。但是如今太迟了，你的骨头已经腐烂了。

然而因为你做过这一切，因为你是一个懦弱的人，我就憎恨你吗？不，决不。你究竟是我所爱而又爱过我的哥哥，虽然我们这七八年来因为思想上的分歧和别的关系一天一天地离远了。就在这个时候我还是爱你的。可是你想不到这样的爱究竟给了我什么样的影响！它将使许多痛苦的回忆永远刻印在我的脑子里。

我还记得三年前你到上海来看我。你回四川的那一天，我把你送到船上。那样小的房舱，那样热的天气，把我和三个送行者赶上了岸。我们不曾说什么话，因为你早已是泪痕满面了。我跟你握了手说一声“路上保重”，正要走上岸去，你却叫住了我。我问你什么事，你不答话，却走进舱去打开箱子。我以为你一定带了什么东西来要交给某某人，却忘记当面交了，现在要我代你送去。我正在怪你健忘。谁知你却拿出一张唱片给我，一面抽泣地说：“你拿去唱。”我接到手看，原来是GracieFields唱的SonnyBoy。你知道我喜欢听它，所以把唱片送给我。然而我知道你也是同样喜欢听它的。在平日我一定很高兴接受这张唱片，可是这时候，我却不愿意把它从你的手里夺去。然而我又一想，我已经好多次违抗过你的劝告了，这一次在分别的时候不愿意再不听你的话使你更加伤心。接过了唱片，我并不曾说一句话，我那时的心情是不能够用语言来表达的。我坐上了划子，黄浦江上的风浪颠簸着我，我看着外滩一带的灯光，我记起了我是怎样地送别了那一个人，我的心开始痛着，我的不常哭泣的眼睛里流下泪水来。我当时何尝知道这就是我们弟兄的最后一面！如今，唱片在我的书斋里孤寂地躺了三年以后已经成了“一·二八”的侵略战争的牺牲品，那一双曾经摸过它的手也早已变为肥料了。

从你的遗书里我知道你是怎样地不愿意死，你是怎样地踌躇着。你三次写了遗书，你又三次毁了它。你是怎样地留恋着生活，留恋着你所爱的人啊！然而你终于写了第四次的遗书。从这个也可以知道你的最后的一刹那一定是一场怎样可怕的生与死的搏斗。但是你终于死了。

你不愿意死，你留恋生活，甚至在第四次的遗书里，字里行间也处处透露出来生命的呼声，就在那个时候你还不自觉地喊着：“我不愿意死！”但是你毕竟死了，做了一个完全不必要的牺牲品而死了。你已经是过去的人物了。

然而我是不会死的。我要活下去。我要写，我要用我的这管笔写尽我所要写的。这管笔，你大前年在上海时买来送给我的这管自来水笔，我用它写了我的《灭亡》以外的那些小说。它会使我时时刻刻都记着你，而且它会使你复活起来，复活起来看我怎样踏过那一切骸骨前进！

1932年4月

聚焦：

巴金的小说是难以抑制的生活激情的外泄，是他表达对社会见解的一个渠道，因而作品具有浓郁的感情色彩，行文时经常出现作者不加克制的主观表述。

思考与练习

1. 分析觉新的人物形象。
2. 结合《家》全文分析瑞珏的悲剧命运。

萧萧[①]（节选）

沈从文

沈从文（1902～1988），原名沈岳焕，字崇文，笔名休芸芸、甲辰、上官碧等，湖南凤凰县人，苗族。现代著名作家、历史文物研究家。14岁进入地方行伍，1924年开始文学创作，之后分别在西南联合大学、山东大学、北京大学任教。新中国成立后在中国历史博物馆和中国社会科学院历史研究所工作。1988年病逝于北京。沈从文是京派小说代表人物。其作品多以湘西生活为主题，主要成集的小说有《龙朱》、《旅店及其他》、《石子船》、《虎雏》、《阿黑小史》等，中长篇《阿丽思中国游记》、《边城》、《长河》，散文《从文自传》、《记丁玲》、《湘行散记》等。

乡下人吹唢呐接媳妇，到了十二月是成天会有的事情。

唢呐后面一顶花轿，四个伕子平平稳稳的抬着。轿中人被铜锁锁在里面，虽穿了平时不上过身的体面红绿衣裳，也仍然得荷荷大哭。在这些小女人心中，做新娘子，从母亲身边离开，且准备作他人的母亲，从此将有许多新事情等待发生。象做梦一样，将同一个陌生男子汉在一个床上睡觉，做着承宗接祖的事情，这些事想起来，当然有些害怕，所以照例觉得要哭哭，于是就哭了。

也有做媳妇不哭的人。萧萧做媳妇就不哭。这小女子没有母亲，从小寄养到伯父种田的庄子上，出嫁只是从这家转到那家。因此到那一天这小女人还只是笑。她又不害羞，又不怕，她是什么事也不知道，就做了人家的媳妇了。

萧萧做媳妇时年纪十二岁，有一个小丈夫，年纪还不到三岁。丈夫比她年少九岁，断奶还不多久。地方规矩如此，过了门，她喊他做弟弟。她每天应作的事是抱弟弟到村前柳树下去玩，到溪边去玩，饿了，喂东西吃，哭了，就哄他，摘南瓜花或狗尾草戴到小丈夫头上，或者亲嘴，一面说，“弟弟，哪，再来。”在那肮脏的小脸上亲了又亲，孩子于是便笑了。

孩子一欢喜兴奋，行动粗野起来，会用短短的小手乱抓萧萧的头发。那是平时不大能收拾蓬蓬松松在头上的黄发。有时候，垂到脑后那条小辫儿被拉得太久，把红绒线结也弄松了，生气了，就挞那弟弟，弟弟自然哇的哭出声来，萧萧便也装成要哭的样子，用手指着弟弟的哭脸，说，“哪，人不讲理，可不行!”

天晴落雨日子混下去，每日抱抱丈夫，也帮家中作点杂事，能动手的就动手。又时常到溪沟里去洗衣，搓尿片，一面还捡拾有花纹的田螺给坐到身边的丈夫玩。到了夜里睡觉，便常常做这种年龄人所做的梦，梦到后门角落或别的什么地方捡得大把大把铜钱，吃好东西，爬树，自己变成鱼到水中各处溜。或一时仿佛身子很小很轻，飞到天上众星中，没有一个人，只是一片白，一片金光，于是大喊“妈!”人就吓醒了。醒来心还只是跳。吵了隔壁的人，不免骂着，“疯子，你想什么！白天疯玩，晚上就做梦!”萧萧听着却不作声，只是咕咕的笑。也有很好很爽快的梦，为丈夫哭醒的事。那丈夫本来晚上在自己母亲身边睡，有时吃多了，或因另外情形，半夜大哭，起来放水拉稀是常有的事。丈夫哭到婆婆无可奈何，于是萧萧轻脚轻手爬起床来，睡眼朦胧走到床边，把人抱起，给他看月亮，看星光。或者互相觑着，孩子气的“嗨嗨，看猫呵，”那样喊着哄着，于是丈夫笑了，玩了一会，慢慢合上眼。人睡了，放上床，站在床边看着，听远处一递一声的鸡叫，知道天快到什么时候了，于是仍然蜷到小床上睡去。天亮了，虽不做梦，却可以无意中闭眼开眼，看一阵在面前空中变幻无端的黄边紫心葵花，那是一种真正的享受。

萧萧嫁过了门，做了拳头大丈夫的小媳妇，一切并不比先前受苦，这只看她半年来身体发育就可明白。风里雨里过日子，象一株长在园角落不为人注意的蓖麻，大叶大枝，日增茂盛。这小女人简直是全不为丈夫设想那么似的，一天比一天长大起来了。

夏夜光景说来如做梦。大家饭后坐到院中心歇凉，挥摇蒲扇，看天上的星同屋角的萤，听南瓜棚上纺织娘子咯咯咯拖长声音纺车，远近声音繁密如落雨，禾花风悠悠吹到脸上，正是让人在各种方便中说笑话的时候。

萧萧好高，一个人常常爬到草料堆上去，抱了已经熟睡的丈夫在怀里，轻轻的轻轻的随意唱着那自编的山歌，唱来唱去却把自己也催眠起来，快要睡去了。

在院坝中，公公婆婆，祖父祖母，另外还有帮工汉子两个，散乱的坐在小板凳上，摆龙门阵学古，轮流下去打发上半夜。

祖父身边有个烟包，在黑暗中放光。这用艾蒿作成的烟包，是驱逐长脚蚊的得力东西，蜷在祖父脚边，就如一条乌梢蛇。间或又拿起来晃那么几下。

想起白天场上的事，那祖父开口说话：

“听三金说，前天又有女学生过身。”

大家就哄然笑了。

这笑的意义何在？只因为大家印象中，都知道女学生没有辫子，留下个鹌鹑尾巴，象个尼姑，又不完全象。穿的衣服象洋人又不象洋人，吃的，用的……总而言之事事不同，一想起来就觉得怪可笑！

萧萧不大明白，她不笑。所以老祖父又说话了。他说：“萧萧，你长大了，将来也会做女学生！”

大家于是更哄然大笑起来。

萧萧为人并不愚蠢，觉得这一定是不利于己的一件事情，所以接口便说：“爷爷，我不做女学生！”

“你像个女学生，不做可不行。”

“我不做。”

众人有意取笑，异口同声说：“萧萧，爷爷说得对，你非做女学生不行！”

萧萧急得无可如何，“做就做，我不怕。”其实做女学生有什么不好，萧萧全不知道。

女学生这东西，在本乡的确永远是奇闻。每年一到六月天，据说放“水假”日子一到，照例便有三三五五女学生，由一个荒谬不经的热闹地方来，到另一个远地方去，取道从本地过身。从乡下人眼中看来，这些人都近于另一世界中活下的人，装扮奇奇怪怪，行为更不可思议。这种女学生过身时，使一村人都可以说一整天的笑话。

祖父是当地一个人物，因为想起所知道的女学生在大城中的生活情形，所以说笑话要萧萧也去作女学生。一面听到这话就感觉一种打哈哈趣味，一面还有那被说的萧萧感觉一种惶恐，说这话的不为无意义了。

女学生由祖父方面所知道的是这样一种人：她们穿衣服不管天气冷热，吃东西不问饥饱，晚上交到子时才睡觉，白天正经事全不作，只知唱歌打球，读洋书。她们都会花钱，一年用的钱可以买十六只水牛。她们在省里京里想往什么地方去时，不必走路，只要钻进一个大匣子中，那匣子就可以带她到地。她们在学校，男女一处上课，人熟了，就随意同那男子睡觉，也不要媒人，也不要财礼，名叫“自由”。她们也做州县官，带家眷上任，男子仍然喊作老爷，小孩子叫少爷。

她们自己不喂牛，却吃牛奶羊奶，如小牛小羊；买那奶时是用铁罐子盛的。她们无事时到一个唱戏地方去，那地方完全象个大庙，从衣袋中取出一块洋钱来（那洋钱在乡下可买五只母鸡），买了一小方纸片儿，拿了那纸片到里面去，就可以坐下看洋人扮演影子戏。她们被冤了，不赌咒，不哭。她们年纪有老到二十四岁还不肯嫁人的，有老到三十四十还好意思嫁人的。她们不怕男子，男子不能使她们受委屈，一受委屈就上衙门打官司，要官罚男子的款，这笔钱她有时独占自己花用，有时同官平分。她们不洗衣煮饭，也不养猪喂鸡；有了小孩子也只花五块钱、十块钱一月，雇人专管小孩，自己仍然整天看戏打牌，读那些没有用处的闲书……总而言之，说来事事都希奇古怪，和庄稼人不同，有的简直可以说岂有此理。这时经祖父一为说明，听过这话的萧萧，心中却忽然有了一种模模糊糊的愿望，以为倘若她也是个女学生，她是不是照祖父说的女学生一个样子去做那些事？

不管好歹，做女学生并不可怕，因此一来却已为这乡下姑娘体念到了。

因为听祖父说起女学生是怎样的人物，到后萧萧独自笑得特别久。笑够了时，她说：“祖爹，明天有女学生过路，你喊我，我要看看。”

“你看，她们捉你去作丫头。”

“我不怕她们。”

“她们读洋书念经你也不怕？”

“念观音菩萨消灾经，念紧箍咒，我都不怕。”

“她们咬人，和做官的一样，专吃乡下人，吃人骨头渣渣也不吐，你不怕？”

萧萧肯定的回答说：“也不怕。”

可是这时节萧萧手上所抱的丈夫，不知为什么，在睡梦中哭了，媳妇于是用作母亲的声势，半哄半吓说，“弟弟，弟弟，不许哭，不许哭，女学生咬人来了。”

丈夫还仍然哭着，得抱起各处走走。萧萧抱着丈夫离开了祖父，祖父同人说另外一样古话去了。

萧萧从此以后心中有个“女学生”。做梦也便常常梦到女学生，且梦到同这些人并排走路。仿佛也坐过那种自己会走路的匣子，她又觉得这匣子并不比自己跑路更快。在梦中那匣子的形体同谷仓差不多，里面有小小灰色老鼠，眼珠子红红的，各处乱跑，有时钻到门缝里去，把个小尾巴露在外边。

因为有这样一段经过，祖父从此喊萧萧不喊“小丫头”，不喊“萧萧”，却唤作“女学生”。在不经意中萧萧答应得很好。

乡下的日子也如世界上一般日子，时时不同。世界上人把日子糟蹋，和萧萧一类人家把日子吝惜是同样的，各有所得，各属分定。许多城市中文明人，把一个夏天全消磨到软绸衣服、精美饮料以及种种好事情上面。萧萧的一家，因为一个夏天的劳作，却得了十多斤细麻，二三十担瓜。

◎ 注释

①《萧萧》作于1929年，原载《小说月报》21卷1号。

萧萧是沈从文笔下众多湘西农村女性形象之一，健康、自然、淳朴，具有真善美的品性。小说从 12 岁的萧萧出嫁当童养媳开始，到她长成一个少女被雇工花狗引诱失身并怀孕，到再次企图逃走未果后，面临的沉潭或发卖的命运，再到与丈夫圆房有了第二个儿子为止，这一连串的遭遇对一个少女而言是痛苦的，但开朗乐观的萧萧却能够坦然地接受，并未有反抗。书写的笔调也是温和而从容的。这展现的就是沈从文笔下的"人性"之美。

汇评

在不及万字的篇幅中鱼翔虾戏，从现实中写出梦，以小说联结着《风俗通》式的风俗散文和《竹枝词》式的爱情歌谣。（杨义《中国现代小说史》）

这里自然有血有泪，但更多的是追求琐屑生活的企望和破灭，是人格习以为常的遭受践踏。童养媳萧萧的悲凉命运，正在于人对自身可怜生命的毫无意识。萧萧终于没有被发卖、被沉潭，她抱了新生儿，在自己的私生子娶进大龄媳妇的唢呐声中，也即又一个"萧萧"诞生的时候仍懵懵懂懂。（钱理群、温儒敏、吴福辉《中国现代文学三十年》）

沈从文先生的小说《萧萧》里面，祖父常说的"女学生过身"，是从哪条路上来，又往哪条路上去呢？我觉得，女学生就像是水样，流过水道河床，流向四面八方。而萧萧就像是水边的石头，永远不动，当水流过的时候，听着水响。湘西的村寨，常常是是扎在水边，竹子的房柱浸在水里，变了颜色，千年万代的样子。"女学生过身"是萧萧心里最奇妙的风景，可是萧萧却从未有一次亲眼目睹。这是沈从文安排于萧萧和女学生之间的神秘的幕幛？还是命运的沟壑？小说里说，每年六月天就是女学生过身的日子，因为放"水假"了。"水假"这个词也很有趣，它给人一种流动欢畅的气氛。而萧萧始终没有看见女学生，萧萧和女学生没缘分。（王安忆《走出凤凰》）

拓展阅读

我所生长的地方

沈从文

拿起我这支笔来，想写点我在这地面上二十年所过的日子，所见的人物，所听的声音，所嗅的气味；也就是说我真真实实所受的人生教育，首先提到一个我从那儿生长的边疆僻地小城时，实在不知道怎样来着手就较方便些。我应当照城市中人的口吻来说，这真是一个古怪地方！只由于两百年前满人治理中国土地时，为镇抚与虐杀残余苗族，派遣了一队戍卒屯丁驻扎，方有了城堡与居民。这古怪地方的成立与一切过去，有一部《苗防备览》记载了些官方文件，但那只是一部枯燥无味的官书。我想把我一篇作品里所简单描绘过的那个小城，介绍到这里来。这虽然只是一个轮廓，但那地方一切情景，欲浮凸起来，仿佛用手去摸触。

一个好事人，若从二百年前某种较旧一点的地图上去寻找，当可在黔北、川东、湘西一处极偏僻的角隅上，发现了一个名为"镇筸"的小点。那里同别的小点一样，事实上应当有一个城市，在那城市中，安顿下三五千人口。不过一切城市的存在，大部分都在交通、物产、经济活动情形下面，成为那个城市枯荣的因缘，这一个地方，却以另外一个意义无所依附而独立存在。试将那个用粗糙而坚实巨大石头砌成的圆城作为中心，向四方展开，围绕了这边疆僻地的孤城，约有五百左右的碉堡，二百左右的营汛。碉堡各用大石块堆成，位置在山顶头，随了山岭脉络蜿蜒各处走去；营汛各位置在驿路上，布置得极有秩序。这些东西在一百八十年前，是按照一种精密的计划，各保持相当距离，在周围数百里内，平均分配下来，解决了退守一隅常作“蠢动”的边苗“叛变”的。两世纪来满清的暴政，以及因这暴政而引起的反抗，血染红了每一条官路同每一个碉堡。到如今，一切完事了，碉堡多数业已毁掉了，营汛多数成为民房了，人民已大半同化了。落日黄昏时节，站到那个巍然独在万山环绕的孤城高处，眺望那些远近残毁碉堡，还可依稀想见当时角鼓火炬传警告急的光景。这地方到今日，已因为变成另外一种军事重心，一切皆用一种迅速的姿势在改变，在进步，同时这种进步，也就正消灭到过去一切。

凡有机会追随了屈原溯江而行那条长年澄清的沅水，向上游去的旅客和商人，若打量由陆路入黔入川，不经古夜郎国，不经永顺、龙山，都应当明白“镇篁”是个可以安顿他的行李最可靠也最舒服的地方。那里土匪的名称不习惯于一般人的耳朵。兵卒纯善如平民，与人无侮无扰。农民勇敢而安分，且莫不敬神守法。商人各负担了花纱同货物，洒脱的向深山中村庄走去，同平民作有无交易，谋取什一之利。地方统治者分数种：最上为天神，其次为官，又其次才为村长同执行巫术的神的侍奉者。人人洁身信神，守法爱官。每家俱有兵役，可按月各自到营上领取一点银子，一份米粮，且可从官家领取二百年前被政府所、没收的公田耕耨播种。城中人每年各按照家中有无，到天王庙去杀猪，宰羊，磔狗，献鸡，献鱼，求神保佑五谷的繁殖，六畜的兴旺，儿女的长成，以及作疾病婚丧的禳解。人人皆依本分担负官府所分派的捐款，又自动的捐钱与庙祝或单独执行巫术者。一切事保持一种淳朴习惯，遵从古礼；春秋二季农事起始与结束时，照例有年老人向各处人家敛钱，给社稷神唱木傀儡戏。旱暵祈雨，便有小孩子共同抬了活狗，带上柳条，或扎成草龙各处走去。春天常有春官，穿黄衣各处念农事歌词。岁暮年末居民便装饰红衣傩神于家中正屋，捶大鼓如雷鸣，苗巫穿鲜红如血衣服，吹镂银牛角，拿铜刀，踊跃歌舞娱神。城中的住民，多当时派遣移来的戍卒屯叮此外则有江西人在此卖布，福建人在此卖烟，广东人在此卖药。地方由少数读书人与多数军官，在政治上与婚姻上两面的结合，产生一个上层阶级，这阶级一方面用一种保守稳健的政策，长时期管理政治，一方面支配了大部分属于私有的土地；而这阶级的来源，却又仍然出于当年的戍卒屯丁，地方城外山坡上产桐树杉树，矿坑中有朱砂水银，松林里生菌子，山洞中多硝。城乡全不缺少勇敢忠诚适于理想的兵士，与温柔耐劳适于家庭的妇人。在军校阶级厨房中，出异常可口的菜饭，在伐树砍柴人口中，出热情优美的歌声。

地方东南四十里接近大河，一道河流肥沃了平衍的两岸，多米，多橘柚。西北二十里后，即已渐入高原，近抵苗乡，万山重叠。大小重叠的山中，大杉树以长年深绿逼人的颜色，蔓延各处。一道小河从高山绝涧中流出，汇集了万山细流，沿了两岸有杉树林的河沟奔驶而过，农民各就河边编缚竹子作成水车，引河中流水，灌溉高处的山田。河水长年清澈，其中多鳜鱼，鲫鱼，鲤鱼，大的比人脚板还大。河岸上那些人家里，常常可以见到白、脸长身见人善作媚笑的女子。小河水流环绕“镇篁”北城下驶，到一百七十里后方汇入辰河，直抵洞庭。这地方又名凤凰厅，到民国后便改成了县治，名凤凰县。辛亥革命后，湘西镇守使与辰沅道驻节在此地。地方居民不过五六千，驻防各处的正规兵士却有七千。由于环境的不同，直到现在其地绿营兵役制度尚保存不废，为中国绿营军制唯一残留之物。我就生长到这样一个小城里，将近十五岁时方离开。出门两年半回过那小城一次以后，直到现在为止，那城门我还不再进去过。但那地方我是熟习的。现在还有许多人生活在那城市里，我却常常生活在那个小城过去给我的印象里。

聚焦：

湘西生活为沈从文提供了大量的写作素材，湘西的山美、水美、人更美。请阅读《边城》。

思考与练习

1. 女学生的象征意义是什么？
2. 分析萧萧这个人物形象。

金锁记[①]（节选）

张爱玲

张爱玲（1920～1995），原名张瑛，出生于上海一个没落的贵族家庭。现代著名作家。其祖父张佩伦是清朝著名大臣李鸿章的女婿。其父为贵族纨绔子弟，其母为贵族小姐。1939 年张爱玲考入香港大学，1942 年，返回上海，开始写作生涯。1944 年与胡兰成同居，1947 年，与胡兰成离婚，1952 年移居香港，1955 年离港赴美定居，1995 年逝于美国洛杉矶的公寓里。张爱玲的代表作有结集为《传奇》的一系列小说，包括《沉香屑》、《茉莉花片》、《心经》、《倾城之恋》、《金锁记》、《封锁》、《琉璃瓦》等，还有《十八春》（后改名《半生缘》）、《红玫瑰与白玫瑰》、《连环套》、《华丽缘》等作品。散文集《流言》等。

世舫多年没见过故国的姑娘，觉得长安很有点楚楚可怜的韵致，倒有几分欢喜。和长安见了这一面之后，两下里都有了意。长馨想着送佛送到西天，自己再热心些，也没有资格出来向长安的母亲说话，只得央及兰仙。兰仙执意不肯道："你又不是不知道，你爹跟你二妈仇人似的，向来是不见面的。我虽然没有跟她红过脸，再好些也有限，何苦去自讨没趣？"长安见了兰仙，只是垂泪，兰仙却不过情面，只得答应去走一遭。妯娌相见，问候了一番，兰仙便说明了来意。七巧初听见了，倒也欣然，因道："那就拜托三妹妹罢！我病病哼哼的，也管不得了，偏劳了三妹妹。这丫头就是我的一块心病。我做娘的也不能说是对不起她了，行的是老法规矩，我替她裹脚；行的是新派规矩，我送她上学堂——还要怎么着？照我这样扒心扒肝调理出来的人，只要她不疤不麻不瞎，还会没人要吗？怎奈这丫头天生的是扶不起的阿斗，恨得我只嚷嚷；多是我眼闭一去了，男婚女嫁，听天由命罢！"

当下议妥了，由兰仙请客，两方面相亲。长安与童世舫只做没见过面模样，只会晤了一次。七巧病在床上，没有出场，因此长安便风平浪静的订了婚。

订婚之后，长安遮遮掩掩竟和世舫独出去了几次。有时在公园里遇着了雨，长安撑起了伞，世舫为她擎着。隔着半透明的蓝绸伞，千万粒雨珠闪着光，像一天的星。一天的星到处跟着他们，在水珠银烂的车窗上，汽车驰过了红灯、绿灯，窗子外营营飞着一窠红的星，又是一窠绿的星？

长安带了点星光下的乱梦回家来，人变得异常沉默了，时时微笑着。七巧见了，不由得有气，便冷言冷语道："这些年来，多多怠慢了姑娘，不怪姑娘难得开个笑脸。这下子跳出了姜家的门，称了心愿了，再快活些，可也别这么摆在脸上呀——叫人寒心！"依着长安素日的性子，就要回嘴，无如长安近来像换了个人似的，听了也不计较，自顾自努力去戒烟。七巧也奈何她不得。

长安订婚那天，大奶奶玳珍没去，隔了些天来补道喜。七巧悄悄唤了声大嫂，道："我看咱们还是在外头打听打听哩，这事可冒失不得！前天我耳朵里仿佛刮着一点，说是乡下有太太，外洋还有一个。"玳珍道："乡下的那个没过门就退了亲。外洋那个也是这样，说是做了几年的朋友了，不知怎么又没成功。"七巧道："那还有个为什么？男人的心，说声变，就变了，他连三媒六聘的还不认账，何况那不三不四的歪辣货？知道他在外洋还有旁人没有？我就只这一个女儿，可不能糊里糊涂断送了她的终身，我自己是吃过媒人的苦的！"

长安坐在一旁用指甲去掐手掌心，手掌心掐红了，指甲却挣得雪白。七巧一抬眼望见了她，便骂道："死不要脸的丫头，竖着耳朵听呢！这话是你听得的吗？我们做姑娘的时候，一声提起婆婆家，来不迭的躲开了。你姜家枉为世代书香，只怕你还要到你开麻油店的外婆家去学点规矩哩！"长安一头哭一头奔了出去。七巧拍着枕头嗳了一声道："姑娘急着要嫁，叫我也没法子。腥的臭的往家里拉。名为是她三婶给找的人，其实不过是拿她三婶做个幌子。多半是生米煮成了熟饭了，这才挽了三婶出来做媒。大家齐打伙儿糊弄我一个人……糊弄着也好！说穿了，叫做娘的做哥哥的脸往哪儿放？"

又一天，长安托辞溜了出去，回来的时候，不等七巧查问，待要报告自己的行踪，七巧叱道："得了，得了，少说两句罢！在我前面糊什么鬼？有朝一日你让我抓着了真凭实据——哼！别以为你大了，订了亲了，我打不得你了！"长安急了道："我给馨妹妹送鞋样子去，犯了法了？娘不信，娘问三婶去！"七巧道："你三婶替你寻了个汉子来，就是你的重生父母，再养爹娘！也没见你这样的轻骨头！……一转眼就不见你的人了。你家里供养了你这些年，就只差买个小厮伺候你，哪一处对你不住了，你在家里一刻也坐不稳？"长安红了脸，眼泪直掉下来。七巧缓过一口气来，又道："当初多少好的都不要，这会子去嫁个不成器的，人家拣剩下来的，岂不是自己打嘴？他若是个人，怎么活到三十来几，漂洋过海的，跑上十万里地，一房老婆还没弄到手？"

然而长安一味的执迷不悟。因为双方的年纪都不小了，订了婚不上几月，男方便托了兰仙来议定婚期。七巧指着长安道："早不嫁，迟不嫁，偏赶着这两年钱不凑手！明年若是田上收成好些，嫁妆也还整齐些。"兰仙道："如今新式结婚，倒也不讲究这些了。就照新派办法，省着点也好。"七巧道："什么新派旧派？旧派无非排场大些，新派实惠些，一样还是娘家的晦气！"兰仙道："二嫂看着办就是了，难道安姐儿还会争多论少不成！"一屋子的人全笑了，长安也不觉微微一笑。七巧破口骂道："不害臊！你是肚子里有了搁不住的东西是怎么着？火烧眉毛，等不及的要过门！嫁妆也不要了——你情愿，人家倒许不情愿呢？你就拿准了他是图你的人？你好不自量。你有哪一点叫人看得上眼？趁早别自骗自了！姓童的还不是看中了姜家的门第！别瞧你们家轰轰烈烈，公侯将相的，其实全不是那么回事！早就是外强中干，这两年连空架子也撑不起了。人呢，一代坏似一代，眼里哪儿还有天地君亲？少爷们是什么都不懂，小姐们就知道霸钱要男人——猪狗都不如！我娘家当初千不该万不该跟姜家结了亲，坑了我一世，我待要告诉那姓童的趁早别像我似的上了当！"

自从吵闹过这一番，兰仙对于这头亲事便洗手不管了。七巧又把长安唤到跟前，忽然滴下泪来道：“我的儿，你知道外头人把你怎么长怎么短糟蹋得一个钱也不值！你娘自从嫁到姜家来，上上下下谁不是势利的，狗眼看人低，明里暗里我不知受了他们多少气。就连你爹，他有什么好处到我身上，我要替他守寡？我千辛万苦守了这二十年，无非是指望你姐儿俩长大成人，替我争回一点面子来。不承望今日之下，只落得这等的收场！”说着，呜咽起来。

长安听了这话，如同轰雷掣顶一般。她娘尽管把她说得不成人，外头人尽管把她说得不成人，她管不了这许多。唯有童世舫——他——他该怎么想？他还要她么？上次见面的时候，他的态度有点改变吗？很难说……她太快乐了，小小的不同的地方她不会注意到……被戒烟期间身体上的痛苦与种种刺激两面夹攻着，长安早就有点受不了，可是硬撑着也就撑了过去，现在她突然觉得浑身的骨骼都脱了节，向他解释么？他不比她的哥哥，他不是她母亲的儿女，他决不能彻底明白她母亲的为人。他果真一辈子见不到她母亲，倒也罢了，可是他迟早要认识七巧。这是天长地久的事，只有千年做贼的，没有千年防贼的——她知道她母亲会放出什么手段来？迟早要出乱子，迟早要决裂。这是她的生命里顶完美的一段，与其让别人给它加上一个不堪的尾巴，不如她自己早早结束了它。一个美丽而苍凉的手势……她知道她会懊悔的，她知道她会懊悔的，然而她抬了抬眉毛，做出不介意的样子，说道：“既然娘不愿意结这个亲，我去回掉他们就是了。”七巧正哭着，忽然住了声，停了一停，又抽答抽答哭了起来。

长安定了一定神，就去打了个电话给童世舫。世舫当天没有空，约了明天下午。长安所最怕的就是中间隔的这一晚，一分钟，一刻、一刻，啃进她心里去。次日，在公园里的老地方，世舫微笑着迎上前来，没跟她打招呼——这在他是一种亲匿的表示。他今天仿佛是特别的注意她，并肩走着的时候，屡屡的望着她的脸。太阳煌煌的照着，长安越发觉得眼皮肿得抬不起来了。趁他不在看她的时候把话说了罢。她用哭哑了的喉咙轻轻唤了一声“童先生”，世舫没听见。那么，趁他看她的时候把话说了罢。她诧异她脸上还带着点笑，小声道：“童先生，我想——我们的事也许还是——还是再说罢。对不起得很。”她褪下戒指来塞在他手里，冷涩的戒指，冷湿的手。她放快了步子走去，他愣了一会，便追上来，问道：“为什么呢？对于我有不满意的地方么？”长安笔直向前望着，摇了摇头。世舫道：“那么，为什么呢？”长安道：“我母亲……”世舫道：“你母亲并没有看见过我。”长安道：“我告诉过你了，不是因为你。跟你完全没有关系。我母亲……”世舫站定了脚。这在中国是很充分的理由了罢？他这么略一踌躇，她已经走远了。

世舫找到了她，在她身边悄悄站了半晌，方道：“我尊重你的意见。”长安攀起了她的皮包来遮住了脸上的阳光。

他们继续来往了一些时。世舫要表示新人物交女朋友的目的不仅限于择偶，因此虽然与长安解除了婚约，依旧常常的邀她出去。至于长安呢，她是抱着什么样的矛盾的希望跟着他出去，她自己也不知道——知道了也不肯承认。

无论两人之间的关系是怎样的微妙而尴尬，他们认真的做起朋友来了。

然而风声吹到了七巧的耳朵里。七巧背着长安吩咐长白下帖子请童世舫吃便饭。世舫猜着姜家许是要警告他一声，不准他和他们小姐藕断丝连，可是他同长白在那阴森高敞的餐室里吃了两盅酒，说了一会话，天气、时局、风土人情，并没有一个字沾到长安身上。冷盘撤了下去，长白突然手按着桌子站了起来。世舫回过头去，只见门口背着光立着一个小身材的老太太，脸看不清楚，穿一件青灰团龙宫织缎袍，双手捧着大红热水袋，身边夹峙着两个高大的女仆。门外日色昏黄，楼梯上铺着湖绿花格子漆布地衣，一级一级上去，通入没有光的所在。世舫直觉地感到那是个疯子——无缘无故的，他只是毛骨悚然，长白介绍道：“这就是家母。”

世舫挪开椅子站起来，鞠了一躬。七巧将手搭在一个佣妇的胳膊上，款款走了进来，客套了几句，坐下来便敬酒让菜。长白道："妹妹呢？来了客，也不帮着张罗张罗。"七巧道："她再抽两筒就下来了。"世舫吃了一惊，睁眼望着她。七巧忙解释道："这孩子就苦在先天不足，下地就得给她喷烟。后来也是为了病，抽上了这东西。小姐家，够多不方便哪！也不是没戒过，身子又娇，又是由着性儿惯了的，说丢，哪儿丢得掉呢！戒戒抽抽，这也有十年了。"世舫不由得变了色，七巧有一个疯子的审慎与机智。她知道，一不留心，人们就会用嘲笑的，不信任的眼光截断了她的话锋，她已经习惯了那种痛苦。她怕话说多了要被人看穿了。因此及早止住了自己，忙着添酒布菜。隔了些时，再提起长安的时候，她还是轻描淡写的把那几句话重复了一遍。她那平扁而尖利的喉咙四面割着人像剃刀片。

长安悄悄的走下楼来，玄色花绣鞋与白丝袜停留在日色昏黄的楼梯上。停了一会，又上去了，一级一级，走进没有光的所在。

七巧道："长白你陪童先生多喝两杯，我先上去了。"佣人端上一品锅来，又换上了新烫的竹叶青。一个丫头慌里慌张站在门口将席上伺候的小厮唤了出去，叽咕了一会，那小厮又进来向长白附耳说了几句，长白仓皇起身，向世舫连连道歉，说："暂且失陪，我去去就来，"三脚两步也上楼去了，只剩世舫一人独酌。那小厮也觉过意不去，低低的告诉了他："我们绢姑娘要生了。"世舫道："绢姑娘是谁?"小厮道："是少爷的姨奶奶。"

世舫拿上饭来胡乱吃了两口，不便放下碗来就走，只得坐在花梨炕上等着，酒酣耳热，忽然觉得异常的委顿，便躺了下来。卷着云头的花梨炕，冰凉的黄藤心子，柚子的寒香……姨奶奶添了孩子了。这就是他所怀念着的古中国……他的幽娴贞静的中国闺秀是抽鸦片的！他坐了起来，双手托着头，感到了难堪的落寞。

他取了帽子出门，向那个小厮道："待会儿请你对上头说一声，改天我再面谢罢!"他穿过砖砌的天井，院子正中生着树，一树的枯枝高高印在淡青的天上，像磁上的冰纹。长安静静的跟在他后面送了出来，她的藏青长袖旗袍上有着淡黄的雏菊。她两手交握着，脸上显出稀有的柔和。世舫回过身来道："姜小姐……"她隔得远远的站定了，只是垂着头。世舫微微鞠了一躬，转身就走了。长安觉得她是隔了相当的距离看这太阳里的庭院，从高楼上望下来，明晰、亲切，然而没有能力干涉，天井、树、曳着萧条的影子的两个人，没有话——不多的一点回忆，将来是要装在水晶瓶里双手捧着看的——她的最初也是最后的爱。

◎ 注释

① 本文写于 1943 年。

《金锁记》是张爱玲最出色的中篇小说。这是一个苍凉的故事。为"张女士截至目前为止的最完满之作，颇有《猎人日记》中某些故事的风味，至少也该列为我们文坛最美的收获之一"。小说描写了麻油店老板的女儿曹七巧人性扭曲的过程，她带着黄金的枷，不但破坏儿子的婚姻，致使儿媳被折磨而死，还拆散女儿的爱情。本篇选取的是七巧破坏女儿长安爱情的一段。张爱玲用她那美丽而苍凉的文字，诉说了封建大家庭中女子的悲剧。

汇评

极端病态与极端觉悟的人究竟不多。时代是这么沉重，不容那么容易就大彻大悟。这些年来，人类到底也这么生活了下来，可见疯狂是疯狂，还是有分寸的。所以我的小说里，除了《金锁记》里的曹七巧，全是些不彻底的人物。他们不是英雄，他们可是这时代的广大的负荷者。因为他们虽然不彻底，但究竟是认真的。他们没有悲壮，只有苍凉。悲壮是一种完成，而苍凉则是一种启示。（张爱玲《自己的文章》）

最初她把黄金锁住了爱情，结果却锁住了自己。爱情磨折了她一世和一家。她战败了，她是弱者。但因为是弱者，她就没有被同情的资格了么？弱者做了情欲的俘虏，代情欲做了刽子手，我们便有理由恨她么？作者不这么想。（傅雷《论张爱玲的小说》）

在《金锁记》里，缺乏故事于历史生活之间的必然联系，情节、人物性格缺乏历史的规定性。这不免令人惋惜。（赵园《开向沪、港"洋场社会"的窗口》）

拓展阅读

天　才　梦

张爱玲

我是一个古怪的女孩，从小被目为天才，除了发展我的天才外别无生存的目标。然而，当童年的狂想逐渐褪色的时候，我发现我除了天才的梦之外一无所有——所有的只是天才的乖僻缺点。世人原谅瓦格涅的疏狂，可是他们不会原谅我。

加上一点美国式的宣传，也许我会被誉为神童。我三岁时能背诵唐诗。我还记得摇摇摆摆地立在一个满清遗老的藤椅前朗吟"商女不知亡国恨，隔江犹唱后庭花"，眼看着他的泪珠滚下来。七岁时我写了第一部小说，一个家庭悲剧。遇到笔划复杂的字，我常常跑去问厨子怎样写。第二部小说是关于一个失恋自杀的女郎。我母亲批评说：如果她要自杀，她决不会从上海乘火车到西湖去自溺。可是我因为西湖诗意的背景。终于固执地保存了这一点。

我仅有的课外读物是《西游记》与少量的童话，但我的思想并不为它们所束缚。八岁那年，我尝试过一篇类似乌托邦的小说，题名快乐村。快乐村人是一好战的高原民族，因克服苗人有功，蒙中国皇帝特许，免征赋税，并予自治权。所以快乐村是一个与外界隔绝的大家庭，自耕自织，保存着部落时代的活泼文化。

我特地将半打练习簿缝在一起，预期一本洋洋大作，然而不久我就对这伟大的题材失去了兴趣。现在我仍旧保存着我所绘的插画多帧，介绍这种理想社会的服务，建筑，室内装修，包括图书馆，"演武厅"，巧克力店，屋顶花园。公共餐室是荷花池里一座凉亭。我不记得那里有没有电影院与社会主义——虽然缺少这两样文明产物，他们似乎也过得很好。

九岁时，我踌躇着不知道应当选择音乐或美术作我终身的事业。看了一张描写穷困的画家的影片后，我哭了一场，决定做一个钢琴家，在富丽堂皇的音乐厅里演奏。

对于色彩，音符，字眼，我极为敏感。当我弹奏钢琴时，我想像那八个音符有不同的个性，穿戴了鲜艳的衣帽携手舞蹈。我学写文章，爱用色彩浓厚，音韵铿锵的字眼，如"珠灰"，"黄昏"，"婉妙"，"splendour"，"melancholy"，因此常犯了堆砌的毛病。直到现在，我仍然爱看《聊斋志异》与俗气的巴黎时装报告，便是为了这种有吸引力的字眼。

在学校里我得到自由发展。我的自信心日益坚强，直到我十六岁时，我母亲从法国回来，将她睽隔多年的女儿研究了一下。

"我懊悔从前小心看护你的伤寒症，"她告诉我，"我宁愿看你死，不愿看你活着使你自己处处受痛苦。"

我发现我不会削苹果。经过艰苦的努力我才学会补袜子。我怕上理发店，怕见客，怕给裁缝试衣裳。许多人尝试过教我织绒线，可是没有一个成功。在一间房里住了两年，问我电铃在哪儿我还茫然。我天天乘黄包车上医院去打针，接连三个月，仍然不认识那条路。总而言之，在现实的社会里，我等于一个废物。

我母亲给我两年的时间学习适应环境。她教我煮饭；用肥皂粉洗衣；练习行路的姿势；看人的眼色；点灯后记得拉上窗帘；照镜子研究面部神态；如果没有幽默天才，千万别说笑话。

在待人接物的常识方面，我显露惊人的愚笨。我的两年计划是一个失败的试验。除了使我的思想失去均衡外，我母亲的沉痛警告没有给我任何的影响。

生活的艺术，有一部分我不是不能领略。我懂得怎么看“七月巧云”，听苏格兰兵吹bagpipe，享受微风中的藤椅，吃盐水花生，欣赏雨夜的霓虹灯，从双层公共汽车上伸出手摘树巅的绿叶。在没有人与人交接的场合，我充满了生命的欢悦。可是我一天不能克服这种咬啮性的小烦恼，生命是一袭华美的袍，爬满了蚤子。

（原载于1940年8月上海《西风》第48期）

聚焦：

请阅读《红玫瑰与白玫瑰》、《倾城之恋》。这是张爱玲18岁时所写的一篇散文，从中可以看出她今后生活与创作道路的端倪。

思考与练习

1.《金锁记》的故事情节是什么？
2. 分析七巧和长安的性格特征。
3. 结合《金锁记》，谈谈曹七巧性格扭曲的原因。

第七单元 古代戏剧

窦娥冤（第三折）[①]

关汉卿

关汉卿，号已斋叟，大都（今北京市）人。元代最杰出的杂剧作家。与马致远、郑光祖、白朴并称为“元曲四大家”。约生于13世纪初，卒于13世纪末。有关关汉卿的生平资料甚少。据钟嗣成《录鬼簿》的记载，“关汉卿，大都人，太医院尹，号已斋叟”，“太医院尹”别本《录鬼簿》作“太医院户”。关汉卿是元代剧坛前期的领袖，贾仲明吊词中称他为“驱梨园领袖，总编修帅首，捻杂剧班头”。关汉卿杂剧现存18种，个别作品是否出自关汉卿之手，学术界尚有分歧。其中，《窦娥冤》、《救风尘》、《望江亭》、《拜月亭》、《鲁斋郎》、《单刀会》、《调风月》等是他的代表作。关汉卿杂剧曲词本色自然，情节生动，关目紧凑，人物形象鲜明。

（外扮监斩官上[②]，云）下官监斩官是也。今日处决犯人，着做公的把住巷口[③]，休放往来人闲走。（净扮公人[④]，鼓三通，锣三下科，刽子磨旗[⑤]、提刀、押正旦带枷上，刽子云）行动些[⑥]，行动些，监斩官去法场上多时了。（正旦唱）

【正宫·端正好】没来由犯王法[⑦]，不提防遭刑宪[⑧]，叫声屈动地惊天。顷刻间游魂先赴森罗殿[⑨]，怎不将天地也生埋怨[⑩]。

【滚绣球】有日月朝暮悬，有鬼神掌著生死权。天地也只合把清浊分辨[⑪]，可怎生糊突了盗跖颜渊[⑫]：为善的受贫穷更命短，造恶的享富贵又寿延。天地也，做得个怕硬欺软，却元来也这般顺水推船[⑬]。地也，你不分好歹何为地。天也，你错勘贤愚枉做天！哎，只落得两泪涟涟。

（刽子云）快行动些，误了时辰也。（正旦唱）

【倘秀才】则被这枷纽的我左侧右偏，人拥的我前合后偃[⑭]。我窦娥向哥哥行有句言[⑮]。（刽子云）你有甚么话说？（正旦唱）前街里去心怀恨，后街里去死无冤，休推辞路远。

（刽子云）你如今到法场上面，有甚么亲眷要见的，可教他过来见你一面也好。（正旦唱）

【叨叨令】可怜我孤身只影无亲眷，则落的吞声忍气空嗟怨。（刽子云）难道你爷娘家也没的？（正旦云）止有个爹爹，十三年前上朝取应去了，至今杳无音信。（唱）早已是十年多不睹爹爹面。（刽子云）你适才要我往后街里去，是什么主意？（正旦唱）怕则怕前街里被我婆婆见。（刽子云）你的性命也顾不得，怕他见怎的？（正旦云）俺婆婆若见我披枷带锁赴法场飡刀去呵[⑯]。（唱）枉将他气杀也么哥[⑰]，枉将他气杀也么哥。告哥哥，临危好与人行方便。

（卜儿哭上科[⑱]，云）天哪，兀的不是我媳妇儿[⑲]！（刽子云）婆子靠后。（正旦云）既是俺婆婆来了，叫他来，待我嘱付他几句话咱[20]。（刽子云）那婆子，近前来，你媳妇要嘱付你话哩。（卜儿云）孩儿，痛杀我也。（正旦云）婆婆，那张驴儿把毒药放在羊肚儿汤里，实指望药死了你，要霸占我为妻。不想婆婆让与他老子吃，倒把他老子药死了。我怕连累婆婆，屈招了药死公公，今日赴法场典刑[21]。婆婆，此后遇着冬时年节[22]，月一十五，有瀽不了的浆水饭[23]，瀽半碗儿与我吃；烧不了的纸钱，与窦娥烧一陌儿[24]：则是看你死的孩儿面上。（唱）

【快活三】念窦娥葫芦提当罪愆[25]，念窦娥身首不完全，念窦娥从前已往干家缘[26]；婆婆也，你只看窦娥少爷无娘面。

【鲍老儿】念窦娥服侍婆婆这几年，遇时节将碗凉浆奠；你去那受刑法尸骸上烈些纸钱[27]，只当把你亡化的孩儿荐[28]。（卜儿哭科，云）孩儿放心，这个老身都记得。天哪，兀的不痛杀我也！（正旦唱）婆婆也，再也不要啼啼哭哭，烦烦恼恼，怨气冲天。这都是我做窦娥的没时没运，不明不暗，负屈衔冤。

（刽子做喝科，云）兀那婆子靠后，时辰到了也。（正旦跪科）（刽子开枷科）（正旦云）窦娥告监斩大人，有一事肯依窦娥，便死而无怨。（监斩官云）你有什么事？你说。（正旦云）要一领净席，等我窦娥站立，又要丈二白练[29]，挂在旗枪上[30]。若是我窦娥委实冤枉，刀过处头落，一腔热血休半点儿沾在地下，都飞在白练上者。（监斩官云）这个就依你，打甚么不紧[31]。（刽子做取席站科，又取白练挂旗上科）（正旦唱）

【耍孩儿】不是我窦娥罚下这等无头愿，委实的冤情不浅。若没些儿灵圣与世人传，也不见得湛湛青天。我不要半星热血红尘洒，都只在八尺旗枪素练悬。等他四下里皆瞧见，这就是咱苌弘化碧[32]，望帝啼鹃[33]。

（刽子云）你还有甚的说话，此时不对监斩大人说，几时说那？（正旦再跪科，云）大人，如今是三伏天道，若窦娥委实冤枉，身死之后，天降三尺瑞雪，遮掩了窦娥尸首。（监斩官云）这等三伏天道，你便有冲天的怨气，也召不得一片雪来，可不胡说！（正旦唱）

【二煞】你道是暑气暄，不是那下雪天；岂不闻飞霜六月因邹衍[34]？若果有一腔怨气喷如火，定要感得六出冰花滚似锦[35]，免着我尸骸现；要什么素车白马[36]，断送出古陌荒阡[37]？

（正旦再跪科，云）大人，我窦娥死的委实冤枉，从今以后，着这楚州亢旱三年[38]。（监斩官云）打嘴！那有这等说话！（正旦唱）

【一煞】你道是天公不可期[39]，人心不可怜，不知皇天也肯从人愿。做甚么三年不见甘霖降？也只为东海曾经孝妇冤[40]。如今轮到你山阳县。这都是官吏每无心正法[41]，使百姓有口难言。

（刽子做磨旗科，云）怎么这一会儿天色阴了也？（内做风科，刽子云）好冷风也！（正旦唱）

【煞尾】浮云为我阴，悲风为我旋，三桩儿誓愿明题遍。（做哭科，云）婆婆也，直等待雪飞六月，亢旱三年呵，（唱）那其间才把你个屈死的冤魂这窦娥显。

（刽子做开刀，正旦倒科）（监斩官惊云）呀，真个下雪了，有这等异事！（刽子云）我也道平日杀人，满地都是鲜血，这个窦娥的血，都飞在那丈二白练上，并无半点落地，委实奇怪。（监斩官云）这死罪必有冤枉，早两桩儿应验了，不知亢旱三年的说话，准也不准？且看后来如何。左右，也不必等待雪晴，便与我抬他尸首，还了那蔡婆婆去罢。（众应科，抬尸下）

◎ 注释

① 关汉卿杂剧《感天动地窦娥冤》全本为四折一楔子。楔子介绍窦娥因其父窦天章无力偿还所欠蔡婆银两而将她抵给蔡婆做童养媳的不幸；第一折写张驴儿父子无意间撞破赛卢医谋杀蔡婆的勾当，乘机强

住在蔡婆家，妄图霸占窦娥而遭到拒绝；第二折写张驴儿想毒死蔡婆以威逼窦娥与己成亲，不料反毒死自己的父亲，便诬陷窦娥谋害，要挟她顺从自己，窦娥坚决拒绝，被张驴儿买通官府，严刑拷打，后为救护蔡婆而屈招，这里节选的第三折，写窦娥被押赴刑场问斩时的情况；第四折写窦娥鬼魂托梦给做了肃政廉访使的父亲，从而使冤屈得以昭雪。

② 外：次要的男角色，“外末”的省称。

③ 着：让，使，派。

④ 净：杂剧角色，一般扮演刚强、粗暴的男性。

⑤ 磨旗：摇旗。

⑥ 行动些：快走啊。

⑦ 没来由：无缘无故，与下句“不提防”构成互文。

⑧ 刑宪：刑法。

⑨ 森罗殿：指阴间统治者阎王审案的厅堂。

⑩生：活活地，深深地。

⑪ 合：应当。

⑫ 盗跖颜渊：跖为传说中反抗贵族统治的领袖，被诬为“盗”，后成为坏人的代称；颜渊为孔子的弟子，贫而好学，被作为贤人的代称。

⑬ 元来：原来。

⑭ 前合后偃：朝前倾，朝后仰。

⑮ 行：音 háng，指明处所，表示“在……跟前”。

⑯ 飡：同“餐”。

⑰ 也么哥：亦作“也么歌”、“也么”，一般用于【叨叨令】曲尾，加强语气，无实义。

⑱ 卜儿：元代戏曲中扮演老妇的角色。

⑲ 兀的：指示代词，“这”或“那”。

⑳ 咱：这里作语气助词，相当于“吧”。

㉑ 典刑：依照法典行刑。

㉒ 冬时年节：冬至、春节。

㉓ 瀽：音 jiǎn，泼，倒。

㉔ 一陌儿：一百张，陌，同“百”。

㉕ 葫芦提：亦作“葫芦题”、“葫芦蹄”，糊里糊涂。

㉖ 干家缘：料理家务。

㉗ 烈：烧。

㉘ 荐：祭献。

㉙ 白练：洁白的熟绢。

㉚ 旗枪：旗杆顶端枪头般的金属饰物。

㉛ 打甚么不紧：有啥要紧的，即“不要紧”。

㉜ 苌弘化碧：周代忠臣苌弘，无辜被害，“流血成石，或言成碧，不见其尸”（《拾遗记》）。

㉝ 望帝啼鹃：古代民间传说，蜀王杜宇，号望帝，为其相鳖灵所逼，逊位后隐居山中，其魂化为杜鹃鸟，啼声凄厉。事见《寰宇记》。

㉞ 飞霜六月因邹衍：战国末哲学家、齐国人邹衍，相传遭谗而“见拘于燕，当夏五月，仰天长叹，天为陨霜”（王充《论衡·感虚》）。

㉟ 六出冰花：即雪，因其为六瓣形晶体故名。

㊱ 素车白马：白车白马，吊丧送葬所用。

㊲ 断送出古陌荒阡：断送，发送，出殡；阡陌为田间小道，东西为陌，南北为阡。

㊳ 楚州：隋开皇元年（581）置，治所在寿张（后改淮阴），后移置山阳（今江苏淮安）。

㊴ 期：希望。

㊵ 东海曾经孝妇冤：相传西汉东海寡妇周青，为侍奉婆婆不肯改嫁，婆婆不愿拖累她而自缢。其小姑告

官，诬其杀人，周青遂被处死，死后，东海地方大旱三年，后有官员于定国代为申雪冤情，并祭其墓，天乃降雨（《汉书·于定国传》）。

㊶ 每：们。正法：公正执法。

这里所选的第三折是《窦娥冤》全局矛盾冲突的高潮，窦娥对“天”、“地”的指斥，实际上是对最高统治者连同地方的贪官污吏的控诉与揭露。剧作通过窦娥的蒙冤惨死，寄寓了剧作家对整个封建社会的愤怒和批判。三桩誓愿的实现，也使剧作充满了理想色彩和积极浪漫主义精神，表现了作家对被压迫人民的深切同情。剧作的语言朴实生动，当行本色。

汇评

《窦娥冤》剧词调快爽，神情悲吊，尤关之铮铮者也。（明·孟称舜《古今名剧合选·酹江集》眉批）

关汉卿一空依傍，自铸伟词，而其言曲尽人情，字字本色，故当为元人第一。……最有悲剧之性质者，则如关汉卿之《窦娥冤》，纪君祥之《赵氏孤儿》，剧中虽有恶人交构其间，而其赴汤蹈火者，仍出于主人翁之意志，即列之于世界大悲剧中，亦无愧色也。（清·王国维《宋元戏曲考·元剧之文章》）

赵氏孤儿（第三折）

纪君祥

（屠岸贾领卒子上，云）兀的不走了赵氏孤儿也。某已曾张挂榜文，限三日之内，不将孤儿出首者，即将普国内小儿，但是半岁以下、一月以上，都拘刷到我帅府中，尽行诛戮。令人，门首觑者，若有首告之人，报复某家知道。（程婴上，云）自家程婴是也。昨日将我的孩儿送与公孙杵臼去了，我今日到屠岸贾跟前首告去来。令人，报复去：道有了赵氏孤儿也！（卒子云）你则在这里，等我报复去。（报科，云）报的元帅得知，有人来报赵氏孤儿有了也。（屠岸贾云）在那里？（卒子云）现在门首哩。（屠岸贾云）着他过来。（卒子云）着过来。（做见科，屠岸贾云）兀那厮，你是何人？（程婴云）小人是个草泽医士程婴。（屠岸贾云）赵氏孤儿今在何处？（程婴云）在吕吕太平庄上公孙杵臼家藏着哩。（屠岸贾云）你怎生知道来？（程婴云）小人与公孙杵臼曾有一面之交。我去探望他，谁想卧房中锦绷绣褥上，躺着一个小孩儿。我想公孙杵臼年纪七十，从来没儿没女，这个是那里来的？我说道这小的莫非是赵氏孤儿么？只见他登时变色，不能答应。以此知孤儿在公孙杵臼家里。（屠岸贾云）咄！你这匹夫，你怎瞒的过我？你和公孙杵臼往日无仇，近日无冤，你因何告他藏着赵氏孤儿？你敢是知情么，说的是万事全休，说的不是，令人，磨的剑快，先杀了这个匹夫者。（程婴云）告元帅暂息雷霆之怒，略罢虎狼之威，听小人诉说一遍咱。我小人与公孙杵臼原无仇隙，只因元帅传下榜文，要将普国内小儿拘刷到帅府，尽行杀坏。我一来为救普国内小儿之命；二来小人四旬有五，近生一子，尚未满月。元帅军令，不敢不献出来，可不小人也绝后了。我想有了赵氏孤儿，便不损坏一国生灵，连小人的孩儿也得无事，所以出首。（诗云）告大人暂停嗔怒，这便是首告缘故。虽然救普国生灵，其实怕程家绝户。（屠岸贾笑科，云）哦，是了。公孙杵臼元与赵盾一殿之臣，可知有这事来。令人，则今日点就本部下人马，同程婴到太平庄上，拿公孙杵臼走一遭去。（同下）（正末公孙杵臼上，云）老夫公孙杵臼是也。想昨日与程婴商议救赵氏孤儿一事，今日他到屠岸贾府中首告去了。这早晚屠岸贾这厮必然来也呵。（唱）

【双调新水令】我则见荡征尘飞过小溪桥，多管是损忠良贼徒来到。齐臻臻摆着士卒，明晃晃列着枪刀。眼见的我死在今朝，更避甚痛笞掠。

（屠岸贾同程婴领卒子上，云）来到这吕吕太平庄上也。令人，与我围了太平庄者！程婴，那里是公孙杵臼宅院？（程婴云）则这个便是。（屠岸贾云）拿过那老匹夫来。公孙杵臼，你知罪么？（正末云）我不知罪。（屠岸贾云）我知你个老匹夫和赵盾是一殿之臣，你怎敢掩藏着赵氏孤儿？（正末云）老元帅，我有熊心豹胆，怎敢掩藏着赵氏孤儿！（屠岸贾云）不打不招。令人，与我拣大棒子着实打者。（卒子做打科）（正末唱）

【驻马听】想着我罢职辞朝，曾与赵盾名为刎颈交。（云）这事是谁见来？（屠岸贾云）现有程婴首告着你哩。（正末唱）是那个埋情出告？元来这程婴舌是斩身刀！（云）你杀了赵家满门良贱三百余口，则剩下这孩儿，你又要伤他性命！（唱）你正是狂风偏纵扑天雕，严霜故打枯根草。不争把孤儿又杀坏了。可着他三百口冤仇甚人来报？

（屠岸贾云）老匹夫，你把孤儿藏在那里？快招出来，免受刑法。（正末云）我有甚么孤儿藏在那里，谁见来？（屠岸贾云）你不招？令人，与我踩下去，着实打者。（做打科）（屠岸贾云）这老匹夫赖肉顽皮不肯招承，可恼，可恼。程婴，这原是你出首的，就着你替我行杖者！（程婴云）元帅，小人是个草泽医士，撮药尚然腕弱，怎生行的杖？（屠岸贾云）程婴，你不行杖，敢怕指攀出你么？（程婴云）元帅，小人行杖便了。（做拿杖子科）（屠岸贾云）程婴，我见你把棍子拣了又拣，只拣着那细棍子，敢怕打的他疼了，要指攀下你来？（程婴云）我就拿大棍子打者。（屠岸贾云）住者。你头里只拣着那细棍子打，如今你却拿起大棍子来，三两下打死了呵，你就做的个死无招对。（程婴云）着我拿细棍子又不是，拿大棍子又不是，好着我两下做人难也。（屠岸贾云）程婴，你只拿着那中等棍子打。公孙杵臼老匹夫，你可知道行杖的就是程婴么？（程婴行杖科，云）快招了者！（三科了）（正末云）哎哟！打了这一日，不似这几棍子打的我疼。是谁打我来？（屠岸贾云）是程婴打你来。（正末云）程婴，你刬的打我那？（程婴云）元帅，打的这老头儿兀的不胡说哩。（正末唱）

【雁儿落】是那一个实丕丕将着粗棍敲，打的来痛杀杀精皮掉。我和你狠程婴有甚的仇？却教我老公孙受这般虐！

（程婴云）快招了者。（正末云）我招，我招！（唱）

【得胜令】打的我无缝可能逃，有口屈成招，莫不是那孤儿他知道，故意的把咱家指定了？（程婴做慌科）（正末唱）我委实的难熬，尚兀自强着牙根儿闹；暗地里偷瞧，只见他早諕的腿脡儿摇。

（程婴云）你快招罢，省得打杀你。（正末云）有，有，有。（唱）

【水仙子】俺二人商议救这小儿曹。（屠岸贾云）可知道指攀下来也。你说二人，一个是你了，那一个是谁？你实说将出来，我饶你的性命。（正末云）你要我说那一个？我说我说。（唱）哎，一句话来到我舌尖上却咽了。（屠岸贾云）程婴，这桩事敢有你么？（程婴云）兀那老头儿，你休妄指平人！（正末云）程婴，你慌怎么？（唱）我怎生把你程婴道，似这般有上梢无下梢。（屠岸贾云）你头里说两个，你怎生这一会儿可说无了？（正末唱）只被你打的来不知一个颠倒。（屠岸贾云）你还不说，我就打死你个老匹夫！（正末唱）遮莫便打的我皮都绽，肉尽销，休想我有半字儿攀着。

（卒子抱倈儿上科，云）元帅爷贺喜，土洞中搜出个赵氏孤儿来了也。（屠岸贾科，云）将那小的拿近前来，我亲自动手，剁做三段！兀那老匹夫，你道无有赵氏孤儿，这个是谁？（正末唱）

【川拨棹】你当日演神獒，把忠臣来扑咬。逼的他走死荒郊，刎死钢刀，缢死裙腰，将三百口全家老小尽行诛剿，并没那半个儿剩落，还不厌你心苗？

（屠岸贾云）我见了这孤儿，就不由我不恼也！（正末唱）

【七兄弟】我只见他左瞧右瞧，怒咆哮，火不腾改变了狰狞貌，按狮蛮拽札起锦征袍，把龙泉扯离出沙鱼鞘。

（屠岸贾怒云）我拔出这剑来，一剑，两剑，三剑。（程婴做惊疼科）（屠岸贾云）把这一个小业种剁了三剑，兀的不称了我平生所愿也。（正末唱）

【梅花酒】呀，见孩儿卧血泊。那一个哭哭号号，这一个怨怨焦焦，连我也战战摇摇。直恁般歹做作，只除是没天道！呀，想孩儿离褥草，到今日恰十朝，刀下处怎耽饶？空生长，枉劬劳，还说甚要防老？

【收江南】呀，兀的不是家富小儿骄。（程婴掩泪科）（正末唱）见程婴心似热油浇，泪珠儿不敢对人抛。背地里揾了，没来由割舍的亲生骨肉吃三刀。

（云）屠岸贾那贼，你试觑者，上有天哩，怎肯饶过的你？我死打甚么不紧！（唱）

【鸳鸯煞】我七旬死后偏何老，这孩儿一岁死后偏何小。俺两个一处身亡，落的个万代名标。我嘱咐你个后死的程婴，休别了横亡的赵朔。畅道是光阴过去的疾，冤仇报复的早。将那厮万剐千刀，切莫要轻轻的素放了。

（正末撞科，云）我撞阶基，觅个死处。（下）（卒子报科，云）公孙杵臼撞阶基身死了也。（屠岸贾笑科，云）那老匹夫既然撞死，可也罢了。（做笑科，云）程婴，这一桩里多亏了你。若不是你呵，如何杀的赵氏孤儿。（程婴云）元帅，小人原与赵氏无仇。一来救普国内众生，二来小人跟前也有个孩儿，未曾满月。若不搜的那赵氏孤儿出来，我这孩儿也无活的人也。（屠岸贾云）程婴，你是我心腹之人，不如只在我家中做个门客，抬举你那孩儿成人长大，在你跟前习文，送在我跟前演武。我也年近五旬，尚无子嗣，就将你的孩儿与我做个义儿。我偌大年纪了，后来我的官位，也等你的孩儿讨个应袭。你意下如何？（程婴云）多谢元帅抬举。（屠岸贾诗云）则为朝纲中独显赵盾，不由我心中生忿；如今削除了这点萌芽，方才是永无后衅。（同下）

聚焦：

王国维《宋元戏曲考·元剧之文章》说："最有悲剧之性质者，则如关汉卿之《窦娥冤》，纪君祥之《赵氏孤儿》，剧中虽有恶人交构其间，而其赴汤蹈火者，仍出于主人翁之意志，即列之于世界大悲剧中，亦无愧色也。"参见上文《赵氏孤儿》（第三折），理解王国维先生的这段评价。

思考与练习

1. 这折戏如何成功地写出了窦娥性格的转变？"三桩誓愿"表达了一种什么精神？
2. 这折戏中作者采用了什么样的创作手法？是否有助于悲剧情境的营造？
3. 分析这折戏在语言方面的特点。

西厢记（第四本第三折）[①]

王实甫

王实甫，生卒年不详，大都人。钟嗣成于元至顺元年（1330）编成的《录鬼簿》将其列入“前辈已死名公才人”，可知在1330年之前，王实甫的杂剧就已经很流行了。由此推断，他的主要戏剧活动，大约在元成宗大德年间（1297～1307），约略与关汉卿同时，也曾经是一位典型的“书会才人”。《录鬼簿》著录王实甫杂剧共14种。现存除《西厢记》外，还有《破窑记》、《丽春堂》2种，以及《贩茶船》、《芙蓉亭》的片段。王实甫爱情题材的剧作，大胆地揭露了封建礼教势力对青年男女自主婚姻要求的压迫，热情歌颂了具有叛逆精神的青年男女为争取真挚爱情所作的不懈努力，在文学史上具有深远的影响。他的曲词风格是既华美又自然，被称为“如花间美人”。他还善于化用古典诗词入曲，渲染环境氛围，描摹人物情态，创造出诗一般的意境。尤其善于刻画青年男女的心理活动，细致生动，十分传神。一般认为他与关汉卿都是元前期最伟大的戏曲作家，分别代表了文采与本色两个重要的流派。

（夫人、长老上、云）今日送张生赴京，十里长亭，安排下筵席。我和长老先行，不见张生小姐来到。（旦、末、红同上，旦云）今日送张生上朝取应，早是离人伤感，况值那暮秋天气，好烦恼人也呵！悲欢聚散一杯酒，南北东西万里程。（唱）

【正宫·端正好】碧云天，黄花地，西风紧。北雁南飞。晓来谁染霜林醉？总是离人泪。

【滚绣球】恨相见得迟，怨归去得疾。柳丝长玉骢难系[②]，恨不得倩疏林挂住斜晖。马儿迍迍的行[③]，车儿快快的随，却告了相思回避，破题儿又早别离[④]。听得一声“去也”，松了金钏；遥望见十里长亭[⑤]，减了玉肌。此恨谁知！

（红云）姐姐今日怎么不打扮？（旦云）你那知我的心里哩！（旦唱）

【叨叨令】见安排着车儿、马儿，不由人熬熬煎煎的气；有甚么心情花儿、靥儿[⑥]，打扮得娇娇滴滴的媚；准备着被儿、枕儿，则索昏昏沉沉的睡；从今后衫儿、袖儿，都揾湿做重重叠叠的泪。兀的不闷杀人也么哥！兀的不闷杀人也么哥！久已后书儿、信儿，索与我恓恓惶惶的寄[⑦]。

（做到，见夫人科）（夫人云）张生和长老坐，小姐这壁坐，红娘将酒来。张生，你向前来，是自家亲眷，不要回避。俺今日将莺莺与你，到京师休辱没了俺孩儿，挣揣一个状元回来者[⑧]。（末云）小生托夫人余荫，凭着胸中之才，觑官如拾芥耳[⑨]。（洁云）夫人主见不差，张生不是落后的人[⑩]。（把酒了，坐）（旦长吁科）（唱）

【脱布衫】下西风黄叶纷飞，染寒烟衰草萋迷[⑪]。酒席上斜签着坐的，蹙愁眉死临侵地[⑫]。

【小梁州】我见他阁泪汪汪不敢垂，恐怕人知。猛然见了把头低，长吁气，推整素罗衣。

【幺篇】虽然久后成佳配，奈时间怎不悲啼[⑬]。意似痴，心如醉，昨宵今日，清减了小腰围。

（夫人云）小姐把盏者！（红递酒，旦把盏长吁科云）请吃酒。（唱）

【上小楼】合欢未已，离愁相继。想着俺前暮私情，昨夜成亲，今日别离。我谂知这几日相思滋味[⑭]，却原来此别离情更增十倍。

【幺篇】年少呵轻远别，情薄呵易弃掷。全不想腿儿相挨，脸儿相偎，手儿相携。你与俺崔相国做女婿，妻荣夫贵，但得一个并头莲，煞强如状元及第。

（红云）姐姐不曾吃早饭，饮一口儿汤水。（旦云）红娘，甚么汤水咽得下！（唱）

【满庭芳】供食太急，须臾对面，顷刻别离。若不是酒席间子母每当回避，有心待与他举案齐眉[15]。虽然是厮守得一时半刻，也合着俺夫妻每共桌而食。眼底空留意，寻思起就里[16]，险化做望夫石[17]。

（夫人云）红娘把盏者！（红把酒科）（旦唱）

【快活三】将来的酒共食，尝着似土和泥。假若便是土和泥，也有些土气息、泥滋味。

【朝天子】煖溶溶玉醅[18]，白泠泠似水，多半是相思泪。眼面前茶饭怕不待要吃，恨塞满愁肠胃。"蜗角虚名，蝇头微利"[19]，拆鸳鸯在两下里。一个这壁，一个那壁，一递一声长吁气。

（夫人云）辆起车儿[20]，俺先回去，小姐随后和红娘来。（下）（末辞洁科）（洁云）此一行别无话儿，贫僧准备买登科录看[21]，做亲的茶饭少不得贫僧的。先生在意，鞍马上保重者！从今经忏无心礼，专听春雷第一声[22]。（下）（旦唱）

【四边静】霎时间杯盘狼籍，车儿投东，马儿向西。两意徘徊，落日山横翠。知他今宵宿在那里？有梦也难寻觅。

（旦云）张生，此一行得官不得官，疾便回来。（末云）小生这一去，白夺一个状元，正是"青霄有路终须到，金榜无名誓不归"。（旦云）君行别无所赠，口占一绝，为君送行："弃掷今何在，当时且自亲。还将旧来意，怜取眼前人。"[23]（末云）小姐之意差矣，张珙更敢怜谁？谨赓一绝[24]，以剖寸心："人生长远别，孰与最关亲？不遇知音者，谁怜长叹人？"（旦唱）

【耍孩儿】淋漓襟袖啼红泪，比司马青衫更湿[25]。伯劳东去燕西飞[26]，未登程先问归期。虽然眼底人千里，且尽生前酒一杯。未饮心先醉，眼中流血，心内成灰。

【五煞】到京师服水土，趁程途节饮食，顺时自保揣身体[27]。荒村雨露宜眠早，野店风霜要起迟！鞍马秋风里，最难调护，最要扶持。

【四煞】这忧愁诉与谁？相思只自知，老天不管人憔悴。泪添九曲黄河溢，恨压三峰华岳低[28]。到晚来闷把西楼倚，见了些夕阳古道，衰柳长堤。

【三煞】笑吟吟一处来，哭啼啼独自归。归家若到罗帏里，昨宵个绣衾香暖留春住，今夜个翠被生寒有梦知。留恋你别无意，见据鞍上马，阁不住泪眼愁眉。

（末云）有甚言语嘱咐小生咱？（旦唱）

【二煞】你休忧"文齐福不齐"[29]，我则怕你"停妻再娶妻"。休要"一春鱼雁无消息"！我这里青鸾有信频须寄[30]，你却休"金榜无名誓不归"。此一节君须记：若见了那异乡花草，再休似此处栖迟。

（末云）再谁似小姐？小生又生此念？（旦唱）

【一煞】青山隔送行，疏林不做美，淡烟暮霭相遮蔽。夕阳古道无人语，禾黍秋风听马嘶。我为甚么懒上车儿内，来时甚急，去后何迟？

（红云）夫人去好一会，姐姐，咱家去！（旦唱）

【收尾】四围山色中，一鞭残照里。遍人间烦恼填胸臆，量这些大小车儿如何载得起[31]？

（旦、红下）（末云）仆童赶早行一程儿，早寻个宿处。泪随流水急，愁逐野云飞。（下）

◎ 注释

① 王实甫《西厢记》为连台本戏，全剧五本，每本四折一楔子。经过一番波折，老夫人终于应允了莺莺与张生的婚事，但又以"俺三辈儿不招白衣女婿"为由，逼张生上朝取应。本折即写莺莺在长亭送别赴京应试的张生时的情景。

② 玉骢：青白色相间的马。
③ 迍迍：音 zhūn，行动迟缓的样子。
④ 破题儿：科举考试文章起始要释题，称“破题”。这里指开始之意。
⑤ 迤：音 yǐ，延伸，往。
⑥ 靥儿：音 yè，原指脸上的酒窝，这里指妇女装扮面部的饰物。
⑦ 恓恓遑遑：恓，音 xī，因伤感而心神不宁的样子。
⑧ 挣揣：用力争取。
⑨ 拾芥：比喻获取功名容易。芥，小草。
⑩ 洁：元代民间往往称和尚为“洁郎”，元剧角色中便将扮演和尚省作“洁”。这里指普救寺住持法本长老。
⑪ 萋迷：草长得茂盛。这里指满目枯草，遍野荒凉。
⑫“酒席上”二句：前句形容张生无精打采，像一根木桩插在那里一样；后句则形容张生憔悴呆滞的神情。签：插。坐地：坐着。死：程度副词，极端。临侵：疲惫、憔悴的样子。地：语气助词。
⑬ 奈时间：无奈时间太长。
⑭ 谂：音 shěn，深知。
⑮ 举案齐眉：东汉时梁鸿、孟光夫妻相敬如宾，吃饭时孟光将食案高举到眉头，敬与梁鸿。后世常用来比喻夫妻和美，妻子敬重丈夫。
⑯ 寻思起就里：细想内里情事（婚姻波折）如何生变。
⑰ 望夫石：各地多有的古代民间传说，谓一女子企盼远游的丈夫归来，整日站在山头等待，久而久之化作了人形石头。
⑱ 玉醅：酒的美称。醅，音 pēi，酒的代称。
⑲“蜗角虚名”二句：指极微小的空名，极细微的利益。《庄子·则阳》：“有国于蜗之左角者，曰蛮氏；国于蜗之右角者，曰触氏，争地而战，伏尸百万。”班固《难庄篇》写世人争利如蝇吮肉汁，所得甚少。此蜗角与蝇头互文对举，作细微、琐屑解。莺莺轻视功名，看重爱情，故有此语。
⑳ 辆起车儿：套上车子。
㉑ 登科录：科举时代的录取名册。
㉒“从今经忏”二句：这是法本的下场诗。经忏：指佛教经文。春雷第一声：指考中状元。
㉓“弃掷今何在”四句：这是元稹《莺莺传》传奇中莺莺谢绝张生的一首诗，意为当时两人那样亲热，现在为什么抛弃我呢？你还将原来对我的那一片情，去爱你眼前的新欢吧。这里则是表达莺莺的担忧，怕张生薄情变心。
㉔ 赓：接续。此为和作一首绝句的意思。
㉕“淋漓襟袖”二句：王嘉《拾遗记·魏》中说，薛灵芸被选入宫时，告别父母，泪流不止，以玉壶盛泪，壶即成红色。到了京城，壶中泪水更凝成血状。后来多将美人的泪水称作红泪。比司马青衫更湿：化用白居易《琵琶行》中“座中泣下谁最多？江州司马青衫湿”句。
㉖ 伯劳东去燕西飞：指莺莺与张生分别后各奔东西。伯劳：禽鸟名，略大于雀，胸腹部茶色，翼、尾黑褐色。
㉗ 保揣：保重。
㉘“泪添九曲”二句：形容离别在即，莺莺悲痛伤怀，情不能已。三峰华岳：指华山的莲花峰、毛女峰、松桧峰。
㉙“文齐福不齐”：文才达到了，但运气不好，未能中榜。
㉚ 青鸾：传说中凤凰一类的神鸟，为西王母送信的使者。
㉛ 量：推测，估摸。

这折戏俗称“长亭送别”。在红娘的帮助下，崔莺莺与张生终于冲破重重阻碍，私下里结合了。老夫人得知后，恼羞成怒，严厉拷问红娘，并指责红娘未能“行监坐守”，以致木已成舟，红娘“以子之矛，攻子之盾”，伶牙俐齿，据理雄辩，终于说得老夫人哑口无言。

这就是俗称的“拷红”。“拷红”之后，老夫人又借口说崔家乃相国之家，三辈不招白衣女婿，逼迫张生上朝取应。莺莺送别张生，百感交集，难舍难分。在长亭上，她表白心迹，流露出对爱情的珍惜，对功名的蔑视。这是她叛逆精神的集中体现。这折戏紧接“拷红”，规定情境是暮秋的长亭之上。剧作家运用景物衬托人物心情，不仅营造出浓重的环境氛围，而且在细致的人物心理描写中巧妙地熔铸古典诗词，从而增强了曲词的艺术感染力，堪称古代戏曲中的典范之作。

汇评

作词章风韵美，士林中等辈伏低。新杂剧、旧传奇，《西厢记》天下夺魁。（明·贾仲明《凌波仙吊词》）

王实甫之词，如花间美人。铺叙委婉，深得骚人之趣，极有佳句，若玉环之出浴华清，绿珠之采莲洛浦。（明·朱权《太和正音谱·古今群英乐府格式》）

《西厢》虽饶本色，然才情逸发处，自是卢、骆艳歌，温、韦丽句。恐将来永传，竟在彼不在此。今董解元世几不闻，而《花间》、《草堂》人口脍炙，是其验也（或谓戏曲无可废理。夫唐、宋优伶所习，绝不省何状；元北戏，自《西厢》外，亦殊少传者矣）。（明·胡应麟《少室山房笔丛·庄岳委谈下》）

填词除杂剧不论，止论全本，其文字之佳，音律之妙，未有过于北《西厢》者。（清·李渔《闲情偶寄》）

“长亭送别”的曲文在《西厢记》中颇具代表性，既有丽藻，又有白描，既有对前代诗词的借鉴、化用，又有对民间口语的吸收、提炼，在总的风格上，不仅构成了协调的色彩，而且形成了通晓流畅与秀丽华美相统一的特色。论者有《西厢记》是诗剧之说。“长亭送别”是全剧诗意最浓的部分，它在情节上没有多少进展，也没有戏剧矛盾的激烈转化，只是以抒情诗的语言，叙写女主人公的离愁别恨，使全折弥漫着一种淡淡的而又是悠长的哀愁。（邓绍基主编《元代文学史》）

拓展阅读

莺 莺 传

元 稹

唐贞元中，有张生者，性温茂，美风容，内秉坚孤，非礼不可入。或朋从游宴，扰杂其间，他人皆汹汹拳拳，若将不及；张生容顺而已，终不能乱。以是年二十三，未尝近女色。知者诘之，谢而言曰：“登徒子非好色者，是有凶行。余真好色者，而适不我值。何以言之？大凡物之尤者，未尝不留连于心，是知其非忘情者也。”诘者识之。

无几何，张生游于蒲，蒲之东十余里，有僧舍曰普救寺，张生寓焉。适有崔氏孀妇，将归长安，路出于蒲，亦止兹寺。崔氏妇，郑女也；张出于郑，绪其亲，乃异派之从母。是岁，浑瑊薨于蒲，有中人丁文雅，不善于军，军人因丧而扰，大掠蒲人。崔氏之家，财产甚厚，多奴仆，旅寓惶骇，不知所托。先是张与蒲将之党有善，请吏护之，遂不及于难。十余日，廉使杜确将天子命以总戎节，令于军，军由是戢。

郑厚张之德甚，因饰馔以命张，中堂宴之。复谓张曰：“姨之孤嫠未亡，提携幼稚，不幸属师徒大溃，实不保其身，弱子幼女，犹君之生，岂可比常恩哉？今俾以仁兄礼奉见，冀所以报恩也。”命其子，曰欢郎，可十余岁，容甚温美。次命女：“出拜尔兄，尔兄活尔。”久之辞疾，郑怒曰：“张兄保尔之命，不然，尔且掳矣，能复远嫌乎？”久之乃至，常服睟容，不加新饰。垂鬟接黛，双脸销红而已，颜色艳异，光辉动人。张惊为之礼，因坐郑旁。以郑之抑而见也，凝睇怨绝，若不胜其体者。问其年纪，郑曰：“今天子甲子岁之七月，终于贞元庚辰，生年十七矣。”张生稍以词导之，不对，终席而罢。张自是惑之，愿致其情，无由得也。

崔之婢曰红娘，生私为之礼者数四，乘间遂道其衷。婢果惊沮，腼然而奔，张生悔之。翼日，婢复至，张生乃羞而谢之，不复云所求矣。婢因谓张曰：“郎之言，所不敢言，亦不敢泄。然而崔之姻族，君所详也，何不因其德而求娶焉？”张曰：“余始自孩提，性不苟合。或时纨绮间居，曾莫流盼。不为当年，终有所蔽。昨日一席间，几不自持。数日来，行忘止，食忘饱，恐不能逾旦暮。若因媒氏而娶，纳采问名，则三数月间，索我于枯鱼之肆矣。尔其谓我何？”婢曰：“崔之贞慎自保，虽所尊不可以非语犯之，下人之谋，固难入矣。然而善属文，往往沈吟章句，怨慕者久之。君试为喻情诗以乱之，不然则无由也。”张大喜，立缀春词二首以授之。

是夕，红娘复至，持彩笺以授张曰：“崔所命也。”题其篇曰《明月三五夜》，其词曰：“待月西厢下，迎风户半开，拂墙花影动，疑是玉人来。”张亦微喻其旨，是夕，岁二月旬有四日矣。崔之东有杏花一株，攀援可逾。既望之夕，张因梯其树而逾焉，达于西厢，则户半开矣。红娘寝于床，生因惊之。红娘骇曰：“郎何以至？”张因绐之曰：“崔氏之笺召我也，尔为我告之。”无几，红娘复来，连曰：“至矣！至矣！”张生且喜且骇，必谓获济。及崔至，则端服严容，大数张曰：“兄之恩，活我之家，厚矣。是以慈母以弱子幼女见托。奈何因不令之婢，致淫逸之词，始以护人之乱为义，而终掠乱以求之，是以乱易乱，其去几何？诚欲寝其词，则保人之奸，不义；明之于母，则背人之惠，不祥；将寄与婢仆，又惧不得发其真诚。是用托短章，愿自陈启，犹惧兄之见难，是用鄙靡之词，以求其必至。非礼之动，能不愧心，特愿以礼自持，无及于乱。”言毕，翻然而逝。张自失者久之，复逾而出，于是绝望。

数夕，张生临轩独寝，忽有人觉之。惊骇而起，则红娘敛衾携枕而至。抚张曰：“至矣！至矣！睡何为哉？”并枕重衾而去。张生拭目危坐久之，犹疑梦寐，然而修谨以俟。俄而红娘捧崔氏而至，至则娇羞融冶，力不能运支体，曩时端庄，不复同矣。是夕旬有八日也，斜月晶莹，幽辉半床。张生飘飘然，且疑神仙之徒，不谓从人间至矣。有顷，寺钟鸣，天将晓，红娘促去。崔氏娇啼宛转，红娘又捧之而去，终夕无一言。张生辨色而兴，自疑曰：“岂其梦邪？”及明，睹妆在臂，香在衣，泪光荧荧然，犹莹于茵席而已。

是后又十余日，杳不复知。张生赋《会真诗》三十韵，未毕，而红娘适至。因授之，以贻崔氏。自是复容之，朝隐而出，暮隐而入，同安于曩所谓西厢者，几一月矣。张生常诘郑氏之情，则曰：“我不可奈何矣，因欲就成之。”无何，张生将之长安，先以情喻之。崔氏宛无难词，然而愁怨之容动人矣。将行之再夕，不可复见，而张生遂西下。

数月，复游于蒲，会于崔氏者又累月。崔氏甚工刀札，善属文，求索再三，终不可见。往往张生自以文挑，亦不甚睹览。大略崔之出人者，艺必穷极，而貌若不知；言则敏辩，而寡于酬对。待张之意甚厚，然未尝以词继之。时愁艳幽邃，恒若不识；喜愠之容，亦罕形见。异时独夜操琴，愁弄凄恻，张窃听之，求之，则终不复鼓矣。以是愈惑之。张生俄以文调及期，又当西去。当去之夕，不复自言其情，愁叹于崔氏之侧。崔已阴知将诀矣，恭貌怡声，徐谓张曰：“始乱之，终弃之，固其宜矣，愚不敢恨。必也君乱之，君终之，君之惠也；则殁身之誓，其有终矣，又何必深感于此行？然而君既不怿，无以奉宁。君常谓我善鼓琴，向时羞颜，所不能及。今且往矣，既君此诚。”因命拂琴，鼓《霓裳羽衣序》，不数声，哀音怨乱，不复知其是曲也。左右皆歔欷，崔亦遽止之。投琴，泣下流连，趋归郑所，遂不复至。明旦而张行。

明年，文战不胜，张遂止于京，因贻书于崔，以广其意。崔氏缄报之词，粗载于此。曰：“捧览来问，抚爱过深，儿女之情，悲喜交集。兼惠花胜一合，口脂五寸，致耀首膏唇之饰。虽荷殊恩，谁复为容？睹物增怀，但积悲叹耳。伏承使于京中就业，进修之道，固在便安。但恨僻陋之人，永以遐弃，命也如此，知复何言？自去秋已来，常忽忽如有所失，于喧哗之下，或勉为语笑，闲宵自处，无不泪零。乃至梦寝之间，亦多感咽。离忧之思，绸缪缱绻，暂若寻常；幽会未终，惊魂已断。虽半衾如暖，而思之甚遥。一昨拜辞，倏逾旧岁。长安行乐之地，触绪牵情，何幸不忘幽微，眷念无斁。鄙薄之志，无以奉酬。至于终始之盟，则固不忒。鄙昔中表相因，或同宴处，婢仆见诱，遂致私诚。儿女之心，不能自固。君子有援琴之挑，鄙人无投梭之拒。及荐寝席，义盛意深，愚陋之情，永谓终托。岂期既见君子，而不能定情，致有自献之羞，不复明侍巾帻。没身永恨，含叹何言？倘仁人用心，俯遂幽眇；虽死之日，犹生之年。如或达士略情，舍小从大，以先配为丑行，以要盟为可欺。则当骨化形销，丹诚不泯；因风委露，犹托清尘。存没之诚，言尽于此；临纸呜咽，情不能申。千万珍重！珍重千万！玉环一枚，是儿婴年所弄，寄充君子下体所佩。玉取其坚润不渝，环取其终始不绝。兼乱丝一絇，文竹茶碾子一枚。此数物不足见珍，意者欲君子如玉之真，弊志如环不解，泪痕在竹，愁绪萦丝，因物达情，永以为好耳。心迩身遐，拜会无期，幽愤所钟，千里神合。千万珍重！春风多厉，强饭为嘉。慎言自保，无以鄙为深念。”

张生发其书于所知，由是时人多闻之。所善杨巨源好属词，因为赋《崔娘诗》一绝云：“清润潘郎玉不如，中庭蕙草雪销初。风流才子多春思，肠断萧娘一纸书。”河南元稹，亦续生《会真诗》三十韵。诗曰：

微月透帘栊，萤光度碧空。遥天初缥缈，低树渐葱胧。
龙吹过庭竹，鸾歌拂井桐。罗绡垂薄雾，环佩响轻风。
绛节随金母，云心捧玉童。更深人悄悄，晨会雨蒙蒙。
珠莹光文履，花明隐绣龙。瑶钗行彩凤，罗帔掩丹虹。
言自瑶华浦，将朝碧玉宫。因游洛城北，偶向宋家东。
戏调初微拒，柔情已暗通。低鬟蝉影动，回步玉尘蒙。
转面流花雪，登床抱绮丛。鸳鸯交颈舞，翡翠合欢笼。
眉黛羞偏聚，唇朱暖更融。气清兰蕊馥，肤润玉肌丰。
无力佣移腕，多娇爱敛躬。汗流珠点点，发乱绿葱葱。
方喜千年会，俄闻五夜穷。留连时有恨，缱绻意难终。
慢脸含愁态，芳词誓素衷。赠环明运合，留结表心同。
啼粉流宵镜，残灯远暗虫。华光犹苒苒，旭日渐曈曈。
乘鹜还归洛，吹箫亦上嵩。衣香犹染麝，枕腻尚残红。
幂幂临塘草，飘飘思渚蓬。素琴鸣怨鹤，清汉望归鸿。
海阔诚难渡，天高不易冲。行云无处所，萧史在楼中。

张之友闻之者，莫不耸异之，然而张志亦绝矣。稹特与张厚，因徵其词。张曰：“大凡天之所命尤物也，不妖其身，必妖于人。使崔氏子遇合富贵，乘宠娇，不为云，不为雨，为蛟为螭，吾不知其所变化矣。昔殷之辛，周之幽，据百万之国，其势甚厚。然而一女子败之，溃其众，屠其身，至今为天下僇笑。予之德不足以胜妖孽，是用忍情。”于时坐者皆为深叹。

后岁余，崔已委身于人，张亦有所娶。适经所居，乃因其夫言于崔，求以外兄见。夫语之，而崔终不为出。张怨念之诚，动于颜色，崔知之，潜赋一章词曰："自従消瘦减容光，万转千回懒下床。不为旁人羞不起，为郎憔悴却羞郎。"竟不之见。后数日，张生将行，又赋一章以谢绝云："弃置今何道，当时且自亲。还将旧时意，怜取眼前人。"自是绝不复知矣。时人多许张为善补过者。予常于朋会之中，往往及此意者，夫使知者不为，为之者不惑。贞元岁九月，执事李公垂，宿于予靖安里第，语及于是。公垂卓然称异，遂为《莺莺歌》以传之。崔氏小名莺莺，公垂以命篇。

聚焦：

《西厢记》所述崔莺莺与张生的恋爱故事，一般认为源于唐传奇元稹的《莺莺传》（又称《会真记》）。《莺莺传》乃文言短篇小说，作者以自身经历为基础，创造了崔张这两个文学形象，描写了他们真挚的爱情，但结局却是张生背叛了莺莺，"始乱终弃"。然崔张二人的故事由此流传开来。元人王实甫在前人创作的基础上，对流传了几百年的崔张恋爱故事加以再创造，并大胆提出了"愿普天下有情的都成了眷属"的美好理想，成就了脍炙人口的北曲杂剧《西厢记》。

思考与练习

1. 为什么说"长亭送别"是《西厢记》中最具有诗意的部分？
2. 《西厢记》中莺莺的爱情观、婚姻观是怎样的？
3. 这折戏中是如何刻画莺莺的心理的？

琵琶记（糟糠自厌）[①]

高 明

高明（1307？～1359?），字则诚，号东嘉，又号菜根道人，浙江瑞安人。元末明初著名的戏曲家。高明曾求学于理学家黄溍门下，深受儒家思想的影响。元惠宗至正五年（1345）中进士后，始入仕途。曾先后任浙江处州录事、福建行省都事、庆元路推官等职。高明为人耿直，做官清正而有才干。方国珍降元后，有意邀他做幕僚，高明力辞不从。不久即辞官旅居浙江宁波城一个叫"栎社"的地方，闭门谢客，专心撰写《琵琶记》，并以词曲自娱。朱元璋攻破南京以后，曾征召他出山去南京做官，他以老病推辞不出。高明的著作，除《琵琶记》外，还有南戏《闵子骞单衣记》等。另有诗文《柔克斋集》20卷，原本已散佚。现在流传的是清人的辑本，仅存诗文50余篇。

（旦上唱）【山坡羊】乱荒荒不丰稔的年岁[②]，远迢迢不回来的夫婿。急煎煎不耐烦的二亲，软怯怯不济事的孤身己。衣尽典，寸丝不挂体。几番要卖了奴身己，争奈没主公婆谁管取？（合）思之，虚飘飘命怎期？难捱，实丕丕灾共危[③]。

【前腔】滴溜溜难穷尽的珠泪，乱纷纷难宽解的愁绪。骨崖崖难扶持的病体，战兢兢难捱过的时和岁。这糠呵，我待不吃你，教奴怎忍饥？我待吃呵，怎吃得？（介）苦，思量起来，不如奴先死，图得不知他亲死时。（合前）

（白）奴家早上安排些饭与公婆吃，非不欲买些鲑菜[④]，争奈无钱可买。不想婆婆抵死埋冤，只道奴家背地吃了甚么。不知奴家吃的却是细米皮糠，吃时不敢教他知道，只得回避。便埋冤杀了，也不敢分说。苦！真实这糠怎的吃得。（吃介）（唱）

【孝顺歌】呕得我肝肠痛，珠泪垂，喉咙尚兀自牢嗄住[⑤]。糠，遭砻被舂杵，筛你簸扬你，吃尽控持[⑥]。好似奴家身狼狈，千辛万苦皆经历。苦人吃着苦味，两苦相逢，可知道欲吞不去。（吃吐介）（唱）

【前腔】糠和米，来是相倚依，谁人簸扬你作两处飞？一贱与一贵，好似奴家共夫婿，终无见期。丈夫，你便是米么，米在他方没寻处。奴便是糠么，怎的把糠救得人饥馁？好似儿夫出去，怎的教奴供给得公婆甘旨？（不吃放碗介）（唱）

【前腔】思量我生无益，死又值甚的！不如忍饥为怨鬼。公婆老年纪，靠奴家相依倚，只得苟活片时。片时苟活虽容易，到底日久也难相聚。谩把糠来相比，这糠尚兀自有人吃，奴家骨头，怎知他埋在何处？

（外、净上探，白）媳妇，你在这里吃甚么？（旦遮糠介）（净搜出，打旦介）（白）公公，你看么？真个背后自逼逻[⑦]东西吃，这贱人好打！（外白）你把他吃了，看是什么物事？（净荒吃介）（吐介）（外白）媳妇，你逼逻的是什么东西？（旦介）（唱）

【前腔】这是谷中膜，米上皮，将来逼逻堪疗饥。（外、净白）这是糠，你却怎的吃得？（旦唱）尝闻古贤书，狗彘食人食[⑧]，公公，婆婆，须强如草根树皮。（外净白）这的不嗄杀了你。（旦唱）嚼雪飡毡，苏卿犹健[⑨]，飡松食柏[⑩]，到做得神仙侣，纵然吃些何虑？（白）公公，婆婆，别人吃不得，奴家须是吃得。（外、净白）胡说！偏你如何吃得？（旦唱）爹妈休疑，奴须是你孩儿的糟糠妻室！（外、净哭介，白）原来错埋冤了人，兀的不痛杀了我。（倒介）（旦叫介）（唱）

【雁过沙】他沉沉向迷途，空教我耳边呼。公公，婆婆，我不能尽心相奉事，反教你为我归黄土。公公，婆婆，人道你死缘何故？公公，婆婆，你怎生割舍抛弃了奴？（白）公公，婆婆。（外醒介）（唱）

【前腔】媳妇，你担饥事公姑。媳妇，你担饥怎生度？错埋冤你也不肯辞，我如今始信有糟糠妇。媳妇，我料应不久归阴府。媳妇，你休便为我死的把生的受苦。（旦叫婆婆介）（唱）

【前腔】婆婆，你还死，教奴家怎支吾[⑪]？你若死，教我怎生度？我千辛万苦回护[⑫]丈夫，如今到此难回护。我只愁母死难留父，况衣衫尽解，囊箧又无。（外叫净介）（唱）

【前腔】我当初不寻思，教孩儿往皇都。把媳妇闪得苦又孤，把婆婆送入黄泉路，只怨是我相耽误。我骨头未知埋在何处所？

（旦白）婆婆都不省人事了，且扶入里面去。正是：青龙共白虎同行[⑬]，吉凶事全然未保。（并下）（末上白）福无双降犹难信，祸不单行却是真。自家为甚说这两句？为邻家蔡伯喈妻房，名唤作赵氏五娘子，嫁得伯喈秀才，方才两月，丈夫便出去赴选。自去之后，连遭饥荒，家里只有公婆两口，年纪八十之上。甘旨之奉，亏杀这五娘子。把些衣服首饰之类，尽皆典卖，糴些粮米做饭与公婆吃[⑭]，他却背地里把些细米皮糠逼逻充饥。这般荒年饥岁，少甚么有三五个孩儿的人家，供膳不得爹娘。这个小娘子，真个今人中少有，古人中难得。那公婆不知道，颠倒把他埋冤；今来听得他公婆知道，却又痛心都害了病。俺如今去他家里探取消息则个。（看介）这个来的却是蔡小娘子，怎生恁得走得荒？（旦荒走上介，白）天有不测风云，人有旦夕祸福。（见末介）公公，奴家婆婆死了。（末介）我却要来。（旦白）公公，我衣衫首饰尽行典卖，今日婆婆又死，教我如何区处？公公可怜儿，相济则个。（末白）不妨，婆婆衣衾棺椁之费，皆出于我，你但尽心承值[15]公公便了。（旦哭介）（唱）

【玉胞肚】千般生受[16]，教奴家如何措手？终不然把他骸骨[17]，没棺椁送在荒丘？（合）相看到此，不由人不珠泪流，正是不是冤家不聚头。（末唱）

【前腔】不须多忧，送婆婆是我身上有。你但小心承直公公，莫教又成不救。（合前）

（旦白）如此，谢得公公！只为无钱送老娘。（末白）娘子放心，须知此事有商量。（合）正是：归家不敢高声哭，只恐人闻也断肠。（并下）

◎ 注释

①《琵琶记》共42出，描述了蔡伯喈和赵五娘的故事。作者借用东汉历史学家蔡伯喈的名字，描写了一个知识分子如何被迫上京应举，如何被皇帝和牛丞相强行逼婚和留在朝廷做官，表现他辞试不能、辞婚不能、辞官不能的痛苦。蔡伯喈应举一去，杳无音信。家乡陈留，灾荒连年。妻子五娘含辛茹苦，艰难地挑起赡养公婆的重担。在天灾人祸中，公婆相继去世。五娘罗裙包土，自筑坟茔，埋葬好公婆后，又身背二老遗像，手持琵琶，沿途弹唱乞讨，进京寻夫，历尽艰苦。牛氏得知五娘的不幸遭遇后，深为感动，自愿居次，让五娘与伯喈重聚。伯喈准备辞官归里守墓，以赎为子不孝之罪。牛丞相改变昔日的态度，让女儿女婿回去守孝。于是，一夫二妇归家守墓，行孝三年。全剧在蔡氏满门旌表中结束。全剧最后虽得到一个大团圆的结局，但本质上是一个深刻的社会悲剧。《琵琶记》历来被称为南戏中兴之祖。这里选了《糟糠自厌》一出。

② 稔：音 rěn，指庄稼成熟。不丰稔，即荒年歉收。

③ 实丕丕：即实实在在。

④ 鲑菜：鲑，音 xié，泛指鱼菜。

⑤ 牢嗄住：嗄，音 shà，紧紧卡住。

⑥ 控持：指折磨。

⑦ 逼逻：亦作餔饠，指安排、张罗之意。

⑧ 狗彘食人食：语出《孟子·梁惠王》。原意是说狗和猪竟然吃人的食物。这里意思反用，指狗和猪才吃的糟糠，人却在吃。

⑨ 嚼雪飡氈二句：苏卿即西汉的苏武，字子卿。苏武出使匈奴，匈奴逼迫苏武降，不从，被困于大窖中。绝不饮食，“大雨雪，武卧啮雪，与旃毛并咽之”，得不死。

⑩ 飡松食柏：指神仙不食人间烟火，《抱朴子·仙药篇》载，秦王子婴的宫人避乱山中，有老人教她吃松叶松子，遂不渴不饥。冬不寒，夏不热，至汉成帝时仍在。《列仙传》说，赤松子好食柏子食，齿落更生。这里是譬喻无粮食可吃。

⑪ 支吾：这里是对付、支撑之意。

⑫ 回护：这里是辩护、袒护之意。

⑬ 青龙共白虎：古代星宿之名，星命家认为青龙为吉星，白虎为凶星。

⑭ 糴：糴，音 dí，即籴。买进粮食。

⑮ 承值：即侍奉、看护之意。

⑯ 生受：道谢语，为难为、有劳之意。

⑰ 终不然：难道之意。

《琵琶记》被推崇为“南曲传奇之祖”。它在艺术上取得的成就也为人们所称赞。在语言艺术上，《琵琶记》是曲词、宾白俱佳。在宾白中时有妙文，但又不以雕章琢句为目的。根据不同人物的性格、身份，使用不同的语言。通俗而不粗鄙，生动而饶有风趣。

《琵琶记》中的赵五娘的形象塑造得十分成功。赵五娘身上充分体现出中国封建社会劳动妇女善良、温柔、纯朴、坚贞、勤劳、刚强等传统美德和自我牺牲的精神。

《琵琶记》在结构形式的安排上也有独到之处，主要采用以悲为主，悲喜交错，苦乐相替的格式。从蔡伯喈上京赴考开始，苦与乐、悲与欢交替出现；男女主人公的不同处境，分成两条线索交错递进。情节波澜起伏，曲折递进。直到五娘寻夫到京以后，两条线索又重新聚合。这不仅对刻画人物性格和描绘内心的矛盾起了极好的作用，而且可以使观众眼观两处，心系一事，把紧张的精神状态松弛一下，把观众从悲中解脱出来，给予思索品味的余地，然后再回到悲中去，收到了很好的艺术效果。

汇评

则成（诚）所以冠绝诸剧者，不为其琢句之工、使事之美而已。其体贴人情，委屈必尽；描写物态，仿佛如生；问答之际，了不见扭造；所以佳耳。至于腔调微有未谐，譬如见钟、王之迹，不得其合处，当精思以求诣，不当执末以议本也。（明·王世贞《曲藻》）

《西厢》组艳，《琵琶》修质，其体固然。何元朗并訾之，意为“《西厢》全带脂粉，《琵琶》专弄学问，殊寡本色。”夫本色尚有胜二氏者哉？过矣！（明·王骥德《曲律》）

《琵琶记》乃高则诚所作，虽出于《拜月亭》之后，然自为曲祖，词意高古，意韵精绝，诸词之纲领，不宜取便苟且，须从头至尾，字字句句，须要透彻唱理，方为国工。（明·魏良辅《曲律》）

拓展阅读

后汉书·蔡邕传（节选）

范　晔

蔡邕字伯喈，陈留圉人也。六世祖勋，好黄、老，平帝时为郿令。王莽初，授以厌戎连率。勋对印绶仰天叹曰：“吾策名汉室，死归其正。昔曾子不受季孙之赐，况可事二姓哉？”遂携将家属，逃入深山，与鲍宣、卓茂等同不仕新室。父棱，亦有清白行，谥曰贞定公。

邕性笃孝，母常滞病三年，邕自非寒暑节变，未尝解襟带，不寝寐者七旬。母卒，庐于冢侧，动静以礼。有菟驯扰其室傍，又木生连理，远近奇之，多往观焉。与叔父从弟同居，三世不分财，乡党高其义。少博学，师事太傅胡广。好辞章、数术、天文，妙操音律。

桓帝时，中常侍徐璜、左悺等五侯擅恣，闻邕善鼓琴，遂白天子，敕陈留太守督促发遣。邕不得已，行到偃师，称疾而归。闲居玩古，不交当世。感东方朔《客难》及扬雄、班固、崔骃之徒设疑以自通，乃斟酌群言，韪其是而矫其非，作《释诲》以戒厉云尔。

…………

吴人有烧桐以爨者，邕闻火烈之声，知其良木，因请而裁为琴，果有美音，而其尾犹焦，故时人名曰“焦尾琴”焉。初，邕在陈留也。其邻人有以酒食召邕者，比往而酒以酣焉。客有弹琴于屏，邕至门试潜听之，曰：“憘！以乐召我而有杀心，可也？”遂反。将命者告主人曰：“蔡君向来，至门而去。”邕素为邦乡所宗，主人遽自追而问其故，邕具以告，莫不怃然。弹琴者曰："我向鼓弦，见螳螂方向鸣蝉，蝉将去而未飞，螳螂为之一前一却。吾心耸然，惟恐螳螂之失之也。此岂为杀心而形于声者乎？"邕莞然而笑曰："此足以当之矣。"

中平六年，灵帝崩，董卓为司空，闻邕名高，辟之，称疾不就。卓大怒，詈曰："我力能族人，蔡邕遂偃蹇者，不旋踵矣。"又切敕州郡举邕诣府，邕不得已，到，署祭酒，甚见敬重。举高第，补侍御史，又转持书御史，迁尚书。三日之间，周历三台。迁巴郡太守，复留为侍中。

初平元年，拜左中郎将，从献帝迁都长安，封高阳乡侯。

董卓宾客部典议欲尊卓比太公，称尚父。卓谋之于邕，邕曰："太公辅周，受命剪商，故特为其号。今明公威德，诚为巍巍，然比之尚父，愚意以为未可宜须并东平定，车驾还反旧京，然后议之。"卓从其言。

二年六月，地震，卓以问邕。邕对曰："地动者，阴盛侵阳，臣下逾制之所致也。前春郊天，公奉引车驾，乘金华青盖，爪画两轓，远近以为非宜。"卓于是改乘皂盖车。

卓重邕才学，厚相遇待，每集宴，辄令邕鼓琴赞事，邕亦每存匡益。然卓多自佷用，邕恨其言少从，谓从弟谷曰："董公性刚而遂非，终难济也，吾欲东奔兖州，若道远难达，且遁逃山东以待之，何如？"谷曰："君状异恒人，每行观者盈集。以此自匿，不亦难乎？"邕乃止。

及卓被诛，邕在司徒王允坐，殊不意言之而叹，有动于色。允勃然叱之曰："董卓国之大贼，几倾汉室。君为王臣，所宜同忿，而怀其私遇，以忘大节！今天诛有罪，而反相伤痛，岂不共为逆哉？"即收付廷尉治罪。邕陈辞谢，乞黥首刖足，继成汉史。士大夫多矜救之，不能得。太尉马日磾驰往谓允曰："伯喈旷世逸才，多识汉事，当续成后史，为一代大典。且忠孝素著，而所坐无名，诛之无乃失人望乎？"允曰："昔武帝不杀司马迁，使作谤书，流于后世。方今国祚中衰，神器不固，不可令佞臣执笔在幼主左右。既无益圣德，复使吾党蒙其讪议。"日磾退而告人曰："王公其不长世乎？善人，国之纪也；制作，国之典也。灭纪废典，其能久乎！"邕遂死狱中。允悔，欲止而不及。时年六十一。搢绅诸儒莫不流涕。北海郑玄闻而叹曰："汉世之事，谁与正之！"兖州、陈留间皆画像而颂焉。

……

聚焦：

《琵琶记》是高明根据长期流传在民间的南戏《赵贞女》改编的。陆游有诗云："斜阳古柳赵家庄，负鼓盲翁正作场。身后是非谁管得？满村听说蔡中郎。"可能这个故事在搬上戏剧舞台之前，就已在民间流传。戏中的情节并不符合历史人物蔡伯喈的真实情况。作者借用东汉历史学家蔡伯喈的名字，敷衍了蔡伯喈和赵五娘的故事。参见上文《后汉书·蔡邕传》。

思考与练习

1. 这出戏成功地塑造了赵五娘的形象，她身上体现了中国古代劳动妇女哪些优秀品质？
2. 你是如何评价在戏中被塑造成"全忠全孝"的蔡伯喈这一人物形象的？
3. 《琵琶记》的语言历来为人所称道，这出戏的语言具有什么特点？

牡丹亭（惊梦）[①]

汤显祖

汤显祖（1550～1616），字义仍，号海若，又号若士，别署清远道人，临川（今属江西）人。明代杰出的戏剧家。万历十一年（1583）中进士。汤显祖一生蔑视封建权贵，早年参加进士考试，因拒绝宰相张居正的拉拢而落选；中进士后，洁身自好，拒绝与执掌朝政的张四维、申时行合作；晚年因不满朝政腐败，弃官回临川闲居，寓所号“玉茗堂”，专力于戏剧和文学创作活动。在哲学上，汤显祖受王学左派和李卓吾的影响，反对程朱理学；在政治上，支持讲究历行气节、抨击当时腐败政治的东林党；在文艺思想上，他反对前后七子的复古主义，提倡抒写性灵，不拘格套。他认为戏剧创作要以“意趣神色为主”，不应该过分受韵律、宫调的束缚。当时及之后的部分戏曲作家拥护其主张，并形成近似的创作风格，被称为“临川派”或“玉茗堂派”。其著作有《玉茗堂集》等数种，主要成就是戏曲创作。所作《牡丹亭》、《紫钗记》、《邯郸记》和《南柯记》合称“临川四梦”，在明代传奇中占有重要位置。

【绕池游】（旦上）梦回莺啭，乱煞年光遍。人立小庭深院。（贴）炷尽沉烟，抛残绣线，恁今春关情似去年[②]？

【乌夜啼】（旦）晓来望断梅关，宿妆残。（贴）你侧着宜春髻子[③]，恰凭阑。（旦）剪不断，理还乱，闷无端。（贴）已分付催花莺燕借春看。（旦）春香，可曾叫人扫除花径？（贴）分付了。（旦）取镜台衣服来。（贴取镜台衣服上）“云髻罢梳还对镜，罗衣欲换更添香。”镜台衣服在此。

【步步娇】（旦）袅晴丝吹来闲庭院[④]，摇漾春如线。停半晌、整花钿。没揣菱花，偷人半面，迤逗的彩云偏[⑤]。（行介）步香闺怎便把全身现！（贴）今日穿插的好。

【醉扶归】（旦）你道翠生生出落的裙衫儿茜[⑥]，艳晶晶花簪八宝填[⑦]，可知我常一生儿爱好是天然[⑧]。恰三春好处无人见[⑨]。不堤防沉鱼落雁鸟惊喧，则怕的羞花闭月花愁颤。（贴）早茶时了，请行。（行介）你看：“画廊金粉半零星，池馆苍苔一片青。踏草怕泥新绣袜[⑩]，惜花疼煞小金铃[⑪]。”（旦）不到园林，怎知春色如许！

【皂罗袍】原来姹紫嫣红开遍，似这般都付与断井颓垣[⑫]。良辰美景奈何天，赏心乐事谁家院！恁般景致，我老爷和奶奶再不提起。（合）朝飞暮卷[⑬]，云霞翠轩；雨丝风片，烟波画船——锦屏人忒看的这韶光贱[⑭]！（贴）是花都放了，那牡丹还早。

【好姐姐】（旦）遍青山啼红了杜鹃，荼蘼外烟丝醉软[⑮]。春香啊，牡丹虽好，他春归怎占的先！（贴）成对儿莺燕啊。（合）闲凝眄，生生燕语明如剪，呖呖莺歌溜的圆[⑯]。

（旦）去罢。（贴）这园子委是观之不足也。（旦）提他怎的！（行介，唱）【隔尾】观之不足由他缱[⑰]，便赏遍了十二亭台是枉然。到不如兴尽回家闲过遣。

（作到介）（贴）开我西阁门，展我东阁床。瓶插映山紫，炉添沉水香。小姐，你歇息片时，俺瞧老夫人去也。（下）（旦叹介）默地游春转，小试宜春面。春呵，得和你两留连，春去如何遣？咳，恁般天气，好困人也。春香那里？（作左右瞧介）（又低首沉吟介）天呵，春色恼人，信有之乎！常观诗词乐府，古之女子，因春感情，遇秋成恨，诚不谬矣。吾今年已二八，未逢折桂之夫[⑱]；忽慕春情，怎得蟾宫之客？昔日韩夫人得遇于郎，张生偶逢崔氏，曾有《题红记》、《崔徽传》二书[19]。此佳人才子，前以密约偷期，后皆得成秦晋。（长叹介）吾生于宦族，长在名门。年已及笄[20]，不得早成佳配，诚为虚度青春，光阴如过隙耳。（泪介）可惜妾身颜色如花，岂料命如一叶乎！（唱）

【山坡羊】没乱里春情难遣，蓦地里怀人幽怨。则为俺生小婵娟，拣名门一例一例里神仙眷。甚良缘，把青春抛的远！俺的睡情谁见？则索因循腼腆。想幽梦谁边，和春光暗流传？迁延，这衷怀那处言！淹煎，泼残生，除问天[21]！

身子困乏了，且自隐几而眠。（睡介）（梦生介）（生持柳枝上）莺逢日暖歌声滑，人遇风情笑口开。一径落花随水入，今朝阮肇到天台[22]。小生顺路儿跟着杜小姐回来，怎生不见？（回看介）呀，小姐，小姐！（旦作惊起介）（相见介）（生）小生那一处不寻访小姐来，却在这里！（旦作斜视不语介）（生）恰好花园内，折取垂柳半枝。姐姐，你既淹通书史，可作诗以赏此柳枝乎？（旦作惊喜，欲言又止介）（背想）这生素昧平生，何因到此？（生笑介）小姐，咱爱杀你哩！（唱）

【山桃红】则为你如花美眷，似水流年，是答儿闲寻遍[23]。在幽闺自怜。小姐，和你那答儿讲话去。（旦作含笑不行）（生作牵衣介）（旦低问）那边去？（生）转过这芍药栏前，紧靠着湖山石边。（旦低问）秀才，去怎的？（生低答）和你把领扣松，衣带宽，袖梢儿揾着牙儿苫也[24]，则待你忍耐温存一晌眠。（旦作羞）（生前抱）（旦推介）（合）是那处曾相见，相看俨然，早难道这好处相逢无一言？

（生强抱旦下）（末扮花神束发冠，红衣插花上）催花御史惜花天[25]，检点春工又一年。蘸客伤心红雨下[26]，勾人悬梦彩云边。吾乃掌管南安府后花园花神是也。因杜知府小姐丽娘，与柳梦梅秀才，后日有姻缘之分。杜小姐游春感伤，致使柳秀才入梦。咱花神专掌惜玉怜香，竟来保护他，要他云雨十分欢幸也。（唱）

【鲍老催】（末）单则是混阳蒸变[27]，看他似虫儿般蠢动把风情扇。一般儿娇凝翠绽魂儿颠。这是景上缘[28]，想内成，因中见。呀，淫邪展污了花台殿。咱待拈片落花儿惊醒他。（向鬼门丢花介）他梦酣春透了怎留连？拈花闪碎的红如片。

秀才，才到的半梦儿；梦毕之时，好送杜小姐仍归香阁。吾神去也。（下）

（生、旦携手上）（生唱）

【山桃红】这一霎天留人便，草借花眠。（白）小姐可好？（旦低头介）（生）则把云鬟点，红松翠偏。小姐休忘了呵，见了你紧相偎，慢厮连，恨不得肉儿般团成片也，逗的个日下胭脂雨上鲜。（旦）秀才，你可去呵？（合）是那处曾相见，相看俨然，早难道这好处相逢无一言？

〔生〕姐姐，你身子乏了，将息，将息。（送旦依前作睡介）（轻拍旦介）姐姐，俺去了。（作回顾介）姐姐，你可十分将息，我再来瞧你那。行来春色三分雨，睡去巫山一片云。（下）（旦作惊醒，低叫介）秀才，秀才，你去了也？（又作痴睡介）（老旦上）夫婿坐黄堂，娇娃立绣窗。怪他裙衩上，花鸟绣双双。孩儿，孩儿，你为甚瞌睡在此？（旦作醒，叫秀才介）咳也。（老旦）孩儿怎的来？（旦作惊起介）奶奶到此！（老旦）我儿，何不做些针指？或观玩书史，舒展情怀？因何昼寝于此？（旦）孩儿适在花园中闲玩，忽值春暄恼人，故此回房。无可消遣，不觉困倦少息。有失迎接，望母亲恕儿之罪。（老旦）孩儿，这后花园中冷静，少去闲行。（旦）领母亲严命。（老旦）孩儿，学堂看书去。（旦）先生不在，且自消停。（老旦叹介）女孩儿家长成，自有许多情态，且自由他。正是：宛转随儿女，辛勤做老娘。（下）（旦长叹介）（看老旦下介）哎也，天那，今日杜丽娘有些侥幸也。偶到后花园中，百花开遍，睹景伤情。没兴而回，昼眠香阁。忽见一生，年可弱冠[29]，丰姿俊妍。于园中折得柳丝一枝，笑对奴家说：姐姐既淹通书史，何不将柳枝题赏一篇？那时待要应他一声，心中自忖，素昧平生，不知名姓，何得轻与交言。正如此想间，只见那生向前说了几句伤心话儿，将奴搂抱去牡丹亭畔，芍药阑边，共成云雨之欢。两情和合，真个是千般爱惜，万种温存。欢毕之时，又送我睡眠，几声将息。正待自送那生出门，忽值母亲来到，唤醒将来。我一身冷汗，乃是南柯一梦。忙身参礼母亲，又被母亲絮了许多闲话。奴家口虽无言答应，心内思想梦中之事，何曾放怀。行坐不宁，自觉如有所失。娘呵，你教我学堂看书去，知他看那一种书消闷也？（作掩泪介）（唱）

【绵搭絮】雨香云片，才到梦儿边。无奈高堂，唤醒纱窗睡不便。泼新鲜冷汗粘煎，闪的俺心悠步亸[30]，意软鬟偏。不争多费尽神情，坐起谁饮[31]？则待去眠。

（贴上）晚妆销粉印，春润费香篝。小姐，薰了被窝睡罢。（旦唱）

【尾声】困春心，游赏倦，也不索香薰绣被眠。天呵，有心情那梦儿还去不远。

春望逍遥出画堂，间梅遮柳不胜芳。
可知刘阮逢人处，回首东风一断肠。

◎ 注释

①《牡丹亭》是汤显祖的代表作。全剧共55出。它描写的是南安太守之女杜丽娘，不满于封建礼教，游园后在梦中与理想的情人柳梦梅相会，因情思成疾而逝；后托梦于梦梅并经梦梅调护，因情之所至，丽娘又得以死而复生，终于结为夫妇。《惊梦》为《牡丹亭》的第十出。写杜丽娘在春香的怂恿下，违背父母、塾师的训诫，走出深闺，偷游花园。在她面前，展现出一个新天地，莺歌燕舞，美妙春光，引起多情少女的自我觉醒。在梦里，也即在意念里，她领略了理想爱情的甜蜜。《惊梦》是全剧中最亮的一颗明珠，各个情节都围绕着它而存在。

② 炷：音 zhù，燃烧。沉烟：指点燃的沉香。恁：音 nèn，即恁么，为什么。“炷尽”三句：意思是百无聊赖，时光在沉香中悄然逝去，无心针线，今年春情的扰人似比去年还厉害。

③ 宜春髻子：饰有宜春彩燕的发髻。古代妇女于立春日，剪彩色丝绸成燕子形，上贴“宜春”二字，戴在髻上。

④ 晴丝：在春天明朗的日子里虫类所吐的、飘荡在空中的游丝。

⑤ 没揣：不料。迤逗：逗惹，引诱。

⑥ 翠生生：形容色彩艳丽、鲜艳。出落：呈现。茜：绛红色。

⑦ 艳晶晶：光彩绚丽灿烂。填：涂饰，镶嵌。

⑧ 爱好：好，音 hǎo，爱美。天然：天性使然。

⑨ 三春好处：比喻青春美貌。

⑩ 泥：泥，音 nì，玷污。

⑪ 惜花疼煞小金铃：是说为惜花驱鸟而勤于掣铃，致使小金玲被拉得疼痛。

⑫ 颓：坍塌。垣：墙。

⑬ 朝飞暮卷：形容轩阁的高旷。唐王勃《滕王阁诗》：“画栋朝飞南浦云，珠帘暮卷西山雨。”

⑭ 锦屏人：指幽居深闺、不能领略自然美景的人。忒：太、过于。

⑮ 荼蘼：落叶小灌木，晚春开花，黄白色，有香味。这里指荼蘼架。烟丝：即游丝。

⑯ 眄：音 miǎn，斜着眼看。

⑰ 缱：音 qiǎn，是缱绻留恋之意。

⑱ 折桂之夫：比喻科举及第的夫婿。下句“蟾宫之客”意思相同。

⑲ 韩夫人得遇于郎：唐僖宗时，宫女韩夫人在红叶上题诗，从御沟中流出，为书生于祐拾得。于祐也在红叶上题诗，从御沟上游流入宫中，恰又被韩夫人拾取。后唐僖宗放宫女出宫，韩、于二人结为夫妻。见张子京《流红记》。张生偶逢崔氏：指唐元稹《莺莺传》传奇所描写的张生与崔莺莺的爱情故事。元代的王实甫据此写成著名的《西厢记》。下文提到的《崔徽传》乃写崔徽与裴敬中的爱情故事（见《丽情集》），与崔、张情事无关，《崔徽传》恐是《莺莺传》之误。

⑳ 及笄：古时女子十五岁开始束发，以簪总之，簪又称笄。这里是说到了婚配的年纪。
㉑ 泼残生，除问天：苦命只有天知道。“泼”本是骂人话，这里是厌恶的意思，犹言这该死的命运。
㉒ 阮肇到天台：指见到意中人。刘晨与阮肇进天台采药迷路，于桃源洞遇到二仙女，被邀至家中。见刘义庆《幽明录》。
㉓ 是答儿闲寻遍：指到处寻找。是，凡是。答儿，地方。下文“那答儿”，即那边儿，那个地方。
㉔“袖梢儿”句：牙儿咬着衣袖角。害羞、忍痛的样子。
㉕ 催花御史惜花天：相传唐宫有惜花御史，料理盛开的鲜花，这里借用以表花神身份。
㉖ 蘸客句：意为落花如雨，使客中人伤心。红雨：落花。蘸：沾着。
㉗ 单则是混阳蒸变：以下三句是从花神的角度来形容杜、柳梦中幽会，男欢女爱。
㉘ 景上缘三句：按佛家的观点，柳、杜二人的爱情不过是幻影上的姻缘，它在意念里形成，在特定的机遇中呈现，是虚幻的、短暂的、易逝的。景：即影。见：即现。
㉙ 弱冠：古代男子二十岁行冠礼，表示已经成人。
㉚ 步亸：脚步偏斜。是内心惶恐的表现。亸：音 duǒ，下垂。
㉛ 坐起谁饮：意思是指无论坐也好、站也好都不适意。饮：音 xiān，惬意、适意。

《惊梦》是《牡丹亭》的第 10 出，由【绕池游】和【山坡羊】两套曲组成。【绕池游】一套为“游园”，写杜丽娘游览后花园春光；【山坡羊】一套为“惊梦”，写杜丽娘在春光的感召下青春觉醒，恍然入梦，在梦中与柳梦梅缱绻幽会。【绕池游】前三支曲，描写杜丽娘游园前的心情，细致地刻画出其向往自然、热爱青春但又因初出闺阁而感到娇羞犹疑的微妙心理；后三支曲子，是杜丽娘游园时的唱段，动人的春景与人物既惊又喜且恼的复杂情绪交融。该唱段曲词优美，在表现杜丽娘青春觉醒的同时，也为后文的惊梦、寻梦等剧情作了铺垫。《牡丹亭》全剧构思奇特，富于浪漫主义色彩；语言绚丽多彩，主要人物个性鲜明，是明代传奇中最优秀的剧作。

汇评

独汤临川最称当行本色。以花间兰畹之余彩，创为《牡丹亭》，则翻空转换极矣！（明·陈继儒《王季重批点〈牡丹亭〉题词》）

杜丽娘之妖也，柳梦梅之痴也，老妇人之软也，杜安抚之古执也，陈最良之雾也，春香之贼牢也，无不从筋节窍髓，以探其七情生动之微也。（明·王思任《批点玉茗堂〈牡丹亭〉词叙》）

杜丽娘事甚奇，而着意发挥，怀春慕色之情，惊心动魄，且巧妙叠出，无境不新，真堪千古矣。（明·吕天成《曲品·上上品》）

汤义仍《牡丹亭梦》一出，家传户诵，几令《西厢》减价；奈不谙曲谱，用韵多任意处，乃才情自足不朽也。（明·沈德符《顾曲杂言》）

拓展阅读

倩女离魂（第二折）

郑光祖

（夫人慌上，云）欢喜未尽，烦恼又来。自从倩女孩儿在折柳亭与王秀才送路，辞别回家，得其疾病，一卧不起。请的医人看治，不得痊可，十分沉重，如之奈何？则怕孩儿思想汤水

吃，老身亲自去绣房中探望一遭去来。(下)

(正末上，云) 小生王文举，自与小姐在折柳亭相别，使小生切切于怀，放心不下。今夜舣舟江岸，小生横琴于膝，操一曲以适闷咱。(做抚琴科)

(正旦别扮离魂上，云) 妾身倩女，自与王生相别，思想的无奈，不如跟他同去，背着母亲，一径的赶来。王生也，你只管去了，争知我如何过遣也呵！(唱)

【越调·斗鹌鹑】人去阳台，云归楚峡。不争他江渚停舟，几时得门庭过马。悄悄冥冥，潇潇洒洒，我这里踏岸沙，步月华。我觑着这万水千山，都只在一时半霎。

【紫花儿序】想倩女心间离恨，赶王生柳外兰舟，似盼张骞天上浮槎。汗溶溶琼珠莹脸，乱松松云髻堆鸦，走的我筋力疲乏。你莫不夜泊秦淮卖酒家，向断桥西下，疏剌剌秋水孤浦，冷清清明月芦花。

(云) 走了半日，来到江边，听的人语喧闹，我试觑咱。(唱)

【小桃红】蓦听得马嘶人语闹喧哗，掩映在垂杨下。唬的我心头丕丕那惊怕，原来是响当当鸣榔板捕鱼虾。我这里顺西风悄悄听沉罢，趁着这厌厌露华，对着这澄澄月下，惊的那呀呀呀寒雁起平沙。

【调笑令】向沙堤款踏，莎草带霜滑。掠湿湘裙翡翠纱，抵多少苍苔露冷凌波袜。看江上晚来堪画，玩水壶潋滟天上下，似一片碧玉无瑕。

【秃厮儿】你觑远浦孤鹜落霞，枯藤老树昏鸦。听长笛一声何处发，歌欸乃，橹咿哑。

(云) 兀那船头上琴声响，敢是王生？我试听咱。(唱)

【圣药王】近蓼洼，望苹花，有折蒲衰柳老蒹葭。近水凹，傍短槎，见烟笼寒水月笼沙，茅舍两三家。

(正末云) 这等夜深，只听得岸上女人声音，好似我倩女小姐，我试问一声波。(做问科，云) 那壁不是倩女小姐么？这早晚来此怎的？(魂旦相见科，云) 王生也，我背着母亲，一径的赶将你来，咱同上京去罢。(正末云) 小姐，你怎生直赶到这里来？(魂旦唱)

【麻郎儿】你好是舒心的伯牙，我做了没路的浑家。你道我为甚么私离绣榻？待和伊同走天涯。

(正末云) 小姐是车儿来？是马儿来？(魂旦唱)

【么】险把咱家走乏。比及你远赴京华，薄命妾为伊牵挂，思量心几时撇下。

【络丝娘】你抛闪咱比及见咱，我不瘦杀多应害杀。

(正末云) 若老夫人知道，怎了也？(魂旦云) 他若是赶上咱待怎么？常言道做着不怕！(正末做怒科，云) 古人云："聘则为妻，奔则为妾。"老夫人许了亲事，待小生得官，回来谐两姓之好，却不名正言顺。你今私自赶来，有玷风化，是何道理？(魂旦云) 王生！(唱)

【雪里梅】你振色怒增加，我凝睇不归家。我本真情，非为相唬，已主定心猿意马。

(正末云) 小姐，你快回去罢！(魂旦唱)

【紫花儿序】只道你急煎煎趱登程路，元来是闷沉沉困倚琴书，怎不教我痛煞煞泪湿琵琶。有甚心着雾鬓轻笼蝉翅，双眉淡扫宫鸦。似落絮飞花，谁待问出外争如只在家。更无多话，愿秋风驾百尺高帆，尽春光付一树铅华。

(云) 王秀才，赶你不为别，我只防你一件。(正末云) 小姐，防我那一件来？(魂旦唱)

【东原乐】你若是赴御宴琼林罢，媒人每拦住马，高挑起染渲佳人丹青画，卖弄他生长在王侯宰相家。你恋着那奢华，你敢新婚燕尔在他门下？

(正末云) 小生此行，一举及第，怎敢忘了小姐！(魂旦云) 你若得登第呵，(唱)

【绵搭絮】你做了贵门娇客，一样矜夸。那相府荣华，锦绣堆压，你还想飞入寻常百姓家？那时节似鱼跃龙门播海涯，饮御酒，插宫花，那其间占鳌头、占鳌头登上甲。

（正末云）小生倘不中呵，却是怎生？（魂旦云）你若不中呵，妾身荆钗裙布，愿同甘苦。（唱）【拙鲁速】你若是似贾谊困在长沙，我敢似孟光般显贤达。休想我半星儿意差，一分儿抹搭。我情愿举案齐眉傍书榻，任粗粝淡薄生涯，遮莫戴荆钗、穿布麻。

（正末云）小姐既如此真诚志意，就与小生同上京去，如何？（魂旦云）秀才肯带妾身去呵。（唱）

【么篇】把稍公快唤咱，恐家中厮捉拿。只见远树寒鸦，岸草汀沙，满目黄花，几缕残霞。快先把云帆高挂，月明直下，便东风刮，莫消停，疾进发。

（正末云）小姐，则今日同我上京应举去来。我若得了官，你便是夫人县君也。（魂旦唱）【收尾】各剌剌向长安道上把车儿驾，但愿得文苑客当时奋发。则我这临邛市沽酒卓文君，甘伏待你濯锦江题桥汉司马。

聚焦：

孟称舜《柳枝集》中评价《倩女离魂》时写道：“酸楚哀怨，令人断肠。昔时《西厢记》，近日《牡丹亭》，皆为传情别调，兼之者其此剧乎。《牡丹亭》格调原祖此，读者当自见也。”

思考与练习

1. 这出戏中，在大好春光的感召下杜丽娘认识到了什么？作者通过这出戏，要表现出一种什么样的思想？
2. 这出戏中浪漫主义色彩是如何体现的？
3. 为什么说这出戏具有抒情诗般的特点？是如何体现的？

长生殿（惊变）[①]

洪　昇

洪昇（1645～1704），字昉思，号稗畦，又号稗村、南屏樵者，钱塘（今浙江杭州市）人。清代戏曲作家、诗人。生于世宦之家，康熙七年（1668）北京国子监肄业，二十年均科举不第，白衣终身。代表作《长生殿》历经十年，三易其稿，于康熙二十七年（1688）问世后引起社会轰动。次年因在孝懿皇后忌日演出《长生殿》，而被劾下狱，革去太学生籍，后离开北京返乡。晚年归钱塘，生活穷困潦倒。康熙四十三年，曹寅在南京排演全本《长生殿》，洪昇应邀前去观赏，事后在返回杭州途中，于乌镇酒醉后失足落水而死。洪昇与孔尚任并称“南洪北孔”。洪昇的戏曲著作有九种，除《长生殿》外，还有《回文锦》、《回龙记》、《锦绣图》、《闹高唐》、《节孝坊》、《天涯泪》、《青衫湿》、《长虹桥》。现存《长生殿》和杂剧《四婵娟》两种。另有《稗畦集》、《稗畦续集》、《啸月楼集》等。

（丑上）玉楼天半起笙歌，风送宫嫔笑语和。月殿影开闻夜漏，水晶帘卷近秋河。咱家高力士，奉万岁爷之命，着咱在御花园中安排小宴。要与贵妃同来游赏，只得在此伺候。（生、旦乘辇，老旦、贴随后，二内侍引，行上）

【北中吕粉蝶儿】天淡云闲，列长空数行新雁。御园中秋色斓斑：柳添黄，苹减绿，红莲脱瓣。一抹雕阑，喷清香桂花初绽。

（到介）请万岁爷娘娘下辇。（生、旦下辇介）（丑同内侍暗下）（生）妃子，朕与你散步一回者。（旦）陛下请。（生携旦手介）（旦）

【南泣颜回】携手向花间，暂把幽怀同散。凉风亭下，风荷映水翩翻。爱桐阴静悄，碧沉沉并绕回廊看。恋香巢秋燕依人，睡银塘鸳鸯蘸眼[2]。

（生）高力士，将酒过来，朕与娘娘小饮数杯。（丑）宴已排在亭上，请万岁爷娘娘上宴。（旦作把盏，生止住介）妃子坐了。

【北石榴花】不劳你玉纤纤高捧礼仪烦，只待借小饮对眉山。俺与你浅斟低唱互更番，三杯两盏，遣兴消闲。妃子，今日虽是小宴，倒也清雅。回避了御厨中，回避了御厨中，烹龙炰凤堆盘案[3]，咿咿哑哑乐声催趱[4]。只几味脆生生，只几味脆生生，蔬和果清真肴馔，雅称你仙肌玉骨美人餐[5]。

妃子，朕与你清游小饮，那些梨园旧曲，都不耐烦听他。记得那年在沉香亭上赏牡丹，召翰林李白草《清平调》三章[6]，令李龟年度成新谱，其词甚佳。不知妃子还记得么。（旦）妾还记得。（生）妃子可为朕歌之，朕当亲倚玉笛以和。（旦）领旨。（老旦进玉笛，生吹介）（旦按板介）

【南泣颜回】花繁，秾艳想容颜。云想衣裳光璨，新妆谁似，可怜飞燕娇懒。名花国色，笑微微常得君王看。向春风解释春愁，沉香亭同倚阑干。

（生）妙哉，李白锦心，妃子绣口，真双绝矣。宫娥，取巨觞来，朕与妃子对饮。（老旦、贴送酒介）（生）

【北斗鹌鹑】畅好是喜孜孜驻拍停歌，喜孜孜驻拍停歌，笑吟吟传杯送盏。妃子干一杯，（作照干介）不须他絮烦烦射覆藏钩[7]，闹纷纷弹丝弄板。（又作照杯介）妃子，再干一杯。（旦）妾不能饮了。（生）宫娥每，跪劝。（老旦、贴）领旨。（跪旦介）娘娘，请上这一杯。（旦勉饮介）（老旦、贴作连劝介）（生）我这里无语持觞仔细看，早只见花一朵上腮间。（旦作醉介）妾真醉矣。（生）一会价软咍咍柳亸花欹[8]，困腾腾莺娇燕懒。

妃子醉了，宫娥每，扶娘娘上辇进宫去者。（老旦、贴）领旨。（作扶旦起介）（旦作醉态呼介）万岁！（老旦、贴扶旦行）（旦作醉态介）

【南扑灯蛾】态恹恹轻云软四肢，影蒙蒙空花乱双眼，娇怯怯柳腰扶难起，困沉沉强抬娇腕，软设设金莲倒褪，乱松松香肩亸云鬟，美甘甘思寻凤枕，步迟迟，倩宫娥搀入绣帏间。

（老旦、贴扶旦下）（丑同内侍暗上）（内击鼓介）（生惊介）何处鼓声骤发？（副净急上）渔阳鼙鼓动地来[9]，惊破霓裳羽衣曲。（问丑介）万岁爷在那里？（丑）在御花园内。（副净）军情紧急，不免径入。（进见介）陛下，不好了。安禄山起兵造反，杀过潼关，不日就到长安了。（生大惊介）守关将士何在？（副净）哥舒翰兵败[10]，已降贼了。（生）

【北上小楼】呀，你道失机的哥舒翰，称兵的安禄山，赤紧的离了渔阳，陷了东京，破了潼关。唬得人胆战心摇，唬得人胆战心摇，肠慌腹热，魂飞魄散，早惊破月明花粲。

卿有何策，可退贼兵？（副净）当日臣曾再三启奏，禄山必反，陛下不听，今日果应臣言。

事起仓卒，怎生抵敌？不若权时幸蜀，以待天下勤王[11]。(生) 依卿所奏。快传旨，诸王百官，即时随驾幸蜀便了。(副净) 领旨。(急下) (生) 高力士，快些整备军马。传旨令右龙武将军陈元礼，统领羽林军士三千扈驾前行。(丑) 领旨。(下) (内侍) 请万岁爷回宫。(生转行叹介) 唉，正尔欢娱，不想忽有此变，怎生是了也！

【南扑灯蛾】稳稳的宫庭宴安，扰扰的边廷造反。冬冬的鼙鼓喧，腾腾的烽火黫[12]。的溜扑碌臣民儿逃散[13]，黑漫漫乾坤覆翻，磣磕磕社稷摧残[14]，磣磕磕社稷摧残。当不得萧萧飒飒西风送晚，黯黯的一轮落日冷长安。

(向内问介) 宫娥每，杨娘娘可曾安寝？(老旦、贴人应介) 已睡熟了。(生) 不要惊他，且待明早五鼓同行。(泣介) 天那，寡人不幸，遭此播迁，累他玉貌花容，驱驰道路。好不痛心也！

【南尾声】在深宫兀自娇慵惯，怎样支吾蜀道难！(哭介) 我那妃子呵，愁杀你玉软花柔，要将途路趱。

宫殿参差落照间，卢纶
渔阳烽火照函关。吴融
遏云声绝悲风起，胡曾
何处黄云是陇山。武元衡

◎ 注释

① 《长生殿》共 50 出，是清代传奇的代表作之一。作品写唐明皇与杨贵妃的爱情悲剧，情节与《长恨歌》等大体相近，叙写唐明皇宠爱杨贵妃，政事日渐荒废，番将安禄山遂乘机率部下直逼长安。唐明皇仓皇幸蜀，将士愤恨杨国忠等给国家人民造成的危难，逼迫统治者授权杀死杨国忠，并赐贵妃自缢。后半部分写唐明皇在乱事平定后回京，思念贵妃不已，并虚构"至诚感天"的情景，终得于天上重新聚首。这里所选《惊变》是《长生殿》的第 24 出。根据剧情可以明显划分为《小宴》、《惊变》两部分。

② 蘸眼：触眼。意谓引人注目。

③ 烹龙炰凤：指烹制珍贵的肴馔。

④ 催趱：趱，音 zǎn，催赶。

⑤ 雅：很。

⑥ 李白草《清平调》三章：《清平调》是乐曲宫调中的一种调名。李白在长安供奉翰林时，曾奉命填写了《清平调》词三首，即其一"云想衣裳花想容"，其二"一枝红艳露凝香"，其三"名花倾国两相欢"。在这出戏里，贵妃所唱的【南泣颜回】就是根据李白《清平调》的词句变化而来。

⑦ 射覆：古时酒令的一种，类似猜字谜。藏钩：一种游戏，猜物品藏匿之处。

⑧ 软咍咍柳亸花攲：咍，音 hāi，软咍咍，软绵绵。亸：音 duǒ，垂下。攲：音 qī，歪斜。这里是用柳垂花斜来形容贵妃的醉态。

⑨ 渔阳：今河北蓟县一带。

⑩ 哥舒翰：(？～758) 唐玄宗时将领，突厥人，被封为西平郡王。安禄山叛乱时，他统兵二十万把守潼关，兵败被俘。

⑪ 勤王：臣下起兵援救皇帝。

⑫ 黫：音 yān，黑色。

⑬ 的溜扑碌：跌摔的声音。

⑭ 磣磕磕：凄惨至极。磣：同惨。

《长生殿》是清代传奇的代表作之一，本白居易《长恨歌》及陈鸿《长恨歌传》，参以白朴的杂剧《梧桐雨》和有关传说，经十余年的苦心创作，三易其稿，始告完成。《长生殿》共50出，此系《长生殿》第24出。根据剧情分为《小宴》和《惊变》两个部分。气氛由热闹、欢乐转为紧张与凄凉；两相映衬，正足以说明政治危机乃是封建统治者荒淫享乐造成的恶果。《长生殿》前半部分重写实，后半部分多用想象，浪漫主义色彩浓郁。但是前半部分的豪华热闹，又烘托了后半部分的冷落凄凉，使悲剧的气氛更加突出。全剧人物性格鲜明，音律和谐，关目与角色的处理，适合舞台演出的要求。

汇评

昉思《长生殿》，前人推许至矣。二百年来，登场奏演，殆无虚日，古今词人之遇，清远"四梦"而外，未有盛于此者。（吴梅《瞿安读曲记·清传奇·长生殿》）

钱唐洪昉思撰《长生殿》，为千百年来曲中巨擘。以绝好题目，作绝大文章，学人、才人，一齐俯首。自有此曲，毋论《惊鸿》、《彩毫》空惭形秽，即白仁甫《秋夜梧桐雨》亦不能稳占元人词坛一席矣。如《定情》、《絮阁》、《窥浴》、《密誓》数折，俱能细针密线，触绪生情，然以细意熨贴为之，犹可勉强学步；读至《弹词》第六、七、八、九转，铁拨铜琶，悲凉慷慨，字字倾珠落玉而出，虽铁石人不能不为之断肠，为之下泪！笔墨之妙，其感人一至于此，真观止矣！（清·梁廷枏《曲话》）

拓展阅读

长恨歌

白居易

汉皇重色思倾国，御宇多年求不得。杨家有女初长成，养在深闺人未识。
天生丽质难自弃，一朝选在君王侧。回眸一笑百媚生，六宫粉黛无颜色。
春寒赐浴华清池，温泉水滑洗凝脂。侍儿扶起娇无力，始是新承恩泽时。
云鬓花颜金步摇，芙蓉帐暖度春宵。春宵苦短日高起，从此君王不早朝。
承欢侍宴无闲暇，春从春游夜专夜。后宫佳丽三千人，三千宠爱在一身。
金屋妆成娇侍夜，玉楼宴罢醉和春。姊妹弟兄皆列土，可怜光彩生门户。
遂令天下父母心，不重生男重生女。骊宫高处入青云，仙乐风飘处处闻。
缓歌慢舞凝丝竹，尽日君王看不足。渔阳鼙鼓动地来，惊破霓裳羽衣曲。
九重城阙烟尘生，千乘万骑西南行。翠华摇摇行复止，西出都门百余里。
六军不发无奈何，宛转蛾眉马前死。花钿委地无人收，翠翘金雀玉搔头。
君王掩面救不得，回看血泪相和流。黄埃散漫风萧索，云栈萦纡登剑阁。
峨嵋山下少人行，旌旗无光日色薄。蜀江水碧蜀山青，圣主朝朝暮暮情。
行宫见月伤心色，夜雨闻铃肠断声。天旋日转回龙驭，到此踌躇不能去。
马嵬坡下泥土中，不见玉颜空死处。君臣相顾尽沾衣，东望都门信马归。
归来池苑皆依旧，太液芙蓉未央柳。芙蓉如面柳如眉，对此如何不泪垂。
春风桃李花开日，秋雨梧桐叶落时。西宫南内多秋草，落叶满阶红不扫。
梨园弟子白发新，椒房阿监青娥老。夕殿萤飞思悄然，孤灯挑尽未成眠。
迟迟钟鼓初长夜，耿耿星河欲曙天。鸳鸯瓦冷霜华重，翡翠衾寒谁与共。
悠悠生死别经年，魂魄不曾来入梦。临邛道士鸿都客，能以精诚致魂魄。

为感君王展转思，遂教方士殷勤觅。排云驭气奔如电，升天入地求之遍。
上穷碧落下黄泉，两处茫茫皆不见。忽闻海上有仙山，山在虚无缥渺间。
楼阁玲珑五云起，其中绰约多仙子。中有一人字太真，雪肤花貌参差是。
金阙西厢叩玉扃，转教小玉报双成。闻到汉家天子使，九华帐里梦魂惊。
揽衣推枕起徘徊，珠箔银屏逦迤开。云鬓半偏新睡觉，花冠不整下堂来。
风吹仙袂飘摇举，犹似霓裳羽衣舞。玉容寂寞泪阑干，梨花一枝春带雨。
含情凝睇谢君王，一别音容两渺茫。昭阳殿里恩爱绝，蓬莱宫中日月长。
回头下望人寰处，不见长安见尘雾。唯将旧物表深情，钿合金钗寄将去。
钗留一股合一扇，钗擘黄金合分钿。但教心似金钿坚，天上人间会相见。
临别殷勤重寄词，词中有誓两心知。七月七日长生殿，夜半无人私语时。
在天愿作比翼鸟，在地愿为连理枝。天长地久有时尽，此恨绵绵无绝期。

聚焦：

关于唐明皇杨贵妃的故事，安史之乱后便开始在民间流传，并为文人的创作所采用。白居易的《长恨歌》首先把“李、杨”爱情的传说和安史之乱联系起来写，并以极大的同情歌颂他们的爱情悲剧。白朴的《梧桐雨》在完成爱情主题的同时，更有意通过他们的宫廷生活写出一代兴亡的历史教训。《长生殿》继承了他们的成就而有所发展，热烈地歌颂唐明皇与杨贵妃的爱情，并联系他们的爱情生活，反映了封建社会复杂的矛盾斗争，抒发了作者的爱国思想，成为这类题材中成就最高、影响最大的作品。

思考与练习

1. 在《惊变》这出戏中作者是如何成功地营造戏剧氛围的？
2. 在《长生殿》中洪昇是如何看待唐明皇与杨贵妃的爱情的？

桃花扇（却奁）[①]

孔尚任

孔尚任（1648～1718年），字聘之，又字季重，号东塘，别号岸堂，自称云亭山人。山东曲阜人，孔子六十四代孙。清初诗人、戏曲作家。1684年康熙南巡北归，特至曲阜祭孔，37岁的孔尚任在御前讲经，颇得康熙的赏识，破格授为国子博士，赴京就任。39岁时奉命赴江南治水，历时四载。这个时期，他的足迹几乎踏遍南明故地，又与一大批有民族气节的明代遗民结为知交，接受他们的爱国思想，加深了对南明兴亡历史的认识。他积极收集素材，丰富创作《桃花扇》的构思。康熙二十九年（1690年），奉调回京，历任国子监博士、户部主事、广东司外郎。经过毕生努力，三易其稿，康熙三十八年，52岁的孔尚任终于写成了《桃花扇》，一时洛阳纸贵，不仅在北京频繁演出，而且流传到偏远的地方。次年三月，孔尚任被免职，晚年生活愈加贫困。时人将他与《长生殿》作者洪昇并论，称“南洪北孔”。他的作品还有与顾彩合撰的《小忽雷》传奇及诗文集《湖海集》、《岸堂文集》、《长留集》等。

【夜行船】（末）人宿平康深柳巷[②]，惊好梦门外花郎。绣户未开，帘钩才响，春阻十层纱帐。

下官杨文骢，早来与侯兄道喜。你看院门深闭，侍婢无声，想是高眠未起。（唤介）保儿，你到新人窗外，说我早来道喜。（杂）昨夜睡迟了，今日未必起来哩。老爷请回，明日再来罢。（末笑介）胡说！快快去问。（小旦问内介）保儿！来的是那一个？（杂）是杨老爷道喜来了。（小旦忙上）倚枕春宵短，敲门好事多。（见介）多谢老爷，成了孩儿一世姻缘。（末）好说。（小旦）昨晚睡迟，都还未起哩。（让座介）老爷请坐，待我去催他。（末）不必，不必。（小旦下）

【步步娇】（末）儿女浓情如花酿，美满无他想，黑甜共一乡[③]。可也亏了俺帮衬，珠翠辉煌，罗绮飘荡，件件助新妆，悬出风流榜。

（小旦上）好笑，好笑！两个在那里交扣丁香，并照菱花，梳洗才完，穿戴未毕。请老爷同到洞房，唤他出来，好饮扶头卯酒[④]。（末）惊却好梦，得罪不浅。（同下）（生、旦艳妆上）

【沈醉东风】（生、旦）这云情接着雨况，刚搔了心窝奇痒，谁搅起睡鸳鸯。被翻红浪，喜匆匆满怀欢畅。枕上余香，帕上余香，消魂滋味，才从梦里尝。

（末、小旦上）（末）果然起来了，恭喜，恭喜！（一揖，坐介）（末）昨晚催妆拙句，可还说的入情么。（生揖介）多谢！（笑介）妙是妙极了，只有一件。（末）那一件？（生）香君虽小，还该藏之金屋。（看袖介）小生衫袖，如何着得下？（俱笑介）（末）夜来定情，必有佳作。（生）草草塞责，不敢请教。（末）诗在那里？（旦）诗在扇头。（旦向袖中取出扇介）（末接看介）是一柄白纱宫扇。（嗅介）香的有趣。（吟诗介）妙，妙！只有香君不愧此诗。（付旦介）还收好了。（旦收扇介）

【园林好】（末）正芬芳桃李香，都题在宫纱扇上；怕遇着狂风吹荡，须紧紧袖中藏，须紧紧袖中藏。

（末看旦介）你看香君上头之后[⑤]，更觉艳丽了。（向生介）世兄有福，消此尤物。（生）香君天姿国色，今日插了几朵珠翠，穿了一套绮罗，十分花貌，又添二分，果然可爱。（小旦）这都亏了杨老爷帮衬哩。

【江儿水】送到缠头锦，百宝箱，珠围翠绕流苏帐，银烛笼纱通宵亮，金杯劝酒合席唱。今日又早早来看，恰似亲生自养，陪了妆奁，又早敲门来望。

（旦）俺看杨老爷，虽是马督抚至亲，却也拮据作客，为何轻掷金钱，来填烟花之窟？在奴家受之有愧，在老爷施之无名；今日问个明白，以便图报。（生）香君问得有理，小弟与杨兄萍水相交，昨日承情太厚，也觉不安。（末）既蒙问及，小弟只得实告了。这些妆奁酒席，约费二百余金，皆出怀宁之手[⑥]。（生）那个怀宁？（末）曾做过光禄的阮圆海。（生）是那皖人阮大铖么？（末）正是。（生）他为何这样周旋？（末）不过欲纳交足下之意。

【五供养】（末）羡你风流雅望，东洛才名[⑦]，西汉文章。逢迎随处有，争看坐车郎。秦淮妙处，暂寻个佳人相傍，也要些鸳鸯被、芙蓉妆；你道是谁的，是那南邻大阮，嫁衣全忙。

（生）阮圆老原是敝年伯，小弟鄙其为人，绝之已久。他今日无故用情，令人不解。（末）圆老有一段苦衷，欲见白于足下。（生）请教。（末）圆老当日曾游赵梦白之门[⑧]，原是吾辈。后来结交魏党，只为救护东林，不料魏党一败，东林反与之水火。近日复社诸生，倡论攻击，大肆殴辱，岂非操同室之戈乎？圆老故交虽多，因其形迹可疑，亦无人代为分辩。每日向天大哭，说道："同类相残，伤心惨目，非河南侯君，不能救我。"所以今日谆谆纳交。（生）原来如此，俺看圆海情辞迫切，亦觉可怜。就便真是魏党，悔过来归，亦不可绝之太甚，况罪有可原乎。定生、次尾[9]，皆我至交，明日相见，即为分解。（末）果然如此，吾党之幸也。（旦怒介）官人是何说话，阮大铖趋附权奸，廉耻丧尽；妇人女子，无不唾骂。他人攻之，官人救之，官人自处于何等也？

【川拨棹】不思想，把话儿轻易讲。要与他消释灾殃，要与他消释灾殃，也提防旁人短长。官人之意，不过因他助俺妆奁，便要徇私废公；那知道这几件钗钏衣裙，原放不到我香君眼里。（拔簪脱衣介）脱裙衫，穷不妨；布荆人，名自香。

（末）阿呀！香君气性，忒也刚烈。（小旦）把好好东西，都丢一地，可惜，可惜！（拾介）（生）好，好，好！这等见识，我倒不如，真乃侯生畏友也[10]。（向末介）老兄休怪，弟非不领教，但恐为女子所笑耳。

【前腔】（生）平康巷，他能将名节讲；偏是咱学校朝堂，偏是咱学校朝堂，混贤奸不问青黄。那些社友，平日重俺侯生者，也只为这点义气；我若依附奸邪，那时群起来攻，自救不暇，焉能救人乎。节和名，非泛常；重和轻，须审详。

（末）圆老一段好意，也还不可激烈。（生）我虽至愚，亦不肯从井救人。（末）既然如此，小弟告辞了。（生）这些箱笼，原是阮家之物，香君不用，留之无益，还求取去罢。（末）正是"多情反被无情恼，乘兴而来兴尽还。[11]"（下）（旦恼介）（生看旦介）俺看香君天姿国色，摘了几朵珠翠，脱去一套绮罗，十分容貌，又添十分，更觉可爱。（小旦）虽如此说，舍了许多东西，到底可惜。

【尾声】金珠到手轻轻放，惯成了娇痴模样，辜负俺辛勤做老娘。

（生）些须东西，何足挂念，小生照样赔来。（小旦）这等才好。（小旦）花钱粉钞费商量，（旦）裙布钗荆也不妨，（生）只有湘君能解佩[12]，（旦）风标不学世时妆。

◎ 注释

① 《桃花扇》是清代传奇的代表作品。剧本以复社文人侯方域与秦淮名妓李香君悲欢离合的爱情故事为线索，描写了南明亡国的历史悲剧，展示了明清之际广阔的社会生活。《却奁》为《桃花扇》第7出。【夜行船】前面保儿的一段科诨说白，有所删节。

② 【平康深柳巷】平康、柳巷：均指妓馆。

③ 黑甜共一乡：黑甜形容熟睡，黑甜乡指熟睡的境界。

④ 卯酒：早晨卯时前后饮的酒。扶头：振奋头脑的意思。

⑤ 上头：指结婚。旧时女子未出嫁时梳辫子，临出嫁才把头发拢上去，结为发髻，叫做上头。

⑥ 怀宁：即阮大铖，字元海，安徽怀宁人。上文马督抚指马士英，当时任凤阳总督。

⑦ "东洛才名"二句：这是比喻侯方域的才名大，文章写得好。

⑧ "圆老当日"六句：阮大铖最初依附左光斗，后因为不满赵南星（字梦白）等不让他担任吏科给事中，转而投靠魏忠贤，反对东林党人。杨龙友这一番话，明显是为阮大铖说情，歪曲事实。赵梦白天启初拜吏部尚书，公忠强直，扶正抑邪，因得罪魏忠贤，遭戍大同，卒于戍所。

⑨ 定生、次尾：指陈贞慧、吴应箕，两人都是后期复社的中坚人物。

⑩ 畏友：指方正刚直，能够严格要求别人，敢于当面批评朋友的人，因为被朋友所敬畏，故称为畏友。

⑪ "多情"二句：上句是苏轼《蝶恋花·花褪残红青杏小》中的词句，下句是东晋王子猷访问戴安道时说的话。

⑫ 湘君解佩：《楚辞·九歌·湘君》中说"遗余佩兮澧浦"，这里形容香君却奁。

这一出写秦淮名妓李香君坚决拒绝权奸阮大铖为收买侯方域而送给她的妆奁。作者极写李香君深明大义、坚定正直，虽然社会地位低下，却具有不向权贵低头、不受金钱引诱的高尚情操与气节。这与软弱、动摇的侯方域形成了鲜明的对比。

汇评

《桃花扇》笔意疏爽，写南朝人物，字字绘影绘声。至文词之妙，其艳处似临风桃蕊，其哀处似着雨梨花，固是一时杰构。(清·梁廷枏《曲话》)

曲阜孔尚任、钱唐洪昇，先后以传奇进御，世称南洪北孔是也。顾《桃花扇》、《长生殿》二书，仅论文字，似孔胜于洪，不知排场布置、宫调分配，昉思远驾东塘之上。……余尝谓《桃花扇》，有佳词而无佳调，深惜云亭不谙度声，二百年来词场不祧者，独有稗畦而已。(吴梅《中国戏曲概论》)

李姬传

侯方域

李姬者名香，母曰贞丽。贞丽有侠气，尝一夜博，输千金立尽。所交接皆当世豪杰，尤与阳羡陈贞慧善也。姬为其养女，亦侠而慧，略知书，能辨别士大夫贤否，张学士溥、夏吏部允彝急称之。少风调皎爽不群。十三岁，从吴人周如松受歌玉茗堂四传奇，皆能尽其音节。尤工琵琶词，然不轻发也。

雪苑侯生，己卯来金陵，与相识。姬尝邀侯生为诗，而自歌以偿之。初，皖人阮大铖者，以阿附魏忠贤论城旦，屏居金陵，为清议所斥。阳羡陈贞慧、贵池吴应箕实首其事，持之力。大铖不得已，欲侯生为解之，乃假所善王将军，日载酒食与侯生游。姬曰："王将军贫，非结客者，公子盍叩之?"侯生三问，将军乃屏人述大铖意。姬私语侯生曰："妾少从假母识阳羡君，其人有高义，闻吴君尤铮铮，今皆与公子善，奈何以阮公负至交乎！且以公子之世望，安事阮公！公子读万卷书，所见岂后于贱妾耶?"侯生大呼称善，醉而卧。王将军者殊怏怏，因辞去，不复通。

未几，侯生下第。姬置酒桃叶渡，歌琵琶词以送之，曰："公子才名文藻，雅不减中郎。中郎学不补行，今琵琶所传词固妄，然尝昵董卓，不可掩也。公子豪迈不羁，又失意，此去相见未可期，愿终自爱，无忘妾所歌琵琶词也！妾亦不复歌矣！"

侯生去后，而故开府田仰者，以金三百锾，邀姬一见。姬固却之。开府惭且怒，且有以中伤姬。姬叹曰："田公岂异于阮公乎？吾向之所赞于侯公子者谓何？今乃利其金而赴之，是妾卖公子矣！"卒不往。

聚焦：

《桃花扇》是一出最接近历史真实的历史剧。孔尚任在《桃花扇·凡例》中说："朝政得失，文人聚散，皆确考时地，全无假借。至于儿女钟情，宾客解嘲，虽稍有点染，亦非乌有子虚之比。"参见上文《李姬传》，可知此说非虚也。

1.《却奁》中着重塑造了妓女李香君什么样的性格？

2. 通过这出戏，你如何评价清流文人侯方域？

3. 如何理解孔尚任在《桃花扇·凡例》中说的这段话：“剧名《桃花扇》，则《桃花扇》譬如珠也，作《桃花扇》之笔譬则龙也。穿云入雾，或正或侧，而龙睛龙爪。总不离乎珠。”

第八单元 现当代戏剧

雷雨（节选）

曹　禺

曹禺（1910～1996），原名万家宝，字小石，祖籍湖北潜江，生于天津。中国现代戏剧家。1922 年入读南开中学，并参加了南开新剧团。1928 年入读南开大学政治系，次年转入清华大学西洋文学系。毕业后，曾在河北、南京等地任教。1942 年赴重庆从事戏剧活动。1946 年 3 月，与老舍应美国国务院邀请赴美讲学。曾任中央戏剧学院副院长、北京人民艺术剧院院长、中国戏剧家协会主席等职。1992 年，全国优秀剧本创作奖更名为“曹禺戏剧文学奖”。1933 年，23 岁的曹禺在《文学季刊》发表了中国话剧成熟的标志性作品《雷雨》。此后，《日出》（1935 年）、《原野》（1937 年）接连问世，奠定了他在中国戏剧界的大师地位。此间，曹禺的其他作品有《全民总动员》（1938 年，与宋之的合作）、《蜕变》（1940 年）、《北京人》（1941 年）和《家》（1942 年）。新中国成立后，由于多种因素的局限，曹禺未能再续前期的辉煌，仅有《明朗的天》（1954）、《胆剑篇》（1961，与梅阡、于是之合作，曹禺执笔）和《王昭君》（1978）等几部作品发表。

第四幕（节选）

［周宅客厅内，半夜两点钟的光景。］

鲁侍萍　大海！

［鲁大海下。］

周萍　（见鲁大海下，急切地）鲁奶奶，我跟她商量好啦，我现在就带她一块离开这儿。

鲁侍萍　（恍惚地）嗯，嗯。

周萍　鲁奶奶，就这么办了？

鲁侍萍　什么？你怎么说？

周萍　您相信我，我一定好好地待四凤，我跟她现在就走。

鲁侍萍　（才听明白）你们走？凤儿，你要跟他走？

鲁四凤　（紧握着母亲的手）妈，我只好先离开您了。

鲁侍萍　（坚决地）你们不能够在一块儿。

鲁四凤　妈！

鲁侍萍　四凤，我们走吧，我们走，赶快走。

鲁四凤　（死命地退缩）妈，您不能这样做。

鲁侍萍　不，不成！走，走。

鲁四凤　（哀求）妈，您愿意您的女儿急得死在您的眼前吗？

周萍　（走向鲁侍萍前）鲁奶奶，我知道我对不起您，不过我能尽我的力量补我的错，现在事情已经做到这一步，您……

鲁侍萍　（向鲁四凤）凤儿，你听着，我情愿没有你，我不能叫你跟他在一块儿。——走吧！

鲁四凤　呵，妈妈！（晕倒在母亲怀里。）

鲁侍萍　（抱着鲁四凤）我的孩子，你……

周萍　（急）她晕过去了。

鲁侍萍　（按着鲁四凤的前额，低声）四凤！

[周萍赶快倒杯凉开水递给鲁侍萍。]

鲁侍萍　（接过凉开水灌四凤）好孩子，你回来，回来。

鲁四凤　（喘出一口气）呵，妈！

鲁侍萍　（安慰她）孩子，你不要怪妈心狠，妈的苦说不出。

鲁四凤　（叹出一口气）妈！

鲁侍萍　什么？

鲁四凤　（向周萍）我，我不能不告诉你。

周萍　凤，你好点了？

鲁四凤　我，我总是瞒着你，对您（乞怜地望着鲁侍萍）也不能讲。

鲁侍萍　什么，孩子？

鲁四凤　（抽咽）我，——我跟他现在已经……（大哭。）

鲁侍萍　怎么，你说你……（讲不下去。）

周萍　（拉起鲁四凤的手）四凤！真的，你……

鲁四凤　（哭）嗯。

周萍　什么时候？什么时候？

鲁四凤　（低头）大概已经三个月。

周萍　哦，四凤，你为什么不告诉我！

鲁侍萍　（低声）天哪。

周萍　（走向鲁侍萍）鲁奶奶，你无论如何不要再固执哪，都是我错了。我求您！我求您放了她吧。我敢保我以后对得起她，对得起您。

鲁四凤　（走到鲁侍萍面前跪下）妈，您可怜可怜我们，答应我们，让我们走吧。

鲁侍萍　（不做声，坐着，发痴）我是在做梦。我的儿女，我自己生的儿女，三十年工夫——哦，天哪，（掩面哭，挥手）你们走吧，我不认得你们。（转过头去）

周萍　那么，（向四凤）我们走吧。

[鲁四凤起。]

鲁侍萍　（不自主地）不，不能够！

鲁四凤　（又跪下，哀求）妈，您是怎么了？我的心已经定了。不管怎么样，我都是他的了。妈，我现在到了这一步：他到哪儿，我也得到哪儿；您难道不明白吗，妈！……

鲁侍萍　（叫鲁四凤不要往下说，苦痛地）孩子。

周萍　鲁奶奶，您要是一定不放她，我们只好不顺从您，自己走了。——凤！

鲁四凤　（摇头）不，（还望着鲁侍萍）妈！

鲁侍萍　（低声）呵，天知道谁犯了罪，谁造的这种孽！——他们都是可怜的孩子，不知道自己做的是什么。天哪，如果要罚，也罚在我一个人身上。（伤心地）他们都是我的干净孩子，他们应当好好地活着。罪孽是我造的，苦也应当我一个人尝。（立起，望着天）今天晚上，是我让他们一块儿走的。这罪过我知道，我都替他们担待了；要是真有了什么，也就让我一个人担待吧。回过头（凤儿），……

鲁四凤　（不安地）妈，你怎么，你说的是什么？

鲁侍萍　（回转头）没有什么。（和缓地）你起来，你们一块儿走吧。

鲁四凤　（立起，抱着她的母亲）妈！

周萍　走，（看表）不早了，只有二十五分钟，叫他们把车子开出来，走吧。

鲁侍萍　（沉静地）不，凤儿，你们这次走，是偷偷的走，在黑地里走，不要惊动人。（向鲁四凤，哀婉地）过来，我的孩子，让我好好地亲一亲。

[鲁四凤过来抱母亲。]

鲁侍萍　（向周萍）你也来，让我也看你一下。

[周萍至前，低头。]

鲁侍萍　（望周萍，擦眼泪）好，你们走吧！——我要你们两个在走以前答应我一件事。

周萍　您说吧。

鲁侍萍　你们不答应，我还是不要四凤走的。

鲁四凤　妈，您说吧，我答应。

鲁侍萍　（看他们两人）你们这次走，最好越走越远，不要回头。今天离开，你们无论生死，就永远不要见我了。

鲁四凤　（难过）妈，不……

周萍　（使眼色，低声）她现在难过，——过后，就好了。

鲁四凤　嗯，好，——妈，那我们走了。（跪下，向鲁侍萍叩头，落泪。）

[鲁侍萍竭力忍着。]

鲁侍萍　（挥手）走吧！

周萍　我们从饭厅里出去吧，饭厅里还放着我几件东西。

[周萍、鲁四凤、鲁侍萍走到饭厅门口。饭厅门开，周蘩漪走出。]

鲁四凤　（失声）太太！

周蘩漪　（沉稳地）咦，你们到哪儿去？外面还打着雷呢！

周萍　（向周蘩漪）怎么你在外面偷听！

周蘩漪　嗯，不只我，还有人呢。（向饭厅走）出来呀，你！

[周冲由饭厅上，畏缩的。]

鲁四凤　（惊愕）二少爷！

周冲　（不安地）四凤！

周萍　（不高兴）弟弟，你怎么这样不懂事？

周冲　（莫名其妙）妈叫我来的，我不知道你们这是干什么。

周蘩漪　（冷冷地）现在你就明白了。

周萍　（焦躁，向周蘩漪）你这是干什么？

周蘩漪　（嘲弄地）我叫你弟弟来给你们送行。

周萍　（气愤）你真卑鄙。……

周冲　哥哥！

周萍　（向周冲）对不起！（突向周蘩漪）不过世界上没有像你这样的母亲！

周冲　（迷惑地）妈，这是怎么回事？

周蘩漪　你看哪！（向鲁四凤）四凤，你预备上哪儿去？

鲁四凤　（嗫嚅）我……我？……

周萍　不要说一句瞎话，告诉他们，说我们预备一块儿走。

周冲　（明白）什么，四凤，你预备跟他一块儿走？

鲁四凤　嗯，二少爷，我，我是……

周冲　（半质问地）你为什么早不告诉我？

鲁四凤　我不是不告诉你；我跟你说过，叫你不要找我。因为我……我已经不是个……

周萍　（向鲁四凤）不，你告诉他们！（指周蘩漪）讲，说你要嫁我！

周冲　（略惊）四凤，你……

周蘩漪　（向周冲）现在你明白了。

［周冲低头。］

周萍　（突向周蘩漪，刻毒地）你真没有一点心肝！你以为他会替——会破坏吗？冲弟弟，你说，你现在有什么意思，你说，你预备对我怎么样？你说吧。

［周冲望周蘩漪，又望鲁四凤，自己低头。］

周蘩漪　冲儿，说呀！（半晌，急促）冲儿，你为什么不说话呀？你为什么不问？为什么不问你哥哥？（又顿。）

［众人均看周冲，周冲不语。］

周蘩漪　冲儿，你说呀，怎么，难道你是个哑巴？是个呆子？看见这样的事情不会吭一声吗？

周冲　（抬头，羔羊似地）不，妈！（又望鲁四凤，低头）只要四凤愿意，我没有什么。

周萍　（走到周冲面前）弟弟！

周冲　（疑惑地）不，我忽然发现我好象并不真爱四凤。（渺渺茫茫地）以前——我是胡闹。（望着周萍热烈的神色）哥哥，你把她带走吧，只要你好好地待她！

周蘩漪　（幻灭）呵，你呀！（忽然气愤）你不是我的儿子，（昏乱地）你简直没有点人气，我要是你，（指鲁四凤）我就杀了她，毁了她。你一点也不像我，你不是我的儿子，不是我的儿子。

周冲　（难过地）您怎么啦？

周蘩漪　（向周冲，半疯狂地）不要以为我是你的母亲，（高声）你的母亲早死了，早叫你父亲逼死了，闷死了。（揩眼泪，哀痛地）我忍了多少年了，我在这个死地方，监狱似的周公馆，陪着一个阎王十八年了，我的心并没有死；你的父亲只叫我生了冲儿，然而我的心，我这个人还是我的。（指周萍）就只有他才要了我整个的人，可是他现在不要我，又不要我了。

周冲　（痛极）妈，我最爱的妈，您这是怎么回事？

周萍　你先不要管她，她在发疯！

周蘩漪　（激烈地）你现在也学会你的父亲了，你这虚伪的东西！我没有疯——我一点也没有疯！我要你说，我要你告诉他们。

周萍　（狼狈地）你叫我告诉什么？我看你上楼睡去吧。

周蘩漪　（冷笑）你不要装！你告诉他们，我并不是你的后母。

［大家惊惧。］

周冲　（无可奈何地）妈！

周蘩漪　（不顾地）告诉他们，告诉四凤，告诉她！

鲁四凤 （忍不住）妈呀！（投入鲁侍萍怀。）

周蘩漪 你记着，是你才欺骗了你的弟弟，是你欺骗了我，是你才欺骗了你的父亲！

周萍 （向鲁四凤）不要理她，我们走吧。

周蘩漪 不用走了，大门锁了。你父亲就下来，我派人叫他来的。

鲁侍萍 天！

周萍 你这是干什么？

周蘩漪 （冷冷地）我要你父亲见见他将来的好媳妇，然后你们再走。（喊）朴园，朴园！……

周冲 妈，您不要！

周萍 （走到周蘩漪面前）疯子，你敢再喊！

［周蘩漪跑到书房门口喊。］

鲁侍萍 （慌）四凤，我们出去。

周蘩漪 不，他来了！

［周朴园由书房进，大家不动，静寂。］

周朴园 （在门口）你叫什么？你还不上楼去睡？

周蘩漪 （倨傲地）我请你见见你的好亲戚。

周朴园 （见鲁侍萍、鲁四凤在一起，惊）呵，你，你们这是做什么？

周蘩漪 （拉鲁四凤向周朴园）这是你的媳妇，你，你见见。（指着周朴园向鲁四凤）叫他爸爸！（指着鲁侍萍向周朴园）你也认识认识这位老太太。

鲁侍萍 太太！

周蘩漪 萍，过来！当着你的父亲，过来，给这个妈叩头。

周萍 （难堪）爸爸，我……

周朴园 （明白地）怎么——（向鲁侍萍）侍萍，你到底还是回来了。

周蘩漪 （惊）什么？

鲁侍萍 （慌）不，不，您弄错了。

周朴园 （冷冷地）侍萍，我想你也会回来的。

鲁侍萍 不，不！（低头）啊！天！

周蘩漪 （惊愕地）侍萍？什么，她就是侍萍？

周朴园 （烦厌地）你不必再故意地问我。她就是萍儿的母亲，三十年前死了的。

周蘩漪 天哪！

［半晌。鲁四凤苦闷地叫了一声，望着她的母亲，鲁侍萍苦痛地低着头。周萍迷惑地望着他的父亲同鲁侍萍。这时周蘩漪渐渐走到周冲身边。］

周朴园 （沉痛地）萍儿，你过来。你的生母并没有死，她还在世上。

周萍 （半狂地）不是她！爸，不是她！

周朴园 （严厉地）混帐！不许胡说。她没有什么好身世，也是你的母亲。

周萍 （痛苦万分）哦，爸！

周朴园 （郑重地）不要以为你跟四凤同母，觉得脸上不好看，你就忘了人伦天性。（向鲁侍萍）我预备寄给你两万块钱，现在你既然又来了，……

鲁侍萍 不，……四凤，我们走！

周朴园 （暴怒地，对周萍）跪下，认她！这是你的生母。

鲁四凤 （昏乱地）妈，这不会是真的。

［鲁侍萍不语。］

周蘩漪　（向周萍，悔恨地）萍，我，我万想不到是……是这样，萍……

周萍　（向周朴园）爸爸！（向鲁侍萍）母亲！

鲁四凤　（向周萍互相望着，忽然忍不住）呵，天！（由中门跑下。）

［周萍扑在沙发上。］

周蘩漪　（急喊）四凤！四凤！（转向周冲）冲儿，她的样子不大对，你赶快出去看看她。

［周冲由中门跑下，喊鲁四凤。］

周朴园　（至周萍前）萍儿，这是怎么回事？

周萍　（突然）您不该生我！（由饭厅跑下。）

［远处听见鲁四凤的惨叫声，周冲狂呼四凤，接着周冲也惨叫一声。］

鲁侍萍　（喊）四凤，你怎么啦！

周蘩漪　（同时喊）我的孩子，我的冲儿！

［鲁侍萍同周蘩漪由中门跑出。］

周朴园　（急走至窗前拉开窗幕，颤声）怎么？怎么？

［仆人由中门跑上。］

仆人　（喘）老爷！

周朴园　快说，怎么啦？

仆人　（急不成声）四凤……死了……

周朴园　（急）二少爷呢？

仆人　也……也死了。

周朴园　（颤声）呵，什么？

仆人　四凤碰着那条走电的电线。二少爷不知道，赶紧拉了一把，两个人一块儿中电死了。

周朴园　这不会。这不能够，不能够！

［周朴园与仆人跑下。］

［周萍由饭厅出，颜色惨白，神气是沉静地。他走到方桌前打开抽屉，取出手枪，走进右边书房。］

［外面人声嘈乱，哭声，叫声，混成一片。鲁侍萍由中门上。老年仆人跟在后面，拿着电筒。］

［鲁侍萍一声不响地立在台中。］

老仆人　（安慰地）老太太，您别发呆！这不成，您得哭，您得好好哭一场。

鲁侍萍　（无神地）嗯。

老仆人　这是没有法子的事，——可是您得哭哭。

鲁侍萍　我……（呆立）

［中门大开，许多仆人围着周蘩漪，周朴园不知是在哭还是在笑。］

仆人　（在外面）进去吧，太太，别看哪。

［周蘩漪被人拥至中门。］

周蘩漪（哭着）冲儿，你这么张着嘴？你的样子怎么直对我笑？——冲儿，你这个糊涂孩子。

［周朴园走进中门。］

周朴园　蘩漪，进来！我的手发木，你也别看了。

老仆人　太太，进来吧。人已经叫电火烧焦了，没有法子办了。

周蘩漪　（进来依然哭着）冲儿，我的好孩子。刚才还是好好的，你怎么会死，你怎么会死得这样惨？

周朴园　你要静一静。（擦眼泪）

周蘩漪　（痛恨地）冲儿，你该死，该死！你有了这样的母亲，你该死！

［外面人声嘈杂。］

周朴园　谁在外面这么吵？

周朴园　外面是怎么回事？

仆人　今天早上那个鲁大海，他又来了，他说他母亲在这儿。

周朴园　（犹疑片刻，望一下鲁侍萍）好，你让他进来！

鲁侍萍　（阻止）不用了。（立起，向中门走去至门口，返身，向周朴园）他不会来的，他恨你！（昂首返身走出。）

［仆人一齐下。屋中只有周朴园、周蘩漪二人。］

［寂静。］

周朴园　（忽然）萍儿呢？大少爷呢？萍儿，萍儿！（无人应）来人呀！来人！（无人应）你们给我呀，我的大儿子呢？

［书房枪声，屋内死一般的静默。］

周蘩漪　（忽然）呵！（跑进书房。）

周朴园呆立不动。

周蘩漪　（跑出狂喊）他……他……

周朴园　他怎么了？

［周朴园与周蘩漪一同跑下，进书房。］

——幕落·剧终

《雷雨》是四幕悲剧（初版本有“序幕”和“尾声”）。曹禺从自己青少年时期熟悉的社会圈子里提取了《雷雨》的题材，通过周鲁两家8个人物的历史与现实纠葛，反映了从光绪二十年（1894）到1920年前后约达30年的复杂社会生活和冲突。作者在这常见的“始乱终弃”和“乱伦”的社会现象中，开掘出具有时代特点的社会悲剧。剧中描写了尖锐的思想冲突和阶级压迫与斗争，但主要是描写新旧交替时期三个不同阶层、不同性格的女性，以不同的方式对命运所做的抗争和她们走向毁灭的悲剧结局。

《雷雨》的思想内涵很丰富也很复杂。作品揭示和批判了带有封建性的中国资产阶级的生活方式和道德的虚伪性，所以，它可以被看作一部道德悲剧；作品展现了不可把握的命运对人的控制，所以，它可以被看作一部命运悲剧；它揭示了人性和人性的弱点，所以，它可以被看做一部性格悲剧。《雷雨》艺术上具有很高的成就，结构精巧，戏剧性强，语言准确深邃，又具有个性和抒情性。

汇评

《雷雨》的确是一篇难得的优秀力作。作者于全局的构造、剧情的进行、宾白的运用、电影手法之向舞台艺术之输入，的确是费了莫大的苦心，而都很自然紧凑，没有现出十分苦心的痕迹。作者于精神病理学，精神分析术等，似乎也有相当的造诣。以我们学过医学的人看来，就使用心地要去吹毛求疵，也找不出什么破绽。在这些地方，作者在中国作家中应该是杰出的一个。（郭沫若《关于曹禺的〈雷雨〉》）

他（曹禺）出现得虽然迟，却极为出色，顿时震惊了整个的中国文坛，使得一般剧作家老辈为之黯然无光。（赵景深《文坛忆旧》）

（周朴园）他虽受着资产阶级的教养，却同封建地主阶级的思想感情有着深厚的血缘关系。他不但冷酷、自私，具有专横的统治心理，而且还十分虚伪，深谙假道德。（钱谷

融《〈雷雨〉人物谈》)

这恰恰不是两代资产阶级分子“始乱终弃”的故事，正好相反，是两代出身资产阶级家庭的青年，一往情深而不可得的恋情。（蓝棣之《两个阶级之间的爱情故事——曹禺〈雷雨〉症候分析》)

作者要肯定的，不是乱伦，而是蘩漪反叛封建道德的勇气。蘩漪这一悲剧形象，是曹禺对现代戏剧的一大贡献，深刻地传达出反封建与个性解放的五四主题。（朱栋霖等《中国现代文学史》上册）

她那“火炽的热情”究竟是什么性质？……在我看来，蘩漪这个忧郁的遭受性折磨的女子，对于她来说，爱情与肉欲就只能成为同义语了。因此，周萍跟另一个姑娘出逃的过失，与其说是对蘩漪爱情不忠，还不如说是一种剥夺了她性满足的行为。（刘绍铭《雷雨》(英文版))

谈周朴园

钱谷融

周朴园出身于封建家庭而又到德国去留过学，是一个当时所谓“有教养”的人。但他从青年时代起，就干了不少伤天害理的事。他为了赶娶一位有钱有门第的小姐，就逼着和他刚生了孩子才三天的女人冒着大风雪去跳河；为了自己发财，就故意让承包的江堤出险，淹死了两千二百名小工，为了镇压工人运动，他就叫警察开枪打死了几十名工人……而他个人的“事业”、“地位”，就在这伤天害理的过程中蒸蒸日上。他如今是一家煤矿公司的董事长，受到社会上一般人的尊敬，是一个非常“有体面”的人物。

他虽受着资产阶级的教养；却同封建地主阶级的思想感情有着深厚的血缘关系。他不但冷酷、自私，具有专横的统治心理，而且还十分虚伪，深谙假道德。这样一个人，和他周围的人之间自然要发生着尖锐的矛盾。而他，也终于在这些重重的矛盾中，陷入了难以自拔的境地。

周朴园第一次出场，恰好蘩漪、周萍、周冲三个人正在一起，在自己妻儿面前，他的威严、专横就更能给人一个深刻的印象。剧作者安排他在这时与读者、观众见面，是很具匠心的。在介绍他入场时，作者对他作了这样的描绘：

……他约莫有五六十上下，鬓发已经斑白，带着椭圆形的金边眼镜，一对沉鸷的眼在底下闪烁着。像一切起家立业的人物，他的威严在儿孙面前格外显得峻厉。……他有些胖，背微微地伛偻，腮肉松弛地垂下来。眼眶下陷，眸子却闪闪地放着光彩。他的脸带着多年的世故和劳碌，一种冷峭的目光和偶然在嘴角上逼出的冷笑，看出他平日的专横，自私和倔强……

这寥寥的几笔，就把周朴园的形象非常鲜明地勾勒出来了。专横、自私和倔强，确是周朴园性格中的一个非常突出的方面。

蘩漪和周萍本来正在客厅里进行着一番微妙的口角，周冲虽然不懂得他们话中的含义，但也感觉到了他们之间的不协调，表示很不愿意听他们这样说话。所以，在这三个人之间，空气是很不平静的。特别是蘩漪和周萍之间，更在进行着一场激烈的心对心的战斗。然而，就在这个时候，书房门打开了，周朴园出现在门口。客厅里的这三个人就立刻变得肃静。周朴园缓缓地踱进来，弟兄两个异口同声地喊着“爸”，周冲并且问了一句：“客走了？”做父亲的对这些热情而恭敬的招呼，只稍微点了一下头，却转过来用如下的问话招呼了他回来后才第一次见面的妻子——蘩漪："你怎么今天下楼来了，完全好了吗？"这里虽然显示出他对蘩漪的关切，但口吻远不是很热情的。接着，在他用同样缺乏热情的"还好"二字回答了蘩漪对他的问候以后，就要蘩漪回到楼上去。他是这样说的："你应当再到楼上去休息。"我们听得出他这句话的意思，他并不是怕蘩漪在楼下待久了累，才劝她上去休息一会，而是认为她根本应当在楼上休息，不应该下来。他的逼人的威严，他的专横、冷酷，在他初出场的这一刹那间，就充分表现出来了。而紧接着来的他对周冲的斥责，对蘩漪的威逼（逼她喝药），更把他这种性格刻画得形完神足，淋漓尽致。他就用这种冷酷、专横，维持着他的威严，建立起他引以自豪的家庭的"平静"而"圆满"的秩序。

当然，周朴园也并不是一味的冷酷、专横，他对待妻儿是恩威并施的。他甚至还给他的妻儿以这样一种印象：仿佛他的冷酷、专横，只是对他们的"关心"和"爱护"的一种富有个性色彩的独特的表现形式，因此，他们对他是不能有过多的不满的，而他的冷酷和专横，在他们看来也只应该是威严，而不应该把它当做残暴。这里就显示出了周朴园性格中的另一个突出的方面——伪善。

他对待侍萍的态度，最深刻地揭露了他的伪善的一面。

据他自己向侍萍表白，他三十年来一直没有忘记过她。每年四月十八日，都不忘记为她做生日，一切都照着她是正式嫁过周家的人看待。我们也的确看到他屋子里的家具都还是从前侍萍所喜欢的旧物，他到东到西总都带着，而且陈设布置仍按照三十年前侍萍动用时的样子。甚至因为侍萍在生周萍时受了病，总要关窗户，因此他到现在；即使在夏天，这个房间的窗户还是不许人打开。他穿衣服，不管是雨衣还是衬衫，都爱穿旧的而不爱穿新的。他一听到侍萍的无锡口音，便很有深情地急着打听起所谓"梅小姐"的事来，并说想把她的坟墓修一修。……这些，似乎的确都证明他三十年来一直没有忘记侍萍，而且还是深情缱绻，朝夕怀念着她的。然而，很奇怪，当他知道他所怀念的这个人并没有死，而且现在就站立在他面前，就在跟他面对面地晤谈着时，他却忽然严厉地喝问对方："你来干什么？"这样极端矛盾的态度，这样前后判若两人的声气，实在令人吃惊。不过，只待稍稍惊定，我们也就恍然大悟了。这"你来干什么"的一声，含义是无比丰富的，它说明了许多问题。它虽然并没有把周朴园三十多年来对侍萍的种种怀念一笔勾销，却也赋予了这些怀念以一种新的含义。或者，更确切些说，是揭示了这些怀念的一种不易为人察觉的，甚至连周朴园自己也不一定意识到的隐秘的意义。（他之所以不一定意识到这一点，乃是因为他不愿意承认这一点，因为不愿意承认它，久而久之，他自己就真以为它并不存在了。）这层意义一揭露，我们对周朴园的灵魂、周朴园的本质，也就看得更清楚，有了更深的理解了。

周朴园三十年来对侍萍的种种怀念，是不是全是假的、虚伪的呢？从他居然能严厉地喝问侍萍"你来干什么"里，从他前后一贯的为人处世的态度里，以及从他作为一个资产阶级的阶级本性里，我们都可以毫无疑问地作出肯定的回答，说他是假的，虚伪的。但是，我们却不能因此就认为周朴园对侍萍真的一点感情也没有，认为他对侍萍的种种怀念的表示都是故意装出来的，都是有意识地做给别人看的；这样想就把一个人的复杂的心理面貌简单化了，就将阻碍我们对周朴园的资产阶级本质作更深入一步的了解。阶级本质是渗透在具体的个性中，而且只有通过具体的个性才能表现出来的东西。而个性，则总是比较复杂的，总是充满着各种各样的矛盾，而且还常常是带有各种各样的涂饰物的。吝啬汉可以慷慨于一时，杀人不眨眼的人有时也会大发善心。因为吝啬汉的一时的慷慨，就不承认他是吝啬汉，因为残暴的人的偶发的善心，就说他并不残暴：当然是不对的。但如果以为吝啬汉有的只是吝啬，残暴的人任何时候都是残暴的，也是一种简单化的看法。在一个人的身上，可能有某一种品质是比较突出的，但这一种品质并不能够完全决定这个人的性格。处在复杂的阶级斗争环境中的人，特别是处在社会关系高度复杂化了的现社会中的人，他们的个性总是：比较复杂的。个性的复杂性并不否定或削弱个性而恰恰是更生动、更丰富地体现了他的阶级性，更充分、更深刻地揭示了他的阶级性。如果我们不估计到个性的这种复杂性，不去具体地观察研究这种复杂性；那么，我们对他的阶级本质即使也可能有正确的了解，但这种了解必然是抽象的而不是具体的，是肤浅的而不是深刻的。因为这种了解，只是搬用了一个无可争辩的现成结论的结果，而并非自己实地观察的结果。我们说周朴园是虚伪的，乃是因为整个地来看他时，归根到底地来说时，他只能是虚伪的。但这并不等于完全否认周朴园具有任何真正的感情，也决不排斥周朴园对侍萍可以有某种程度的真正的怀念。周朴园对侍萍的某种程度的怀念，不但丝毫不能动摇我们认为周朴园是极端虚伪的看法，而恰恰是——从他的怀念的性质及其具体表现中——只有更其加深了我们的这一看法。我们说周朴园对侍萍是可以有某种程度的真正的怀念的，这也很容易理解：侍萍年轻时是很美的。他确曾喜欢过她，何况她又是周萍的母亲，怎能不常常想起她呢？一个人对于已经失去的东西，总是特别觉得可贵，特别感到恋念的。尤其是他做了那样一件伤天害理的事，（我们记得，他是为了赶娶一位有钱有门第的小姐，逼着刚生下孩子才三天的侍萍，在年三十夜冒着大风雪去跳河的。）总不能毫无内疚。现在，侍萍既已死去（他一直以为她已经死了），对他就不再有什么威胁、不利，他就更容易想到她的种种可爱处而不胜怀念起来。这种怀念，又因他的灵魂的内疚，又因他的补过赎罪之心而愈益增加了它的重量，以至他自己都为这种“真诚的怀念”所感动了。他觉得自己虽然“荒唐”于前，却能“补过”于后，就仿佛也是个“道德高尚”的人了。这样，他对侍萍的怀念就做得愈益认真起来，并且还以此自豪，以此来教育周萍，来树立家庭的榜样。这样做，在他主观上可能的确是很“真诚”的，并无故意骗人的存心。但是，作为剥削阶级中的一员，他是不可能有什么真正高尚的感情的。他首先考虑的，总是自己的名誉、地位，自己的实际利益。在并不损害他的利益时，他是可以有一点感情的，但当他一发觉这种感情与他的利益相抵触，将要危及他的名誉、地位时，他就会立刻翻脸不认人，把这种感情一脚踢开。“你来干什么？”这一声就充分说明了这一点。在紧接着这一声以后的一长串的对话中，剧作者更进一步地揭露了周朴园的这种丑恶的阶级本质。

…………

在作者当时的世界观中，占主导地位的是民主主义与人道主义的思想。这种思想有它的进步性，也有它的局限性。在这种思想指导之下，他对当时那种人压迫人、人剥削人的现象，感到极大的愤怒和不平，所以他在作品里能够对充满这种现象的当时的社会，作出深刻的揭露与尖锐的抨击。但是，停留在这样的一个思想水平上，对造成这种现象的原因，是不可能有深刻而明确的认识的。因而，他虽然对社会的真实情况，有敏锐的感觉和强烈的爱憎，但究竟应该怎样正确地对待、批判这种现实，就有些茫然了。因为，正确地对待和批判的能力，是只有在正确的思想指导下才能具备的。他对周朴园这个人物，应该说是了解得相当深的，他洞察他的肺腑，在他的笔下，这一人物的精神面貌可以说是展示得非常清晰了。但究竟应该怎样来评价这个人物呢？这个人当然决不是什么值得同情的好人，而是一个应该被批判、被否定的人物，这一点对曹禺来说，也是不成问题的。但批判应该掌握什么样的分寸？否定应该达到什么样的程度？这在曹禺，恐怕就不是很明确的了。而且，在他当时的世界观中，或多或少还存在有资产阶级的人性论思想，他就自然更加不能彻底否定周朴园这样一个人物了。在鞭打他的时候，他就免不了有一些手软，甚至给他以某种程度的“曲宥”，像他在《日出》的跋文（初版本）中提到潘月亭、李石清时所说过的那样。而周朴园这种“天良发现”式的悔罪的声调，正是作者的手软的表现，正是作者对他作了某种程度的“曲宥”的表现。

（选自《（雷雨）人物谈》）

阅读：《原野》（曹禺），《有一种毒药》（万方）。

聚焦：

曹禺的迅速崛起主要得益于他站在人类的高度去看待和表现人的生存困境。他用一种人类共同拥有的心灵语言去讲述人的不幸遭遇，用一种深广的悲悯情怀来看待人的痛苦。

思考与练习

1. 如何理解《雷雨》的创作主题？
2. 说明《雷雨》的矛盾冲突及其性质。
3. 本剧剧名有何象征意义？
4. 试分析周朴园的人物形象。

茶馆（节选）

老　舍

第　一　幕

人物　王利发、刘麻子、庞太监、唐铁嘴、康六、小牛儿、松二爷、黄胖子、宋恩子、常四爷、秦仲义、吴祥子、李三、老人、康顺子、二德子、乡妇、茶客甲、乙、丙、丁、马五爷、小妞、茶房一、二人。

时间　一八九八年（戊戌）初秋，康梁等的维新运动失败了。早半天。

地点　北京，裕泰大茶馆。

幕起　这种大茶馆现在已经不见了。在几十年前，每城都起码有一处。

这里卖茶，也卖简单的点心与饭菜。玩鸟的人们，每天在遛够了画眉、黄鸟等之后，要到这里歇歇腿，喝喝茶，并使鸟儿表演歌唱。商议事情的，说媒拉纤的，也到这里来。那年月，时常有打群架的，但是总会有朋友出头给双方调解；三五十口子打手，经调人东说西说，便都喝碗茶，吃碗烂肉面（大茶馆特殊的食品，价钱便宜，作起来快当），就可以化干戈为玉帛了。总之，这是当日非常重要的地方，有事无事都可以来坐半天。

在这里，可以听到最荒唐的新闻，如某处的大蜘蛛怎么成了精，受到雷击。奇怪的意见在这里也可以听到，像把海边上都修上大墙，就足以挡住洋兵上岸。这里还可以听到某京戏演员新近创造了什么腔儿，和煎熬鸦片烟的最好的方法。这里也可以看到某人新得到的奇珍——一个出土的玉扇坠儿，或三彩的鼻烟壶。这真是个重要的地方，简直可以算作文化交流的所在。

我们现在就要看见这样的一座茶馆。

一进门是柜台与炉灶——为省点事，我们的舞台上可以不要炉灶；后面有些锅勺的响声也就够了。屋子非常高大，摆着长桌与方桌，长凳与小凳，都是茶座儿。隔窗可见后院，高搭着凉棚，棚下也有茶座儿。屋里和凉棚下都有挂鸟笼的地方。各处都贴着“莫谈国事”的纸条。

[有两位茶客，不知姓名，正眯着眼，摇着头，拍板低唱。有两三位茶客，也不知姓名，正入神地欣赏瓦罐里的蟋蟀。两位穿灰色大衫的——宋恩子与吴祥子，正低声地谈话，看样子他们是北衙门的办案的侦缉。]

[今天又有一起打群架的，据说是为了争一只家鸽，惹起非用武力解决不可的纠纷。假若真打起来，非出人命不可，因为被约的打手中包括着善扑营的哥儿们和库兵，身手都十分厉害。好在，不能真打起来，因为在双方还没把打手约齐，已有人出面调停了——现在双方在这里会面。三三两两的打手，都横眉立目，短打扮，随时进来，往后院去。]

[马五爷在不惹人注意的角落，独自坐着喝茶。]

[王利发高高地坐在柜台里。]

[唐铁嘴踏拉着鞋，身穿一件极长极脏的大布衫，耳上夹着几张小纸片，进来。]

王利发　唐先生，你外边遛遛吧！

唐铁嘴　（惨笑）王掌柜，捧捧唐铁嘴吧！送给我碗茶喝，我就先给您相相面吧！手相奉送，不取分文！（不容分说，拉过王利发的手来）今年是光绪二十四年，戊戌。您贵庚是……

王利发　[夺回手去]算了吧，我送你一碗茶喝，你就甭卖那套生意口啦！用不着相面，咱们既在江湖内，都是苦命人！（由柜台内走出，让唐铁嘴坐下）坐下！我告诉你，你要是不戒了大烟，就永远交不了好运！这是我的相法，比你的更灵验！

[松二爷和常四爷都提着鸟笼进来，王利发向他们打招呼。他们先把鸟笼子挂好，找地方坐下。松二爷文绉绉的，提着小黄鸟笼；常四爷雄赳赳的，提着大而高的画眉笼。茶房李三赶紧过来，沏上盖碗茶。他们自带茶叶。茶沏好，松二爷、常四爷向临近的茶座让了让。]

常四爷　您喝这个！（然后，往后院看了看）

松二爷　好像又有事儿？

常四爷　反正打不起来！要真打的话，早到城外头去啦；到茶馆来干吗？

[二德子，一位打手，恰好进来，听见了常四爷的话。]

二德子　（凑过去）你这是对谁甩闲话呢？

常四爷　（不肯示弱）你问我哪？花钱喝茶，难道还教谁管着吗？

松二爷　（打量了二德子一番）我说这位爷，您是营里当差的吧？来，坐下喝一碗，我们也都是外场人。

二德子　你管我当差不当差呢！

常四爷　要抖威风，跟洋人干去，洋人厉害！英法联军烧了圆明园，尊家吃着官饷，可没见您去冲锋打仗！

二德子　甭说打洋人不打，我先管教管教你！（要动手）

[别的茶客依旧进行他们自己的事。王利发急忙跑过来。]

王利发 哥儿们，都是街面上的朋友，有话好说。德爷，您后边坐！

[二德子不听王利发的话，一下子把一个盖碗搂下桌去，摔碎。翻手要抓常四爷的脖领。]

常四爷 （闪过）你要怎么着？

二德子 怎么着？我碰不了洋人，还碰不了你吗？

马五爷 （并未立起）二德子，你威风啊！

二德子 （四下扫视，看到马五爷）喝，马五爷，你在这儿哪？我可眼拙，没看见您！（过去请安）

马五爷 有什么事好好地说，干吗动不动地就讲打？

二德子 [嗻]！您说得对！我到后头坐坐去。李三，这儿的茶钱我候啦！

[往后面走去]

常四爷 （凑过来，要对马五爷发牢骚）这位爷，您圣明，您给评评理！

马五爷 （立起来）我还有事，再见！（走出去）

常四爷 （对王利发）邪！这倒是个怪人！

王利发 您不知道这是马五爷呀！怪不得你也得罪了他！

常四爷 我也得罪了他？我今天出门没挑好日子！

王利发 （低声地）刚才您说洋人怎样，他就是吃洋饭的。信洋教，说洋话，有事情可以一直地找宛平县的县太爷去，要不怎么连官面上都不惹他呢！

常四爷 （往原处走）哼，我就不佩服吃洋饭的！

王利发 （向宋恩子、吴祥子那边稍一歪头，低声地）说话请留点神！（大声地）李三，再给这儿沏一碗来！（拾起地上的碎瓷片）

松二爷 盖碗多少钱？我赔！外场人不作老娘们事！

王利发 不忙，待会儿再算吧！（走开）

[纤手刘麻子领着康六进来。刘麻子先向松二爷、常四爷打招呼。]

刘麻子 您二位真早班儿！（掏出鼻烟壶，倒烟）您试试这个！刚装来的，地道的英国造，又细又纯！

常四爷 唉！连鼻烟也得从外洋来！这得往外流多少银子啊！

刘麻子 咱们大清国有的是金山银山，永远花不完！您坐着，我办点小事！

[领康六找了个座儿]

[李三拿过一碗茶来。]

刘麻子 说说吧，十两银子行不行？你说干脆的！我忙，没工夫专伺候你！

康六 刘爷！十五岁的大姑娘，就值十两银子吗？

刘麻子 卖到窑子去，也许多拿一两八钱的，可是你又不肯！

康六 那是我的亲女儿！我能够……

刘麻子 有女儿，你可养活不起，这怪谁呢？

康六 那不是因为乡下种地的都没法子混了吗？一家大小要是一天能吃上一顿粥，我要还想卖女儿，我就不是人！

刘麻子 那是你们乡下的事，我管不着。我受你之托，教你不吃亏，又教你女儿有个吃饱饭的地方，这还不好吗？

康六 到底给谁呢？

刘麻子 我一说，你必定从心眼里乐意！一位在宫里当差的！

康六 宫里当差的谁要个乡下丫头呢？

刘麻子 那不是你女儿的命好吗？

康六 谁呢？

刘麻子 庞总管！你也听说过庞总管吧？伺候着太后，红的不得了，连家里打醋的瓶子都是玛瑙的！

康六 刘大爷，把女儿给太监做老婆，我怎么对得起人呢？

刘麻子 卖女儿，无论怎么卖，也对不起女儿！你糊涂！你看，姑娘一过门，吃的是珍馐美味，穿的是绫罗绸缎，这不是造化吗？怎样，摇头不算点头算，来个干脆的！

康六 自古以来，哪有……他就给十两银子？

刘麻子 找遍了你们全村儿，找得出十两银子找不出？在乡下，五斤白面就换个孩子，你不是不知道！

康六 我，唉！我得跟姑娘商量一下！

刘麻子 告诉你，过了这个村可没有这个店，耽误了事可别怨我！快去快来！

康六 唉！我一会儿就回来！

刘麻子 我在这儿等着你！

康六 （慢慢地走出去）

刘麻子 （凑到松二爷、常四爷这边来）乡下人真难办事，永远没有个痛痛快快！

松二爷 这号生意又不小吧？

刘麻子 也甜不到哪儿去，弄好了，赚个元宝！

常四爷 乡下是怎么了？会弄得这么卖儿卖女的！

刘麻子 谁知道！要不怎么说，就是条狗也得托生在北京城里嘛！

常四爷 刘爷，您可真有个狠劲儿，给拉拢这路事！

刘麻子 我要不分心，他们还许找不到买主呢！（忙岔话）松二爷（掏出个小时表来），您看这个！

松二爷 （接表）好体面的小表！

刘麻子 您听听，嘎登嘎登地响！

松二爷 （听）这得多少钱？

刘麻子 您爱吗？就让给您！一句话，五两银子！您玩够了，不爱再要了，我还照数退钱！东西真地道，传家的玩艺！

常四爷 我这儿正咂摸这个味儿：咱们一个人身上有多少洋玩艺儿啊！老刘，就看你身上吧：洋鼻烟，洋表，洋缎大衫，洋布裤褂……

刘麻子 洋东西可真是漂亮呢！我要是穿一身土布，像个乡下脑壳，谁还理我呀！

常四爷 我老觉乎着咱们的大缎子，川绸，更体面！

刘麻子 松二爷，留下这个表吧，这年月，带着这么好的洋表，会教人另眼看待！是不是这么说，您哪？

松二爷 （真爱表，但又嫌贵）我……

刘麻子 您先戴几天，改日再给钱！

［黄胖子进来。］

黄胖子 （严重的砂眼，看不清楚，进门就请安）哥儿们，都瞧我啦！我请安了！都是自家兄弟，别伤了和气呀！

王利发 这不是他们，他们在后院哪！

黄胖子 我看不大清楚啊！掌柜的，预备烂肉面，有我黄胖子，谁也打不起来！（往里走）

二德子　（出来迎接）两边已经见了面，您快来吧！

[二德子同黄胖子入内。]

[茶房们一趟又一趟地往后面送茶水。老人进来，拿着些牙签、胡梳、耳挖勺之类的小东西，低着头慢慢地挨着茶座儿走；没人买他的东西。他要往后院去，被李三截住。]

李三　老大爷，您外边遛遛吧！后院里，人家正说和事呢，没人买您的东西！（顺手儿把剩茶递给老人一碗）

松二爷　（低声地）李三！（指后院）他们到底为了什么事，要这么拿刀动杖的？

李三　（低声地）听说是为一只鸽子。张宅的鸽子飞到了李宅去，李宅不肯交还……唉，咱们还是少说话好，（问老人）老大爷您高寿啦？

老人　（喝了茶）多谢！八十二了，没人管！这年月呀，人还不如一只鸽子呢！唉！（慢慢走出去）

[秦仲义，穿得很讲究，满面春风，走进来。]

王利发　哎哟！秦二爷，您怎么这样闲在，会想起下茶馆来了？也没带个底下人？

秦仲义　来看看，看看你这年轻小伙子会做生意不会！

王利发　唉，一边做一边学吧，指着这个吃饭嘛。谁叫我爸爸死的早，我不干不行啊！好在照顾主儿都是我父亲的老朋友，我有不周到的地方，都肯包涵，闭闭眼就过去了。在街面上混饭吃，人缘儿顶要紧。我按着我父亲遗留下的老办法，多说好话，多请安，讨人人的喜欢，就不会出大岔子！您坐下，我给您沏碗小叶茶去！

秦仲义　我不喝！也不坐着！

王利发　坐一坐！有您在我这儿坐坐，我脸上有光！

秦仲义　也好吧！（坐）可是，用不着奉承我！

王利发　李三，沏一碗高的来！二爷，府上都好？您的事情都顺心吧？

秦仲义　不怎么太好！

王利发　您怕什么呢？那么多的买卖，您的小手指头都比我的腰还粗！

唐铁嘴　（凑过来）这位爷好相貌，真是天庭饱满，地阁方圆，虽无宰相之权，而有陶朱之富！

秦仲义　躲开我！去！

王利发　先生，你喝够了茶，该外边活动活动去！（把唐铁嘴轻轻推开）

唐铁嘴　唉！（垂头走出去）

秦仲义　小王，这儿的房租是不是得往上提那么一提呢？当年你爸爸给我的那点租钱，还不够我喝茶用的呢！

王利发　二爷，您说的对，太对了！可是，这点小事用不着您分心，您派管事的来一趟，我跟他商量，该长多少租钱，我一定照办！是！嗻！

秦仲义　你这小子，比你爸爸还滑！哼，等着吧，早晚我把房子收回去！

王利发　您甭吓唬着我玩，我知道您多么照应我，心疼我，决不会叫我挑着大茶壶，到街上卖热茶去！

秦仲义　你等着瞧吧！

[乡妇拉着个十来岁的小妞进来。小妞的头上插着一根草标。李三本想不许她们往前走，可是心中一难过，没管。她们俩慢慢地往里走。茶客们忽然都停止说笑，看着她们。]

小妞　（走到屋子中间，立住）妈，我饿！我饿！

[乡妇呆视着小妞，忽然腿一软，坐在地上，掩面低泣。]

秦仲义　（对王利发）轰出去！

王利发　是！出去吧，这里坐不住！

乡妇　哪位行行好？要这个孩子，二两银子！

常四爷　李三，要两个烂肉面，带她们到门外吃去！

李三　是啦！（过去对乡妇）起来，门口等着去，我给你们端面来！

乡妇　（立起，抹泪往外走，好像忘了孩子；走了两步，又转回身来，搂住小妞吻她）宝贝！宝贝！

王利发　快着点吧！

［乡妇、小妞走出去。李三随后端出两碗面去。］

王利发　（过来）常四爷，您是积德行好，赏给她们面吃！可是，我告诉您：这路事儿太多了，太多了！谁也管不了！（对秦仲义）二爷，您看我说的对不对？

常四爷　（对松二爷）二爷，我看哪，大清国要完！

秦仲义　（老气横秋地）完不完，并不在乎有人给穷人们一碗面吃没有。小王，说真的，我真想收回这里的房子！

王利发　您别那么办哪，二爷！

秦仲义　我不但收回房子，而且把乡下的地，城里的买卖也都卖了！

王利发　那为什么呢？

秦仲义　把本钱拢到一块儿，开工厂！

王利发　开工厂？

秦仲义　嗻，顶大顶大的工厂！那才救得了穷人，那才能抵制外货，那才能救国！（对王利发说而眼看着常四爷）唉，我跟你说这些干什么，你不懂！

王利发　您就专为别人，把财产都出手，不顾自己了吗？

秦仲义　你不懂！只有那么办，国家才能富强！好啦，我该走啦。我亲眼看见了，你的生意不错，你甭再要无赖，不长房钱！

王利发　您等等，我给您叫车去！

秦仲义　用不着，我愿意遛跶，遛跶！

［秦仲义往外走，王利发送。］

［小牛儿搀着庞太监走进来。小牛儿提着水烟袋。］

庞太监　哟！秦二爷！

秦仲义　庞老爷！这两天您心里安顿了吧？

庞太监　那还用说吗？天下太平了，圣旨下来，谭嗣同问斩！告诉您，谁敢改祖宗的章程，谁就掉脑袋！

秦仲义　我早就知道！

［茶客们忽然全静寂起来，几乎是闭住呼吸地听着。］

庞太监　您聪明，二爷，要不然您怎么发财呢！

秦仲义　我那点财产，不值一提！

庞太监　太客气了吧？您看，全北京城谁不知道秦二爷！您比做官的还厉害呢！听说呀，好些财主都讲维新！

秦仲义　不能这么说，我那点威风在您的面前可就施展不出来了！哈哈哈！

庞太监　说得好，咱们就八仙过海，各显其能吧！哈哈哈！

秦仲义　改天过去给您请安，再见！（下）

庞太监　（自言自语）哼，凭这么个小财主也敢跟我斗嘴皮子，年头真是改了！（问王利发）刘麻子在这儿哪？

王利发　总管，您里边歇着吧！

［刘麻子早已看见庞太监，但不敢靠近，怕打搅了庞太监、秦仲义的谈话。］

刘麻子　喝，我的老爷子！您吉祥！我等您好大半天了！（搀庞太监往里面走）

［宋恩子、吴祥子过来请安，庞太监对他们耳语。］

［众茶客静默一阵之后，开始议论纷纷。］

《茶馆》是老舍戏剧创作的最高峰，也是中国当代文学的经典作品。全剧共分三幕，以北平裕泰茶馆为背景，描写了戊戌变法失败后的晚清末年、军阀混战的民国初年、抗战胜利后三个历史时期旧北平的社会风貌，如同一幅市井风俗画卷，反映出老北京人的生活细节、言谈举止、心态习惯、苦涩幽默。《茶馆》没有一个贯穿始终的故事情节，在50年的框架结构中，流动性地展示了人物的命运和心态，以“多人多事”的方式，折射出时代的特征和旧中国的乱相，揭示了中国人必然的历史命运选择。

《茶馆》采取了三个横断面连缀式结构，每一幕内部也以许多小小的戏剧冲突连缀，使剧本“人物带动故事”，“主要人物由壮到老，贯穿全剧”，“次要人物父子相承”，“无关紧要的人物招之即来、挥之即去”。同时，人物的故事、命运又紧密联系当时的时代发展，使得剧本紧针密线、形散而神凝，并且构成了一幅“清明上河图”式的从清末到民国末年的民间众生相。

精妙的构思，新颖的结构，独特的场景，鲜活的人物，开口就响的语言，再加上北京人艺演出的再创作，使《茶馆》获得了“中国话剧瑰宝”的称誉。

汇评

茶馆是三教九流会面之处，可以多容纳各色人物。一个大茶馆就是一个小社会。这出戏虽只有三幕，可是写了五十来年的变迁。在这些变迁里，没法子躲开政治问题。可是，我不熟悉政治舞台上的高官大人，没法子正面描写他们的促进与促退。我也不十分懂政治。我只认识一些小人物。这些人物是经常下茶馆的。那么，我要是把他们集合到一个茶馆里，用他们生活上的变迁反映社会的变迁，不就侧面地透露出一些政治消息么？这样，我就决定了去写《茶馆》。（老舍《答复有关〈茶馆〉的几个问题》）

这东一句西一句的，是北京语言的精华。这左一下右一下是近百年京都生活的沉淀。所有这些，又都储存在作家心里，如酵如饧了许多年头。这才出现高峰，这高峰那高峰其实高就高在第一幕，后边两幕是由第一幕而来，托着衬着第一幕构成一个戏。（林斤澜《〈茶馆〉前后》）

这个戏有这个戏的特点，用中国话来说，就是“图卷画”，是三组风俗画。每幕都是珍珠，不是波浪，本身都很好，但是不能向前推动。这个戏的人物虽活，但仍会感到个性不深。恐怕这样要求，又不合乎这个戏的体例。（李健吾《读〈茶馆〉》）

老舍《茶馆》的叙述动机，来自于对建立现代民族国家的强烈渴望，和对一个不公正的社会的强烈憎恶。新旧社会对比既是他结构作品的方法，也是他的历史观。他对于“旧朝代”北京社会生活的熟悉，他对普通人的遭际命运的同情，他的温婉和幽默，含泪的笑，使这部作品，接续了老舍创作中深厚的人性传统。（洪子诚《中国当代文学史》）

阅读《小井胡同》(李龙云),《厕所》(过士行),《窝头会馆》(刘恒)。

聚焦:

《小井胡同》描写北京城南一条小胡同从20世纪50年代至70年代的历史变迁和居民的命运，编剧李龙云继承了老舍先生对北京文化的透彻领悟和对北京民俗的深入了解，剧中人物的幽默性格、风趣的带有北京泥土味的语言以及独特的行为方式等，无不透出千年古都所具有的独到韵味。

一部话剧，可容世俗百态，可绘悲欢离合，可浓缩几十年的沧桑沉浮，为后世留下一个个巨大的文化背影。

思考与练习

1. 举例说明人物形象塑造的手法。
2. 分析作品的结构模式。

狗儿爷涅槃(节选)

锦　云

锦云，原名刘锦云，河北雄县人。当代作家。1963年毕业于北京大学中文系。最初从事小说创作，著有多篇中短篇作品。与王毅合作的《笨人王老大》获1980年全国优秀短篇小说奖。1982年调入北京人民艺术剧院(简称北京人艺)任编剧，后成为继曹禺之后北京人艺的第二任院长。主要剧作有《山乡女儿行》(合作)、《背碑人》、《阮玲玉》、《风月无边》和《乡村轶事》等。代表作《狗儿爷涅槃》是新时期中国话剧的优秀作品之一。

14

[随着一阵阵的马嘶声，微光照亮那座门楼它愈显破旧了。]

[一阵刹车声。陈大虎、祁小梦上。他俩兴致很好。]

陈大虎(回身招呼)　师傅，谢谢啦!

祁小梦　这趟城逛的，累死了。

陈大虎　祁家大小姐，别那么娇嫩啦!快去看看儿子吧。

祁小梦　就知道疼你那宝贝儿子。

[苏连玉匆匆跑来。]

苏连玉　这班车一到，就知道你们公母俩活泛[①]回来了，可把我等急啦!侄媳妇放心，你们龙龙在俺们家玩得可好啦，小子真聪明，扳着手指头数数儿，能数到五百了……

祁小梦　真麻烦大婶。

陈大虎　大叔，推土机怎么样？

苏连玉　明天就到。销货合同呢？

陈大虎　敲定了，三千吨。

苏连玉　这年头，张嘴就成千上万。三千吨，三对三，三三见九……这一泡儿下来，钱可不老少！

陈大虎　小意思，比起人家大王庄的白云石厂来，差远去了。

苏连玉　我早就说过，你小子不是善茬子，心气儿高着呢！

陈大虎　万江大叔可是还半信半疑呢。

苏连玉　他呀，怎么说呢，村里孩子都给他编成曲儿了：李万江，老一套，认准受穷一条道儿，塞他一个大元宝，他抱着元宝去上吊！连你爹都算上，你苏大叔比他们强就强在这心眼儿稍微活泛这么一点儿。

祁小梦　要不您怎么老不吃亏呢！

苏连玉　侄媳妇别寒碜我了，咱这是自私自利。这回可说出大天来也跟你们摽[②]在一块儿，干定了，咱也弄个小万元户当当。得，我这就去乡政府，把咱白云石厂的营业执照取回来。

陈大虎　苏大叔，等您回来喝酒，咱顺便商量明天开工的事。

苏连玉　误不了。（下）

陈大虎（温存地）　歇歇吧！

祁小梦　嘻……

陈大虎　笑啥？

祁小梦　笑城里那丫头，穿的那小衣裳儿，光胳膊露腿，也不错，又省布又凉快。

陈大虎　这就叫进步，赶明儿你也来它一件穿穿。

祁小梦　在村里？妈哟，我怕吓死两口子。

陈大虎　管他们呢，我爱瞅就行呗！

祁小梦　去你的！

陈大虎　你没见人家明出大迈的，就这么拉着扯着（搂住祁小梦的肩膀）。

祁小梦　这么甜哥哥蜜姐姐儿的，俺可不惯。

陈大虎　老封建……

［冯金花踌躇地走上。］

冯金花（怯怯地）　小虎……

陈大虎（不知如何是好）　……大婶！

祁小梦（热情地）　大婶，您屋里坐。

冯金花　不啦。你们俩在家？门楼旧多了，你们没有修修它？

陈大虎　不用了，明天就拆。

冯金花　拆？

陈大虎　砖头都酥了，不拆也得塌。

［祁小梦给这位“稀客”端来一盘红枣。］

祁小梦　大婶，您吃枣儿。

冯金花（喃喃地）　大枣大枣，谁见谁拢……

陈大虎　大婶，您来……？

冯金花　我来看看你爸爸。

陈大虎　您知道，爸爸他在风水坡呢，几年不回家了。

冯金花　你万江大叔给他送马去了。

陈大虎　多余。

祁小梦（制止）　大虎！

陈大虎　本来就是多余，肚子疼上眼药，管屁用！

冯金花　怎么这么说话？马是他的家业，满盘子满碗的指望，见了马，兴许能明白过来。

陈大虎　还是别明白，明白了，我这儿不好办，您也……

冯金花　孩子，别这么说。这些年，他不容易，活过来就不容易。我愿意让他明明白白地再过几年，让他明明白白地再看看这个家，看看这座门楼，看看你们，也让他明明白白地再看我一眼……小虎，我对不起你们爷儿俩呀！

陈大虎　您别说啦……妈！

祁小梦（恸哭）　我爸爸……要能活到这晚儿，就好啦……

陈大虎　姑奶奶，你就别凑热闹啦！

［马嘶声。狗儿爷步履硬朗地走上。］

狗儿爷　马来啦！

祁小梦（热情向前）　爸爸！

狗儿爷（高声答应）　哎，好闺女，快把东间屋拾掇出来，安上木槽，俺俩先住一块儿

［冯金花躲之不及，欲言又止。］

狗儿爷（一眼瞥见她，神态大变）　虎儿，你妈，她赶集去，还没回来？

陈大虎　没有。

冯金花　（稍稍定心，十分尴尬地）　你，身子骨好……

狗儿爷　你是……万江弟妹？多亏你呀，多亏你呀……走吧，万江兄弟回家啦。

冯金花　让我，跟小梦姑娘，给……马，再拾掇一回屋子吧！

狗儿爷　不。梦，你过来。早先，你们家这院子的格局，你还记得吗？

祁小梦　不记得。听我爸爸念叨过，说进这门楼往里是屏门，过了屏门往里走，一边是丁香树，一边是荷花缸……

狗儿爷　对，对！

祁小梦　正面是大厅，东西是配房。

狗儿爷（神往地）　对，对呀！后来分到手的户都把房子拆走另盖去了，咱落下这个门楼。门楼是脸面，有了门楼就不愁院子。虎儿，眼时手里头活泛，手头有钱吗？

陈大虎　您要干什么？

狗儿爷　干什么？他祁家人能盖个院子，咱陈家人就是白吃饭的？

陈大虎　没有，一个子儿也没有。大白天的说梦话！

冯金花　小虎，有话跟你爸爸好好说。

［苏连玉抱镶入镜框的营业执照上。］

苏连玉　哟，这老子回来啦！

狗儿爷　（没好气地）等着买你的地呢！

苏连玉　还不大明白。

冯金花　老苏。

苏连玉　您……也来了？

冯金花　知道他回来，过来看看。想不到还这么油糊心似的，不认人。

苏连玉　（放心了）　那咱可就明说了。营业执照拿到手啦，等厂子办起来，你们小公母俩就是正副经理，你苏大叔顶损也得弄个第二副经理当当吧？等推土机一到，咱就拆门楼，破土动工。

狗儿爷　（暴跳）　什么？你们要拆门楼？这乌烟瘴气的，你们，你们是要拆门楼？

苏连玉　（蒙哄）　是这么回事儿，这门楼子老了，想想，你老它能不老？拆了它，等俺金花嫂子赶集回来……

狗儿爷　（神态骤变，悲怆地）她回不来了！刚才我在枣树上拴马的时候，东街坊佟二奶奶告诉我啦。老苏哇，你一辈子蒙我呀？

［李万江上。］

狗儿爷　李万江老哥呀，到我家去吧，咱俩心碰心地说说！（见冯金花，惊）你也来了？

狗儿爷　万江兄弟，领弟妹回家吧。俺那金花，虎儿他妈，不回来了。是神，我给她修座庙，是鬼，我给她修座坟，就在我心里头。可你们，你们不能斩尽杀绝呀，我的一村之长！你不能眼瞅着有人串通一气，拆我的门楼，摘我的心哪！

陈大虎　爸爸！

狗儿爷　谁是你爸爸？你早就忘了祖宗！

陈大虎　俺没忘。太爷爷俺没听说过；爷爷为二亩地，生吃一条狗，死了；爹想地想疯了。不就是为发家吗？这家您儿子发定了！

狗儿爷　你发家？呸！俺年轻的时候，大年五更还提着围灯去捡粪呢你有这点出息？好好的院子，叫你糟蹋得破狼破虎，我问你，门口那块下马石呢？

陈大虎　盖厂房，垫地基了。

狗儿爷　厂房，厂房，厂房是你亲爹？你安的什么花花儿肠子，中的什么邪？不一扑纳心[③]地种地，忘了黄土生金，抓多少钱也是打河漂儿！这个理儿，你小兔崽子懂吗？

陈大虎　（耐心开导地）爸爸，您看咱这地方有多好！前面临马路，后面贴白云坡，瞧那白花花的，一水儿的白云石。这东西是宝贝，外国人盖洋楼都用上这个，出多少都有销路。费不了多少事，加工加工，石头打滚就变钱。不能光瞅着这破门楼子，土里刨食儿啦！

祁小梦　是呀，那儿亩地您手捋胡子就种了。您不种也不要紧，咱花钱请人帮工。等门楼一推，厂房盖起来，就在大门口盖间小屋，春冬两闲，您就在这儿看看传达室，养养花，养养鸟，接接电话。给您开双份工资，按月拿奖金。

狗儿爷　嘿，真是不是一家人，不进一家门，好个枣木棒槌一对儿！你们这是要把我扫地出门哪！好儿子哎，你爹顶着枪子儿抢芝麻，外搭你妈一条命，为的谁呀？早知道你是这么个孽种，出娘儿胎我就把你摔死了！还有你，善眉善眼的闺女，敢情也这么阴毒！到了儿还是没改你们祁家的门风儿。（大声）祁永年！

［祁永年幻影出现。］

祁永年　有。

狗儿爷　这可是你闺女！

祁永年　龙生龙，凤生凤！

狗儿爷　你这坏事种！

苏连玉　得，又迷心啦。

狗儿爷　（对幻影）这是你的圈套！明的不行，你来暗的，把你的丫头派来毁我的家呀！这是我一把血一把汗挣的，是新社会给的。李万江你给作证，还有你，（对苏连玉）剃头的还有你，（对冯金花）这位大嫂你们都给作证，俺这份家业来得容易吗？不能叫这败家子儿们由着性儿糟践！

陈大虎（决断地）　爸爸，这门楼卖了！

狗儿爷（愕然）　卖了？

陈大虎　您病着，打针、吃药，拉下一屁股两肋的饥荒[④]，卖钱还账。

狗儿爷　卖给谁了？

苏连玉　卖给我啦！

狗儿爷　（摇头顿足）　苏连玉，你可真是俺的喝一个井里水长大的好兄弟哎！当初你卖给俺地，今儿你买我的门楼……多少钱？

苏连玉　（随口而出）　三石芝麻！啊，不，价钱另议，明天一准过户儿，明天。

狗儿爷　明天？

陈大虎　明天。

狗儿爷　（求救）老村长，我问你管不管，管不管？

李万江　我管，我管，我管不了！老哥刚回村，你还不知道，眼时下的一大特点，就是谁也不听谁的。全村儿百口子都是能人，就我一人是笨蛋。兄弟一百个对不起你，别的单说，惟独这拆门楼的事，我不敢管，不能管，也管不了。那什么你找乡长去吧！

狗儿爷　你当官儿不做主？

李万江　明儿我就下台。

狗儿爷　孩子哭，给妈抱了去？

李万江　乡长比咱官儿大，想必主意高。

狗儿爷　去就去，找到大乡长，连你们大伙儿一齐告！

苏连玉　狗儿哥哎，您去也白去，我刚从乡里回来，听说来了两个日本客人，乡长正陪着喝酒呢！

狗儿爷　什么什么？乡长也当汉奸！完了，完了……

陈大虎　爸爸，您就歇歇心吧！

狗儿爷　我人死心也不能歇！

陈大虎　我们供您吃，供您喝，样样儿由您的性儿，伺候您，孝顺您，把您当老神仙供着，还不行吗？

狗儿爷　你要当孝子？

陈大虎　当孝子。

狗儿爷　孝顺我？

陈大虎　孝顺你。

狗儿爷　这门楼，不拆啦？

陈大虎　破车碍好道，挪挪窝儿，理所当然的。

狗儿爷（狠狠一掌打过去）　反叛！

［众人各以不同的姿态愣住。］

［暗。］

15

[门楼。祁小梦的咯咯咯的笑声。陈大虎的嗬嗬嗬的笑声。]

[狗儿爷和祁永年第一场时的情状。沉默有顷，开始动作。]

狗儿爷　（收拾着，点燃火把）　明天，明天，你们有你们的明天，我有我的明天……

祁永年　我可没有我的明天，好好，有我闺女的明天。

狗儿爷　（发现他还在身旁）　滚，我永远不想见你！

祁永年　（叨念着）　过了今天是明天，明天明天好热闹……（隐去）

狗儿爷　明天好热闹，好热闹……（狂呼）门楼！我的门楼！（掷出火把）

[一束强光，照着跪伏在门楼前的狗儿爷。]

16

[满台大火。巍巍门楼被火焰吞没。]

[人声、马达轰鸣声，雄浑地交织在一起，直响到终了。]

[有人喊：

"推土机来啦!"

"快救火呀!"]

[陈大虎、祁小梦上。二人的神色像是刚刚从火里钻出来。]

陈大虎　老爷子呢？

祁小梦　走了。

陈大虎　菊花青？

祁小梦　牵去了。

陈大虎　快，你和连玉大叔张罗救火，收拾利落，天亮推土机就要来了，一分钟也耽误不得。

祁小梦　你呢？

陈大虎　找爹去！（快步跑下）

祁小梦　去哪儿

[传来陈大虎的声音："风水坡。"]

[火渐熄。]

[马达声大作。推土机隆隆开入。]

幕落・全剧终

◎ 注释

① 活泛：能随机应变，比较灵活。
② 摽：音 biào，凑，合。
③ 一扑纳心：方言，指一心一意。
④ 饥荒：指债。

《狗儿爷涅槃》是多场次现代悲喜剧。剧本以过去几十年中国农村的变迁为背景，以狗儿爷一生对土地的眷恋与追求为线索，以他在不同时期围绕土地所经历的恩怨往事展开情节，完整地展现了其随时代不断变化的悲剧命运。

纵观狗儿爷的一生，他的人生理想、人生价值都紧紧地与土地结合在一起。他对土地有着无法形容的深厚感情和无法言说的深度痴迷，土地就是他全部的生命意义和精神支柱。作品深刻地反映了中国农民心理的复杂性，既有“左”的政治运动给他们带来的精神创伤，也有新的社会变革对农民旧有陈腐观念的有力冲击。《狗儿爷涅槃》以主人公在时间和空间中的任意驰骋漫游的多重思绪的碰撞与呈现为基础来结构全剧，具有意识流作品的特征；同时，又大量运用内心独白、想象和虚拟的外化等主观性的表现手法，挖掘人物“深藏在内部的灵魂”，凸显了极为鲜明的表现主义风格。

汇评

近年来农村和整个国家巨变的现实告诉我，以狗儿爷为代表的老一代农民需要也必定“涅槃”，我们的社会、我们的民族需要也必定“涅槃”。涅槃，我取它弃旧图新、获得新生的意思。我喜欢也比较熟悉传统戏曲和说唱艺术。……诸如传统戏曲的线条清晰、多场次、角色的进进出出、移步换形，这在“狗儿爷”身上都可见它们的影响。某些场面……这是回过头来看，当时并没有意识到要这样做，如“狗儿爷娶金花”一场，多么像《拾玉镯》和《豆汁记》（一生一旦，一个彩旦或丑角插科打诨）！（锦云《关于狗儿爷》）

《狗儿爷涅槃》采用了一种倒叙、回溯的大包容手法，全剧从狗儿爷颤颤巍巍、窸窸窣窣地划火柴，烧门楼开始，所有的情节全包容在他的回忆之中。但回忆在剧中是作为一种结构形式，而不是一种心录形式，编导者并不突出潜意识的凌乱、无序与不连贯性。唯有土财主祁永年的舞台形象，召之即来，挥之即去，飘忽不定，除了在狗儿爷与苏连玉买卖土地时充当代笔人外，他几乎不介入外在的戏剧冲突，不影响情节的进展，也缺少较为鲜明的个性色彩，在大多数情况下，他总是作为狗儿爷的心象出现的。可以说，祁永年形象只不过是狗儿爷形象的补充，是狗儿爷的共生形象。（林克欢《一代农民的终结——评狗儿爷》）

拓展阅读

阅读《桑树坪纪事》（陈子度、杨健、朱晓平），《一个死者对生者的访问》（刘树纲），《屋外有热流》（马中骏、贾鸿源、瞿新华）。

聚焦：

作为新时期探索剧的优秀剧目，《桑树坪纪事》在戏剧观念上，把表现人、表现复杂的人的意识和心灵当成戏剧的主旨，在创作方法上，打破闭锁的戏剧结构，构筑了戏剧的开放性的新景观，舞台布景的呈现也趋于简约和抽象。对社会众生的凝神审视，对现实人生的灵魂拷问，使舞台上的人物更具象征意义。

思考与练习

1. 分析作品主人公的典型意义。
2. 作品的艺术表现手法有何特点？

绝对信号（节选）

高行健　刘知远

高行健（1940～　）出生于江西赣州，祖籍江苏泰州。当代剧作家、画家、小说家、翻译家、导演和评论家。目前为法籍华人，2000年获得诺贝尔文学奖。早期创作以先锋戏剧著称。1982年，与刘知远合作创作了《车站》、《绝对信号》等话剧，由北京人艺演出，引起较大轰动。后创作《野人》，以更多的探索手法，展现出独特的艺术魄力和深邃的历史感。《绝对信号》被列为“共和国50年10部戏剧”之一。

人物　黑子　二十一岁　待业青年
　　　小号　二十一岁　见习车长
　　　蜜蜂　二十岁　待业青年
　　　车长　五十六岁
　　　车匪　三十七岁

时间　一个春天的黄昏和夜晚

地点　一列普通货车的最后一节守车上

舞台上是货车的一节守车车厢。暮色中，远近亮着火车站上的红、蓝、绿、黄的各色信号灯。守车的左右两头各有一个带铁扶栏的小平台。右面是列车运行的方向。车厢内，正中向外突出部分是瞻望列车运行的窗口，一张固定在车厢里的靠背椅对着朝右开的瞭望窗口。靠背椅的右边两步远，有一张固定的硬席铺位，是供押车人员休息用的。车厢的左右两头各有一扇可以关闭的门，通往平台。每扇车门的右手各有个小窗口，窗口下各有一小块突出的工作台，工作台前各有一张固定的靠背椅。左边椅子的靠背和坐椅已经被人拆除了，只剩下个铁架子，使人感觉到这节车厢也刚刚经过一个动乱的时代。

列车的紧急制动阀在左边小窗户的上方。

［黑子上。这是个高大结实的小伙子，长得很神气，皮肤黝黑，一头蓬松的头发，留着绒毛般的小胡子，穿着朴素，一副满不在乎的样子。个性倔犟，又带着几分野性。他在守车前后转了一圈，见没人，轻声吹了声口哨。车匪从他背后上。这人中等身材，精瘦，行动敏捷，是个专搞投机倒把、盗窃走私的惯犯，手狠心毒。］

小号　（接过车长的背包）师傅，等会儿！您这徒弟够勤快的吧？

车长　勤快不在嘴皮子上。

小号　哟，又拍错地方了。

车长　在家对你老子也这么说话？要不是看在你父亲的面上，像你这样的徒弟，我早就叫他一边去了。你父亲让我好好管教你，要是以我在家的脾气，我早把你的号一脚踩扁了，有你这样外出作业还带把号的？

小号　得，师傅，咱给您也解解闷呀。您瞧咱这破守车，四面透风，混身乱颤，连盏灯都没有，一进山洞就跟下地狱似的。师傅，咱也得解解闷呀！

车长　别贫了，作业时不准吹号。

小号　不吹就不吹呗。（上车把两个背包和小号放在铺位上）

车长　我验车去了。你看左边。（下）

［车匪和黑子上。］

车匪　快上去！

黑子　（犹豫地）他们都认识我。

车匪　能把你吃了？真孙子！

黑子　（烦恼地）孙子就不干了。你上，跟车的是我同学，平时挺哥儿们的。

车匪　你还怕把他们的饭碗砸了？（冷笑）他们也没分碗饭给你吃。熟人更好办，别他妈犯傻，把到手的买卖砸了。

［小号拿个手电筒从车上下来。］

小号　谁呀？黑子！

［车匪走开，下。］

黑子　小号，真有门呀！当上车长了。

小号　见习的，跟师傅屁股后头听呵。

黑子　再听呵不也是车长吗？

小号　没劲，破守车一进去跟掉进煤筛子里似的，星期天都没有，连场电影都难得看上，不是什么好差事。

黑子　可总也是个差事，人想捞还捞不着呢。

小号　你还在货场干装卸工？

黑子　卖块的，也是临时的，有一天没一天，还不是混呗。

小号　喂，见到蜜蜂没有？听说她回来过几天又走了，你没见到她？

黑子　（支吾地）路上照了个面。

小号　她怎么样了？

黑子　没怎么样！黑了些，瘦了，风吹的。

小号　真是的天南海北，长年在野地里，睡的是帐篷，这哪是女孩子们干的活儿？心情肯定不好，她没说去找过我？

黑子　你那两天大概出车了。

小号　她没提到我？

黑子　（绕开）我们随便扯了扯。

小号　我那意思你点给她了？

黑子　什么意思？

小号　甭装蒜了。旁敲侧击，火力侦察呀。

黑子　咱打不到点上。

小号　你说你打了没有吧？

黑子　你还是自己上阵吧！

小号　你这块头儿换给我就成了。

黑子　咱卖了，换你那工作！

小号　（好心地）我给你凑点钱，黑子，做小买卖去吧，我发工资啦。

黑子　（自嘲）挤小脚老太太的生意，卖大碗茶去？再不，沾偷车的光，到商店门口拦根绳子，找骑车的主儿讨钱？这都不要本。

［不胜烦恼，吹了声口哨。］

［车匪在车下出现。］

车匪 （向远处）就这趟车，货离守车太近。货在守车前第三、第四位两节车上。妈的，这小子怕湿鞋，得推他一把。提防小子翻车，传话叫曹家铺上人。……回来，看我的信号再上车！

［车匪的同伙下。车匪从暗中走出来。］

车匪 （对小号）师傅，这车哪里去？

小号 你打听这干吗？

［车匪递烟。］

小号 不抽。

黑子 来一支。（递上烟盒，自己用嘴叼上一支，掏出电子打火机，给小号点烟）

小号 还真挣呢！

黑子 过一天是一天，不抽白不抽。

车匪 这师傅，行个好吧，我脚崴了。（有意瞟黑子一眼）积德。

黑子 （装做漫不经心的样子）三河坝站吗？我上采石场找个放炮的活儿去。

小号 快上去吧，别叫我师傅看见了，老头特别死板。

车匪 这师傅，麻烦您关照一下，我脚崴了。

小号 打客票去，守车上不准带闲杂人员，这是制度。

车匪 小兄弟，帮个忙嘛！我钱包叫小偷摸了，脚又不能走，都是出门在外的人……

黑子 让他上吧。

车匪 （立刻）哎，（对小号）多谢兄弟您了！

小号 （对黑子）不是，我师傅特教条。

黑子 甭听他扯蛋了，他就不带人？跟他有关系，有油水可捞的，还不一句话！

车匪 多谢了，世上好人不多哇。

小号 黑子，留点神，老头来了。（下）

车匪 （恼怒地）你刚才耗什么劲儿？

黑子 谁耗来着？

车匪 你怎么不扒车就上？

黑子 这不上来了！

车匪 不是我顶着，你就泡汤了！

黑子 咱还不是那号人。

车匪 （轻蔑地，故意刺激他）就这两下子，还他妈玩女人！

黑子 得啦，有完没完！

车匪 （走到窗口）这儿不错，是车长的位子。（又换一个窗口）黑子，这儿成，坐这儿来。

黑子 这不还早吗？

车匪 你腿肚子已经哆嗦了？

黑子 （烦躁地）你还要我怎么的？

车匪 要问起，你我谁也不认识谁！你小子把得住吗？

黑子 你也太小看人了。你怎么下车？

车匪 你就甭管了，陪你一程。一回生，二回熟，三回呀，跨过死人你也就不哆嗦了。

黑子 你是信不过我。

车匪 我是惦着那笔到手的买卖，别叫你小子给砸了。那小的你盯着，老的交给我，到时候给上根烟，打个岔，别让他盯着瞭望窗口，等咱的人一上车，多少箱就到手了。这些跑车的，几根过滤嘴就打倒了。你听着捉奸拿双，捉贼拿赃，就是砸锅了，咱两袖清风，你不认，我不认，能拿住咱个屁！懂吗？

黑子　（不耐烦地）你歇着吧。

车匪　走着瞧吧。

［车长和小号从车厢后面上。］

车长　怎么磨蹭到这会儿？

小号　碰上了一个同学。

车长　这是在作业，工作呢！（生硬地）看看风管。

小号　（用手电筒照看车厢底部）都接上了。

车长　（不满意地）看表去，压力够不够数？

小号　（上车向黑子）黑子，留点神，老头可找碴呢。（大声的）够了！

车长　什么叫够了？

小号　每平方厘米六公斤呀！

车长　你得回答准确了，六公斤！够了，够了，我知道你多少是够了。压力不够，制动阀就得失灵。

小号　知道。

车长　知道，你知道什么时候使用紧急制动？什么时候不能使用？你知道怎样使用制动阀？知道，知道，你知道多少？动用制动阀是为了避免出大的事故。动好是一功，动不好是一过。一个车长不是到站送送货票的，他身上担着整趟列车的行车安全！看发车信号机！

小号　亮了。

车长　（挑剔地）红灯也是亮的？

小号　绿灯。

车长　这叫"发车信号良好"，叫"发车信号良好"！你好好说。

小号　（大声重复）发车信号良好！

车长　这叫自我应和。都要出声，为加深印象，免得自己走神，发错了信号。咱们手上这盏灯关系到铁路线的安全，不是三斤、五两、十块、八块的，就是把命搭上，你也赔不起！给司机发车信号。你把旗子打开！

［车长上守车。小号举旗、划圈。］

车长　（看见黑子）有乘车证吗？

黑子　张师傅，您好。

车长　我问你有乘车证吗？

黑子　我父亲认识您。

车长　我不认识你。

黑子　（站起来）我是他儿子。

［小号上守车］。

车长　我知道你是他儿子，你父亲退休，你顶替了？

黑子　我姐姐顶替了，我在咱们车辆段货场上打临时工。

车长　没证件就下去！

黑子　（嘻笑地掏烟）我敬您一支还不行？

车长　年纪轻轻的，就学会了这个。谁让你上车的？（对小号）你不知道守车的规章？不准带闲杂人员！

黑子　是我自己扒上来的。
车长　怎么扒上来的，怎么下去。
小号　师傅，人家去三河坝采石场找工作，都是铁路职工的子弟。
车长　铁路职工光咱们局有几十万，谁没子女、亲戚、朋友？你带得过来吗？
小号　我们是老同学。
车长　我就只认证件不认人。我当车长二十六年来，就凭这条，还没出过一次重大事故！
车长　（转身见车门后面坐在角落的车匪）这也是你让上的？
小号　（对车匪）你下去吧！
车匪　（一副可怜相）这老师傅，我提包叫人偷了……
车长　找派出所去，我不是民警。
车匪　（仍然蹲着，乞求地）说实在的，没钱打票了，钱和粮票都叫人偷了，我把包搁在柜台上，一转身就……
车长　下去，叫你下去！
车匪　（抱脚）哎！
车长　你再不起来，别怪我不客气了，（对小号）把他赶下去！
小号　（吓唬他）你再不起来！
车匪　师傅，脚崴了。
车长　小号，发停车信号。

［车厢晃动了一下，列车起动。］

车长　这车成收容所、医务站啦。（对小号）找你爸爸去，赶明儿你别跟我的班。
车匪　您别怪这位小兄弟，我实在走不了，难为您了。咱不是那号白乘车的主儿，咱跑采购的，这条线路上常来常往，赶下回，一定找您补票。您要是捎个山货海味，就朝我说了，这师傅，您贵姓呀？
车长　别同我臭贫啦，你们这号人我见多了。让开，到铺位上坐着去。
车匪　多谢您了，师傅。（坐到铺位上）
车长　没有乘车证，不准上守车，这都有规章。正经的办事人也不会扒守车。上来的不是揩公家的油的，就是搞歪门邪道的。你不沾他，他要沾你。这句话，规章上没有，可你记住了没错。大的不说，那跑单帮做买卖的，师傅长，师傅短，塞你两斤花生米，你收不收？你独立作业，车上就你一个人，心想不收白不收，有了二斤就有四斤，四十斤，小伙子，你这辈子就算栽在这上头啦！
小号　您讲得太邪乎了。
车长　还是讲的邪乎点儿好。（掏出行车记录本，在左边窗前坐下，作记录，自言自语）十八点二十五分正点发车。

［静场。天渐渐黑了，车厢内光线渐暗，列车缓慢的、单调的行驶声。］

《绝对信号》是无场次话剧。剧情围绕着主人公黑子被车匪胁迫登车作案，在车上遇见昔日的同学小号、恋人蜜蜂和忠于职守的老车长而逐步展开，在有限的车厢时空中，产生了一系列复杂的矛盾冲突，表现了他们的思想观念与人生态度，深入地反映了年轻人重拾信念、重新找回自我的心路历程。

《绝对信号》最为引人注目的创新，是把人物的内心世界外化为舞台场面的表现手法。“内心的话”由角色自己借用不同的灯光和音响说出，具有突出的戏剧效果。另外，该剧利用小剧场的特殊条件，注重演员和观众的直接交流；借鉴“景随人生”的戏曲美学原则，打破了“第四堵墙”的戏剧观念，在强调与运用戏剧艺术假定性上也作了有益的尝试。

汇评

它是在形式与技巧创新的层面上为中国当代文学开拓了新的向度，构成了中国现代主义文学兴起过程的一个特殊环节。（陈思和《中国当代文学史教程》）

《绝对信号》标志着实验戏剧由单纯外部手法的照搬摹仿进入到戏剧观变革的隐深层面，标志着实验戏剧发展的一次深化。（高鉴《从书斋到舞台——高行健和他的时代》）

无场次话剧《绝对信号》实现了小剧场演出的理念，拉近了演员与观众的距离，促进了观演交流。该剧有意淡化事件的过程，强化人物心灵的流程，把车匪等人的心理活动体现为舞台上鲜明精确的动作。剧中大量吸取和采用了现代戏剧诸多内心世界表现手法（现实空间、回忆空间、想象空间等多重空间交错为刻画人物的心理起到了很大的作用），以具体可感的舞台形象和场景来表现人物的回忆、想象、梦境和幻觉。（王新民《高行健：新时期实验戏剧的杰出代表》）

恋爱的犀牛（节选）

廖一梅

第二十三场

［犀牛馆。］

马路　所有的犀牛都走了，你一个人在这儿不觉得孤单吗？新的犀牛馆很不错，宽敞明亮，通风良好。白犀牛塔娜他们都在那儿安顿下来了，还来了一只刚买的公犀牛，年纪还很轻，每天好奇地东看西看，向塔娜献殷勤。你不想去看看吗？只要你乖乖钻进那个摆满苹果、香蕉的笼子里，笼门一关，他们就会把你运到那边去了。你为什么总在那笼子前转来转去不肯进去呢？他们已经等了你一个月，我看他们已经失去了耐心。你明天要是还不肯就犯，主任说就要动用麻醉枪了，看，枪就在这儿！你希望人家这样对待你吗？可怜的图拉。我知道你跟所有人都合不来，就像我和大仙、牙刷他们，待在一起不过是出于无聊。现在他们都认定我是个疯子，不再理我了。你应该像其他的犀牛一样顺从你的命运，你就不会整天这么郁郁寡欢。顺从命运竟是这么难吗？我看大多数人自然而然也就这么做了，只要人家干什么，你也干什么就行了。所以我们都是不受欢迎的，应该使用麻醉枪的。也有很多次我想要放弃了，但是它在我身体的某个地方留下了疼痛的感觉，一想到它会永远在那儿隐隐作痛，一想到以后我看待一切的目光都会因为那一点疼痛而变得了无生气，我就怕了，爱她，是我做过的最好的事情。

［明明上。］

马路　明明。

明明　我要走了，我是来向你告别的。

马路　去哪？

明明　上天会厚待那些勇敢的、坚强的、多情的人。

马路　你要去找那个人？

明明　也有很多次我想要放弃了，但是他在我身体的某个地方留下了疼痛的感觉，一想到他会永远在那儿隐隐作痛，一想到以后我看待一切的目光都会因为那一点疼痛而变得了无生气，我就怕了，爱他，是我做过的最好的事情。

马路　你在说什么？

明明　我刚才听见你这么说的。

马路　那你明白了？

明明　我一直都明白。

马路　你不走了？

明明　走。

马路　那你还不明白。我不会离开你，我也不会让你离开我的！

[马路突然扑向明明，要用绳子把她绑起来，明明拼命挣扎。]

马路　我说过我是个守信用的人，那天夜里是你请求我不要离开你，也不许你离开我。所以你早该明白，你是哪儿也去不了的，你逃到天涯海角我也会把你找回来！别挣扎，挣扎没有用。我们注定要死在一起！

明明　你这个疯子，放开我，你还不明白吗？我不想和你在一起！救命！救命！

[马路不容她再挣扎，狠狠地给了她一拳，明明昏了过去，瘫倒在马路怀里。]

第二十四场

[舞台上，女孩明明被蒙着眼睛绑在椅子上。马路坐在她旁边。]

马路　黄昏是我一天中视力最差的时候，一眼望去满街都是美女，高楼和街道也变幻了通常的形状，像在电影里……你就站在楼梯的拐角，带着某种清香的味道，有点湿乎乎的，奇怪的气息，擦身而过的时候，才知道你在哭。事情就在那时候发生了。我怎样才能让你明白我如何爱你？我默默忍受，饮泣而眠？我高声喊叫，声嘶力竭？我对着镜子痛骂自己？我冲进你的办公室把你推倒在地？我上大学，我读博士，当一个作家？我为你自暴自弃，从此被人怜悯？我走入精神病院，我爱你爱崩溃了？爱疯了？还是我在你窗下自杀？明明，告诉我该怎么办？你是聪明的，灵巧的，伶牙俐齿的，愚不可及的，我心爱的，我的明明……

[马路摘下明明眼睛上的布。犀牛图拉发出叫声，它已经近在眼前。]

明明　你要干什么？走开！把这犀牛带走！

马路　这就是图拉，我最好的，也是最后的伙伴。明明，我想给你一切，可我一无所有。我想为你放弃一切，可我又没有什么可以放弃。钱、地位、荣耀，我仅有的那一点点自尊没有这些东西妆点也就不值一提。如果是中世纪，我可以去做一个骑士，把你的名字写上每一座被征服的城池。如果在沙漠中，我会流尽最后一滴鲜血去滋润你干裂的嘴唇。如果我是天文学家，有一颗星星会叫做明明；如果我是诗人，所有的声音都只为你歌唱；如果我是法官，你的好恶就是我最高的法则；如果我是神父，再没有比你更好的天堂；如果我是个哨兵，你的每一个字都是我的口令；如果我是西楚霸王，我会带着你临阵脱逃任由人们耻笑；如果我是杀人如麻的强盗，他们会祈求你来让我俯首帖耳。可我什么也不是。一个普通人，一个像我这样普通的人，我能为你做什么呢？

[马路突然掏出一把剪刀向犀牛刺去！鲜血喷涌，图拉发出恐怖的嗥叫！暴怒地向马路冲去。明明尖声大叫着。]

马路　别怕，图拉，我要带你走。在池沼上面，在幽谷上面，越过山和森林，越过云和大海，越过太阳那边，越过轻云之外，越过星空世界的无涯的极限，凌驾于生活之上。前面就是一望无际的非洲草原，夕阳挂在长颈鹿绵长的脖子上，万物都在雨季来临时焕发生机。

[马路举枪杀了图拉。图拉巨大的身体慢慢倒下。]

[明明惊恐得发不出声音。]

[马路持刀走向图拉，挥刀砍下，掏出图拉血淋淋的心脏。]

马路　这是我能给你的最后的东西，图拉的心，和我自己，你收留他们吗？明明，我亲爱的，温柔的，甜蜜的……

[明明满脸泪水，说不出话来。]

马路　一切白的东西和你相比都成了黑墨水而自惭形秽，
一切无知的鸟兽因为不能说出你的名字而绝望万分，
一切路口的警察亮起绿灯让你顺利通过，
一切正确的指南针向我标示你存在的方位。
你是不留痕迹的风，
你是掠过我身体的风，
你是不露行踪的风，
你是无处不在的风……
我是多么爱你啊，明明。

[马路抱住绑在椅子上的明明。]

明明　你把诗写完了，多美啊，真遗憾。

[探照灯突然亮了，警报声大作，所有人冲进犀牛馆，呆望着这一切却不敢靠近。]

警察　马路，马上释放人质，举手投降，你已经被包围了！

黑子等人　马路！

[马路对周围的一切无动于衷，只是紧紧地抱着明明。明明不动，眼睛望着远处，突然唱起了歌。]

[明明的歌]——《只有我》：

对我笑吧，像你我初次见面，
对我说吧，即使誓言明天就变，
抱紧我把，在天气这么冷的夜晚，
想起我吧，在你感到变老的那一年。
过去的岁月都会过去，
最后只有我还在你身边。
过去的岁月总会过去，
最后只有我还在你身边。
对我笑吧，像你我初次见面，
对我说吧，即使誓言明天就变，
享用我吧，人生如此飘忽无定，
想起我吧，在你感到变老的那一年。

[合唱起]——《玻璃女人》：

你是不同的，唯一的，柔软的，干净的，天空一样的，
你是我温暖的手套，冰冷的啤酒，
带着阳光味道的衬衫，日复一日的梦想。
你是纯洁的，天真的，玻璃一样的，
你是纯洁的，天真的，什么也污染不了，

你是纯洁的，天真的，什么也改变不了，
阳光穿过你，却改变了自己的方向，
我的爱人，我的爱人，我的爱人，我的爱人……

——剧终

阅读：《鸟人》（过士行），《我爱×××》（孟京辉、黄金罡、王小力、史航），《冰糖葫芦》（梁秉堃）。

聚焦：

1999 年那个炎热的夏天，先锋戏剧夫妻档孟京辉、廖一梅联手打造的小剧场话剧《恋爱的犀牛》登上舞台，一举成为先锋戏剧史上最卖座的作品，被无数文艺青年奉为“爱情圣经”。

思考与练习

1. 分析作品的主题意蕴和整体象征手法。
2. 说明作品以人物心理串联时空场景的结构特点。

参考文献

艾青．1955. 艾青诗选．北京：人民文学出版社

巴金．1981. 家．北京：人民文学出版社

卞之琳．1935. 鱼目集．上海：文化生活出版社

曹禺．2010. 雷雨 日出．北京：人民文学出版社

陈伯君．1987. 阮籍集校注．北京：中华书局

陈鼓应．2009. 庄子今注今译．北京：中华书局

陈振鹏，章培恒．1997. 古文鉴赏辞典．上海：上海辞书出版社

邓遂夫校订．2006. 脂砚斋重评石头记庚辰校本．北京：作家出版社

丰子恺．1981. 丰子恺文集．上海人民出版社

傅雷．1983. 傅雷家书．上海：三联书店

龚斌校笺．1996. 陶渊明集校笺．上海：上海古籍出版社

郭茂倩．1979. 乐府诗集．北京：中华书局

海子．1997. 海子诗全编．上海：三联书店

胡适．自由中国．台北：1953 年第 20 卷第 6 期

蒋见元，程俊英．1991. 诗经注析．北京：中华书局

金开诚，董洪利，高路明．1996. 屈原集校注．北京：中华书局

蓝立萱校注．2006. 汇校详注关汉卿集．北京：中华书局

老舍．2008. 老舍全集．上海：文汇出版社

鲁迅．2005. 鲁迅全集．北京：人民文学出版社

逯钦立辑校．1983. 先秦汉魏晋南北朝诗．北京：中华书局

穆旦．1945. 探险队．昆明：文聚出版社

蒲松龄．2010. 聊斋志异．上海：上海古籍出版社

钱南扬校注．2009. 元本琵琶记校注．北京：中华书局

钱仲联．1994. 元典鉴赏辞典．上海：上海辞书出版社

沈从文．2008. 沈从文集：萧萧．北京：北京十月文艺出版社

舒婷，顾城．1982. 舒婷、顾城抒情诗选．福州：福建人民出版社

司马迁．1959. 史记．北京：中华书局

唐圭璋．1988. 唐宋词鉴赏辞典．上海：上海辞书出版社

汪曾祺．1987. 蒲桥集．北京：作家出版社

王季思注．2009. 权威定本古典四大名剧．北京：人民文学出版社

吴楚材，吴调侯编选．2010. 古文观止译注．王水照译注．上海：上海古籍出版社

萧涤非．1983. 唐诗鉴赏辞典．上海：上海辞书出版社

萧红．1946. 萧红散文．重庆：大时代书局

萧统编，李善注．1986. 文选．上海：上海古籍出版社

徐震堮．1984. 世说新语校笺．北京：中华书局

郁达夫．1934. 履痕处处．上海：现代书局

张爱玲．2006. 张爱玲集：倾城之恋．北京：北京十月文艺出版社

朱熹．1983. 四书章句集注．北京：中华书局